Die intakte Familie

MARY PIPHER

Die intakte Familie

Wie wir lernen,
wieder miteinander zu reden

Aus dem Amerikanischen von Helga Kästner

WILHELM HEYNE VERLAG
MÜNCHEN

Titel der amerikanischen Originalausgabe:
The Shelter of Each Other. Rebuilding Our Families
Die Originalausgabe erschien bei Grosset/Putnam, New York

Umwelthinweis:
Dieses Buch wurde auf chlor- und säurefreiem Papier gedruckt.

Copyright © 1996 by Mary Pipher, Ph. D.
Copyright © 1998 der deutschen Ausgabe
by Wilhelm Heyne Verlag GmbH & Co. KG; München
Umschlaggestaltung: Atelier Ingrid Schütz, München
Umschlagillustration: Comstock, Berlin
Satz: Leingärtner, Nabburg
Druck und Bindung: Ebner Ulm
Printed in Germany

ISBN 3-453-13003-0

Inhalt

Einführung 11

TEIL EINS
DIE KRISE 17
  1. Trotz voller Schüsseln hungrig 19
  2. Die Familie Page 52
  3. Die Familie Copeland 71
  4. Einst und jetzt 99
  5. Eine einzige große Stadt 114
  6. Therapie, ein Trojanisches Pferd 148
  7. Wie Therapie zu einer intakten Familie
     verhelfen kann 183

TEIL ZWEI
DIE LAST DIESER SCHWEREN JAHRE 209
  8. Charakter 213
  9. Wille 241
10. Verpflichtung 271

TEIL DREI
LÖSUNGEN: WAS VON UNS BLEIBEN WIRD, IST DIE LIEBE . . . 297
11. Die Familie schützen 299
12. Familien verbinden – eine Tiospaye schaffen 330

ANHANG
Literatur 365

»Die Menschen brauchen den Schutz
der Gemeinschaft zum Leben.«
IRISCHES SPRICHWORT

*Bernard und Phyllis Pipher gewidmet,
die mich gelehrt haben, Familienbande zu festigen.
Sie haben unerschütterlich und beständig zu mir gehalten.
Ihre Liebe gibt meinem Leben Halt.*

Danksagung

Ich möchte meiner Tante Margaret Nemoede danken, aus deren Buch *And the Winds Blow Free* ich viel über meine Großeltern erfuhr. Ich danke meinen Klienten und meinen Freunden, die mir ihre Lebensgeschichten berichteten. Ich bin dankbar für die aufschlußreichen Diskussionen, die ich mit Andrea Simon, Sherri Hanigan, Beatty Brasch, Laura Freeman, Rose Dame, Natalie Porter, Gertrude Fisher und Jan Stenberg über dieses Buch führen durfte. Ich danke meinem Freund, dem Fotografen Randy Barger, und meinen beiden Schriftstellergruppen – der Gruppe Prairie Trout und der Nebraska-Wesleyan-Writers'-Gruppe. Ich danke meinen ersten Lesern und Leserinnen – Jan Zegers, Herb Howe, Marge Saiser, Pam Barger, Sue Howe, Ellen Debas, Mary Kenning, Dave Iaquinta, Frank McPherson, Francis Baty und Paul Gruchow. Auch möchte ich die Unterstützung erwähnen, die ich von Joelle Delbourgo, Rachel Tarlow, Lisa Cahn, Cathy Fox, Kate Murphy, Judy Burns Miller, Susan Petersen und meiner lieben Jane Isay erhielt. Dank an meine Agentin Susan Lee Cohen. Dank an meine drei Familien: die Brays, die Pages und die Piphers. Dank an Sara, Zeke und Jim.

Einführung
―――

Als mein Sohn Zeke zehn Jahre alt war und meine Tochter Sara vier, haben wir einmal am Ufer eines herrlichen Sees gezeltet. Am Nachmittag zog Zeke einen riesigen Barsch an Land, und Sara rettete einen Frosch. Mein Mann Jim saß unter einer Pappel und spielte Gitarre, während ich am Ufer lag und las. Zum Abendessen gab es Hamburger und Bohnen. Wir lauschten dem Zirpen der Grillen und dem Brummen der Motorboote. Über dem See ging der Mond auf, groß und orange wie ein Kürbis. Sara kuschelte sich an ihren Vater und sagte etwas, das mich so beeindruckte, daß ich es nach fünfzehn Jahren noch weiß: »Ich zerschmelze in all dieser Fülle.«

Zeke erzählte von einem Jungen aus seinem Karate-Kurs, der seine Mutter angeblich vor einem Räuber beschützt hatte. Und mein Sohn gestand, er würde sich manchmal abends beim Einschlafen vorstellen, daß auch zu uns ein Einbrecher käme. »Ich möchte unsere Familie so gern vor bösen Menschen beschützen«, fügte er hinzu.

Ich sah zum Himmel hinauf, beobachtete, wie ein Stern nach dem anderen aufleuchtete und der Mond emporstieg, und dachte an all die Familien, die seit vier Millionen Jahren die Erde bewohnen. Es hat für sie wohl immer wieder einmal solche Tage wie heute gegeben: Schwimmen und Angeln in der freien Natur, Wind und Sonne auf der Haut, später am Feuer das gemeinsame Essen. Irgendwo heulte ein Kojote. Wir schätzten ab, wie weit weg er sein mochte, und ich erzählte von den Kojotenjungen, die ich als junges Mädchen in Pflege hatte. Jim spielte wieder Gitarre, und Zeke stocherte im Feuer herum. Wenn doch die Zeit stillstehen würde, damit alles immer so bleiben könnte wie jetzt! Ich fühlte mich eins mit Millionen Müttern, die in einem solchen Augenblick ähnlich gedacht haben müssen.

Magische Augenblicke gibt es in jedem Leben. Die Freuden und Sorgen einer Familie mischen sich wie Pfeffer und Salz und sind kaum voneinander zu trennen. Dieselben Kinder, die mich am Lagerfeuer entzückt hatten, brachten mich einige Jahre später als Teenager oft genug auf die Palme. Sogar heute noch kann ich mich immer wieder über sie ärgern (so wie sie sich wahrscheinlich über mich ärgern). Mir kommen traurige und verrückte Stunden in den Sinn, die ich in meinen beiden Familien erlebte – einst als Kind meiner Eltern und später als Mutter meiner Kinder. Als Kind hatten mich Familienprobleme immer sehr mitgenommen, und auch als Erwachsene wälze ich mich manche Nacht schlaflos im Bett, aus Sorge um meine Kinder. Aber dennoch halte ich mich lieber an die schönen Erinnerungen.

So werde ich den Tag, an dem mein Mann das Autotanzen erfand, nie vergessen. Wir fuhren durch Schneegestöber die lange Strecke nach Minneapolis. Die Kinder waren inzwischen unleidlich; sie hatten die mitgenommenen Spiele und sich selber satt. Da schob Jim eine Kassette von Van Morrison in den Recorder und rief einen Wettbewerb im Autotanz aus. Als Van Morrison gerade sang: »The caravan is painted red and white, everyone is staying overnight«, schaukelte und wand und drehte sich Jim, so gut es eben hinter dem Steuerrad eines Wohnmobils geht. Schon bald tanzten die Kinder in ihren Sitzgurten, fuchtelten mit den Armen und echoten beim Hintergrundchor mit. So überquerten wir bei Sonnenuntergang den Middle Raccoon River in Iowa, und als es dunkel wurde, waren wir in Minnesota. Aus dem Autotanz-Wettbewerb sind wir alle als Sieger hervorgegangen.

Als ich fünf Jahre alt war, brachte mir mein Vetter Steve das Fischen bei. Er versah meine Angel mit den Ködern und löste auch alle nach und nach gefangenen Fische aus dem Haken. Ich denke auch gern an die Sonntagsessen bei meinen Großeltern im östlichen Colorado zurück. Mindestens zwanzig Menschen versammelten sich um den Tisch, der sich unter Hühnchen, Roastbeef, selbstgebackenem Kuchen und eingelegten Wassermelonen nur so bog. Mein Großvater sprach das Tischgebet, und meine Großmutter goß dampfenden Tee in große Gläser. Ich erinnere mich, wie meine Mutter in den fünfziger Jahren Patientenbesuche machte und während der Autofahrten Geschichten aus ihrer Kindheit erzählte. Oder Tante Betty! Ich sehe sie mit gebeugtem Rücken durch die Wälder von Idaho streichen und Blaubeeren zum Kuchenbacken sammeln. Auch das Bild von Tante Margaret habe ich vor mir, wie sie – vor der untergehenden Sonne – Dichterzeilen rezitierte über die »weindunkle See« und den Ozean, »der sich ständig verändert und doch immer derselbe bleibt«.

Kürzlich betrachtete ich anläßlich einer Familienzusammenkunft Fotos meines Vaters und seiner Mutter; beide sind schon lange tot. Die Augen meines Vaters erinnerten mich an die meines Sohnes; meine Tochter hat die gleiche Figur wie meine Großmutter. Danach plauderte ich mit meinen Brüdern auf der Veranda bis spät in die Nacht hinein; wir tauschten vierzig Jahre alte Erinnerungen an rauchende Lagerfeuer mit Schildkrötensuppe und braunen Bohnen aus. Als wir so von den alten Zeiten sprachen, lag bei allen der gleiche Ausdruck auf den Gesichtern.

Schon als kleines Mädchen habe ich mich bemüht, meine Familie zu verstehen. Sie war recht schwierig und bestand aus lauter heftigen, gefühlsbetonten Menschen. Sie stritten über Politik und Religion, über Arbeit und Liebe. Ich wollte herausbekommen, wie jeder einzelne veranlagt war. Warum verliebten sich einige immer wieder? Warum war der eine Vetter verwöhnt und wenig umgänglich und der andere unglaublich geduldig mit seinen jüngeren Verwandten? Warum trank der eine Onkel so viel? Warum war in einem Familienzweig Rock and Roll verboten und in dem anderen nicht?

Auf dem College belegte ich als Hauptfach Anthropologie. Ich wollte erfahren, warum wir uns auf eine bestimmte Art und Weise verhalten. Warum finden wir gewisse Dinge oder Handlungen schön oder gut und andere häßlich oder schlecht? Wie kommt es dazu, daß sich eine Gesellschaft organisiert, und auf welchem Weg geschieht dies? Wer stellt die Regeln dafür auf? Welcher Teil eines Familienlebens ist sozusagen hausgemacht, und welcher ist kulturell bedingt? Inwieweit wird eine Familie von der Geschichte ihrer Vorfahren geprägt? Inwiefern beeinflußt die Gegend, aus der wir kommen, unsere Sichtweise? Hat es etwas zu bedeuten, ob wir aus einem reichen oder armen Landstrich kommen? Mein Examen habe ich dann später in Psychologie gemacht und bin Therapeutin geworden. Im Grunde kreist auch diese Arbeit um meine Kernfrage, nämlich, worum es im Leben eigentlich geht.

Die Antworten auf diese Fragen sind nicht leicht zu finden; sie bleiben schwierig, unbestimmt und unvollständig. Kinder ehrlicher und redlicher Eltern werden selbst nicht immer ehrliche und redliche Menschen. Und Eltern, die ihre Kinder schlecht erziehen oder gar mißhandeln, haben manchmal wunderbare Söhne oder Töchter. Eines der tüchtigsten und fähigsten Mädchen, das ich kenne, lebt beispielsweise in einer kleinen Wohnung mit seiner alkoholkranken Mutter zusammen. Andererseits haben einige der unglücklichsten Geschöpfe, die ich kenne, Eltern, die ihre Kinder bewußt und einfühlsam erziehen. Kinder, die in liebevoller Geborgenheit aufwachsen, werden manchmal zu stabilen und anpassungsfähigen Persönlichkeiten, oder aber sie entwickeln sich wie empfindliche Treibhausgewächse oder Prinzessinnen auf der Erbse, die den kleinsten Unbilden keine Widerstandskraft entgegenzusetzen vermögen. Vernachlässigte Kinder können stark, elastisch und schön wie Sonnenblumen werden; sie können sich aber auch zu gefährlichen Psychopathen entwickeln. Bewußte Eltern mit guten Voraussetzungen haben manchmal außerordentliches Pech mit ihren Kindern, wohingegen nachlässige Eltern höchst erfolgreiche Kinder aufziehen können.

Nicht alle Familien sind heil und nicht alle Eltern beruflich erfolgreich. Ich habe schon schlimme Verhältnisse kennengelernt. Meine erste Klientin war eine junge Frau, die auf einer Farm groß geworden und vom Vater und den Brüdern immer wieder vergewaltigt worden war. Die Mutter einer anderen Klientin hatte ihren Bruder umgebracht. Zur Zeit arbeite ich mit einer Frau, die ein verkrümmtes Rückgrat hat, weil ihr Vater sie einst als zweijähriges Kind durch das ganze Zimmer geschleudert hatte. Ich habe haßerfüllte, gewalttätige Familien gesehen, Familien mit Drogenabhängigkeit, Familien, in denen die Eltern noch gar nicht erwachsen waren und die Kinder keine Kindheit erleben durften, Familien, in denen die Kinder nach geistiger Nahrung und moralischer Führung hungerten. Ich weiß sehr wohl, wie destruktiv eine erstickende oder schmerzgeschüttelte Familienatmosphäre sein kann. Aber ich weiß auch, daß dies nicht die ganze Geschichte ist, ja, nicht einmal ihr interessantestes Kapitel.

Die Institution der Familie ist uralt. Sie besteht schon seit der Zeit, als unsere Urahnen auf Nahrungssuche durch die Savannen zogen. Das Gehirn des Menschen wird so groß, daß der Kopf bei der Geburt nur schwer durch den Geburtskanal gelangen kann. Deshalb kommen die Menschen eigentlich als Frühgeburten zur Welt, hilflos und vollkommen abhängig, und das Gehirn wächst nach der Geburt noch weiter. Während Affenjungen schon einige Stunden nach der Geburt laufen können und binnen einiger Monate selbständig sind, benötigt das Menschenjunge auch in anspruchslosen Verhältnissen mehr als ein Jahrzehnt, um von den Eltern gänzlich unabhängig zu werden. Zum Überleben braucht der Homo sapiens die Familie.

Wir brauchen unsere Familie, und dennoch behandeln wir sie oft schlecht. Wir lieben und hassen sie, sehnen uns nach ihr und ärgern uns gleichzeitig so sehr über sie, daß wir aus der Haut fahren könnten. Wie alle interessanten und bedeutenden Phänomene – von Jazz über Shakespeare zur Zen-Philosophie – sind Familien einfach und schwierig zugleich, gibt es bei ihnen Glück und Verzweiflung, Gelingen und Fehlschläge. Die Familie erinnert mich an ein Wort des Songwriters Greg Brown über das Leben überhaupt: Manchmal scheint es, daß wir für jeden Atemzug dankbar sein müssen, und manchmal ist es ein Wunder, daß wir uns nicht alle zu Tode saufen. Sie läßt mich auch an die Zeilen in dem Lied »Dance Me to the Eve of Love« von Leonard Cohen denken: »Raise the tent of shelter although every thread is torn.« Oder wie die Buddhisten sagen: Eine Familie bereitet zehntausend Freuden und zehntausend Sorgen.

Jede Familie hat ihre Besonderheiten, aber diese Vielfalt läßt sich hier nicht erfassen. Ich werde mich also darauf beschränken, den Einfluß unserer Kultur auf den geistigen Hintergrund mir bekannter Familien aufzuzeigen. In diesem Buch finden Sie Geschichten von Familien aus meiner Stadt im Mittelwesten der USA, die als Ausgangspunkt für eine Diskussion über die Frage, welche Bedürfnisse eine Familie überhaupt hat, dienen sollen. Dieses Buch ist nicht als Ratgeber gedacht, sondern soll zum Nachdenken anregen. Es zielt weniger darauf ab, Lösungen anzubieten, als vielmehr Probleme aufzuzeigen. Meiner Ansicht nach muß jede einzelne Familie oder Gruppe die Lösungen selbst finden.

Dieses Buch möchte die Bemühungen der Familie, in schwierigen Zeiten zu überleben, unterstützen. Es ist der großen

Mehrheit von Eltern gewidmet, die viel Energie darauf verwenden, das Richtige zu tun. Familienprobleme werden in einen kulturellen Zusammenhang gestellt, um den Lesern und Leserinnen zu helfen, wie die Anthropologen immer den Hintergrund unserer Kultur im Auge zu behalten und zu fragen: Inwieweit prägt unsere Kultur auch mein Familienleben? Welche Werte stellt sie auf? Welche Verhaltensweisen bringt sie hervor? Wie definiert unsere Kultur Gut und Böse? Wo setzt sie Prioritäten? Ich möchte mehr Bewußtsein dafür wecken, wie stark eine Familie von der Kultur, in der sie lebt, bestimmt wird.

Ich schreibe über die Familie, weil ich sie liebe. Wenn ich fern von zu Hause auf Reisen bin, rufe ich mir die Gesichter meiner Kinder vor Augen und stelle mir vor, wie sie lächeln, Schularbeiten machen, Geige oder Volleyball spielen. Das beruhigt mich. Ich stelle mir auch das Gesicht meines Mannes vor, über die Gitarre gebeugt oder frisch und entspannt wie in den Morgenstunden, wenn wir zusammen auf der Veranda frühstücken. Diese Gesichter sind meine Mandalas, meine Bilder für die Meditation. Sie geben mir Trost und Sicherheit. Für uns alle sind die Gesichter geliebter Menschen die ersten und wichtigsten Mandalas im Leben.

Teil eins
DIE KRISE

Der erste Teil dieses Buchs untersucht den Niedergang früher Gemeinschaften, die Entstehung einer elektronischen Gesellschaft und der Konsummentalität sowie den Einfluß der Populärpsychologie. Ich möchte hier der Frage nachgehen, in welchem Maße die Beziehungen zur Umwelt das Familienleben beeinflussen, und stelle beispielhaft das Leben zweier Familien dar: Die erste Geschichte (Kapitel 2) betrifft meine Großeltern, die im ersten Drittel dieses Jahrhunderts in der unwirtlichen Ebene von Colorado lebten; die zweite Geschichte (Kapitel 3) handelt von einer Familie, die ich in meinen Therapiestunden kennenlernte. Beide Familien werden dann unter verschiedenen Gesichtspunkten verglichen (Kapitel 4): kulturelles Selbstverständnis, technische Geräte im Haushalt, Einfluß der Medien, Bedeutung von Zeit und Geld und Notwendigkeit therapeutischer Unterstützung.

Beide Familien versuchen, gut und ehrlich über die Runden zu kommen, sehen sich aber – da sie in verschiedenen Zeiten leben, unterschiedlichen Herausforderungen gegenüber. Die Pages – meine Großeltern – hatten das Problem des Mangels zu bewältigen; die Copelands kämpfen mit den Problemen des Überflusses. Die Pages hatten genügend Zeit, aber kein Geld; die Copelands haben genügend Geld, aber keine Zeit. Die dreißiger Jahre waren in den USA nicht gerade idyllisch. Es waren Zeiten der Armut, es gab viele Krankheiten und mörderische Arbeitsbedingungen. Meine Großeltern erzählten, daß damals Kinder an Schlangenbissen und der Cholera gestorben sind. Im Bezirk Kit Carson County hatte man ein altes Ehepaar tot im Bett aufgefunden, zwischen den beiden eine leere Cornflakes-Schachtel. Die Pages kannten ihre Feinde; diese hießen Tornados, Dürre,

Heuschrecken, Schneestürme. Ihre schlimmsten Gegner waren draußen, außerhalb ihrer vier Wände, und sie konnten zusammen gegen sie kämpfen. Diese Familie hielt zusammen wie Menschen, die in der Arktis arbeiten.

Die Copelands leben relativ geschützt vor den Naturgewalten. Ihre Feinde heißen Kriminalität, Isolation und ständige Berieselung mit Informationen, die nicht mehr zu verarbeiten sind. Bert hatte einen ungeliebten Job bei einer Firma, die im Niedergang begriffen war. Sandi, die eine befriedigerende Arbeit hatte, kam abends todmüde nach Hause, wo ihre zweite Schicht, die Haus- und Familienarbeit, auf sie wartete. Die ältere Tochter war magersüchtig, die jüngere ausnehmend frech und ungezogen, und der Sohn hatte Angst, in die Schule zu gehen.

Die Copelands waren finanziell besser gestellt und hatten mehr Möglichkeiten als die Pages, aber sie blieben hungrig vor vollen Schüsseln. Sie lebten unter Streß, jeder für sich und alle zusammen. Sie kannten sich gegenseitig kaum und hatten nie Zeit füreinander. Die Copelands kannten ihre Feinde nicht, und manchmal gaben sie sich gegenseitig die Schuld an ihren Leiden.

Kapitel 5 erklärt, wie technische Hilfsmittel und elektronische Medien die Gemeinschaft und die Familien verändert haben. In Kapitel 6 und 7 untersuche ich die Bedeutung der Psychotherapie für das Familienleben und schildere einige Fehler, die wir Therapeuten immer noch begehen, und mache Vorschläge, wie den Familien besser zu helfen wäre.

Kapitel eins

Trotz voller Schüsseln hungrig

»*Die Erfahrungen reiten im Sattel immer mit
und beherrschen die Menschheit.*«
Ralph Waldo Emerson

In unserem Wartezimmer steht eine fast zwei Meter hohe Maispflanze – kein guter Platz für eine derartige Pflanze. Sie bekommt kein Tageslicht, die Kinder reißen immer wieder Blätter ab, und wir Therapeuten, von Berufs wegen zwar für das Hegen und Pflegen zuständig, vergessen immer wieder, ihr Wasser zu geben oder den Staub von den Blättern zu wischen. Irgendwann, vor zehn Jahren vielleicht, haben wir die Pflanze das letzte Mal gedüngt. Aber jeden Monat, sobald die alten Blätter braun werden und abfallen, sprießen neue aus der Mitte. Diese Maispflanze gibt ein treffendes Sinnbild für die Familie ab: Sie ist nichts Außergewöhnliches, absolut durchschnittlich, weder exotisch noch besonders attraktiv, und sie muß in einer feindlichen Umwelt existieren. Aber sie lebt.

Unsere Kultur hat der Familie den Kampf angesagt. In den USA wie auch in Westeuropa wird die Familie von der Technik überrollt und von den Medien schlechtgemacht oder verkitscht. Darüber hinaus ist sie infolge der veränderten Bevölkerungsstrukturen als Kleinfamilie isoliert, wird von wirtschaftlichen Zwängen eingeengt und von Staat und Gemeinden weitgehend allein gelassen. Die Eltern fürchten um die körperliche Unversehrtheit ihrer Kinder, und die Kinder fürchten sich vor Fremden. Wenn ich mit Kindern spreche, die ich nicht kenne, oder ihnen nur zulächle, steht ihnen die Angst ins Gesicht geschrieben. Ich kenne Erwachsene, die sich längst nicht mehr fremden Kindern zuwenden, aus Furcht, falsch verstanden zu werden. Eine Kultur, in der sich die Kinder vor den Erwachsenen fürchten und die Erwachsenen sich nur beklommen mit Kindern befassen, ist krank.

Es ist noch gar nicht so lange her, da hatten Erwachsene und Kinder Vertrauen zueinander. Als kleines Mädchen bin ich in meiner Heimatstadt, einer Kleinstadt mit 420 Einwohnern, von Tür zu Tür gegangen und habe für die Mädchenabteilung der Pfadfinder Plätzchen verkauft. Heutzutage verbieten die Eltern ihren Töchtern, an fremden Türen zu klingeln. Und fremd sind, insbesondere in Großstädten, oft schon die Nachbarn. Statt dessen verkaufen die Eltern selbst die Plätzchen an ihre Arbeitskollegen. So haben die Kinder keine Gelegenheit mehr, Erwachsenen zu begegnen, und diese wiederum kennen kaum die Kinder ihrer nächsten Umgebung.

Irgend etwas läuft schief in unserer Kultur. Heute suchen Eltern bei banalen Krankheiten oder Befindlichkeitsstörungen, die sie früher mit Hausmitteln behandelt hätten, sofort den Arzt auf. Die meisten Eltern sind anständige, ordentliche Menschen mit vernünftigen Ansichten über ihre Aufgabe als Eltern, die Kinder sind nett und gutwillig, und trotzdem scheint etwas nicht zu funktionieren. Meist geben sich Eltern heute mehr Mühe als noch vor zwanzig Jahren, und trotzdem sind die Kinder schwieriger. In den neunziger Jahren fällt es schwerer, »gute Eltern« zu sein. So sind sie ratlos und verzweifelt, und die Kinder sind verbittert und haltlos.

Zu oft wird unsere kulturelle Krise der Familie in die Schuhe geschoben. Sie gibt ja auch eine gute Zielscheibe ab. Irgend etwas ist immer an ihr auszusetzen. Da streiten Angehörige miteinander oder schweigen sich an; erst hängen sie zu stark voneinander ab, dann lassen sie sich fallen. In Familien gibt es Angehörige mit zuviel oder zuwenig Gefühl, Angehörige, die sich zu nahe stehen oder zu fremd sind, die zu viele oder zu wenige Konflikte haben, und die sich gegenseitig ignorieren oder beherrschen – kurz: irgend etwas machen sie immer falsch. So hat jede Familie ihre Achillesferse. Über Familien können wir alle schlimme Geschichten erzählen, zu allererst über unsere eigene.

Die Familie bietet uns aber auch Schutz vor den Stürmen. Sie ist unsere älteste, wichtigste Institution und unsere letzte große Hoffnung. Einst waren Familien mächtige Gruppen, die Angriffen von außen Widerstand leisten konnten. Heute wirkt sich fast jede Tendenz unserer Kultur gegen die Familie aus. Die Eltern wissen schon gar nicht mehr, wie sie ihre Kinder vor Verbrechen, vor den Medien, vor Geldnot, Alkohol, Drogen und schlechter Gesellschaft bewahren sollen. Sie können kaum mehr für eine richtige Kindheit sorgen. In dieser schrecklichen Zeit wird die Familie von allen Seiten unterwandert.

Für viele Familien ist die Gesellschaft der neunziger Jahre kaum zu verkraften. Als Therapeutin sehe ich Familien, in denen Vater und Mutter die meiste Zeit des Tages außer Haus arbeiten, die kranken Kinder zur Pflege abgegeben werden und die Jugendlichen auf eine Weise rebellieren, die die Eltern in Panik versetzt. Die Eltern laufen Gefahr, Depressionen zu bekommen, süchtig oder gewalttätig zu werden oder in einen abgestumpften Zynismus zu verfallen. In Amerika ist zum Beispiel jeder achte Erwachsene alkoholkrank – ein Phänomen, das die Zerstörung der Familie und damit der Kultur nach sich zieht. Wir verfügen über viele technische Hilfsmittel: Faxgerät, Computer, Autotelefon und Handy. Wir haben unser eigenes Unterhaltungszentrum, das nachbarschaftliche Gespräche oder Feste überflüssig macht. Unsere Kinder spielen zu Hause am Computer (meist allein) und nicht draußen mit anderen Kindern. Über das Internet können wir mit Menschen in der ganzen Welt kommunizieren. Gewiß haben alle diese Geräte ihren Nutzen und damit ihre guten Seiten. Ich will auch nicht behaupten, daß jede technische Neuerung schlecht ist und abgeschafft werden sollte. Das Problem besteht in der Anhäufung dieser Gerätschaften. Eins kommt zum anderen, und das Ganze verändert das Familienleben.

Die technischen Geräte sind Stück für Stück in unser Leben gekommen, und wir haben uns nie sonderlich Gedanken über die psychischen Auswirkungen all dieser Technik gemacht. Nach und nach haben wir jede Veränderung geschluckt und uns selbst in diesem Prozeß verändert. Da fällt mir eine Geschichte ein: Ein Frosch, der in einen Topf kochendes Wasser fällt, wird sofort herausspringen und sich in Sicherheit bringen. Ist das Wasser aber zunächst kalt und erhitzt sich nur langsam, bleibt er drin, bis er zu Tode gekocht ist. Wir haben den Wandel nach und nach erfahren und sind deshalb nie gesprungen.

Die letzten Jahrzehnte dieses Jahrhunderts haben Familien voller Streß hervorgebracht: Streß wegen Zeit- und/oder Geldnot, wegen fehlenden sozialen Rückhalts, wegen Drogen und Kriminalität. Jonis Agee schrieb: »Jede Familie versucht für sich einen Weg zu finden. Alle Familien haben vielleicht nicht genau die gleichen, aber doch ähnliche Probleme: Eltern, die vom Existenzkampf ausgelaugt sind, Kinder, die einander mißtrauen und eine Überlebensstrategie suchen. Wegweiser gibt es nicht mehr.«

Seit meiner Kindheit hat sich die Welt dramatisch verändert. Als ich Kind war, bestand meine Welt aus Sonntagsessen, Verwandten, Kartenspielen, Kirche, Schule und Farm. Heute setzt sich die Welt aus Talkshows, Kabelfernsehen, E-Mail, Nanosekunden, Essen aus der Mikrowelle und aus Berühmtheiten, die weit weg von mir zu Reichtum gekommen sind, zusammen. Unsere Kinder wachsen in einer konsumorientierten elektronischen Gesellschaft auf, die sie andere Werte lehrt als die, die wir für wichtig halten.

Auch die Elternrolle hat sich drastisch verändert. Früher haben verantwortungsvolle Eltern ihre Kinder für die Gesellschaft, in der sie leben, erzogen. Heute versuchen sie oder müssen versuchen, ihre Kinder vor den äußeren Einflüssen möglichst zu bewahren. Früher haben fürsorgliche Eltern ihren Kindern die Werte ihrer Kultur vermittelt; heute versuchen sie, Werte zu vermitteln, die den Kindern Kraft geben, sich dem allgemeinen Trend nicht bedingungslos zu unterwerfen.

Diese Veränderungen haben uns aus dem Konzept gebracht. Wir spüren, wie anders und wie schwierig die Dinge geworden sind. Ein Vater sagte mir einmal, daß er seine sieben Jahre alte Tochter nicht mehr mit ins öffentliche Schwimmbad nehmen könne. Sie sei bereits Sexopfer einer Gruppe Neun- bis Elfjähriger geworden. In seiner Wut forderte er die öffentliche Bestrafung sexueller Belästigung. Und eine Mutter wollte am liebsten in einer Burg leben, abgeschottet durch einen Graben mit Krokodilen. In dieser Burg würde sie ihre Kinder in Schutzhaft halten, bis sie fünfundzwanzig seien. Eine andere Mutter wollte mit ihren Kindern in die Wildnis ziehen, sofern es irgendwo noch einen naturbelassenen Flecken gäbe.

Einmal, als ich an einer Tankstelle meine Rechnung bezahlte, kam ein junger Mann herein. Er kaufte ein Päckchen Zigaretten, eine Sechserpackung Bier und zahlte sein Benzin. Dann verlangte er – etwas verlegen – Chips für den Spielautomaten und bat den Verkäufer, ihm zu erklären, wie er funktionierte. Er war so jung, höchstens 19 Jahre, und so begierig, das Leben kennenzulernen! Ob er wohl schon ein Spieler war? Es deprimiert mich, daß wir es ihm so einfach gemacht haben, sich eine weitere schlechte Gewohnheit zuzulegen.

Gabriella, ein hübsches junges Mädchen mit langem schwarzem Haar, fühlte sich in ihrer Klasse isoliert und erklärte mir unglücklich: »Weil ich zu den Lehrern nett bin, nennen mich die anderen Arschkriecherin! So bin ich halt. Ich habe einfach keine Lust, mit Papierkügelchen nach den Lehrern zu schmeißen.« Sie hatte Angst, mit ihren Freundinnen auf Partys zu gehen und erzählte: »Letzte Woche brachte ein Junge eine ›heiße Sache‹ zu einer Party mit: Kirschmarmelade mit einem Spülmittel vermischt. Als sie blau genug waren, schmierten sie den weißen Teppich mit der roten Tunke voll. So etwas brauche ich wirklich nicht zu meinem Vergnügen.« Und dann brach sie ganz verzweifelt hervor: »Aber ich brauche doch Freunde!«

Eine andere Klientin, Micki, kam zu mir, weil ihr Sohn Reuben beim Ladendiebstahl erwischt worden war. Sie hatte eine gutbezahlte Arbeitsstelle, aber diese war eine Autostunde von ihrer kleinen Wohnung entfernt. Auch viele andere Nachbarskinder wurden wenig beaufsichtigt, und Micki hatte Angst, Reuben könne in schlechte Gesellschaft geraten. Aber sie konnte ihn doch nicht die ganze Zeit zum Fernsehen zu Hause verdonnern! Sie meinte, daß ihr Sohn eine Vaterfigur brauchte, und hatte auch in den letzten Jahren mehrere Freunde. Aber jedes Mal, wenn die Beziehung auseinanderging, hatten die Männer auch Reuben im Stich gelassen. Der Junge liebte seinen Großvater, der ihn mit zum Angeln nahm und Geschichten aus alten Zeiten erzählte. »Es gibt nichts bei Reuben«, sagte Micki, »was sein Großvater nicht zurechtrücken könnte. Aber der wohnt 1500 Kilometer weit weg, und Reuben hat ihn nur zweimal im Leben gesehen.«

Meine Klientin Anna weinte während der ganzen Therapiestunde. Ihre Tochter hatte ein riesiges Hochzeitsfest veranstaltet und Gott und die Welt eingeladen, nur nicht Anna und ihren Mann. Anna sagte: »Natürlich haben wir Fehler in der Erziehung gemacht, aber doch nicht nur! Ich habe meine Stellung aufgegeben, um zu Hause bei ihr bleiben zu können. Ich war Leiterin ihrer Pfadfindergruppe und habe sie in die Ballettstunde gefahren. Mein Mann und ich haben weder getrunken, noch die Kinder geschlagen. Wir haben viel Geld für eine gute Ausbildung bezahlt. Meine Tochter behauptet aber, ich hätte sie als Kind gefühlsmäßig abgelehnt. Gut, ich bin manchmal etwas laut geworden, wenn ich ihretwegen sehr aufgebracht war, aber ich habe sie nie mißhandelt. Ich kann nicht verstehen, warum sie sich so benimmt!«

Die Familie ist eine uralte Institution mit neuen Problemen. Zum ersten Mal in zweitausend Jahren des Bestehens westlicher Zivilisation leben die Familien in Häusern ohne schützende Wände. Die Technologie hat es fertiggebracht, daß die Außenwelt ungehindert direkt ins Wohnzimmer dringen kann. Sozialwissenschaftler kommen herein und kritisieren die Erziehungsmethoden der Eltern vor den Augen der Kinder. Die Abendnachrichten bringen lauter Verbrechen und lassen jeglichen Ort auf der Erde gefährdet erscheinen. Durch jede Ritze des Hauses sickern die elektronischen Botschaften und lehren die Kinder Denk-, Gefühls- und Verhaltensweisen, die dem gesunden Menschenverstand hohnsprechen. Unter dem Druck einer Kultur, die sie nicht im Griff haben, kommen die Familien ins Schleudern. Voller Sorge frage ich mich, ob die Familie, wie meine Maispflanze, wohl im Wartezimmer überleben kann.

DIE MEDIEN

Die Medien schaffen eine neue Art von Gemeinschaft: Das elektronische Dorf wird zu unserer Heimat. Die frühere Gemeinschaft von Menschen, die einander kannten und sich jahrzehntelang an bestimmten Orten zu bestimmten Zeiten in vielfältiger Weise begegneten, wird abgelöst von etwas, was Greg Brown »die eine große Stadt« nennt. Eltern und Kinder wissen eher, wie Michael Jackson, Madonna oder Bill Cosby aussehen, als wie ihr nächster Nachbar aussieht. Der Klatsch dreht sich um die Prominenz: Hat Liz Taylor wieder eine Abmagerungskur unternommen? Warum ließen sich Lyle Lovett und Julia Roberts scheiden?

Die Medien gaukeln uns persönlichen Kontakt mit Berühmtheiten vor, den wir in Wirklichkeit gar nicht haben. Wir mögen die Prominenten »kennen«, sie aber kennen uns nicht. Diese neue Gemeinschaft beruht nicht wie die Nachbarschaft früherer Zeiten auf Gegenseitigkeit. David Letterman wird uns nicht aushelfen, wenn an einem Wintermorgen die Autobatterie leer ist. Weder wird Jane Fonda einmal zum Babysitten kommen, noch wird Claudia Schiffer bei unserem alten Vater bleiben, wenn wir außer Haus Besorgungen machen wollen, noch wird Tom Hanks für uns Schnee schaufeln, wenn wir mit Grippe im Bett liegen.

Diese Ersatzbeziehungen schaffen eine neue Form der Einsamkeit – die Einsamkeit von Menschen, deren Gedanken sich um Leitfiguren drehen statt um menschliche Beziehungen. Vor Jahren hat einmal ein Soziologe festgestellt, daß jeder Mensch eine Mindestanzahl von sozialen Kontakten mit vertrauten Personen pro Woche braucht, um psychisch gesund zu bleiben. Diese Zahl setzte er bei sieben an. Es wäre interessant zu wissen, wie viele Menschen unterhalb dieser Grenze leben.

Die elektronische Gemeinschaft bietet weit weniger Vielfalt als das wirkliche Leben. Dort sind die Probleme ganz andere als die, denen sich Normalmenschen gegenübersehen: Junge Mädchen befinden sich in tödlicher Gefahr, junge, gut aussehende Männer kämpfen gegen Verbrecher. Normales Alltagsgeschehen kommt in dieser künstlichen Welt viel seltener vor: zum Beispiel Elternabende in der Schule, Aufsätze schreiben, Museumsbesuche, Klavier üben oder Essen auf Rädern. Menschen, die optisch nicht viel hergeben – so wie die meisten von uns –, sind unterrepräsentiert. Die Geschichten, die uns da vorgeführt werden, sollen ja Geld bringen. Die Vielfalt und der Reichtum des Lebens gehen darüber verloren.

In unserem elektronischen Dorf beginnt man erst, langsam den tieferen Sinn des Familienlebens zu erfassen. In der Wirklichkeit haben die Eltern keine Rückendeckung durch eine Gemeinschaft, die für die Werte steht, die sie ihren Kindern vermitteln wollen. Die Familienmitglieder mögen unter demselben Dach leben, aber sie gehen nur höchst selten wirklich aufeinander ein. Selbst wenn sie zusammen in einem Raum sind, sprechen sie nicht etwa über ihre Familie und ihre eigenen Erlebnisse, sondern sehen sich an, wie sich vor ihnen auf einem Bildschirm eine andere Familiengeschichte abspielt. Aber wahrscheinlich sitzen sie nicht einmal zusammen in einem Raum, sondern jeder macht in seinem Zimmer mit einem anderen elektronischen Gerät seine eigenen Erfahrungen.

Bill Moyers hat es so ausgedrückt: »Unsere Kinder werden mit technischen Apparaten großgezogen.« In der Tat gibt es sogar in manchen Kreißsälen Fernsehen, so daß Kinder buchstäblich von Geburt an den Medien ausgesetzt sind. Kinder sehen und hören Dinge, die für ihre Entwicklung gänzlich ungeeignet sind. Bevor sie auf dem Dreirad fahren können, werden sie schon Bildern von Sex und Gewalt ausgesetzt. Zweijährige sind bestimmt nicht reif für Sexszenen oder Nachrichten über Mord an Kindern! Fünfjährige sind nicht reif für die Sendung *Power Rangers* und Achtjährige nicht für die Hardcore-Rap-Botschaften von Snoop Doggy Dog.

Wir überhäufen unsere Kinder mit sexueller Stimulation. In der Zeitschriftenwerbung umarmen sich halbnackte Teenager, um Slips oder Jeans zu verkaufen. In einer Talkshow bekommt ein Mann Gelegenheit, ausführlich sein sexuelles Interesse an Füßen zu schildern. Im Hörfunk beschreibt ein Filmemacher seine Arbeit: »Einen Film zu drehen ist, wie wenn du einen geblasen und gleichzeitig einen mit dem Hammer auf die Rübe kriegst.« In Videospielen dienen oft spärlich bekleidete Frauen als Sexobjekte. Per Heimcomputer können Pädophile mit Kindern Verbindung aufnehmen, die ihre ersten Versuche auf den Tasten machen. Heutzutage sind Kinder schutzlos sexuellen Botschaften ausgesetzt, die noch vor 25 Jahren für Erwachsene tabu waren.

Wir müssen davon ausgehen, daß das Fernsehen eine erzieherische Wirkung hat. Es vermittelt Werte und führt beispielhaft Verhaltensweisen vor. Auf diese Weise werden Kinder manipuliert, sobald sie nur vor einem Fernseher sitzen können. Die zig Werbespots, die ein Kind im Durchschnitt täglich sieht, addieren sich in den Jahren zu Zigtausenden; damit werden sie zu Verbrauchern erzogen. So betteln schon Zweijährige ihre Eltern an, doch Produkte aus der Fernsehwerbung zu kaufen. Eine Mutter erzählte mir, daß die ersten Worte, die ihr Sohn sprechen konnte, »will haben« lauteten. Eine andere Mutter brachte mir Zeichnungen ihres vier Jahre alten Kindes; es handelte sich um Etiketten von Bierflaschen.

Ein Kind lernt aus der Werbung vor allem anderen: Ich bin die wichtigste Person auf der ganzen Welt; meine Gelüste soll ich nie beherrschen; Schmerz braucht nicht ertragen zu werden; und das Heilmittel gegen jede Art von Kummer ist dieses oder jenes Produkt.

Es lernt, mit einer eigenartigen Gefühlsmixtur aus Unbehagen und berechtigtem Anspruch zu leben. Mit den Botschaften der Werbung erziehen wir die Kinder zu egozentrischen, triebhaften und abhängigen Wesen. Das Fernsehen, nach den Worten Leonard Cohens »eine verzweifelte kleine Bildscheibe«, vermittelt seine Werte so klar und eindeutig wie die Kirchen.

Wir können zwar alles unternehmen, um solchen Unsinn von unseren Kindern fernzuhalten, aber sie leben nun einmal in einer Welt, in der andere Kinder dieses Wertesystem voll übernommen haben. Auch in ihrer Welt gibt es den Kolonialismus der Gemeinsamkeit. Überall werden Kinder ausgelacht, wenn sie keine Designerjeans tragen oder nicht mit dem Joystick umgehen können. Die Schulkameraden werden ihnen die Konsummentalität schon beibringen, wenn sie sie nicht selbst aus erster Quelle schöpfen können. Kürzlich war ich an der Westküste Schottlands, in einem Ort mit kaum hundert Einwohnern, der für seinen weißen Strand und seine Dampflokomotiven bekannt ist. Auf einer Wanderung am See entlang begegnete ich einem kleinen Mädchen, das mit Mutter und Großmutter Blaubeeren pflückte. Das Mädchen trug rosa Plastikstiefel wie eine Barbiepuppe.

KULTUR UND PERSÖNLICHKEIT

»Sorge dafür, daß die Gesellschaft ihre Pflichten gegenüber dem Individuum erfüllt, und das Individuum wird seine Pflichten gegenüber der Gesellschaft erfüllen« – Henry James.

In einer Rundfunksendung diskutierte ein Eskimo aus Alaska die Probleme seines Dorfs in der Arktis: Kindesmißbrauch, Alkoholismus, Spielsucht, Fehlernährung, Geisteskrankheiten und Gewalt. Er sagte: »Einer nach dem anderen kam in eine psychiatrische Klinik. Aber die Krankheit blieb im Dorf. Was da eigentlich vor sich ging, konnten wir nur verstehen, wenn wir die Gemeinschaft als Ganzes betrachteten.«

Sigmund Freud sagte einmal, ein Mensch sei nur dann gesund, wenn er sowohl lieben als auch arbeiten könne. Was für einzelne Menschen gilt, läßt sich auch auf die Kultur als Ganzes übertragen. Eine Kultur ist nur dann gesund, wenn sie ihren Angehörigen ermöglicht, zu lieben und zu arbeiten. Natürlich sind die Kulturen alle verschieden. Ist aber eine Kultur krank, werden auch ihre Angehörigen krank.

Moralisch hochstehende Kulturen bringen sittlich handelnde Menschen hervor, genauso wie unmoralische Kulturen – sagen wir – rohe Menschen erziehen. Es gibt Umgebungen, in denen der menschliche Geist aufblüht. In den USA bot zum Beispiel Neuengland um die Mitte des 19. Jahrhunderts den Nährboden für große Philosophen und Schriftsteller wie Louisa May Alcott, Ralph Waldo Emerson und Henry David Thoreau. Auch Deutschland kennt solche lokalen Zentren in Sachen Philosophie, Literatur, Malerei und Musik. Im amerikanischen Neuengland war die Stimmung damals optimistisch, abenteuerlustig und aufbruchbereit. Die Menschen wurden motiviert, sich persönlich weiterzuentwickeln und für die Verbesserung der allgemeinen Lebensumstände zu arbeiten. Im selben Jahrhundert erzeugten andere Kulturen, wie zum Beispiel China, Menschen, deren Seelen die Narben des Überlebenskampfs trugen.

Nun ist es wohl an der Zeit, daß ich mich genauer über einige Begriffe äußere, die ich in diesem Buch häufig verwende – zum Beispiel »Moral« oder »Werte«. Sie sind emotional belastet, eigentlich kaum abgegrenzt und daher vielfach demagogisch ausgebeutet; manche Menschen rümpfen darob die Nase, und manche halten ihre Fahne hoch. Angesichts der polarisierten Meinungen ist es fast unmöglich, diese Worte zu gebrauchen, ohne Partei zu ergreifen. Moral ist aber nicht Alleinbesitz einer politischen Partei, Rasse, religiösen Gruppe oder eines bestimmten Teils der Bevölkerung. Moralische Vorstellungen beziehen sich auch nicht nur auf Sex oder Gewalt, sondern ebenso auf den Gebrauch von Macht, Zeit und Geld. Insgesamt gesehen hat Moral damit zu tun, ob ich auf dieser Welt sittlich und weise handle. Dazu gehört auch, daß ich mich für das Allgemeinwohl einsetze.

Damit eine Gesellschaft blühen kann, muß unter ihren Mitgliedern über einige moralische Voraussetzungen Einigkeit herrschen. Diese Voraussetzungen bestimmen viele Grundzüge einer Kultur. Ich denke hier beispielsweise an die Lebensart, die Arbeitsmoral und was bestraft oder belohnt wird. Die Amerikaner sind zum Beispiel eine pluralistische Gesellschaft, die sich bemüht, für ihre Ziele einen gemeinsamen Nenner zu finden, und dieser ist bedauerlicherweise das Geld. Viele von uns lehnen ein Wertesystem ab, das sich überwiegend an der Wirtschaft orientiert – ein Wertesystem, das uns sagt: je mehr, desto besser; Geld macht glücklich, und Konsum ist Sinn und Zweck des Lebens. Doch die Medien und die allgegenwärtige Werbung erziehen unsere Kinder in dem Glauben, daß nur Produkte zählen. Das wird sie und letztlich auch uns alle kaputtmachen.

Lange Zeit besaß Amerika eine Kultur, die gute Menschen hervorbrachte. In den letzten zwanzig Jahren jedoch hat sich diese Kultur im Eiltempo verändert. Und viele dieser Veränderungen – in der Technologie, den Medien, der Wirtschaft, dem Wertesystem – machen es uns immer schwerer, gute Menschen zu sein. Eltern, von denen sich viele mehr um ihre Kinder kümmern, als ihre eigenen Eltern es je für nötig hielten, haben mit ihnen trotzdem größere Schwierigkeiten. Kinder, die mitten in Großstädten aufwachsen, sind der Allgegenwart von Banden und Drogen ausgesetzt, Arbeit und Lehrstellen sind knapp, die Universitäten überfüllt.

Eine Kultur steckt für ihre Angehörigen den Rahmen ab. Moral, das Verhältnis der Geschlechter zueinander, Arbeit und Familie sind soziale Konstrukte. Wie Neil Postman in seinem Buch *Das Verschwinden der Kindheit* zeigt, unterliegt auch die Kindheit gesellschaftlichen Rahmenbedingungen. Im Mittelalter, als nur wenige Menschen lesen und schreiben konnten, hatten die Kinder keine Kindheit. Sie wurden als kleine Erwachsene betrachtet, wie auf den Gemälden jener Zeit deutlich zu sehen ist. Daß sie eigene, entwicklungsbedingte Bedürfnisse haben könnten, kam kaum jemandem in den Sinn. Sie wurden für die wirtschaftlichen und sexuellen Bedürfnisse der Erwachsenen benutzt, und sie tranken, rauchten und schufteten auch wie Erwachsene.

Als die Menschen lesen und schreiben lernten, bildete sich eine zweigleisige Kultur heraus: Erwachsene konnten lesen,

Kinder nicht. Zum ersten Mal wurden Kinder als von Erwachsenen verschiedene Wesen angesehen, die, ihrem Alter entsprechend, andere Bedürfnisse hatten und vor bestimmten Erfahrungen beschützt werden mußten. Sie sollten spielen und lernen. Mit dieser Unterscheidung von den Lesekundigen erhielten Kinder einen Schutzraum, in dem sie – frei vom Zwang des Geldverdienens – zur Schule gingen und lernten. Bevor es Bücher gab, war der Zugang zu Informationen für alle gleich gewesen. Seitdem es Bücher gab, wußten belesene Erwachsene Dinge, die Kindern noch vorenthalten blieben. Die Erwachsenen kannten sich in Theologie, Geschichte, anderen Ländern und Völkern, Wissenschaften und Philosophie aus. Sie wußten aber auch von Morden, Kriegen und Hungersnöten und schirmten ihre Kinder so gut wie möglich gegen solche Nachrichten ab. In der Buchkultur bedeutete Erwachsensein den Besitz von Vorrechten und Verantwortung.

Zum ersten Mal seit dem 16. Jahrhundert haben in den letzten Jahrzehnten unseres Jahrhunderts die Kinder wieder dieselben Möglichkeiten der Information wie die Erwachsenen. Die Schutzmauern der Kinder fallen. Im elektronischen Dorf kann jedermann fernsehen und im Internet surfen. Was jahrhundertelang nur Erwachsenen zugänglich war, steht heute auch Kindern offen.

Die elektronische Kultur demontiert die Kindheit, und entsprechend schwindet die Dominanz der Erwachsenen – sofern wir sie als Menschen definieren, die mit ihrem besonderen Wissen auch besondere Verantwortung tragen. Viele Erwachsene wissen nicht mehr oder anderes als ihre Kinder. Sie schauen sich dieselben Talkshows an und spielen dieselben Videospiele. »Wir werden zu einem Volk, in dem es weder Kinder noch Erwachsene gibt«, schreibt Joshua Meyrowitz. »Vielmehr existieren wir alle in einer Grauzone zwischen Kindheit und Erwachsensein. Wir sind ein Volk von Heranwachsenden, vollauf mit uns selbst beschäftigt, sexualisiert, launisch und triebgesteuert, auf der Suche nach Freiheit ohne Verantwortung.«

Kultur und Persönlichkeit stehen in einer engen Wechselbeziehung. Aber schon immer und überall gab es gleichzeitig gute und schlechte Menschen. Der Roman *Der ferne Spiegel – Das dramatische 14. Jahrhundert* von Barbara Tuchman handelt von

Enguerrand de Coucy VII. (1340–1397), einem Mann, der in einer brutalen Zeit und einer barbarischen Kultur edles und zivilisiertes Verhalten zeigte. Die Franzosen Marquis de Sade und Jean Jacques Rousseau waren Zeitgenossen, ebenso die Engländer Jack the Ripper und Charles Dickens sowie die Spanier Miguel de Unamuno und Francisco Franco. In den fünfziger Jahren brachte die Kultur von Nebraska den Showmaster Dick Cavett und Charles Starkweather hervor.

Familienprobleme sind weder allein gesellschaftlichen Ursprungs, noch sind sie ausschließlich hausgemacht. Kultur und Familie beeinflussen die Kinder gleichermaßen. Daher ist es falsch, stets nur einen der Faktoren zu untersuchen; wir müssen vor allem auch die Wechselwirkungen beider Faktoren im Auge behalten.

Immer und überall gab und gibt es Familien, aber ihre Formen und geistigen Hintergründe unterscheiden sich stark voneinander. Ähnliche Fragen bestehen aber trotzdem: Welche Aufgaben hat die Familie und welche hat der Staat? Wie lassen sich die Interessen der Familie und der Wunsch nach persönlicher Unabhängigkeit vereinen? Wie ist die Beziehung zwischen Eltern und Kindern? Wer verrichtet welche Arbeit? Wie werden die Kinder in die Regeln der Gesellschaft eingeführt? Auf welche Weise werden die Werte von einer Generation zur anderen weitergegeben? Wer wird verantwortlich gemacht, wenn ein Mitglied seine Pflichten vernachlässigt? Auf diese Fragen muß es Antworten geben, damit die Eltern wissen, wie sie sich verhalten und ihre Kinder erziehen sollen. Wenn die Kinder nicht entsprechend erzogen werden, kann eine Kultur nicht weiterbestehen.

Je gesünder eine Kultur, desto höher ist der Stellenwert des einzelnen und der Familie. In einer gesunden, funktionierenden Gesellschaft werden die moralischen Werte von der Familie geprägt, und der einzelne hat die Möglichkeit einer weitgehenden Selbstbestimmung. Persönliche Sicherheit, Ausbildung, angemessenes Einkommen und persönliche Freiheit gehören bei uns zu den garantierten Grundrechten. Infolgedessen sind die Unterschiede zwischen den Menschen überwiegend vom Kräftespiel familiärer und persönlicher Faktoren bestimmt.

Als die Psychologin Lois Murphy ihre Forschungen über die Familie betrieb, bot Topeka, die Hauptstadt des US-Bundesstaats

Kansas, ein einheitliches Milieu, wo individuelle Charakterzüge der Kinder und ihrer jeweiligen Eltern entscheidend waren. Aber in nicht so sicheren und friedlichen Gesellschaften wird das persönliche Leben weitaus mehr durch die Gemeinschaft als durch die Familie geprägt. Dies war der Fall während der Herrschaft des Nationalsozialismus im Dritten Reich und später in der DDR, so war es unter Pol Pot in Kambodscha, und so ist es in einem beliebigen städtischen Ghetto der neunziger Jahre: Die Gesellschaft bestimmt das Leben ihrer Mitglieder. Ich möchte behaupten, daß in den USA und in weiten Teilen Europas die Macht einer uniformierten Gesellschaft zunehmend das Leben unserer Kinder prägt.

Gewiß gibt es in den Familien von heute die gleichen Probleme wie vor Hunderten von Jahren. Es sind Probleme, wie sie schon in der Bibel geschildert wurden – oder in den Canterbury Tales oder in den Werken von Shakespeare, William Faulkner und Henrik Ibsen: undankbare Kinder, selbstbezogene Eltern, eifersüchtige Geschwister, geisteskranke Angehörige, untreue Partner und verschwendungssüchtige Söhne. Ich würde auch niemals behaupten, daß das Familienleben nur eitel Sonnenschein ist. Im Gegenteil, auch meine Lieblingsschriftsteller beschreiben alle verzweifelte und manchmal hoffnungslose Anstrengungen, die für den Zusammenhalt der modernen Familie unternommen werden. Aber ich behaupte, daß einer Familie heute zusätzlich zu den altbekannten Problemen weitere neue Bürden auferlegt werden.

Wie ich schon bemerkt habe, haben es Länder leichter, wenn sie außerhalb ihrer Grenzen Feindbilder ausmachen oder aufbauen können. Die jüngere Geschichte ist voll von solchen Versuchen: die USA gegen die Japaner nach dem Angriff auf Pearl Harbour, die Japaner nach dem Abwurf der Atombombe auf Hiroshima, die sozialistischen gegen die kapitalistischen Länder, China gegen die Sowjetunion und so weiter. Seit dem Zusammenbruch des Sowjetsystems kämpfen nicht nur die Amerikaner mehr als zuvor gegeneinander. In Europa haben wir ein extremes und besonders tragisches Beispiel in den Gebieten des ehemaligen Jugoslawien. Angesichts eines gemeinsamen Feindes, beispielsweise einer Flutkatastrophe oder eines Kriegs, halten die Menschen mehr zusammen. Den Familien geht es oft auch so. Äußere

Feinde, Notsituationen, wie ein Hausbrand oder ein verheerender Sturm, schweißen die Angehörigen zusammen.

Eine Familie tut sich auch leichter mit konkreten Problemen als mit diffusen, unfaßbaren Gefahren. Haben die Kinder Hunger oder Durst, wissen die Eltern genau, was sie zu tun haben. Lungern ihre Kinder antriebslos herum, können sie sich selbst schon weniger helfen. Ist das Einkommen einigermaßen gesichert, und sind alle gesund, bekommen solche ungreifbaren Probleme einen höheren Stellenwert. Arme, kranke oder politisch verfolgte Menschen können ihren Feind leicht ausmachen. Die eigentlichen familiären Probleme entstehen jedoch in Zeiten des Wohlstands und einer relativen Sicherheit. Herrscht Hunger oder Lebensgefahr, ist die Neurose des Partners nicht so wichtig.

Finanziell gutgestellte Eltern sehen sich in einem Land, in dem alles im Überfluß vorhanden ist, in einem Zwiespalt. Sie könnten es sich leisten, die Wünsche ihrer Kinder zu erfüllen. Doch wissen sie, wie schädlich ein Zuviel des Guten ist. Wenn sie ihren Kindern, die gesellschaftlich auf Konsum getrimmt sind, etwas versagen, können sie kaum konkrete Gründe vorbringen. Erklärungen wie »Das brauchst du doch gar nicht« oder »So etwas ist nicht gut für dich« beschwören mehr Ärger und Streitereien herauf als die einfache Logik »Das können wir uns nicht leisten«.

Hier ein Beispiel für den Zusammenhang von gesellschaftlichem Wandel und Familienproblemen. Viele Eltern klagen, daß ihre Kinder so unselbständig seien. Heranwachsende bitten ihre Eltern, ihnen bei Angelegenheiten zu helfen, von denen die Eltern genau wissen, daß sie diese im gleichen Alter selbst geregelt hatten. Heute wollen die Teenager mit dem Auto gefahren werden, betteln ständig um Geld und sind hilflos, wenn es darum geht, ein Schulprojekt anzugehen. Ein Vater sagte einmal: »Ich verstehe das nicht. Wir haben doch alles getan, damit unseren Kindern viele Möglichkeiten offenstehen. Warum trauen sie sich nicht, auch nur die kleinste Verantwortung zu übernehmen?«

Allerdings konnte dieser Vater einst als Heranwachsender ausgehen, ohne daß ihn seine Eltern ständig vor drohenden Gefahren warnen mußten. Als er seine kleine Welt durchstreifte, konnte er ein Gefühl der Kompetenz entwickeln. Er lernte, seinen Tag zu strukturieren, und er erfuhr, daß sein eigenes Verhalten über Erfolg oder Mißerfolg entschied. Heute sind die Kinder furchtsamer. Für sie ist es viel schwerer, sich sicher und kompetent zu fühlen, alles unter Kontrolle zu haben. Das ist nicht nur ein Thema für Eltern, sondern ein gesellschaftliches Problem.

In dem Buch *The Age of Missing Information* (Das Zeitalter vor dem Informationszeitalter) schreibt Bill McKibben, daß die Amerikaner in den fünfziger Jahren mit ihrem Leben sehr zufrieden waren. Es herrschte mehr Wohlstand als zum Beispiel in den zwanziger Jahren, aber weniger Materialismus als in den neunziger Jahren. In den fünfziger Jahren hatten die meisten Amerikaner Wasseranschluß, Elektrizität, Telefon, Kühlschrank, gute Straßen und Antibiotika. Aber sie hatten noch kein geblümtes Toilettenpapier, keine Designerjeans, Computerspiele oder Vaginalsprays. In den fünfziger Jahren waren die Menschen sexuell nicht so verklemmt wie in den zwanziger Jahren, aber auch nicht so sexbesessen wie in den neunziger Jahren. Das Fernsehen war neu und unbedarft. Es war noch nicht zur bestimmenden Macht in der Erziehung geworden.

In den USA ist jegliche Diskussion um die fünfziger Jahre emotionsgeladen. Die Linken betonen die damaligen Probleme, während sich die Rechten auf die damaligen Vorzüge konzentrieren. Jede Bemerkung über die fünfziger Jahre erhält sofort einen politischen Anstrich. Aber selbstverständlich waren die Verhältnisse in den fünfziger Jahren viel komplexer, als die eine oder andere Seite zugeben will. In dieser Zeit gab es auch ernste Probleme: Antisemitismus, Kommunistenverfolgung in der ausklingenden McCarthy-Ära und die Parole »Frauen zurück an den Herd!«. Heuchelei war an der Tagesordnung, und viele Probleme wurden unter den Teppich gekehrt. Leider sind diese bis heute nicht befriedigend gelöst.

Die fünfziger Jahre waren in Amerika nicht gerade eine Ära der Toleranz gegenüber der Vielfalt menschlicher Erscheinungen sowie Denk- und Verhaltensweisen. Ich erinnere mich zum Beispiel an Rick, einen Jungen aus unserer Stadt, der sein »Coming out« versuchte, indem er einen anderen Jungen küßte; der andere Junge erzählte diesen Vorfall überall herum. Daraufhin wurde Rick von allen Jungen und den meisten Mädchen gemieden und gnadenlos wegen der »Sünde«, anders zu sein, gedemütigt. Noch heute kommt er nicht zu Klassentreffen. Vermutlich herrscht inzwischen mehr Toleranz gegenüber dem Andersartigen, und auch der institutionalisierte Rassismus hat bereits an Boden verloren.

Aber die fünfziger Jahre waren auch eine Zeit der Gemeinsamkeiten. Politik und Wirtschaft schafften eine starke Mittelklasse. Vielen Menschen ging es finanziell besser als ihren Eltern. Die meisten Kinder und Eltern sahen optimistisch in die Zukunft. In ganz Amerika gab es Vereinigungen und Gemeinschaften, sogar in den Städten. Selbst meine afroamerikanischen Freunde, von denen keiner diese Zeit zurückwünscht, erinnern sich gern an die Gemeinschaft der Schwarzen in jenen Tagen. Die Kriminalitätsrate war niedrig, und die Menschen lebten in größerer Sicherheit. Die meisten Eltern konnten gute Eltern sein. Ganz durchschnittliche Menschen mit durchschnittlichen Fähigkeiten konnten wohlgeratene Kinder großziehen.

Heute leben die Familien im familienfeindlichsten Klima aller Zeiten. In der Wildnis ist eine Familie unter sich; auf sich selbst gestellt, schützt sie sich durch den Bau eines Hauses mit starken Wänden gegen äußere Gefahren. Im Schutz einer Gemeinschaft braucht eine Familie keine Wälle; sie lebt unter Freunden, die die gleichen Wertvorstellungen haben und sich gegenseitig helfen. Heute sind die Familien weder unter sich, noch eingebettet in eine schützende Gemeinschaft. Sie haben keine Schutzwände; doch bei vielen klopft der Wolf an die Tür.

MEINUNGEN ÜBER FAMILIEN

Wenn ich von Familie spreche, meine ich gewöhnlich die biologische Familie. Blutsbande schweißen zusammen, das läßt sich nicht leugnen. In unserer aufgebrochenen, chaotischen Gesellschaft wohnen aber oft die nächsten Angehörigen weit auseinander. Für viele Menschen nehmen Freunde die Stelle der Familie ein. Dann ist die Familie eine Ansammlung von Menschen, die sich im Lebenskampf gegenseitig helfen und unterstützen. In einer Familie liebt man einander, auch wenn es Opfer erfordert. In einer Familie hält man zusammen, auch wenn man anderer Meinung ist.

Eine Familie zu haben, heißt: Jemand interessiert sich dafür, daß Sie erkältet sind oder gerade Streit mit Ihrem Partner haben, oder wie Sie Ihren jungen Hund erziehen. Zur Familie gehört, wer Zeitungsausschnitte über die Meisterschaft Ihres Kegelvereins an der Kühlschranktür anbringt, wer Ihre Zeichnungen oder selbstgemachte Töpferware aufbewahrt. Familienmitglieder hören sich die Geschichten aus Ihrer Jugendzeit an; sie helfen Ihnen beim Einkochen und machen für Sie den Ölwechsel im Auto. Zu einer solchen Familie gehören Menschen, die Sie im Krankenhaus besuchen, die Sie auch nachts anrufen können, wenn Sie einmal nicht mehr aus noch ein wissen, oder die Ihnen Geld leihen, wenn Sie keine Arbeit haben und am nächsten Monatsersten die Miete nicht bezahlen können. Ob solche Menschen nun mit Ihnen verwandt sind oder nicht – sie sind für Sie Familie.

Wenn man Glück hat, bildet die Gruppe, in die man hineingeboren wird, eine Familie im eben geschilderten Sinn. Aber manche Menschen haben dieses Glück nicht. Ein Beispiel ist Janet. Als sie gerade das Examen machte, verunglückten ihre Eltern bei einem Verkehrsunfall tödlich. Mit Anfang zwanzig heiratete sie, und drei Jahre später starb ihr Mann an Leukämie. Ihre Schwester ruft gewöhnlich dann an, wenn sie wieder einmal Selbstmordgedanken hegt oder Geld braucht. Janet ist eine Idealistin, und als Kongreßabgeordnete arbeitet sie hart. Ihre Familie besteht aus den Männern, Frauen und Kindern, mit denen sie in den 25 Jahren, die sie in dieser Stadt lebt, zusammengewachsen ist und von denen sie menschlich abhängt. Sie lebt allein mit ihrem Hund. Aber wenn sie an Weihnachten zum Abendessen eingeladen ist, bringt sie den Nachtisch mit, und an Silvester veranstaltet sie für alle Nachbarn in ihrem Haus eine Feier. Sie geht zu Hochzeiten, Schulkonzerten und anderen Veranstaltungen in ihrer kleinen Stadt. Voller Stolz erzählte sie mir: »Als ich mir letztes Jahr beim Skifahren das Bein gebrochen hatte, brachten mir drei Familien das Essen.«

Ich denke da auch an Morgan, einen Jazzmusiker, der schon vor Jahren aus seinem strengen, selbstgerechten Elternhaus ausgezogen ist und ebenfalls nicht mehr in seiner Heimatstadt wohnt. Er steckt voller Erinnerungen an seinen Vater, der ihn mit dem Gürtel schlug oder draußen in der Kälte übernachten ließ. Einmal sagte er: »Ich mußte 18 Jahre alt werden, ehe mir jemand sagte, daß ich etwas zu bieten habe.« Das hat er in der Tat. Er spielt wunderschön Geige, lehrt musikalische Improvisation sowie Jazzvioline und organisiert Veranstaltungen. Seine Familie besteht aus den Musikern und Musikliebhabern, die er mit den Jahren um sich gesammelt hat.

Wenn Sie großes Pech haben, stammen Sie aus einer Kleinfamilie, der Sie gleichgültig waren. Curtis, der regelmäßig von seinem Vater geschlagen wurde, hat sich als Sechzehnjähriger den Eintritt in die Marine erschlichen, indem er falsche Angaben über sein Alter machte. Jahre später schrieb er seinen Eltern, ob er Weihnachten nicht nach Hause kommen könnte. Sie haben auf den Brief nicht einmal geantwortet. Als er zu mir in die Therapie kam, habe ich ihm Mut gemacht, sich mit Freunden und Kameraden aus der Marine eine neue Familie aufzubauen. Manchmal sind klare Trennungen nicht zu vermeiden, so schmerzhaft sie auch sein mögen.

Es gibt da auch Anita, die nicht wußte, wer ihr Vater war, und mit sieben von der Mutter verlassen wurde. Tante und Onkel haben sie aufgezogen, und sie liebte sie sehr. Als sie erwachsen war, spürte sie ihre Mutter auf – und mußte feststellen, daß diese überhaupt kein Interesse an ihr zeigte. Doch hatte sie zumindest in Onkel und Tante eine Familie, die sie liebte.

Eine Familie braucht nicht unbedingt die biologischen Bande. Andererseits ist das, was eine Familie bietet, schwer nachzuahmen. Wenn Sioux-Indianer »Familie« meinen, sprechen sie von »Tiospaye«, »Menschen, mit denen man lebt«. Beziehungen in einer solchen erweiterten Familie sind unter den Mitgliedern eines Kibbuz in Israel wahrscheinlich enger als in jeder anderen westlichen Gruppe. Ein Tiospaye-System verschafft Kindern mehrere Eltern, Tanten, Onkel und Großeltern. Es bietet Kindern einen Ausgleich für die Probleme, die aus ihrer Kleinfamilie erwachsen können. Wenn die Eltern einmal schwierig sind, sind immer andere Erwachsene da, die die Situation entschärfen können. Psychische Erkrankungen waren unter den Sioux selten, bis in den dreißiger Jahren ihr Land verkauft wurde, sie sich in alle Winde verstreuten und dem Alkohol verfielen. Wenn sich alle Erwachsenen für alle Kinder verantwortlich fühlen, wachsen gesunde Menschen auf.

Beide, Tiospaye und die leibliche Familie, bieten einen wesentlichen Halt für ihre Mitglieder. Jeder gehört dazu, ob gesund oder krank, klug oder beschränkt, tüchtig oder nicht. Das Wertvollste an diesen Institutionen ist, daß die Menschen dazugehören, weil sie in diese Gruppe hineingeboren sind. Und sie bleiben Angehörige dieser Gruppe, auch wenn sie behindert oder wenig umgänglich sind, arbeitslos oder kriminell wurden. Diesen Status der Selbstverständlichkeit des Heims feierte der Lyriker Robert Frost als einmalig und charakteristisch, als etwas, »das man sich nicht verdienen muß«.

Vielen Menschen bleibt der Zugang zu einer stützenden leiblichen Familie oder einer Tiospaye verschlossen. Als Ersatz haben sie sich vielleicht eine soziale Familie geschaffen, wenn sie nicht ohnehin die Gesellschaft von Freunden ihrer leiblichen Familie vorziehen. Das Problem mit sozialen Familien ist, daß sie meist nicht so beständig und die Bindungen weniger stark sind. Wenn man seinen Job verloren hast, nehmen sie einen vielleicht gar nicht erst auf oder helfen einem nicht finanziell aus; sie besuchen einen auch nicht im Pflegeheim, wenn man nach einem Autounfall querschnittsgelähmt ist. Nachdem mein Vater einen Schlaganfall erlitten hatte und kaum mehr sehen oder sprechen konnte, waren es die Familienangehörigen, die ihn einluden, ihn besuchen kamen und ihm überhaupt über die schweren Jahre hinweghalfen. Natürlich vermögen soziale Familien das auch zu leisten. Die erschütterndsten Beispiele bieten dazu wohl die Freunde Aids-Kranker, die mit ihnen die schwere Zeit bis zum Tode durchstehen. Eine andere Gruppe sind etwa die Ausländer, die sich in der Fremde oft gegenseitig helfen.

Andererseits halten auch leibliche Familien in Krisenzeiten nicht immer zusammen. Aber im allgemeinen ist Blut doch dicker als Wasser. Unter Druck schlägt sich eine Familie zusammen durch.

Ein anderes Problem mit sozialen Familien ist, daß sich nicht jeder für diese Art von Familie eignet. Freundschaft läßt sich nicht erkaufen. Heutzutage brauchen die Menschen mehr als je zuvor Freunde. Aber in einer mobilen Gesellschaft, in der die

Menschen stets von Hektik geplagt sind oder von einem Ort zum anderen ziehen, ist es schwer, Freunde zu finden und zu behalten. Manche Menschen sind auch zu schüchtern, zu verschlossen oder zu schwerfällig. Drogensüchtige finden genauso schwer neue Freunde wie Alzheimer-Kranke. Soziale Familien lassen eben auch viele Menschen im Regen stehen.

Für mich ist das alles weniger eine Frage der Biologie als der Bindung und des Zusammenhalts. Für die meisten von uns schließt wahrscheinlich das eine das andere nicht aus. Man kann sowohl ein festes Netz von Freundschaften als auch eine starke Familienbindung haben. Wir müssen aber den Begriff der Familie weiter fassen, so daß auch alleinerziehende Eltern, die Mehrgenerationenfamilie, Pflegeeltern und die Lebensgefährten von Homosexuellen mit einbezogen sind. Trotzdem stimme ich David Blankenberg zu, der in dem von ihm mit herausgegebenen Buch *Rebuilding the Nest* (Bauen wir uns wieder ein Nest) zu dem Schluß kommt: »Selbst wenn die Kleinfamilie viele Probleme mit sich bringt, so ist sie doch eine schützenswerte Institution, bis etwas Besseres erfunden ist.«

Für uns gibt es eigentlich nur zwei Arten von Familien: die ideale und die gestörte Familie. In der Idealvorstellung ist die Familie ein ständig sprudelnder Quell liebevoller Harmonie, der Treue und des Dienstes am anderen. Die Negativvorstellung sieht in der Familie nur eine Belastung, von der man sich, um mit einigermaßen heiler Haut davonzukommen, möglichst bald lösen muß. Beide Konzepte hatten jeweils ihre Hochkonjunktur.

In den fünfziger Jahren wurde die ideale Familie gefeiert; es waren die Jahre nach dem Krieg, der die Familien bedroht und auseinandergerissen hatte und die Sehnsucht nach der Geborgenheit in einer intakten Familie nährte.

In den neunziger Jahren scheint das Bild von der gestörten Familie vorzuherrschen. Es entspricht unserer narzißtischen Kultur, die uns einreden will, daß eine Familie dem Anspruch auf Selbstverwirklichung des einzelnen im Wege steht. Infolgedessen sehen viele Amerikaner und Europäer ihre eigene Familie und die der anderen mit scheelen Augen an. In Jugendmagazinen und Erwachsenenzeitschriften wird die Familie von der Populärpsychologie als Urheber pathologischer Charaktere dargestellt. In den Talkshows erscheint sie als Brutstätte von Niedertracht und Neurosen. Häufig trifft man Menschen, die die verschiedenen Formen seelischer Leiden auf ihre Familienverhältnisse zurückführen. Wie oft zeichnen Film und Fernsehen die Familie als einen schweren Klotz am Bein!

In der modernen westlichen Gesellschaft ist es für Kinder ab einem gewissen Alter geradezu unschicklich, ihre Eltern gern zu haben. Erwachsensein wird als Abbruch des Gewesenen, als Neuanfang mit neuen Regeln definiert. Gerade in der Zeit, in der die Heranwachsenden ihre Eltern besonders dringend brauchen, wird ihnen beigebracht, daß sie sich möglichst von ihnen distanzieren sollen. Eine Freundin erzählte mir von einem Einkaufsbummel mit ihrem Sohn. Als sie seinen Schulkameraden begegneten, war er plötzlich zehn Schritte hinter ihr, um ja nicht mit seiner Mutter zusammen gesehen zu werden. Später hatte er ihr gesagt, wieviel Spaß ihm der Nachmittag in der Stadt gemacht hatte. Aber weil alle seine Freunde ihre Eltern ablehnten, würde er ausgelacht, wenn sie wüßten, daß er seine Mutter mochte. Er befand sich in einem richtigen Zwiespalt. »Bin ich denn verpflichtet, dich zu hassen?« fragte er.

Dieser soziale Druck gegen die Familie scheint nur in unserer westlichen Kultur zu existieren. In den meisten Kulturen wird die Familie respektiert und sogar verehrt. In Vietnam zum Beispiel geben sich Liebende den Kosenamen »Geschwisterchen«. Bei den Papua auf Neuguinea schätzen Angehörige des Stammes der Kuma ihre Familienmitglieder mehr als alle anderen Menschen. Geschwister werden als Alter egos, als andere Formen des Ich betrachtet. Die Kuma sagen, daß Partner ersetzt werden können, Geschwister nicht. Für viele Indianerstämme Nordamerikas sind Blutsverwandte eng mit dem Wert des eigenen Selbst verbunden. Wer keine Familie hat, ist gesellschaftlich tot.

Von den alten Griechen über Descartes bis hin zu Freud hat der gesamte Westen das unabhängige Ich kultiviert. Aber die Amerikaner sind darin die Weltmeister. Die Auswanderer, die die Staaten gegründet hatten, waren Rebellen, die gesellschaftlichen Druck nicht ertrugen. Als sie sich eine Verfassung gaben, betonten sie ihre Rechte und Freiheiten. Ihre Gesetze schützten das Privateigentum und die Rechte des einzelnen. Verantwortlichkeit für die Gemeinschaft aller stand nicht auf dem Programm.

Wertvorstellungen über die absolute Unabhängigkeit des einzelnen haben sicher gut funktioniert, solange die Amerikaner in kleinen Gemeinden inmitten eines unübersehbar großen, unbewohnten Raums lebten. Aber menschenleere Weite ist knapper geworden, und Gesetzlose und Verbrecher leben jetzt mitten unter uns. Bisher hatte ein starker Sinn für die Bedürfnisse einer Gemeinschaft die Entgleisungen der Gesetzlosen kanalisiert, aber nun sind andere Wertvorstellungen in den Vordergrund getreten.

Wir Amerikaner haben die Idee der persönlichen Rechte bis zum äußersten getrieben. Unsere Gesetze lassen es zu, daß Erwachsene den Kindern schädliche Produkte verkaufen. Doch die Gesetze sind nicht einmal unser Hauptproblem, sondern das Verschwinden der gesellschaftlichen Regeln. Die Menschen haben sich immer mehr von gesellschaftlichen Zwängen als von Gesetzen leiten lassen. Mehr als jedes Gesetz bestimmen die ungeschriebenen gesellschaftlichen Regeln unser Verhalten: für jemanden einen Gang erledigen, sich nicht vordrängeln, anderen die Tür aufhalten, im Theater nicht laut sprechen. Leider scheinen diese Regeln, nach denen sich das gesellschaftliche Leben organisierte, an Bedeutung zu verlieren. Wir werden eine Nation von Menschen, die sich ärgern, wenn jemand ihren Weg kreuzt.

Die Rücksichtslosigkeit ist allgegenwärtig. Filmhelden und Showmaster sind rücksichtslos, und die Kinder machen es ihnen natürlich nach. Die Showmaster unterbrechen ihre Kandidaten, und die Kinder lernen von ihnen, wie man das macht und daß das ganz in Ordnung ist. Kürzlich wurde ein Bekannter von mir beim Volleyballspiel von einem Gegenspieler angerempelt und verletzt. Der andere entschuldigte sich nicht einmal, geschweige denn, daß er ihn auf dem Weg in den Sanitätsraum gestützt hätte. Hingegen forderte ein Hallenwart den Verletzten nur auf, den Platz gefälligst möglichst schnell zu verlassen, weil er ihn mit seinem Blut beschmutze und das Spiel aufhalte. Einmal beobachtete ich, wie ein alter Mann an einer verkehrsreichen Kreuzung sehr zögerlich die Straße überquerte. Die Autofahrer fluchten und hupten ihn an. Er war ganz verwirrt und verängstigt und wäre fast vor ein Auto gestolpert. Auf einem Festival stand ein Mann vorn an der Bühne. Die Zuschauer riefen ihm zu, daß sie nichts sehen könnten, aber er wollte sich trotzdem nicht setzen. Schließlich boxte ihn ein Mann auf den Boden, begleitet von den Zurufen der anderen: »Mach ihn fertig, den Scheißkerl!« Eine Politikerin berichtete mir bei einer Tasse Kaffee, daß sie nicht mehr auf die Gemeinderatssitzungen gehe. »Dort läuft alles aus dem Ruder. Die Leute beleidigen sich gegenseitig und mich natürlich auch. Es gibt keinen Dialog mehr, nur noch Anschuldigungen unterhalb der Gürtellinie.«

Unsere Gesellschaft befindet sich in einer Krise, die man als Sinnkrise bezeichnen könnte. Sie erwächst aus der Isolation der Menschen, aus den Werten einer auf Verbrauch ausgerichteten Gesellschaft mit der unterschwelligen Verpflichtung zur Nabelschau, die um die anscheinend einzig wichtige Frage kreist: Bin ich auch wirklich glücklich? Ständig bekommen wir zu hören, daß wir die Nummer eins und unsere momentanen Bedürfnisse die allerwichtigsten sind. Im Gefolge dieser Krise steht die Botschaft, daß Produkte zufrieden machen und Glück käuflich zu erwerben sei.

Unsere Gesellschaft wird vom Geld beherrscht. Aber eine Gesellschaft, die sich am Profit statt am Menschen orientiert, ist wenig familienfreundlich. In dieser Kultur des Geldes begegnen wir auf der Suche nach einem Sinn nur einer Leere, und wir leiden zwangsläufig am Verlust des Wesentlichen. Jeder, den ich kenne, möchte gute Arbeit leisten. Aber ausgerechnet jetzt klafft ein riesiger Graben zwischen sinnvollem Handeln und dem, was man dafür erhält.

THERAPIE VON FAMILIEN

Einst lagen die Griechen vor Troja, einem Stadtstaat, mit dem sie sich im Kriegszustand befanden. Die Mauern der Stadt hielten ihren Angriffen stand. Die Blockade der Griechen erfüllte jedoch ihren Zweck nicht, denn es gelangte trotzdem noch genug Nahrung in die Stadt, um die Bevölkerung vor dem Hungertod zu bewahren. Schließlich zimmerten die Griechen ein riesiges hohles Pferd und ließen es – im Inneren voller griechischer Soldaten – als Geschenk an die Trojaner zurück. Sie selbst versteckten sich in den umliegenden Hügeln und warteten ab.

Als die Trojaner erwachten, sahen sie das Pferd vor den Toren ihrer Stadt. Sie zogen es in die Stadt und feierten den ganzen Tag den Abzug der Griechen. Aber in der Nacht, als die Trojaner ihren Rausch ausschliefen, krabbelten die Griechen aus dem Bauch des Pferds und öffneten für die anderen Krieger die Tore. Auf diese Weise nahmen sie die Stadt von innen ein. Manchmal gleichen wir Therapeuten jenem Trojanischen Pferd. Unter dem Mantel des Mitgefühls und der Freundschaft schleichen wir uns in die Familien ein und tun ihnen nicht immer nur Gutes.

Therapeuten haben eine enorme Macht; sie können Gutes bewirken oder auch Schaden anrichten. Man wendet sich an uns, damit wir eine Verhaltensweise oder ein Geschehen erklären. Kommt ein jugendlicher Straftäter zu uns, können wir nach vielem fragen: nach seinen Eltern, seinen Freunden, nach der Musik, die er gern hört, und nach der Schule, die er besucht. Einer Frau mit Depressionen können wir Fragen stellen über ihre sportliche Betätigung, ihre Ernährungsweise, ihren Verbrauch an Medikamenten sowie über ihre Gesundheit, Ehe, Arbeit oder Kindheit. Unsere Fragen unterstellen Gründe und können die Klienten zu Lösungen führen. Wir können Fragen stellen, die Leiden verursachen oder neue Kräfte wecken. Wir können Fragen stellen, die die Familienmitglieder noch weiter auseinander bringen, oder aber Fragen, die den Heilungsprozeß fördern.

Familientherapeuten haben meistens sehr gemischte Erfolgsstatistiken. Ich kenne Therapeuten, die Familien gerettet haben, indem sie ihnen Grund zur Hoffnung gaben, ein Ziel eröffneten und ihnen Strategien vermittelten, wie sie aus ihrer Krise herausfinden konnten. Ich kenne auch Therapeuten, die fürsorglich und kompetent Familien geholfen haben, mit Drogenabhängigkeit oder Gewalt fertig zu werden oder von einem seelischen Trauma zu genesen. Aber ein Therapeut ist in einer Familie immer Gast, und manchmal verhalten wir uns nicht entsprechend. Ich habe Familien gesehen, denen die Therapie geschadet hat. Sie liefen Amok bei dem Versuch, simplifizierenden Ratschlägen zu folgen. In einem anderen Fall wurden Familienangehörige ungerechtfertigterweise in eine Anstalt eingewiesen, wo sie unter der »Behandlung« nur noch kränker wurden. Es sind auch Familien dabei, die jegliches Selbstvertrauen verloren, nachdem sie für gestört erklärt wurden.

Ich kenne eine alte Frau, die weit weg von ihrer einzigen Tochter allein im Krankenhaus gestorben ist. In den letzten Wochen ihres Lebens hatte sie ihre Tochter mehrmals gebeten, nach Hause zu kommen. Aber die Therapeutin ihrer Tochter, die die Mutter übrigens niemals gesehen hatte, war dagegen. Sie sprach von Manipulation durch die Mutter, der sich die Tochter unbedingt verweigern müßte. Die Krankenschwestern allerdings, die den Verfall des Körpers und die wachsende Atemnot der Mutter mit ansehen und die verzweifelten Rufe nach der Tochter mit anhören mußten, hatten ein anderes Bild von der Sterbenden als die in sicherer Entfernung weilende Therapeutin.

Der junge Ehemann einer Nachbarin hatte Prostatakrebs im Endstadium. Sie war sehr deprimiert und wußte nicht, wie sie damit fertig werden sollte. Sie suchte einen Therapeuten auf, der ihr erklärte, sie müßte sich in dieser Situation vorrangig um sich selbst kümmern. Also kümmerte sie sich um sich selbst und ließ ihren Mann in seinem Leiden und mit seinen Medikamenten allein. Jetzt, noch Jahre danach, quälen sie Träume, in denen ihr Mann nach ihr ruft.

Kürzlich unterhielt ich mich mit einem in der Ausbildung befindlichen Therapeuten. Matthew berichtete von einer jungen Mutter, die alkoholabhängig, arm und einsam war. Ich erkundigte mich nach Zufluchtsmöglichkeiten, zum Beispiel nach ihrer Familie. »Ich habe ihr geraten, sich von ihr fernzuhalten«, sagte er, »die spinnen alle total.« Für mich stellte sich jedoch folgende Frage: Wenn diese junge Frau ihrer Familie so entfremdet wird, wer wird ihr dann helfen? Aufgrund seiner Ausbildung war Matthew natürlich stolz darauf, eine Familie als »pathologisch« erkannt zu haben. Aber er würde wohl nicht auf das Kind seiner Klientin aufpassen oder ihm das Fahrradfahren beibringen. Auf dem Totenbett verlangt niemand mehr vom Therapeuten Rechenschaft.

Natürlich wird vielen Familien mit Therapie geholfen. Aber häufig nehmen sie auch Schaden daran. Weil wir darauf spezialisiert sind, finden wir meist sehr schnell die kranken Stellen in einer Familie. Seit den letzten hundert Jahren konzentrieren sich viele Experten auf die negative Rolle, die eine Familie für die Entwicklung des einzelnen spielen kann. So erklären Therapeuten und Populärpsychologen, wie Familien ihre Mitglieder einengen, manipulieren und mißbrauchen. Unsere Sicht der Dinge hat die Menschen das Fürchten gelehrt, insbesondere die Mütter, die immer an allem schuld sein sollen.

Seit den letzten beiden Jahrzehnten werden seelische Leiden vor allem familiären Verhältnissen zugeschrieben. Die Familie ist zum Angelpunkt der Analysen geworden. In den Buchläden stapeln sich die Bücher, die seelische Gesundung durch die Analyse von Kindheitserfahrungen versprechen. Der Familie, die ohnehin schon unter Druck steht, werden so noch mehr Lasten aufgebürdet, da diese Bücher zumeist Ich-Bezogenheit statt Sozialverhalten predigen.

Freud ließ den gesellschaftlichen Hintergrund weitgehend unberücksichtigt und erklärte seelische Störungen fast ausschließlich mit familiären Erfahrungen. Dies verhinderte lange Zeit, daß sich die Menschen auch über gesellschaftliche Einflüsse Gedanken machten. Da er stets nur die Probleme eines einzelnen Klienten behandelte, übersah er gänzlich die Verantwortung der Gesellschaft gegenüber ihren Mitgliedern. Wir müssen heute die Familientherapie neu überdenken. Sonst bleibt sie, was sie häufig genug ist: nicht nur überflüssig, sondern – schlimmer noch – schädlich, denn sie vermag durchaus eine Familie von innen heraus zu zerstören.

THEORIEN SIND BEGRENZT DURCH RAUM UND ZEIT

Kürzlich hatte ich einen Beratungsfilm für Eltern zu begutachten. Darin kämpfte eine farbige Mutter gegen die langen Haare ihres heranwachsenden Sohns. Zuerst versuchte sie es mit dem Argument, daß sie es doch nur gut mit ihm meine; er reagierte jedoch patzig auf diese Einmischung in seine persönlichen Belange. Dann trat ein Therapeut auf, der die Mutter in der richtigen Gesprächstechnik unterwies. Daraufhin bat die Mutter ihren Sohn, sich um ihretwillen die Haare schneiden zu lassen, denn dann würde sie sich wesentlich wohler fühlen, worauf der Junge lächelnd einging.

Im nachhinein kam ich zu dem Schluß, daß dieser Film irgendwie an der Wirklichkeit vorbeiging, denn erstens ist mir in meinem ganzen Leben noch kein Teenager begegnet, der sich lächelnd bereit erklärt hätte, die Haare so zu tragen, wie seine Mutter es will – egal, auf welche Weise sie mit ihm redet; und zweitens wird offensichtlich unterstellt, daß eine Mutter das Verhalten ihres Sohnes steuern kann, wenn sie nur richtig mit ihm spricht. Dieser Film weiß allem Anschein nach nichts von Drogen, Jugendbanden, Armut, Leitbildern für Geschlechterrollen oder von Rassismus. Statt dessen schiebt er wieder einmal alle Verantwortung der Mutter zu. In diesem Film wurde im wesentlichen die Theorie vertreten, daß das Gespräch zwischen Eltern und heranwachsenden Kindern das Verhalten der Jugendlichen entscheidend beeinflusse. Das mag früher einmal gegolten haben, aber das war lange vor Bandenkriegen, Heavy Metal und Drogenhöhlen.

Theorien haben immer begrenzte Anwendungsbereiche. An bestimmten Orten und in bestimmten Zeiten funktionieren sie gut. Sigmund Freud kannte vor allem die Wiener Mittelklasse im ausgehenden 19. Jahrhundert und Fritz Perls die deutschen Familien der vierziger und fünfziger Jahre des 20. Jahrhunderts. Die Theorie über gestörte Beziehungen innerhalb einer Familie trifft am besten auf die Familien zu, für die sie aufgestellt wurde: Alkoholikerfamilien. Die humanistische Medizin (oder Psychologie) verstand am meisten von der amerikanischen Familie der sechziger Jahre. In dieser Zeit hatten die meisten Kinder zwei Elternteile, und die Mutter war Hausfrau. Die Eltern hatten die Kinder besser unter Kontrolle, es gab festgefügte Gemeinschaften, und die Familien hatten Schutzmauern nach außen. Manche Therapieformen sind durchaus sinnvoll, andererseits überleben sich psychologische Theorien meist schnell. Unsere Vorstellungen von der Hilfe, die wir anbieten können, fallen angesichts einer veränderten Welt wie ein Kartenhaus in sich zusammen. Und jetzt versuchen wir Probleme mit Hilfe von Lehren zu lösen, die für eine längst vergangene Wirklichkeit entwickelt wurden.

In seinem Drama *Ein Volksfeind* schreibt der Norweger Henrik Ibsen im Jahr 1882: »Keine Wahrheit kann länger als 17, 18 oder höchstens 20 Jahre lang wahr bleiben.« Die meisten unserer Theorien sind aber viel älter. Sie stammen aus Zeiten vor dem Fernsehen, vor den Computern und vor den Massenentlassungen von Arbeitnehmern. Viele Theorien kommen mir vor wie Dinosaurier in der Fußgängerzone. Betrachten wir nur Freuds Theorie über die Verdrängung sexueller Triebe: Wie sollen wir in der Welt des Fernsehens darüber diskutieren? Oder wie würde Alice Miller mit den Problemen des Datenschutzes umgehen? Und wie würde Fritz Perls einer Familie helfen, die im Zuge von Rationalisierungsmaßnahmen um ihr Arbeitseinkommen gebracht wird? In der Zeit, in die die Therapeuten hineingeboren wurden, waren diese Überlegungen eine große Hilfe. Aber in schlechten Zeiten haben die Menschen andere Sorgen als sich um die Frage zu kümmern, ob sie als Baby gestillt wurden oder ob eine Traumanalyse sinnvoll ist.

Meinen Theorien wird es nicht anders ergehen. Auch sie sind beeinflußt durch die Zeit, in der ich lebe, den Ort, meinen Beruf, mein Geschlecht und mein Einkommen. Ich bin eine Feministin mittleren Alters aus dem Mittelwesten der USA. Ich habe eine gute Ausbildung genossen und genug Geld zum Leben. Außerdem spielen meine persönlichen Marotten eine Rolle. So reagiere ich einerseits allergisch auf die Technik und bin andererseits immer wieder fasziniert von Menschen; ich liebe die Natur und die Bücher. Als Therapeutin begegne ich vorwiegend weißen Angehörigen der sozialen Mittelschicht des Mittelwestens der USA. Hier tun die Eltern meistens ihr Bestes, und die Kinder kennen nicht die Gewalt als Folge von Armut. Meine Vorstellungen von Familie beziehen sich auf diesen Familientyp. Das heißt, es ist nötig, daß auch andere Therapeuten mit ihren anderen Erfahrungen ihre Vorstellungen von Familien niederschreiben.

Jede kulturelle Tradition sieht andere Ursachen für das Leid der Menschen. Die Chinesen suchen die Gründe in der Körpertemperatur, dem Verhältnis von Yin und Yang. Für die westliche Medizin rühren psychische Störungen von einem biochemischen Ungleichgewicht her. In den USA herrschen zur Zeit zwei mächtige Strömungen vor: Die eine gibt den gestörten Familien die Schuld am Unglück der Menschen, die andere sagt, die Menschen hätten nicht genügend Konsumgüter.

Ich möchte behaupten, daß das Unbehagen der Moderne im wesentlichen auf eine Sinnkrise zurückgeht. Wir sind verletzlich, fühlen uns allein gelassen und ohne moralische Vorbilder für unser Handeln. Unsere Wohnungen bieten keinen Schutz mehr. Die Kinder kennen aus dem Fernsehen die Bilder verhungerter Kinder aus Ruanda oder verstümmelter Kinder aus Bosnien. Teenager tragen Designerjeans und haben schon mit 14 Jahren Sex. Etwa die Hälfte der amerikanischen Studenten betrinkt sich jede Woche. Einem Bericht aus Texas zufolge müssen Mädchen, die sich der Aufnahme in eine Jugendbande würdig erweisen wollen, ohne Kondom mit HIV-positiven Bandenmitgliedern schlafen. Was wohl Freud zu solchen Klienten sagen würde?

Wir können diese Dinge nicht mit den Methoden von gestern angehen. So kam zum Beispiel ein Vater in meine Sprechstunde, um sich wegen seines Sohns beraten zu lassen. Der Junge wurde wegen seiner Hasenscharte von den Klassenkameraden zusammengeschlagen. »Was soll ich ihm raten?« fragte er. »Ich habe von meinem Vater gelernt: Laß dir nichts gefallen, schlag zurück. Heute wäre das viel zu gefährlich. Natürlich möchte ich, daß er lernt, sich zu behaupten. Aber was ist, wenn die anderen Waffen bei sich haben?«

Eine Mutter erzählte mir, daß sich ihre Tochter, die auf ein kleines College in Iowa gehe, an den Wochenenden sehr einsam fühle, da sich die anderen Studenten dann gewöhnlich betrinken oder Drogen nehmen. Daher wisse ihre Tochter oft buchstäblich nicht, wohin sie gehen oder was sie unternehmen könne. Kürzlich hatten ihre Mitstudenten beispielsweise eine »Gewissensparty« veranstaltet, auf der sich alle betranken und gegenseitig über ihre sexuellen Erfahrungen ausquetschten. Wenn ein Student oder eine Studentin nichts dergleichen bieten konnte, schritten sie an Ort und Stelle zur Tat. Die Tochter war ganz krank von all diesen sexuellen Belästigungen und den Kämpfen mit den völlig außer Kontrolle geratenen Studenten. »Was soll ich ihr raten?« fragte mich die Mutter. »Soll ich sie beruhigen, damit sie dort bleibt? Oder soll ich ihr sagen, daß sie wieder nach Hause unter die zivilisierte Menschheit kommen soll?«

Manchmal erscheinen mir unsere Therapiemöglichkeiten so antiquiert wie Korsetts oder Pferdekutschen. Da streiten sich die Eltern, wie sie die Hausarbeit gerecht verteilen, und in der

Zwischenzeit hängen die Kinder mit anderen herum, die kiffen oder sich Pornos anschauen. Gewiß machen sich die Eltern irgendwie Gedanken, ob und welche Drogen ihre Kinder wohl nehmen und welchem Druck durch die anderen Jugendlichen sie ausgesetzt sind. Aber sehr wahrscheinlich unterschätzen sie die Auswirkungen solchen Verhaltens auf die ganze Familie.

Früher konnten Therapeuten angesichts psychisch gestörter Teenager mit ziemlicher Sicherheit sagen, daß eigentlich deren Eltern Probleme hatten. Früher waren seelische Störungen bei Heranwachsenden die Ausnahme, und wir halfen gelegentlich den Kindern, sich von den Problemen ihrer Familien abzugrenzen. Heute müssen wir dagegen den Familien helfen, sich von den Einflüssen unserer Gesellschaft abzugrenzen. Heutige Familien haben selten gut organisierte, hierarchische Strukturen. Oft genug haben sich die Verhältnisse ins Gegenteil verkehrt. Manche Eltern fürchten sich sogar vor ihren Kindern oder werden von ihnen dominiert. In anderen Familien gibt es lange Diskussionen, wann die Kinder ausziehen und in eine Welt hinausgehen dürfen oder sollen, die ihnen schwere Wunden beibringen kann. Die Angst der Eltern ist nicht neurotisch, sie ist berechtigt. Heutzutage können Eltern eigentlich gar nicht genug Angst haben.

Vor zwanzig Jahren noch brauchten viele Teenager Hilfe, um sich von ihren Eltern zu emanzipieren. Sie rebellierten gegen die Einengung ihrer Handlungsfreiheit durch elterliche Anordnungen. Heute ist alles noch um einiges komplizierter, denn wir müssen den Heranwachsenden helfen, aus der Umwelt abzuwehren, was ihnen schadet, und anzunehmen, was sie weiterbringen kann.

Manche Jugendliche sehen deutlich die Gefahren, die auf sie zukommen, und sind gar nicht so erpicht darauf, erwachsen zu werden. Angesichts der allgegenwärtigen Gewalt läßt sich schwer sagen, wo elterliche Fürsorglichkeit aufhört und übertriebene Ängstlichkeit beginnt. Es ist auch gar nicht mehr unumstritten, ob für Jugendliche eine Emanzipation vom Elternhaus wirklich das beste ist. Oft bietet das Elternhaus eine gesündere Umgebung als alle Alternativen. Da unsere herkömmlichen Theorien offenbar immer schlechter greifen, müssen wir viele Kapitel der Entwicklungspsychologie umschreiben.

Die Amerikaner und in zunehmendem Maße auch die Westeuropäer sehen sich einem Feind von innen gegenüber, nämlich der Krise infolge der Technologisierung und des Verfalls überkommener Werte. Unser Familienleben läuft aus dem Ruder, und die alten Wertekategorien bringen uns da nicht weiter. Die Folge ist ein Paradoxon: Liberale beschwören die gute alte Zeit, und die Äußerungen vieler Konservativer klingen fast futuristisch. Ich plädiere für eine schärfere Kontrolle der Medien, auch des Fernsehens, da sie unsere Kinder in hohem Maße beeinflussen.

Therapeuten müssen sich ihrerseits um neue Wege bemühen, denn wir leben in einer neuen Welt. Die Familie braucht heute Unterstützung, Wertschätzung, Schutz und Bestätigung. So könnten Therapeuten zum Beispiel den Familien helfen, sich von schädigenden Strömungen zu lösen und sich mit anderen Menschen zusammenzutun, die gleiche Ziele haben. Therapeuten müßten sich darauf konzentrieren, Beziehungen zu stärken – zwischen Eltern und Kindern, Familienangehörigen und Verwandten, zwischen Eltern und anderen Eltern sowie zwischen Familie und Schule oder anderen Gemeinschaften.

Therapeuten können den Familien helfen, feste Wertvorstellungen zu etablieren und klare Grenzen zwischen richtig und falsch zu ziehen. Die meisten Ideale, die heranwachsenden Kindern heute vermittelt werden, sind Ramsch, »junk food« für die Seele, und mindestens so schädlich wie Cola und Süßigkeiten für die Zähne. Wichtige Eigenschaften wie Mitgefühl, Humor, Toleranz und Zurückhaltung sind nicht gefragt. Die Kinder kommen nach wie vor mit einer angeborenen moralischen Intelligenz auf die Welt, aber sie können sie nicht entwickeln, denn wir lassen sie dabei im Stich.

Präsident Clinton hat zwar gesagt: »Nicht Regierungen, sondern Eltern ziehen die Kinder groß.« Aber was die Jugendlichen betrifft, so werden sie vor allem von der Gesellschaft erzogen, und die elektronische Gesellschaft leistet hier verheerende Arbeit. Unsere Konsumgesellschaft nährt sich von der Erfüllung individueller Wünsche, die erst künstlich geweckt wurden, und so wissen die meisten Menschen gar nicht mehr, wie ein richtiges Familienleben aussieht. Wir leben in einer Welt der Reklame, und viele Therapeuten tragen – wenn auch unabsichtlich – zur allgemeinen Schwindsucht des Wesentlichen bei. So arbeiten Werbung und Populärpsychologie gleicherweise an einem neuen Menschentyp: Er ist oberflächlich, ichbezogen und an Belanglosigkeiten interessiert.

Viele Populärpsychologen machen ihren Lesern, Hörern und Zuschauern weis, daß sie ein Leben voller Freude und Glück erwartet, sobald ihre Intimbeziehungen in Ordnung sind. So einfach ist es aber nicht. Menschen können nicht gesund und ganz sie selbst sein, wenn sie ihr Leben nicht in einen größeren Zusammenhang stellen, der über ihrem persönlichen Glück steht. Freud unterstellte ein großes Bedürfnis nach Sex. Ich sage: Das größte Bedürfnis der Menschen ist das nach Liebe. Wir brauchen wieder mehr Miteinander.

Therapeuten können lehren, wie man die eigene Gesellschaft mit den Augen von Anthropologen, also von Wissenschaftlern, die sich mit dem Menschen und seiner Entwicklung befassen, betrachtet. Wir können somit helfen, die Auswirkungen der technischen Entwicklung auf den einzelnen und das Familienleben zu erkennen und zu prüfen, welche technischen Einrichtungen sinnvoll und welche überflüssig oder sogar schädlich sind. Psychologen können »Vermittler von Hoffnung« sein (Donald Meichenbaum) und die Menschen anregen, mit anderen zusammen Gemeinschaften, Tiospayes, zu bilden. Ich bin ganz sicher, daß man sich im kommenden Jahrtausend wieder mehr darum bemühen wird, die Gemeinschaft und die familiären Bande zu stärken.

Kapitel zwei

Die Familie Page

Mein Großvater, Fred Page, wurde 1885 in Südnebraska nahe des Missouri geboren. Als er fünfzehn war, starb seine Mutter an Krebs. Von da an war er ganz auf sich gestellt und mußte sich erst allein durch die Schulzeit und dann durch zwei Jahre College bringen. Ein Foto zeigt ihn als jungen, schlanken Mann in einem steifen Anzug, mit seelenvollen Augen und einem Grübchen am Kinn. Seine riesige Nase beherrschte das ganze Gesicht. Es sei eine römische Nase, witzelte er immer.

Meine Großmutter, Agnes Blank, wurde auch 1885 geboren. Als junges Mädchen wurde sie am Blinddarm operiert. Seit dieser Operation, von der sie sich lange nicht erholte, war sie gesundheitlich sehr labil. Aber sie arbeitete und sparte und besuchte schließlich das College. Auf dem Jahrgangsfoto trägt sie eine hochgeschlossene weiße Bluse mit Stehkragen und Brosche. Das Haar ist zu einer Rolle gesteckt, wie es Anfang des Jahrhunderts modern war. Sie hatte große Augen und einen strengen Mund.

Meine Großeltern besuchten beide das Staatliche College von Nebraska. Sie begegneten sich zum ersten Mal auf einem Friedhof. Er war ein lustiger Typ, sie eher ruhig und ernst. Die erste Zeit ihrer Liebe war sehr romantisch; sie machten lange Spaziergänge und Fahrten im Einspänner, und auf einem Hügel über dem Missouri lasen sie sich Gedichte vor.

Nach dem Examen ritt mein Großvater Fred auf der Suche nach einer »Heimstatt« bis in den Osten Colorados. Bis er eine Familie ernähren konnte, unterrichtete Agnes an einer Oberschule in Nebraska. Die beiden heirateten 1913.

Ihre »Heimstatt« lag in Kit Carson County, Colorado, in der Nähe einer Kleinstadt an der Eisenbahnlinie. Etwa 75 Kilometer nördlich von dieser Stelle hatte 1864 ein großes Massaker an

Indianern stattgefunden, das Massaker von Sand Creek. Flaches, gelbes Land breitet sich unter einem unglaublich hohen Himmel aus. Damals wie heute war es noch überwiegend Weideland, durchzogen von riesigen Weizen- und Maisfeldern. Es war ein Land der Salbeibüsche und Disteln, und die ausgetrockneten Flußbetten waren mit Tierskeletten und Schlangen übersät. Der Westwind kam meist als Sturm. Die Luft roch nach dem Gras der Prärie, nach Staub, Weizen und manchmal auch nach Regen oder Ozon. Die Gegend war gnadenlos und das Klima extrem – mit Dürreperioden, Überschwemmungen, Tornados, Staub-, Hagel- und Schneestürmen. Im Laufe eines Tages konnte die Temperatur um fast 20 Grad Celsius schwanken. Im Juli drohten Sonnenstich und Hitzschlag und im Januar Erfrierungen. Und immer dieser Wind!

Bäume gab es fast überhaupt nicht. Meine Großmutter hatte aus Nebraska einen Ulmenheister mitgebracht und das Bäumchen jahrelang gehegt und gepflegt. Wasser war so knapp, daß sie zum Gießen Spülwasser nehmen mußte. Sie sprach mit dem Baum wie mit einem kranken Baby.

Fred baute ein einfaches, aber praktisches Haus. Unten waren Küche, Wohnzimmer und zwei kleine Schlafzimmer, oben eine Mansarde. Es gab eine Essensglocke, die weit über die Felder schallte, eine Windmühle, einen Verschlag für die Hühner und eine Räucherkammer. Die Toilette war draußen auf dem Hof und der Stall weit genug entfernt, daß nicht alles nach Mist roch.

Das erste Kind kam 1914 auf die Welt. Es war eine sehr schwere Entbindung, und meine Großmutter wäre daran fast gestorben. Aber Betty entwickelte sich zu einem gesunden, kräftigen Mädchen, das später meinem Großvater auf den Feldern half. Sie war ein typisches ältestes Mädchen, fleißig und stets bereit, Verantwortung zu übernehmen. Als nächstes Kind kam Margaret, zart und blond. Margaret arbeitete vor allem im Haus, war sehr intelligent und wollte einmal Violinistin werden. Avis, meine Mutter, war das dritte Kind. Als Mädchen war sie scheu und etwas schwerfällig, und Außenstehende konnten sie leicht für geistig ein wenig zurückgeblieben halten. Nach meiner Mutter kam noch Agnes, die auch Babe genannt wurde. Sie war die Vergnügteste von allen. Erst sehr viel später wurde Donald, der sehnlichst erwartete Sohn, geboren.

Ich besitze ein Bild von den vier Mädchen aus der Zeit, als Betty sechs, Margaret fünf, Avis drei und Babe noch ein Baby war. In ihren gestärkten weißen Kleidern sehen sie ohne ein Lächeln in die Kamera. Betty hat ein Grübchen und trägt einen Haarknoten oben auf dem Kopf. Margarets Schleife in ihren langen Locken ist etwas liederlich gebunden. Avis hat einen Jungenhaarschnitt, trägt aber weiße Strümpfe und seidene Slipper. Babe thront im gebauschten weißen Kleid auf einem Stuhl, umringt von ihren drei Schwestern.

Im Sommer mußte immer eines der Kinder vor der Tür bleiben und die Fliegen draußen halten. Im Winter drang der Schnee durch die Mansardenwände, und in der Waschschüssel bildete sich eine Eisschicht. Für die Kinder, die oben schliefen, wurden im Küchenofen Eisenstücke erhitzt, die, in Tücher gewickelt, als Wärmflaschen dienten.

Hatte sich mein Großvater Fred einmal über etwas eine Meinung gebildet, ging er in der Regel nicht mehr davon ab. Je älter er wurde, desto autoritärer gebärdete er sich, worüber sich einige Familienmitglieder ärgerten, während es andere nur amüsierte. Bei bestimmten Themen erging er sich in immer gleichen Tiraden, zum Beispiel, daß der Alkohol die Menschheit verderbe oder die Eisenbahngesellschaft die Farmer nach Strich und Faden betrüge. Als einzige brachte es meine Großmutter fertig, daß Großvater seine Ansichten mäßigte oder gelegentlich sogar von seinem sonst unverrückbaren Standpunkt abließ. Wenn er sich ärgerte, schrie und tobte er; aber er fluchte nie. Das hätten sich weder er noch Großmutter erlaubt, denn beide waren strenggläubig. Im allgemeinen war Fred jedoch ausgeglichen und unbeschwert; er sang oder pfiff bei der Arbeit. Aber er mochte gar nicht gern allein sein, und wenn das Haus leer war, vermied er es, hineinzugehen. Schon vor der Haustür kündigte er sich an, und wenn niemand antwortete, machte er sich so lange draußen zu schaffen, bis jemand kam.

Es verging kein Tag, an dem er nicht seiner Agnes beteuerte, wie sehr er sie liebt. Vor dem Essen blickte er stolz in die Runde und sagte: »Bin ich nicht glücklich zu nennen?« Diese öffentliche Anbetung machte meine Großmutter ganz verlegen, und ihm trug sie manche Spöttelei ein. Aber er ließ sich davon nicht abbringen und huldigte unbeirrt der »Mutter seiner Kinder«.

Auch seine Schwiegermutter liebte er. Einmal schrieb er ihr sogar ein Gedicht, das folgendermaßen begann:

> *Brauche ich einen Freund,*
> *der treu ist und ehrlich,*
> *Denke ich nicht an den Bankdirektor*
> *oder Fleischer, sondern an Dich.*
> *Ich denke auch nicht an Menschen,*
> *die mir neiden das Futter.*
> *Nein, ich denke an meine Schwiegermutter.*

Sein Gedächtnis für Geschichten, Rätsel, Witze, Limericks und Schüttelreime war phänomenal. Stundenlang konnte er ganze Gesellschaften damit unterhalten. Vielleicht war er nicht so klug wie seine Frau, aber das waren sowieso nur wenige Menschen. Immerhin war er gescheit genug zu begreifen, was für ein Glück er hatte, mit Agnes verheiratet zu sein; zudem war er selbstbewußt genug, sich durch ihre Intelligenz und ihren starken Willen nicht bedroht zu fühlen.

Als Poet war er überaus produktiv. Für seine Familie und Freunde stellte er einen ganzen Band seiner Gedichte zusammen. In seiner Lyrik pulsieren Optimismus und Glück, was heutzutage so antiquiert anmutet wie der Planwagen westwärts ziehender Siedler. Selbst seine politischen Gedichte sind in ihrer Sanftheit rührend.

> *Wenn ich rückwärts geh, acht ich auf jeden Stein*
> *und paß auf, daß ich nicht breche mein Bein.*
> *Lieber strande ich schiffbrüchig und ohne Kraft,*
> *als daß ich rückwärts segle mit Senator Taft.*

Auch über seine Familie schrieb er viele Gedichte. Agnes, die Dichter wie Robert Browning, Emily Dickinson und Ralph Waldo Emerson verehrte, nahm diese Gedichte stolz als das, was sie waren – Liebesgedichte eines aufrichtigen Herzens. Auch wenn sie deren Dilettantismus vielleicht manchmal gestört hat, so hat sie dies dennoch nie offen gezeigt. Natürlich wußte sie, daß Fred nicht ein Dichter wie T. S. Eliot war, aber ihr war auch bewußt, daß er Qualitäten hatte, die Eliot möglicherweise fehlten.

Voller Würde und absolut integer herrschte meine Großmutter allein durch ihr Beispiel. Ihre moralische Autorität stand nie außer Frage, insbesondere nicht für ihre Familie. Der Satz »Das würde Mutter nicht gefallen« war gleichbedeutend mit »Das können wir nicht machen«. Ihre Kinder fürchteten ihren Tadel und gaben sich Mühe, von ihr gelobt zu werden. An ihre Familie und an sich selbst hatte sie hohe Erwartungen; sie war aber auch großzügig und nicht nachtragend. Wenn Nachbarn schlecht über andere sprachen, wechselte sie sofort das Thema. Als einmal mehrere Frauen über die Liebesaffären einer anderen herzogen und Agnes nach ihrer Meinung fragten, sagte sie nur: »Das kann ich nicht beurteilen. Ich stecke nicht in ihrer Haut.«

Die ganze Familie hatte immer irgendwie das Gefühl, daß Großmutter eine Dame und eigentlich nicht für das harte Leben in dieser rauhen Ebene geschaffen war. Zum Teil lag das sicher an ihrer zerbrechlichen Erscheinung und ihrer labilen Gesundheit, zum Teil aber auch an ihrer idealistischen und intellektuellen Art. Sie ging zum Beispiel gern in Bibliotheken, Theater und Konzerte – alles Dinge, die die Prärie nicht zu bieten hatte. Mit einem dickköpfigen Ehemann an ihrer Seite und angebunden auf einer Ranch, zehn Kilometer von der nächsten Stadt entfernt, hat sie sicher so manches Mal ein Gespräch über ihre geliebten Bücher sehr vermißt.

Fred hatte sie seinerseits auf ein Piedestal gestellt und ermunterte sie nach Kräften, eine Lady zu sein. So arbeitete sie auch nicht wie ihre Töchter auf den Feldern. Da sie schon als Kind immer gern Austern gegessen hatte, wurden zu Weihnachten extra frische Austern bestellt. Agnes gehörte dem Bibliotheksausschuß an, und einmal im Jahr reiste sie nach Denver zu einem Konzert des Symphonieorchesters, zu dem sie eine ihrer Töchter begleiten durfte. Aber auch Agnes hatte natürlich, wie alle Farmersfrauen, ihren Teil an Arbeit, Schmutz und Schmerzen zu bewältigen.

Ich vermute, daß sie zu jenen Frauen gehörte, denen man vor der Hochzeit eingetrichtert hatte, Sex sei eine eheliche Pflicht, ziemlich unangenehm, aber unerläßlich für die Erhaltung der menschlichen Art. Ich erinnere hier nur an die Lektion, die Queen Victoria jeder ihrer Töchter ins Eheleben mitgab: »Schließ die Augen, beiß die Zähne zusammen und denke an

England!« Das klingt ganz nach meiner Großmutter. Sogar ihre Schwangerschaften hielt sie geheim. Über Sexualität wurde nicht gesprochen, auch nicht unter Ehepaaren. Avis, meine Mutter, gestand mir einmal: »Alles, was wir wußten, haben wir den Tieren abgeschaut.« In diesem Haus war eine frivole Bemerkung oder gar ein schmutziger Witz undenkbar.

Modernen Kindern ist kaum klarzumachen, in was für einer asexuellen Welt die Menschen damals lebten. Es war die Zeit vor dem Kinsey-Report, vor dem *Playboy* und vor den Pornofilmen. Damals gab es keine Reklame mit halbnackten Teenagern in enger Umarmung. Da knieten auch keine spärlich bekleideten Frauen mit geöffnetem Mund und geschlossenen Augen auf dem Bett. Das einzige Anschauungsmaterial für Teenager in Sachen Sex war die Schullektüre von *The Scarlet Letter* oder von *Romeo und Julia*, der Katalog für Unterwäsche oder die Bilder barbusiger Eingeborenenfrauen in der Zeitschrift *National Geographic*. Dichtung, Literatur und Musik handelten von Liebe, nicht von Sex.

Als Gesprächsthema diente die Religion, nicht der Sex. Vor jeder Mahlzeit wurde eine Dankgebet gesprochen, Reden wurden mit Bibelzitaten und Metaphern gespickt. Vor dem Zubettgehen mußten die Kinder ein Nachtgebet sprechen. Aber die Pages wollten nicht, daß ihre Kinder das übliche »Müde bin ich, geh zur Ruh« beteten. Sie erzogen die Kinder dazu, eigene Worte zu gebrauchen. Wenn ihre Kinder in die Schule kamen, kannten sie das Vaterunser auswendig und konnten den 23. Psalm der Bibel, den Vers 16 aus Kapitel 3 des Johannesevangeliums und die Bücher der Bibel in der richtigen Reihenfolge aufsagen. Jeder kannte Bibelgeschichten – Josefs Verkauf durch seine Brüder nach Ägypten, Daniel in der Löwengrube, die Sintflut und die Arche Noah, Kain und Abel. Aus diesen Geschichten bezogen die Familie Page und ihre Nachbarn einen gemeinsamen Sprachschatz für ihre Diskussionen über Sitte und Moral.

Über das, was richtig und falsch ist, waren sich die Menschen gewöhnlich einig. Sie lebten mit einem festen Wertesystem, zu dem die Zehn Gebote und die Goldene Regel gehörten. Letztere ist vor allem in ihrer negativen Wendung als Sprichwort bekannt: »Was du nicht willst, das man dir tu', das füg auch keinem andern zu.« Nicht, daß jeder diese Regeln befolgte, aber zumindest kannte und verstand sie jeder. Das Leiden wurde als notwendiges und unausweichliches Übel betrachtet und durch die Überzeugung, es festige den Charakter und habe einen Sinn, geadelt. Der Zweck des Lebens bestand darin, gut zu sein, das heißt, seine Christenpflicht zu erfüllen. Das Leben hatte einen Sinn, denn was immer im irdischen Dasein geschah – nach seinem Ende würde das Gute belohnt und das Böse bestraft werden.

Nahezu jedermann war Christ. In der Stadt wohnten weder Juden noch Angehörige anderer Religionen. Irgendwo im Umkreis lebten einige indianische Familien, die aber nur selten in die Stadt kamen. Jeden Sommer kamen Zigeuner, aber nur um etwas zu verkaufen, und dann zogen sie auch schon wieder weiter. Die Werte der Gemeinschaft wurden durch Kirche, Schule und Familie garantiert. Die größte Kluft bestand wahrscheinlich zwischen Protestanten und Katholiken. Die wenigen Katholiken, die es gab, mußten 50 Kilometer bis zu ihrer Kirche fahren. Die Pages gingen in die Kongregationskirche der Stadt, in der sich Protestanten aller Richtungen versammeln konnten.

Die Familie war Quelle und Zentrum des Lebens. Alles, was erledigt werden mußte, wurde von der Familie erledigt: Es wurden Kleider genäht, Krankheiten von Mensch und Tier behandelt, Möbel hergestellt, und Arbeit gab es immer: Eier einsammeln, gärtnern, Zäune ausbessern, Pferdegeschirr reparieren, saubermachen, pflanzen, ernten und waschen. Das Wasser wurde aus dem Brunnen gepumpt und in Eimern herangetragen. Geschlachtet wurde im Herbst, wenn es kühl genug war, daß das Fleisch sich hielt. Vor dem Morgengrauen mußte die Familie schon zum Kühemelken aufstehen. Im Winter schaufelten alle zusammen Schnee und gruben ihn tief in die Erde ein, damit er als Kühlmittel bis zum Sommer reichte.

Natürlich hatten in puncto Arbeit alle ihre Vorlieben oder Abneigungen. Margaret machte am liebsten Heu, während Fred mit Begeisterung Futter in den Silo brachte. Avis konnte Thanksgiving, das Erntedankfest Anfang November, überhaupt nicht leiden, denn da mußten die Mädchen über die Felder gehen und Mais einsammeln, bis die Hände zu Eiszapfen wurden. Aber insgesamt hatten sowohl Avis als auch die anderen einen positiven Bezug zur Arbeit, die ein notwendiger Teil ihres Lebens war. Wann immer möglich machten Großvater und Großmutter aus ihr einen Spaß. Zum Beispiel wurde nach dem Abendessen die Abwaschschüssel mit Seifenwasser gefüllt; dann schrie Großmutter: »Feuer«, worauf die Mädchen sofort die »Menschen«, das heißt das Besteck, retteten und sie eilends in die »Klinik«, zur Abwaschschüssel, brachten und danach das gleiche mit den »Möbeln«, das heißt dem Geschirr, durchexerzierten.

Die Familie lebte und arbeitete in einer natürlichen Welt, in der Wetter, Jahreszeiten, Sonnenaufgang und Sonnenuntergang sie direkt betrafen. Zentralheizung oder Klimaanlagen gab es nicht. Die Arbeit war durch und durch körperlicher Art und hatte mit Getreide, Kühen, Wasser und Schlamm zu tun. Bei Tagesende schmerzten die Glieder, Gesicht und Hände waren vom Wind aufgesprungen und die Arme von Mücken zerstochen. Aber es war keine entfremdete Arbeit, denn die Menschen, die sie verrichteten, zogen unmittelbar einen realen Nutzen aus ihr. Die Arbeit hatte einen Sinn, weil sie konkrete Ergebnisse erzeugte: markierte Kälber, eingemachtes Sauerkraut, gejätete Beete, geschlachtete Schweine.

Oft kam Besuch, der dann meist auch lange blieb. Die liebsten Gäste waren meine Urgroßeltern – die Urgroßmutter, eine Schottin, mit ihrem irischen Ehemann. Als die Urgroßmutter schon gut in den Siebzigern war, machte der Urgroßvater einmal eine Bemerkung über ihren Teint: »Als ich sie heiratete, hatte sie eine Haut wie ein Pfirsich. Und die hat sie ja auch heute noch.« Und obwohl sie aussah wie ein verschrumpelter Apfel, widersprach ihm niemand. Urgroßmutter war nahezu blind, aber Urgroßvater bestand darauf, daß nur sie die Rühreier so zubereiten konnte, wie er sie mochte. Da sie nicht mehr richtig sah, streute sie manchmal Pfeffer statt Salz hinein, aber Urgroßvater aß tapfer, mit Tränen in den roten Augen, die Eier auf. Um ihr nicht weh zu tun, schluckten die Pages einmal mit Todesverachtung ihr selbstgemachtes Apfelmus, zu dem sie die Maden mit verarbeitet hatte.

Das meiste Land der Familie war uneingezäunte Prärie, das Fred und die Mädchen zu Pferde kontrollierten. Die Rinder wurden überwiegend als Schlachtvieh gezüchtet, nur ein Teil wurde zweimal am Tag gemolken. Jedes Mädchen war für fünf bis sechs Kühe verantwortlich. Meine Mutter erzählte immer, wie sie an dunklen Morgenden in dem kalten Stall die Kühe molk, die ihr dabei die schmutzigen Schwänze über das Gesicht wischten.

Jedes Frühjahr bestellte Agnes vierhundert Küken. Sie zog sie mit Maisschrot in einer Art Brutkasten groß, der mit Kerosin geheizt wurde. Die Hähnchen wurden später gegessen, die Hühnchen bis zum nächsten Jahr für die Eier behalten. Fred hielt Schweine für die Mast, obwohl seine Frau sie schmutzig fand. Nach dem Schlachten wurde aus dem Fett Schweineschmalz gemacht und aus den Rückständen Seife.

Die Pferde – Felix, Dolly, Boots und Blaze – gehörten zur Familie. Als einmal der Blitz in einen Zaun der Koppel einschlug und ein Pferd tötete, trauerte die ganze Familie wie um einen Freund. In den dreißiger und vierziger Jahren schafften sich viele Farmer Traktoren an und verkauften ihre Pferde als Hundefutter. Meine Großeltern haben das nie verstanden und sind bis zum Ruhestand ihren lebendigen Arbeitsgehilfen treu geblieben.

Das Wort »Medien« existierte damals im Sprachschatz noch nicht. In der Zeit von Roosevelts *Gesprächen am Kaminfeuer* hörte die Familie Radio. Nachrichten aus der großen Welt, zum Beispiel über die Entführung des Lindbergh-Babys oder den Krieg und später über den New Deal, das Reformprogramm Roosevelts zur Überwindung der Weltwirtschaftskrise in den USA, erfuhr man aus der Zeitung. Die wichtigsten Neuigkeiten waren ohnehin lokaler Natur: wem es den Mais verhagelt, wer Zwillinge bekommen oder sich ein neues Auto gekauft hat, wie das letzte Spiel der Football-Mannschaft ausgegangen war und wer wohl der neue Chordirektor werden würde.

Viele Einwohner waren selbst erst eingewandert und sprachen mit deutschem oder schottischem Akzent. Auf dem Land gingen die Schulkinder manchmal nur mit den Kindern von zwei oder drei Nachbarsfamilien in eine Klasse. In die Stadt kamen viele nur am Samstag und manche, vor allem Frauen und Kinder, fast nie. Die Winterstürme hielten die Menschen manchmal wochenlang in ihren Häusern fest. In dieser Isolation wuchsen mehr außergewöhnliche Charaktere heran als heute im Zeitalter der Kommunikation, und um diese Charaktere rankten sich lustige und traurige Geschichten.

Es gab bereits Telefon, aber die Anrufe konnten nur über die Vermittlung erfolgen. Die Pages teilten sich die Leitung mit den Nachbarn, die dann jedes Gespräch mithören konnten. Oft rief Mrs. McPherson, eine ziemlich einsame Frau, an. Sie hatte keine Kinder, und ihr Mann war ein schweigsamer, humorloser Mensch, der selten die Farm verließ. Sie sagte einfach »hallo« und wartete, daß ihr die Pages der Reihe nach Ereignisse aus ihrem Leben und Neuigkeiten aus der Stadt erzählten; nach einer halben Stunde, wenn auch der letzte nichts mehr zu berichten wußte, verabschiedete sich Mrs. McPherson wieder mit einem freundlichen »Auf Wiedersehen«.

Hauptgesprächsthema war das Wetter. Nicht nur, weil in den Stürmen Menschen umkamen, sondern auch weil das Wetter den Terminkalender bestimmte und über das Einkommen entschied. Ein sonniger Tag bedeutete Feldarbeit. Ein Hagelsturm bedeutete den Ausfall der Weizenernte und damit eine Neuauflage der alten Kleider für den Schulanfang im Herbst. Fast jedermann konnte eine dramatische Geschichte erzählen, zum Beispiel wie Fred und Betty von einem Hagelsturm überrascht wurden. Fred rannte zu einem Heuhaufen und wühlte ein Loch für Betty frei. Betty sprang hinein, und Fred schützte sie mit seinem Körper vor den Hagelkörnern, die so groß wie Tennisbälle waren. Bis sie in stockdunkler Nacht endlich nach Hause kamen, waren sie halb erfroren.

Die medizinische Versorgung war dürftig. Die Ärzte trösteten mehr, als daß sie heilen konnten, und niemand erwartete von ihnen, daß sie einen Menschen vor dem Tode bewahren könnten. Das Wort »Krebs« wurde nicht einmal in den Mund genommen. Statt dessen empfahlen die Ärzte ihren Krebspatienten, ihre Hinterlassenschaft zu regeln. Es gab keine Impfung gegen Kinderlähmung, keine Antibiotika und nicht einmal Schmerzmittel. Ein Arztkoffer enthielt Bandagen, ein Hörrohr, Morphium, eine Manschette zum Blutdruckmessen und Digitalis zur Herzstimulation. Die Ärzte richteten Knochenbrüche ein, entbanden die Mütter und saßen bei den Sterbenden. Entweder ging es den Patienten besser, oder sie starben. Gewöhnlich starben sie zu Hause.

Agnes besaß ein »Doktorbuch«, mit dessen Hilfe sie die ganze Familie behandelte. Allerweltsmittel war Bibergeil, gefolgt von

Essigbrühe, was zwar nicht viel half, aber zumindest die Drückeberger schnell wieder auf die Beine brachte. Verbrennungen wurden mit Menthol behandelt, Muskelkater mit Behennuß. Patienten mit ansteckenden Krankheiten kamen in Quarantäne; die von ihnen benutzten Räume wurden ausgeräuchert. Agnes bemühte sich sehr um Sauberkeit – keine leichte Aufgabe auf einer Ranch ohne fließendes Wasser. Aber ihre Kinder überlebten alle die Masern sowie Diphterie und Lungenentzündungen, was sie nicht zuletzt ihrer peinlichen Reinlichkeit zuschrieb.

Die Kindersterblichkeit war hoch, und die Friedhöfe am Rande der Präriestädte waren voller Kindergräber. Eine der traurigsten Geschichten ist wohl die von den beiden Bottinger-Mädchen: Sie spielten an einem heißen Augusttag draußen, während ihre Mutter in der Küche zu tun hatte. Sie bekamen Durst und schlürften in vollen Zügen ... aus den Wassertöpfen der Hühner. Da die Mädchen noch sehr klein waren, wußten sie natürlich nicht, wie gefährlich das ist, und am nächsten Tag schon starben sie an der Ruhr.

Angesichts eines gesundheitlichen Problems machten die Menschen immer wieder die schreckliche Erfahrung, daß ihnen nichts anderes übrig blieb, als es irgendwie durchzustehen. Auch Margaret, der Schwester meiner Mutter, blieb das nicht erspart. Sie stürzte beim Zusammentreiben der Kühe vom Pferd und brach sich Ellenbogen und Oberarm. Vier Stunden lang lag sie unter ihrem Sattel im Staub, bis ihre Schwester Betty sie fand und Hilfe holte. Schließlich wurde Margaret auf eine Tragbahre gelegt und über die hügeligen Felder zur holperigen Straße, die in die nächste Stadt führt, geschleppt. Auf der Fahrt versuchte Betty, den verletzten Arm in ihren Schoß zu betten, aber nach jedem Holperer ragte der Knochen ein Stück weiter heraus. Da der dortige Arzt kein Röntgengerät hatte, mußte er sie weiter nach Denver schicken. Dies war wiederum ein Problem, denn der Leichenbestatter, dessen Wagen auch als Notfallwagen fungierte, war auswärts unterwegs. So schiente der Doktor notdürftig den Arm, entfernte den Vordersitz aus seinem zweitürigen Ford, schob die Bahre mit Margaret hinein und fuhr sie selbst nach Denver. Als sie schließlich dort ankamen, war der Arm bereits infiziert. Da es damals noch keine

Sulfonamide, geschweige denn Antibiotika, gab, bekam sie nur eine Tetanusspritze und eine Woche lang Eisumschläge. Glücklicherweise kam sie an einer Amputation vorbei. Sie hätte jedoch an Blutvergiftung sterben können. Ihr Arm ist aber niemals wieder ganz in Ordnung gekommen, und den Traum von einer Karriere als Violinistin mußte sie begraben.

An eine Behandlung seelischer und geistiger Krankheiten dachte niemand. Viele Schizophrene verbrachten ihr Dasein in einem sogenannten staatlichen Hospital, das in Wirklichkeit nur eine Verwahranstalt war. Andere wurden zu Hause versteckt. Depressive begingen Selbstmord, ohne je über ihre Nöte gesprochen zu haben. Es gab zwar nicht viele Alkoholiker, aber diese wenigen verheimlichten ihr Problem und tranken sich meist allein zu Tode. Trunksucht wurde nicht als Krankheit, sondern als Sünde betrachtet, gegen die nur Willenskraft half.

Wenn die Männer nicht von ihrem Suchtmittel lassen konnten, blieb ihren Frauen nichts anderes übrig, als es zu ertragen. Ein gutes Beispiel dafür ist Starla. Sie war das hübscheste Mädchen in der Klasse von Avis, blond, temperamentvoll und von einnehmendem Wesen. Gleich nach der Schulzeit wurde sie von einem Farmer, dessen Ranch südlich der Stadt lag, eingefangen. Bald begann er jedoch, sie eifersüchtig zu überwachen. Er erlaubte ihr selten, in die Stadt zu kommen, und so hörte man lange nichts mehr von ihr. In den dreißiger Jahren, der Zeit der großen Wirtschaftskrise, traf Avis sie eines Samstags im Lebensmittelgeschäft. Starla war früh gealtert, ihre Haut vom Wetter gegerbt. Auf dem Arm trug sie ein Baby, um ihre Knie wuselten zwei weitere Kinder. Sie legte ein Zehn-Cent-Stück auf den Ladentisch und verlangte für fünf Cent Mehl und für fünf Cent Tabak. Dabei zischte sie voller Wut: »Diese fünf Cent für Tabak verzeihe ich ihm mein Leben lang nicht.«

Damals stand die Psychologie nicht so sehr im Vordergrund wie heute. Eltern machten sich mehr Gedanken über den Charakter ihrer Kinder als über deren seelisches Wohlbefinden. Waren Kinder gereizt oder gekränkt, wurden sie ausgelacht, ausgeschimpft oder beiseite geschoben, bis sie von allein wieder vernünftig wurden. Mit acht Jahren wurden Margaret die Mandeln ohne Vollnarkose herausgenommen; Zähne wurden mit der Kneifzange gezogen. Seelische und körperliche Leiden gehörten eben zum Leben; weder waren sie etwas Besonderes, noch bedurften sie einer Erklärung.

Nahrung war meistens zur Hand, selten mußte jemand hungrig bleiben. Das Essen war einfach und köstlich – Gartengemüse, Milch, Eier, Sahne, Rind, Huhn, selbstgebackenes Brot, selbstgemachte Marmeladen. Die ganze Familie schnitt den Weißkohl für das Sauerkraut, machte Gurken und Rindfleisch ein. Die Vorräte lagerten im Keller, und die Einmachtöpfe funkelten wie Juwelen. Erbsen sowie Milch und Eier waren Grundnahrungsmittel. Jede gute Hausfrau hatte ihren eigenen Trick für eine knusprige Bratenkruste und ein besonderes Kuchenrezept. Die Spezialität von Agnes war Stachelbeerkuchen. Die Mahlzeiten wurden gemeinsam eingenommen, dreimal am Tag, gewöhnlich an einem runden Tisch, an dem bis zu zwölf Personen Platz hatten. Die Zubereitung des Essens nahm den ganzen Tag in Anspruch. Das Huhn mußte geschlachtet, gerupft und ausgenommen werden, Brötchen wurden gebacken, Erbsenschoten gepellt und die Butter im Butterfaß hergestellt. Wenn das Wasser kurz vor dem Kochen war, wurden Maiskolben geschnitten, schnell von den Blättern befreit und in das Wasser geworfen. Tomaten und Erdbeeren schmeckten nach Sommer und Sonne. Meine Mutter erzählte gern, wie sie mit ihrem Bruder Donald im Melonenbeet gespielt hatte. Sie schnitten eine Wassermelone an Ort und Stelle an und aßen die warme rote Frucht aus den Händen. Noch siebzig Jahre später erinnerte sie sich daran, wie wundervoll es war, wenn der Saft über ihre Finger rann.

War eine Belohnung fällig, erhielten die Kinder einen Penny für Süßigkeiten. Die Lieblingsspeise der ganzen Familie war Hühnerfrikassee mit selbstgemachten Nudeln. Daß es Nudeln auch im Supermarkt in Form von harten, trockenen Streifen gab, haben meine Tanten erst als Erwachsene erfahren. Eine im Laden gekaufte Dose Erbsen war etwas ganz Besonderes und wurde für unerwartete Gäste aufgehoben.

Agnes und Avis nähten für die ganze Familie. Nur bestimmte Kleidungsstücke wie Büstenhalter, Seidenstrümpfe und Overalls wurden über ein Versandhaus bezogen. Alles andere, also das meiste, wurde selbst hergestellt. Aus dem Baumwollstoff der Mehlsäcke wurde Unterwäsche genäht; Leinen wurde in großen Ballen gekauft und zu Bettwäsche und Nachthemden verarbeitet. Sehr viel anders als die Unaussprechlichen der Queen Victoria kann die »Reizwäsche« nicht ausgesehen haben – sie war einfach, praktisch und absichtlich nicht aufreizend.

Da die nächsten Nachbarn mehrere hundert Meter weit weg wohnten, spielten meist nur die Geschwister miteinander. Die Mädchen spielten Verkleiden und zogen die alten Kleider an, die sie in einer Truhe auf dem Speicher gefunden hatten. An Winterabenden spielte die Familie Domino oder Canasta, oder sie schaute sich mit Hilfe eines Projektiergeräts Bilder an. Einen großartigen natürlichen Sandkasten gab es auch; dafür sorgte der Bach, der durch ihr Land floß. Scheune und Kornspeicher gaben zudem wundervolle Spielplätze ab. Die Kinder spielten leidenschaftlich gern draußen – Räuber und Gendarm, Verstecken, Blindekuh, Ochs vorm Berg und »Fischer, welche Fahnen wehen heute?«.

Nach dem Abendessen saß die Familie beisammen und las sich abwechselnd vor: *Betty und ihre Schwestern* von Louisa May Alcott, *Ben Hur* von Lewis Wallace, *Silas Marner* von George Eliot, *Krieg und Frieden* von Leo Tolstoi oder *Die Elenden* von Victor Hugo. Die Bücher wählte Agnes sorgfältig aus, kitschige Liebesromane waren tabu. Immer wieder mahnte sie: »Seid in der Wahl eurer Bücher so vorsichtig wie in der Wahl eurer Freunde!«

Fünfzig Jahre lang gehörten Fred und Agnes einem Country Club an. Er bestand aus einigen Ehepaaren, die sich einmal im Monat zum Abendessen trafen. Bei diesen Zusammenkünften gab es, was gerade da war oder zufällig mitgebracht wurde. Außerdem nahm die ganze Familie an Veranstaltungen der Gemeinde und der Kirche teil. An Heiligabend kaufte Fred einen Christbaum, und alle halfen beim Schmücken. Die Weihnachtsgeschenke waren praktisch – ein Wintermantel oder Wollstrümpfe –, und auf den Weihnachtstellern lagen eine Orange und Süßigkeiten. Ostern wurde bei Sonnenaufgang mit einem Festgottesdienst und anschließendem großem Ostereiersuchen der Kirchengemeinde begangen.

Aber die Pages machten auch Reisen, was zu dieser Zeit überaus ungewöhnlich war. Sie fuhren in die Berge, besuchten Verwandte in Kansas und Nebraska, und in jenem denkwürdigen

Sommer, in dem das Getreide verhagelt war, nutzten sie die freigewordene Erntezeit, um quer durch das Land bis zu den Niagarafällen zu fahren. Die Pages verstanden durchaus zu leben. Manchen Werktag im Sommer kam Fred von den Feldern und sagte: »Packt das Essen ein, wir wollen schwimmen gehen und dann ein Picknick machen.« Fred kutschierte sie auch nach Crystal Springs, wo die Kinder auf den Trittbrettern und Puffern der Bahn fahren durften, was ihnen großes Vergnügen bereitete.

Finanziell waren die Einwohner der Umgebung ziemlich gleichgestellt. Einige hatten etwas mehr Geld als die anderen, aber viel hatte niemand. Wer mehr als die anderen hatte, sprach nicht darüber. Einkaufen war mehr ein Tauschgeschäft. Die Farmer handelten Eier für Mehl und Sahne für Kaffee ein. Viel Auswahl gab es ja nicht. Große Sprünge galten als Verschwendung, nicht als feine Lebensart.

In den zwanziger Jahren lebte die Familie gut, aber in der Wirtschaftskrise der dreißiger Jahre gingen alle Ersparnisse verloren. In dieser Zeit heizten die Pages mit Kuhmist. Aber sie schämten sich deshalb nicht oder fühlten sich minderwertig, so wie heute die Armen. Ihre Erwartungen waren nicht so hochgeschraubt, und außerdem ging es ja allen so. »Wir saßen alle in demselben Boot«, wie meine Mutter es ausdrückte.

Da Nachbarn aufeinander angewiesen waren, pflegten sie gute Beziehungen. Ein gutes Beispiel ist die Geschichte von dem Schulbus, der im Schneesturm steckenblieb. Der Fahrer lud die Kinder aus, band sie alle mit einer langen Schnur zusammen – abwechselnd je ein größeres und ein kleineres Kind – und führte sie zum nächsten Haus. Dort konnten sie so lange bleiben, bis sich der Sturm gelegt hatte und die Straße wieder befahrbar war. Die Mädchen schliefen alle in einem Bett, die Jungen in einem anderen. Zu essen gab es Brei aus geschrotetem Futtermais mit Milch von der einzigen Kuh. Aber sie wurden alle satt und waren in guter Obhut.

Agnes und Fred nahmen ihre staatsbürgerlichen Rechte und Pflichten sehr ernst. Einmal fuhren sie sogar durch einen Schneesturm zur Wahl, obwohl sie wußten, daß ihre Stimmen sich gegenseitig aufheben würden: Sie war für die Republikaner und er für die Demokraten. Agnes wirkte bei der Gründung einer Bibliothek mit und war Vorsitzende des Elternbeirats und einer Frauenorganisation; er war stolzer Freimaurer und kandidierte für den Senat von Oregon.

Die Menschen hatten immer zu tun, waren aber nie in Hektik. Die Farmer richteten ihre Arbeit nach dem Wetter und den täglichen Bedürfnissen. Meistens blieb genügend Zeit, damit man sich hinsetzen, starken schwarzen Kaffee trinken und sich etwas erzählen konnte. Die alten Männer saßen auf der Hauptstraße in der Sonne und holten für die Kinder Pennies aus der Tasche.

Die Schule nahm im Leben der Familie und der ganzen Gemeinde einen wichtigen und hochgeschätzten Platz ein. Jeder kannte jeden, und die Klassen waren klein. Die Lehrer wurden oft von den Familien zum Essen eingeladen. Sport- und Musikveranstaltungen, Diskussionsabende und die populären Rednerwettbewerbe gaben am nächsten Tag im Billardsalon oder im Café reichlich Gesprächsstoff ab. Die Kinder vom Land waren da im Nachteil; sie mußten meist zu Hause mitarbeiten, und deshalb entgingen ihnen solche Freizeitaktivitäten. Basketball hatte zum Beispiel für die Mädchen große Bedeutung, und Avis wollte unbedingt in der Schulmannschaft mitspielen. Endlich, in ihrem letzten Schuljahr, erließen ihr die Eltern dafür das abendliche Kühemelken. Aber oft mußte sie nach dem Spiel die lange Strecke nach Hause in Dunkelheit und Kälte zu Fuß gehen.

Mit dreiundzwanzig Schülerinnen und Schülern war die Schulabgangsklasse von Avis die größte in der Geschichte der Stadt. Dieses Ereignis wurde in dem »High School Year Book« würdig festgehalten. Das Jahrbuch, dessen brauner Ledereinband inzwischen die Spuren der Zeit trägt, wurde in den schlimmsten Jahren der Weltwirtschaftskrise durch gemeinsame Aktivitäten wie Kuchenverkauf, Flohmärkte und Kostümfeste finanziert. Später hat mir meine Mutter gestanden, daß sie ein schlechtes Gewissen habe, weil sie damals soviel Geld von einer verarmten Gemeinde erbettelt hatten.

Das Klassenmotto von 1935 lautete: »Meiner Schule das Beste. Mehr kann ich nicht geben, weniger darf ich nicht geben.« Alle Klassenkameraden hatten Spitznamen. So hieß June Kliewer nur der »Engel«, und Eileen Goetschel war die »Irin«. Jede Schülerin und jeder Schüler war im Jahrbuch mit einem Porträtfoto vertreten, mit einem Leitspruch darunter. Bei Lester Robb steht: »Das Mädchen, das mich einmal kriegt, kann sich glücklich schätzen.« Gordon Parrott behauptete: »Ich streite, fluche, trinke, rauche – fast nie«. Jud Baxter fragte: »Warum bin ich nicht reich statt hübsch?« Und bei der ernsthaften Irene Loutzenhizer ist zu lesen: »Fleiß trägt Früchte.«

Neben jedem Bild sind die verschiedenen Aktivitäten der einzelnen Schüler in vier Jahren High-School festgehalten; bei Avis steht zum Beispiel Schulchor, Klassenparlament, Literaturtreff, Diskussionsclub und Klassensprecherin. Avis und Irene verfaßten das Klassengedicht. Die Ernsthaftigkeit und der Idealismus darin scheinen unwiederbringlich.

> *Die schöne Schulzeit ist verklungen,*
> *es bleiben nur Erinnerungen.*
> *Was wir auch in Zukunft alle treiben,*
> *die Treue zur FHS wird bleiben.*
>
> *Das Herz wird weiter für dich schlagen,*
> *o Schule, auch in künft'gen Tagen*
> *woll'n wir nur gute Dinge lehren,*
> *um deinen Ruhm zu mehren.*
>
> *Liebe Lehrer, Freunde, Kameraden,*
> *wohin wird uns die Zukunft tragen?*
> *Egal – wir denken voller Glück*
> *an die Zeit in der FHS zurück.*

Die anderen Jahrgänge sind mit Klassenfotos vertreten, die Jungen meist in Overalls, die Mädchen in selbstgenähten Baumwollkleidern. Alle schauen sie direkt in die Kamera, ohne Lächeln, aber mit einem diskreten Selbstbewußtsein. Ihre Gesichter scheinen zu sagen: »Wir sind mehr, als wir scheinen.« Das Klassenmotto der Jüngeren war: »Die Felswände hinauf, seien sie noch so steil.« Und die Jüngsten, die Vierzehnjährigen, hatten sich gewählt: »Nil sine labore« – »Ohne Fleiß kein Preis.«

Nach der High-School verließen alle Schüler, mit Ausnahme meiner Tante Babe, die Stadt. In den dreißiger und vierziger Jahren florierte die Stadt. Die Schule quoll über von Kindern, und in der Hauptstraße drängten sich Lieferwagen und Fords erste billige Kleinwagen. In diesen Jahren fanden die jungen Leute

Arbeit auf Farmen und in Warenhäusern. Aber nach dem Zweiten Weltkrieg begann der Niedergang der Stadt. Krankenhaus und Theater schlossen. Viele junge Leute, die weggegangen waren, kehrten nicht mehr zurück, denn es gab keine Arbeit. Auch die Farmen trugen nichts mehr ein, und in den kleineren Städten des ganzen Landes gingen die Lichter aus.

Agnes und Fred waren jedoch in diesen schlechten Zeiten nicht unglücklich. In den fünfziger Jahren verkauften sie ihre Farm und zogen in die Stadt. Dort erstanden sie ein kleines Haus mit Stuckverzierungen, Walnußbäumen, Eschen und Obstbäumen. Sie legten einen großen Garten an und pflegten regen Kontakt mit ihren Nachbarn. Jeden Morgen nach dem Frühstück setzte Fred seinen Filzhut auf und ging in die Stadt, holte die Post und genehmigte sich im Billardsalon ein Bier. Agnes erledigte die Hausarbeit, backte Kuchen und telefonierte mit ihren Freundinnen. Nach dem Mittagessen hielten sie unter den Eschen ein Mittagsschläfchen und lasen. Abends spielten sie mit anderen Ehepaaren Canasta oder Domino.

Irgendwann in den sechziger Jahren schenkten ihnen die Kinder einen Fernsehapparat. Die Nachrichten schauten sie sich gern an, hin und wieder auch eine Sonntagspredigt von Billy Graham. Aber die meiste Zeit stand der Fernseher unbenutzt in der Ecke, mit Topfpflanzen und selbstgehäkelten Deckchen geschmückt.

Die Pages waren auch weiterhin im Schulleben und in der Kirchengemeinde aktiv. Fred fand überdies ausreichende Beschäftigung als Chauffeur und Handwerker bei verwitweten Damen. Nach einem Leben harter Arbeit genossen die beiden die Zeit der Muße. Obwohl sie nur wenig Geld hatten, brachten sie es fertig, alles zu unternehmen, was sie sich wünschten.

Während meiner Studienzeit in Berkeley besuchte ich einmal meine Großeltern. Bei der Gelegenheit fragte ich meine Großmutter, ob sie ein glückliches Leben gehabt habe. Aber sie überging diese Frage. Als ich nachhakte, legte sie ihre Näharbeit zur Seite und sagte: »Solch eine Frage habe ich mir nie gestellt. Ich sehe mein Leben anders. Was ich mich frage, ist: Habe ich das Richtige getan? Habe ich etwas Nützliches geschaffen? Auf das Glück kommt es nicht an. Aber, ob ich meine Zeit gut genutzt habe, das ist wichtig.«

Freds Lieblingslied war ein alter Schlager aus dem ersten Jahrzehnt des Jahrhunderts: »Als wir noch jung waren, Maggie...« Dieses Lied sang er sein ganzes Eheleben lang. Es wurde auch bei ihrer goldenen Hochzeit gesungen, die mit einem Gottesdienst in der Kirche begann und mit einem Abend der offenen Tür endete. Zu diesem Anlaß kaufte er Agnes ein blaues Seidenkleid. Sie trug es noch einmal zu seiner Beerdigung, und zwei Jahre später wurde sie damit begraben.

Fred starb zu Hause. Zwei Tage vor dem Erntedankfest hatte er die Abfälle im Garten vergraben und dabei einen Herzinfarkt erlitten. Beide hatten immer gehofft, daß er als erster gehen und es ihm damit erspart würde, in ein leeres Haus treten zu müssen.

Agnes hingegen starb lang und qualvoll an einer Rückenmarksgeschwulst. Sie blieb zu Hause und weigerte sich, Schmerzmittel zu nehmen, aus Angst, süchtig zu werden. Außerdem haßte sie die Benommenheit, die sie verursachten. Sie, die in ihrem Leben so viel ausgehalten hatte, hielt auch jetzt wieder durch. Ihre Kinder besuchten sie der Reihe nach, halfen ihr beim Baden, kochten Suppe und Tee. Sie klagte nie. Das letzte Buch, das sie las, war von William Shirer: *Aufstieg und Fall des Dritten Reiches*. In den letzten Monaten, als sie kein Buch mehr halten konnte, las ihr Margaret aus der Bibel vor.

Nach ihrem Tod erschien Agnes ihrer Tochter Margaret, die sie bis zum Ende gepflegt hatte, mehrmals im Traum. Margaret rief ihr zu: »Mutter, wie kann ich dir helfen?« und wachte völlig verzweifelt auf, weil sie keine Antwort bekam. Erst beim dritten Mal sagte die Mutter im Traum: »Für mich kannst du nichts mehr tun. Jetzt ist es deine Aufgabe, anderen zu helfen.«

Im Grab sind Fred und Agnes wieder vereint. Sie liegen nebeneinander unter einfachen Steinen, nahe den beiden Mädchen, die das verunreinigte Hühnerwasser getrunken hatten, umgeben von ihren Freunden. Der Friedhof liegt außerhalb der Stadt, Weststürme toben über ihn hinweg. Und immer weht dieser Wind.

Kapitel drei

Die Familie Copeland

Erste Therapiestunde

Es war später Mittwoch nachmittag. Bert, ein Mann mit beginnender Glatze, gekleidet in einen verknitterten Anzug mit Weste, sank mit einem müden Lächeln auf meine Couch. Seine Frau, Sandi, seidener Hosenanzug und italienische Schuhe, pflanzte Handtasche und Akten auf den Tisch und ließ sich auf den Stuhl beim Fenster fallen. Sie sah sogar noch erschöpfter aus als er und verkündete auf etwas dramatische Weise: »Ich führe ein großartiges Leben, abgesehen davon, daß alles über mich hereinstürzt.«

Sandi und Bert waren mit verschiedenen Autos aus verschiedenen Stadtteilen gekommen. Bert war einige Tage auswärts gewesen, und Sandi hatte ihn seit Montag früh nicht mehr gesehen. Bevor wir anfingen, sprach sie noch schnell vom Konzert ihres Sohnes und den Anruf ihrer Tochter. Susanne brauchte Hilfe beim Ausfüllen des Bewerbungsformulars für das College. Bert machte sich Notizen und sagte traurig: »Zum Konzert werde ich wohl nicht rechtzeitig von der Arbeit loskommen.«

Zu mir gewandt, erläuterte er: »Meine Firma ist dabei, sich zu verschlanken. Ich habe überhaupt keine Zeit mehr.«

»Er verpaßt auf diese Weise alles«, fiel Sandi ein. »Jeder von uns lebt für sich allein. Ich mag schon gar nicht mehr nach Hause kommen. Richtig einsam ist es dort.«

Ich fragte ganz allgemein nach ihren Lebensumständen. Bert war Produktmanager einer Herstellungsfirma. Er arbeitete schon seit Jahren bei dieser Gesellschaft und war in die verschiedensten Gegenden des Landes gezogen, wie es eben die Karriere erfordert hatte. Vor kurzem war die Gesellschaft an einen französischen Konzern verkauft worden, der das Werk in eine »mickrige Niederlassung« umwandeln wollte. Ganz plötzlich galten Erfahrung und Treue gegenüber der Firma nichts mehr. Oder wie Bert es ausdrückte: »Für die Bosse zählt nur der Gewinn. Arbeitsethos zahlt sich für die Angestellten nicht mehr aus. Die Belohnung dafür, daß du dich ruinierst, ist nur, daß du dich noch mehr anstrengen darfst.«

Dem Chef mit seinem sechsstelligen Einkommen machte es, laut Bert, offensichtlich Spaß, sich vorzustellen, wie die Angestellten in Sorge um ihre Jobs nachts wachlagen. Bert war gezwungen, einigen langjährigen Mitarbeitern zu kündigen und anderen das Gehalt zu kürzen. »Mein Chef sagt immer, ich dürfe nur den Arbeitsplatz im Auge haben, nie den Menschen. Aber ich sehe keine Arbeitsplätze, ich sehe Freunde vor mir, ich kenne ihre Familien. Das sind alles gute Leute.«

Nachdem so viele Mitarbeiter gehen mußten, machten die Verbliebenen die Arbeit von dreien. Alle waren erschöpft und reizbar; niemand wagte jedoch, sich zu beschweren, aus Angst, seine Stelle auch zu verlieren. Bert arbeitete zehn Stunden am Tag, sechsmal die Woche. Aber plötzlich war Arbeit eine Qual geworden. Angst ging um. Keine Späßchen oder Plaudereien mehr, wenn sich die Arbeiter in den Hallen begegneten. Wenn Bert die Leute fragte, wie es ihnen gehe, sagt niemand mehr »gut«. Statt dessen kam es stereotyp zurück: »Ich bin noch da.« Schwarze Witze machten die Runde. Einer lautete so: »Was ist ein Optimist? Ein Optimist ist jemand, der sich in die Arbeit etwas für das Mittagessen mitbringt.« Bert haßte nun nach all diesen Veränderungen seinen Job, und dennoch fürchtete er sich davor, ihn zu verlieren. Er faßte seine Lage so zusammen: »Konzerne vergessen nichts. Ein falscher Schritt, und du bist draußen.«

Obwohl beide Ehepartner arbeiteten, war das Geld knapp. Seit Jahren häuften sich Rechnungen für psychiatrische Behandlung und Medikamente, da es in den USA keine allgemeine Kranken- oder Pflichtversicherung wie zum Beispiel in Deutschland gibt. Die stationäre Behandlung ihrer magersüchtigen Tochter Susanne hatte 20 000 Dollar verschlungen, und jetzt wollte sie auf eine teure Mannequinschule gehen. Der Computer und die Geigenstunden ihres Sohnes kamen auch teuer genug. Die Familie hatte drei Autos, und ihre Wohnung ging eigentlich über ihre Verhältnisse. »Aber wir haben zwei heranwachsende Töchter, und wir wollten in einer einigermaßen sicheren Gegend wohnen«, erklärte Sandi.

»Ich bin hier, weil ich zusehends das Gefühl dafür verliere, wer und was ich bin. Früher habe ich immer gedacht, daß ich mir aus Geld nicht allzuviel mache. Aber seit neuestem denke ich fast nur noch ans Geld«, sagte Bert. Er griff nach Sandis Hand. »Die Leute nannten mich einen Hans im Glück. Um Kleinigkeiten habe ich mich nie gekümmert. Aber jetzt passiert soviel auf einmal, und dabei handelt es sich um keine Kleinigkeiten mehr.«

Bert hatte große Freude an seinen Kindern gehabt – bis die inzwischen 18jährige Susanne stark abmagerte und sich die jetzt 14jährige Jennifer zu einem unausstehlichen Teenager mauserte. »Für mich ist die Familie mein erweitertes Ich«, sagte er. Besonders nah fühlte er sich seinem zehnjährigen Sohn Tim. Er beschrieb ihn als freundlicher und sanfter als er selbst. Vor der Misere am Arbeitsplatz hatten Vater und Sohn oft zusammen am Computer gespielt oder Videos angeschaut. Bert hatte einen Kloß im Hals, als er darüber sprach, wie sehr ihm das alles fehlte.

Bert hatte sicher die richtige Einstellung in bezug auf Arbeit und Familie. Doch jetzt war er offensichtlich in Schwierigkeiten, mit seiner beruflichen Situation fertig zu werden: In seiner Arbeit wurde er belohnt, wenn er Köpfe rollen ließ, und bestraft, wenn er Loyalität gegenüber den Mitarbeitern zeigte. Für seine Familie blieb ihm nun weder Zeit noch Kraft.

Sandi arbeitete als Personalchefin in einer städtischen Fürsorgeeinrichtung. Ihr Chef war ein kleinlicher Mensch, der sogar kontrollierte, wie lange sie auf der Toilette war, oder bei ihr zu Hause anrief, wenn sie krank war, um sicherzugehen, daß sie nicht blaumachte. Sandi beschrieb ihren Job als überaus anstrengend und schlecht bezahlt. Den ganzen Tag tröstete sie Menschen und managte Krisen. Sie trug Verantwortung ohne Entscheidungsbefugnisse. »Wenn ich nach Hause komme, bin ich ausgepumpt«, sagte sie. »Für die, die ich am meisten liebe, ist dann nichts mehr übrig.«

Sandi kämpfte mit Prämenstruellem Syndrom und Depression und nahm zur Zeit ein Antidepressivum. Wie die meisten Menschen, die als Berater ausgebildet sind, war sie sich ihrer eigenen Probleme und der ihrer Familie voll bewußt. Sie fühlte, daß sie sich noch immer nicht »von ihren Eltern gelöst« hatte und alter Ballast sie daran hinderte, als Mutter so gut zu sein, wie sie eigentlich wollte. Sie fühlte auch, daß Bert sich schwertat, über seine Gefühle zu sprechen, und sich deshalb darauf stürzte, alles und jedes zu regeln. Bei dieser Bemerkung ereiferte sich Bert, daß er nur zu glücklich wäre, wenn es ihm gelänge, wirklich »alles und jedes zu regeln«.

Sandi hatte so ziemlich alle Ratgeber für Familien, Ehepaare und Frauen gelesen. Aber dieses Wissen war sie für nur unbedingt von Vorteil, und was sie über Co-Abhängigkeit gelesen hatte, hatte sie sogar stark verunsichert. Sie neigte dazu, sich ständig zu entschuldigen, weil sie sich in das Wesen und die Wünsche von anderen einfühlen konnte. Sie war sich nie sicher, ob und wann sie in den Freiraum eines anderen eindrang. War es schon ein Übergriff, wenn sie Bert bat, nicht mehr so lange am Computer zu sitzen? War es schon Manipulation, wenn sie von ihren Kinder verlangte, gute Noten nach Hause zu bringen? Sandi bezeichnete ihr Verhalten als teilweise pathologisch. Die Angst, daß sie nicht richtig funktionieren könne, lähmte sie manchmal so, daß sie überhaupt nicht mehr funktionierte.

Andererseits hatte sie in mancher harten Stunde aus diesen Selbsthilfebüchern Trost und Rat geschöpft. Die Bücher über das Trauern hatten ihr über den Tod ihres Vaters hinweggeholfen. Sie schätzte auch das Wissen, das sie über Frauen im Beruf erlangt hatte. Sie wußte, daß sie auf sich selbst achten mußte und sich nicht für jedermanns Gefühle verantwortlich fühlen durfte. Aber bei spezifischen Problemen halfen ihre neuen Kenntnisse auch nicht weiter. Wenn sie zu Tims Konzert ging, obwohl sie eigentlich zu müde dafür war – war sie dann eine gute Mutter, oder übertrieb sie ihre Rolle? Wenn sie täglich wegen ihres verstorbenen Vaters weinte – war das angemessene Trauer, oder gab sie sich der Depression hin? Wenn sie Bert in den Ohren lag, doch mit dem Rauchen aufzuhören – unterstützte sie ihn dann, oder mischte sie sich zu sehr in seine Angelegenheiten ein? Liebte sie bedingungslos, oder war sie aufdringlich?

Wie so viele Frauen versuchte Sandi perfekt in allem zu sein – in ihrer Rolle als Mutter, an ihrer Arbeitsstelle, im Haushalt, in ihrer persönlichen Weiterentwicklung und im Sport. »Ich bin alles andere als eine Superfrau«, sagte sie. »Egal, wo ich bin, ich habe Schuldgefühle, weil ich nicht woanders bin. Mache ich bei der Ausstellung zu Gesundheitsfragen in Tims Schule mit, sehe ich die Stapel von Arbeit auf meinem Schreibtisch im Büro. Bin ich in der Arbeit, sehe ich Tim vor mir, wie er vor dem Fernseher sitzt und sich als Abendessen eine Tüte Kartoffelchips hineinstopft. Bert sagt, ich bin eine Heilige. Aber vorläufig bin ich nur eine erschöpfte Heilige.«

Sandi war evangelisch und ging häufig am Sonntag in die Kirche. Sie wollte auch Bert und die Kinder überreden mitzukommen. Aber Susanne, die als einzige dazu bereit gewesen wäre, arbeitete gewöhnlich Sonntag morgens. Bert sagte, die Sonntage seien die einzige Zeit, die er für sich habe. Sandi hätte Lust, an einer Frauengruppe teilzunehmen, aber die traf sich ausgerechnet an den Abenden, an denen sie Spätschicht hatte. Früher hatte sie in Kirche und Nachbarschaft Freundschaften geschlossen. Aber jedesmal mußten sie bald darauf wieder wegziehen. Nach dem letzten Umzug hatte sie es aufgegeben. »Noch mal solche Abschiede halte ich nicht aus.«

Schuldbewußt sah sie Bert an. »Ich will mich wirklich nicht über dich beschweren. Du arbeitest hart und verdienst einige Zeit für dich allein. Aber wenn du schon einmal zu Hause bist, sitzt du immer am Computer. Ich weiß, das klingt verrückt, aber ich bin eifersüchtig. Auf eine Affäre mit dem Internet!«

»Das ist Arbeit«, sagte Bert. »Ich muß meinen Job behalten. Wir geben enorm viel Geld aus.«

Trotz des Drucks, unter dem beide standen, liebten sie einander offensichtlich. Sandi sprach von Bert als ihrem »Ritter in schimmerndem Leinen«, und Bert sagte: »An einem Tag leistet sie mehr als andere in einer Woche. Ohne sie hätte ich es nie so weit gebracht.«

Ich fragte sie, wann sie das letzte Mal zusammen ausgegangen waren. Verdutzt sahen sie sich an. Schließlich fragte Sandi: »War das nicht an unserem Hochzeitstag?«

»Nein«, sagte Bert. »Das mußten wir doch ausfallen lassen, weil Jennifer verschwunden war und keiner wußte, wohin.«

Sandi sah mich an und sagte: »Eine Zeitlang haben wir versucht, jeden Freitag auszugehen oder miteinander zu schlafen. Aber ich bin immer schon eingeschlafen, bevor die Kinder überhaupt im Bett waren.«

Ich fragte nach den Kindern. Bert lachte nur: »Teenager zu erziehen, ist nichts für schwache Nerven.« Er holte tief Luft und fuhr fort: »Susanne wurde mit dreizehn magersüchtig. Mit Jennifer und Tim geht es mit Lichtgeschwindigkeit bergab.« Sandi seufzte: »Letzten Samstag war Jennifer mit wer weiß wem unterwegs und kam erst morgens nach Hause. Tim dagegen geht inzwischen überhaupt nicht mehr aus dem Haus.«

Jennifer, die mittlere der drei Kinder, war außergewöhnlich klein. Als Kind hatte sie Asthma und eine Verkrümmung der Wirbelsäule und war wegen ihres Stützkorsetts und ihrer Dicklichkeit oft aufgezogen worden. Sandi meinte, daß sie seither ein ständiges Minderwertigkeitsgefühl habe. Durch die Grundschule hatte sie sich allerdings ganz gut durchgewurstelt; sie hatte Freundinnen und Freunde, bekam gute Noten, und auch die Zeit mit den Eltern war hin und wieder ganz schön. Ernst zu nehmende Schwierigkeiten bekam sie erst, als die Familie in diese Stadt kam.

Es passierte einfach zuviel auf einmal. Wegen ihrer neuen Jobs waren Bert und Sandi viel weniger zu Hause als noch in Georgia. Susanne nahm geradezu dramatisch ab und mußte wegen des lebensgefährlichen Gewichtsverlusts in die Klinik. Der Großvater, Sandis Vater, starb. Jennifer schloß sich einer Jugendclique an und nahm Drogen. Ihr Aussehen machte ihr Probleme. Im Schwimmbad wurde sie dumm angeschaut und mußte sich von den Jungen dumme Bemerkungen gefallen lassen. Einmal war sie auf dem Nachhauseweg von der Bibliothek von einem Exhibitionisten verfolgt worden. Nach all diesen Vorkommnissen blieb sie nun lieber zu Hause und las Zeitschriften.

Jennifer weigerte sich, irgend etwas mit der Familie zu unternehmen. Gleichwohl hielt sie sie ständig auf Trab. Sie nannte Sandi eine Hexe und Bert einen Kandidaten für eine Persönlichkeitsbeschneidung. Sandi machte sich große Sorgen um Jennifers Depression und meinte, ihre Zornesausbrüche wären Ausdruck ihre Schmerzes und ihres Minderwertigkeitsgefühls. Bert sah das anders: »Sie macht uns zum Buhmann für alles und jedes.«

Beide Eltern fürchteten, daß bei Jennifer womöglich Alkohol und Drogen im Spiel waren. Sie wußten, daß sie die Schule schwänzte und mit gewalttätigen Jugendlichen herumhing. »Ich will bestimmt nicht überfürsorglich sein«, sagte Sandi, »aber ich will doch auch nicht, daß sie dabei draufgeht!« Und Bert: »Irgendwann wird Jen und ihren Freunden was passieren.«

Sie versuchten, ihr Grenzen zu setzen, aber sie konnten nicht dauernd hinter ihr hersein. Tagsüber waren beide weg, und nachts brauchten sie ihren Schlaf. Jen war sehr clever, wenn es darum ging, sich davonzustehlen. »Wir müßten sie ans Bett binden oder einen ständigen Aufpasser für sie anheuern«, sagte Sandi.

Auch über Jennifers Sexualleben machten sie sich Sorgen. Zwar glaubten sie nicht, daß sie selbst schon sexuelle Erfahrungen hatte, aber zwei Mädchen aus ihrem Bekanntenkreis waren schon schwanger. Sandi hatte sie kürzlich zwei Jungen fragen hören, ob sie in der vergangenen Nacht Erfolg gehabt hätten. Wann immer sie konnte, schaute sie sich heimlich Pornofilme an. »Jen ist mediensüchtig«, sagte Sandi. »Ohne Rockmusik kann sie weder lernen noch telefonieren, noch einschlafen.«

Jennifers Unfähigkeit, etwas über den Tag hinaus zu planen, machte Sandi stark zu schaffen, während Bert sich mehr wegen ihrer Freundschaften sorgte. »Die sind absolut selbstzerstörerisch. Wenn wir sie nur in eine kleine, drogenfreie Stadt schicken könnten, bis sie aus der Schule ist. Aber« – er schaute mich fragend an – »gibt es denn überhaupt noch irgendwo kleine sichere Städte?«

Ihr Sohn stellte sie vor genau entgegengesetzte Probleme. Sandi: »Tim war immer ein Einserschüler. Er ist gutmütig und immer freundlich zu den anderen. Aber er spielt auch großartig Violine, doch damit macht er sich bei den anderen Schülern unmöglich, und die lassen ihn nicht in Ruhe.«

»Tim ist der unmännlichste Junge diesseits des Mississippi«, seufzte Bert. »Er hat überhaupt keinen Mumm in den Knochen. Es macht mich verrückt, wenn ich höre, wie die anderen auf ihm herumhacken. Dabei wäre er der erste, der einen Mitschüler in Nöten verteidigen würde.«

»Für sich selbst«, unterbrach Sandi, »steht er nicht ein. Da hat er Angst, zusammengeschlagen zu werden.«

Bert fügte noch hinzu: »Damit er zu Hause bleiben kann, macht er uns vor, daß er sich nicht wohl fühlt. Er geht nur noch zu musikalischen Veranstaltungen. Ansonsten gammelt er vor der Glotze herum.«

Sandi sagte: »Wir haben seinen Fernsehkonsum schon eingeschränkt, was er als einen Angriff auf seine persönliche Freiheit ansieht.«

Sie fragte mich, ob ich die letzte Folge von *Beavis and Butthead* gesehen hätte, und als ich verneinte, erzählte sie: »Beavis und Butthead waren auf dem Rollfeld eines Flughafens. Im Flugzeug wurde offensichtlich eine Stewardess gefangengehalten. Man konnte an ihren Lippen ablesen, wie sie Beavis und Butthead anflehte, sie und die Passagiere herauszuholen. Das taten sie aber nicht. Danach sah man sie zu Hause vor dem Fernseher sitzen und sich diebisch über die Bilder in den Nachrichten freuen, die zeigten, wie das Flugzeug mit allen Insassen explodierte.«

Sie schaute mich mit großen Augen an: »Ich kann doch nicht zulassen, daß er sich solche Sachen ansieht, in denen Punks aus Jux und Tollerei Menschen verbrennen lassen!«

Ich fragte nach Susanne. »Sie ist jetzt im letzten Schuljahr«, antwortete Sandi. »Sie ist eine große Vermittlerin in Streitigkeiten, so wie ich. Mit ihrer Magersucht hat sie schwer zu tun gehabt, aber jetzt geht es ihr besser. Sie hat sich nur zu viele gesellschaftliche Verpflichtungen aufgeladen; außerdem geht sie zwanzig Stunden in der Woche nebenher arbeiten und bewirbt sich an den Colleges.«

Bert sagte: »Susanne ist eine Perfektionistin. Niemals auch nur ein Härchen in Unordnung, immer die Superschülerin, ehrgeizig und fleißig.« Er lachte. »Über sie machen wir uns auch Sorgen.«

Wie die meisten Eltern in den neunziger Jahren hatten auch die Copelands nie Zeit. Bert stand um halb sechs auf, setzte sich an den Computer, und dann, um sieben, ab zur Arbeit. Sandi machte um sechs Uhr die Gymnastik am Fernsehen mit; anschließend duschen, Kaffee trinken und die Kinder wecken. Sowohl für Bert als auch für Sandi gab es in der Arbeit keine Mittagspause oder sonstige Möglichkeiten für eine kurze Auszeit. Sandi kam gegen sechs Uhr abends nach Hause, total zerschlagen vom Berufsverkehr. Für Bert kamen bis sieben Uhr abends Anrufe von der Westküste.

Zu Hause angekommen, würde Sandi gern die Nachrichten sehen oder Zeitung lesen, aber gewöhnlich ging dann das Telefon, und die Kinder hatten Wünschen oder Fragen. Im allgemeinen brachte sie abends eine Pizza, Fertiggerichte oder Sandwiches mit nach Hause. Trotz ihrer ständigen Übermüdung hätte Sandi gern für alle gekocht, aber niemand wollte das essen. Susanne arbeitete meist außer Haus oder war gesellschaftlich engagiert, und Tim saß am Computer. Jennifer verabscheute selbstgekochte Mahlzeiten. So weit Sandi zurückblicken kann, hatte Jennifer immer nur gegessen, was aus Selbstbedienungsrestaurants oder Automaten kam. Bert drückte es so aus: »Ihre Grundnahrungsmittel sind Pepsi, Chips und Schokoriegel.« Unter allergünstigsten Bedingungen nahm die Familie einmal die Woche eine Mahlzeit zusammen ein. Aber in diesen Fällen hatten meist die Eltern ihren Kindern vorgeschlagen, ins Restaurant zu gehen.

Bert und Sandi teilten ihre Arbeit wie die meisten Ehepaare auf. Sandi machte die Hausarbeit, und Bert kümmerte sich um Autos, Hof und Garten. Sandi meinte lakonisch: »Bis wir die Kinder dazu bringen, uns zu helfen, haben wir es schneller selbst erledigt.«

»Das stimmt«, sagte Bert. »Auf diese Weise lernen sie aber nicht, ihren Anteil zu übernehmen und eine Sache von Anfang bis Ende durchzuziehen.«

Gewöhnlich fiel Sandi gegen zehn Uhr ins Bett, während Bert noch bis Mitternacht im Internet surfte. Beide Eltern versuchten, sich täglich um die Kinder zu kümmern. Sandi absolvierte ihren regelmäßigen Streit mit Jennifer über die Grundsätze des Zusammenlebens und warf einen Blick auf Tims Hausaufgaben. Bert spielte mit Tim am Computer und vergewisserte sich, daß Jennifer zur Schlafenszeit zu Hause war. Beide zusammen nörgelten an Susanne wegen ihres Essens beziehungsweise ihres Nichtessens herum, obwohl man ihnen im Therapiezentrum ausdrücklich gesagt hatte, daß sie das unterlassen sollten.

Als wir auf das Thema Zeiteinteilung kamen, wurde Sandi sichtlich nervös. »Ich hetze die ganze Zeit herum, und am Abend weiß ich nicht, was ich eigentlich fertiggebracht habe. Mit der Sorge um unsere Kinder verbringen Bert und ich mehr Zeit als unsere Eltern mit uns. Mein Mutter hat jeden Nachmittag mit ihren Freundinnen Karten gespielt.«

Bert sagte: »Da ist noch etwas, was Sandi belastet: daß ihre Mutter so weit weg wohnt.«

Sandi: »Sie vereinsamt. Die meisten ihrer Freunde haben sich auf einen Altersruhesitz zurückgezogen.« Sie griff nach einem Taschentuch. »Jeden Tag muß ich an Mama denken. Sie ist die einzige, die sich um mich kümmert.«

Bevor sie zu mir kamen, hatten Bert und Sandi schon viele Therapeuten aufgesucht. Sandi war wegen ihrer Depression in psychotherapeutischer Behandlung gewesen, und Bert hatte mit Hypnose versucht, das Rauchen aufzugeben – doch konnte ich in seiner Jackentasche ein Päckchen Zigaretten ausmachen. Außerdem waren sie zusammen zweimal in Paartherapie gewesen – das erste Mal, als Sandis Vater an Krebs gestorben war, und das zweite Mal, als Susanne wegen ihrer Magersucht in Behandlung war. Sie hatten Vertrauen zu Therapeuten, aber ich habe so meine Zweifel, ob wir Therapeuten dieses Vertrauen auch wirklich verdienten.

Meine Vorgänger schrieben die Hauptschuld an Susannes Magersucht vor allem den Eltern zu. Als Susanne in der Klinik war, hatte man die Eltern mit Diagnosen konfrontiert wie »sich übermäßig einmischend und dominierend (Sandi) und Workaholic (Bert)«. »Ja«, sagte Bert dazu gequält, »ich bin ja dazu verdammt, meine Familie zu ernähren.« Es gelang ihnen, sich in bestimmten Punkten zu ändern, worauf es auch mit Susanne besser ging. Aber nun hatte Jennifer Probleme, und Tim schien auf dem besten Wege, sich zum Einzelgänger zu entwickeln. Bert äußerte: »Unsere Kinder sind nicht so glücklich, wie wir es einmal waren. Was machen wir nur falsch?«

Ich vermutete, daß sie, wie die meisten Eltern der neunziger Jahre, überfordert waren. Sie hatten wenig Rückhalt, weder durch eine Großfamilie noch durch eine andere Gemeinschaft. Darüber hinaus hatten sie wenig Zeit, und die Erziehung übernahm zum großen Teil eine Medienkultur, welche mit der allgegenwärtigen Werbung die Kinder unablässig lehrt, ja kein Wehwehchen zu ertragen, die Befriedigung jedes Bedürfnisses einzufordern und jedes Produkt zu kaufen. Alle sind überstimuliert, abgeschnitten von sich selbst, von den anderen und der natürlichen Welt. Die Eltern waren erschöpft von ihren Anstrengungen, das Richtige in einer Welt zu tun, in der das Richtige zunehmend an Konturen verlor. Deshalb wollte ich also den Copelands helfen, die Streßfaktoren zu erkennen, mit denen die Gesellschaft die Familie belastet.

Diese Familie brauchte Geborgenheit, einen Schutzraum mit festgefügten Zeiten, in dem die Mitglieder wieder zu einander und auch zu anderen Menschen finden konnten. Für den Anfang schlug ich vor, daß sich Bert und Sandi einen Abend in der Woche vorbehalten sollten, an dem sie zusammen ausgingen. Ein weiterer Tag der Woche sollte zum Familienabend erklärt werden, an dem jeder – wirklich jeder – zu Hause zu sein und sich an gemeinsamen Sachen zu beteiligen hatte. »Das nächste Mal«, sagte ich, »kommen alle mit, und wir sprechen über alles.«

Zweite Therapiestunde

Die erste Stunde mit der ganzen Familie war chaotisch. Bert mußte gleich nach der Sitzung zum Flughafen, und bevor er überhaupt saß, ging schon sein Handy. Sandi litt wieder einmal unter ihrem Prämenstruellen Syndrom und stöhnte, daß sie sich vorkomme wie ein Geldautomat, aus dem jeder nur herauszieht. Susanne war todunglücklich, daß sie jetzt ihren Job beim Tele-Shop nicht wahrnehmen konnte. Jennifer machte sich Gedanken, ob jemand sie in diesem Haus hier gesehen haben könnte, und Tim behauptete mit angstgeweiteten Augen, überhaupt keine Probleme zu haben.

Ich fragte Bert und Sandi, ob sie meine Vorschläge umsetzen konnten. Bert berichtete, daß sie es geschafft hatten, ins Kino zu gehen. Da lachte Sandi: »Mir hat Berts Gesellschaft Spaß gemacht, aber nicht der Film; der war für mich zu gewalttätig.« – »Für dich ist ja sogar *Bambi* zu gewalttätig, Mama«, höhnte Jennifer. Auf meine Frage nach dem Familienabend antwortete Sandi: »Wir können keinen Termin finden, der uns allen paßt.«

»Außerdem, was sollten wir denn da machen?« fragte Jennifer.

»Ja, ja«, sagte Susanne, »viele Gemeinsamkeiten haben wir ja nicht.«

Susanne war lässig, aber perfekt gekleidet. Glänzendes blondes Haar, modischer Schnitt, sorgfältiges Make-up. Sogar ihre Zehennägel waren tadellos pedikürt. Sie sprach sofort von ihrer Magersucht. »Ich war in der Klinik deswegen, aber jetzt bin ich okay. Ein ganzes Jahr lang habe ich nicht mehr abgenommen. Ich gehe auch in eine Selbsthilfegruppe.«

Ich fragte sie, was sie aus dieser Klinikzeit für sich gelernt habe. »Ich habe gelernt, daß ich mich zu sehr nach meinen Eltern richte, ja, daß Mama und ich voneinander abhängig sind. Ich muß noch daran arbeiten, meinen Ärger besser auszudrücken, statt ihn hinunterzuschlucken.«

Sandi sagte: »Susanne hat immer noch Untergewicht. Aber sie ist nicht mehr so besessen davon, überschlank zu sein.«

»Wenn ich Streß habe, werde ich leicht rückfällig«, sagte Susanne. »Aber ich gehe nicht zu den Weight Watchers, wenn die Badesaison bevorsteht.«

»Sie wurde zur Hübschesten ihres Jahrgangs gewählt, und überall hat sie nur Einser!« Jennifers Einwurf klang, als wäre ihre Schwester mit Aussatz behaftet.

»Ich hoffe, ich bekomme ein Stipendium für die Mannequinschule«, fuhr Susanne fort.

Jennifer zog eine Schnute. Dieses dickliche Mädchen hatte wunderschöne dunkle Augen. Sie trug zerrissene Jeans, grüne Stiefel und ein knalliges, orangefarbenes T-Shirt. Als ich mich mit meinen Fragen an sie wandte, sagte sie: »Ich bin der Schrecken der Familie.«

»Warum sagst du das?«

»Weil ich nicht wie Susanne ein nettes, artiges junges Mädchen bin.«

»Das stimmt!« rief Tim. »Ständig plärrt sie uns an!«

»Halt's Maul, du Depp. Ich hab's dick, mich von dir dauernd unterbrechen zu lassen.«

Betrübt schaute mich Sandi an. »Solche Ausbrüche hat sie öfter.«

Jennifers Stimme überschlug sich: »Warum könnt ihr nicht wie alle anderen Eltern mich mein eigenes Leben führen lassen?«

»Wir haben dich doch lieb, Jennifer, auch wenn wir etwas gegen deine Art zu leben haben«, beschwichtigte Sandi.

Jennifer verdrehte die Augen. »Mir wäre es lieber, ihr würdet mir eine runterhauen, und dann wäre Ruhe.«

»Wo ist dein Problem?« fragte ich Jennifer.

Sie dachte einen Augenblick nach. »Ich bin dick. Mit mir gehen nur Versagertypen um.«

»Das ist doch nicht wahr«, sagte Susanne. »Viele Mädchen und Jungen würden dich gut leiden können, wenn du sie nur an dich heranlassen würdest und wenn du ein bißchen freundlicher wärst.«

»Die Snobs, mit denen du umgehst, kann ich nicht ausstehen. Das sind doch alles Heuchler. Das weißt du selber ganz genau!« schrie Jennifer.

»Jennifer sucht sich ihre Freunde ganz gezielt aus«, warf Sandi ein. »Es sind nette Kinder, aber sie trinken und rauchen. Und die meisten fallen in den Prüfungen durch. Susanne hat da recht: Es gibt schließlich auch Alternativen.«

»Du hast doch keine Ahnung von meiner Schule!« höhnte Jennifer.

In zwei Jahren würde sie den Schulabschluß machen. Wir sprachen über ihre Schule, in der rund zweitausend Kinder unterrichtet wurden. Im amerikanischen Schulsystem gibt es keinen Klassenverband, sondern die Schüler wechseln je nach gewähltem Fach die Unterrichtsräume. Da Jennifer zu schüchtern war, um mit den Kindern auf den Gängen zu sprechen und es wegen der Etatkürzungen auch nur wenige, von der Schule organisierte Aktivitäten gab, fand sie kaum Anschluß. Einmal war sie zu einer Tanzveranstaltung in der Turnhalle der Schule gegangen, aber die Schülerinnen und Schüler wußten damit nichts anzufangen und hingen herum, betranken sich und oder erbrachen sich in den Toiletten. Nicht einmal die Lehrer kannten alle Namen, und den für sie verantwortlichen Lehrer hat sie nur einmal länger gesprochen, als er sie wegen Schuleschwänzens zu sich zitiert hatte.

Sandi sagte: »Jennifer hat inzwischen viel in der Schule versäumt. Dabei haben wir versucht, die Sache positiv anzugehen und ihr die Notwendigkeit einer guten Schulausbildung klarzumachen. Aber offensichtlich haben wir da etwas falsch gemacht. Jetzt machen wir uns Sorgen, ob sie überhaupt einmal in ein College aufgenommen wird.«

»Ach, wie mich eure Scheißschwarzseherei ankotzt!« stöhnte Jen.

»Komm, beruhige dich.« Bert war solcher Diskussionen offenbar schon lange überdrüssig. Verärgert kreuzte Jen die Arme vor der Brust und schniefte.

Beide Mädchen versuchten auf ihre Weise, sich den Erwartungen ihrer Umwelt anzupassen und schadeten sich dabei selbst:

Jennifer experimentierte mit Drogen, Alkohol und Rebellion; Susanne wollte es auf ihre perfektionistische Art allen recht machen und handelte sich dabei eine Eßstörung ein. Das Dilemma der beiden Mädchen ist das Dilemma aller jungen Frauen in unserer Gesellschaft: Wie lassen sich Unabhängigkeit und Neugierde auf das Leben mit Stabilität und Sicherheit vereinen?

Ich wandte mich Tim zu. »Wie läuft es bei dir?«

»Ganz okay.« Selbstsicher zuckte er die Achseln und blickte seinen Vater an, damit er ihn bestätigte.

Aber der sagte: »Tim, nicht schwindeln! Sag, was bei dir in der Schule los ist.«

»Da gibt es nichts Besonderes zu vermelden.« Tim stupste mit dem Schuh auf den Teppich.

Jennifer, in ihrer unerbittlichen Art: »Er ist ein Feigling und bezieht immer Dresche.«

Bert sagte: »Tim fürchtet sich davor, daß ihn die Schlägertypen fertigmachen oder kidnappen.« Kopfschüttelnd fuhr er fort: »Zeiten sind das! Als ich zur Schule ging, war meine größte Sorge, ob mich der Trainer beim nächsten Baseballspiel aufstellt.«

Ob er Freunde habe, wollte ich wissen. Tim: »Ich hatte mal einen, aus der Geigenstunde beim selben Lehrer. Aber seine Eltern ließen sich scheiden, und dann ist er weggezogen.«

Sandi legte die Hand auf Tims Arm. »Er könnte dringend einen neuen guten Freund brauchen.«

Danach fragte ich alle, was sie sich eigentlich von der Familie erwarten. Bert wünschte sich mehr Harmonie und Spaß. Sandi wünschte, daß sie sich mehr miteinander unterhielten. Jeder wünschte sich, daß Jennifer endlich aufhören würde, so herumzugiften. Susanne wünschte sich, daß sie zwischen Schule und Arbeit mehr Zeit für sich allein hätte. Tim wünschte sich, daß sein Vater mehr Zeit für ihn hätte, und träumte von einem Familienausflug nach Disney World und in die MGM-Filmstudios. Jennifer wünschte sich, daß alle sie in Ruhe ließen, ließ aber auch wissen, daß ihre Eltern zuviel arbeiteten und daß Tim mehr vom Leben abbekommen müsse.

Auf meine Frage, welches Kind im Haushalt helfe, erntete ich nur allgemeines Stöhnen. Susanne meinte, daß sie wahrlich schon genug zu tun hätte. Tim, dessen einziger Job das Rasenmähen war, beklagte sich, daß damit sein Heuschnupfen unerträglich würde. Jennifer mochte Geschirrspülen überhaupt nicht, und außerdem brauchten die anderen Mädchen das auch nicht zu tun. Sie gab zu, daß ihr Zimmer ein einziges Chaos sei, aber sie wolle das so, und wenn es ihren Eltern nicht passe, könnten sie ja die Tür zumachen. Ihr letzter Kommentar dazu lautete: »Hausarbeit ist nicht mein Ding.«

Mit dem Thema Hausarbeit hatte ich bei allen einen wunden Punkt getroffen. Es war ein Fehler, es gleich an diesem ersten Tag anzuschneiden. Außerdem war die Aufteilung der Hausarbeit in dieser Familie nicht das größte Problem. Es ging vielmehr darum, auf ihre innere Zerissenheit einzuwirken. Wenn in Familien zuviel los ist, gehen als erstes die Rituale verloren, und dieser Familie mußte ich helfen, neue Rituale zu finden. Was ihr fehlte, waren gemeinsame Unternehmungen, von denen alle etwas hatten. Als Erwachsene erinnern sich die Menschen gern an drei Sorten von Familienereignissen: die Mahlzeiten, Ferien und Unternehmungen außer Haus. Ich wollte dieser Familie zu angenehmen Erinnerungen verhelfen.

»Ich möchte Ihnen einige Vorschläge für eine Familienkur machen«, sagte ich. »Erstens: Fernsehen und Computer bleiben mindestens zwei Abende in der Woche ausgeschaltet. Zweitens: Jede Woche unternimmt die Familie irgend etwas gemeinsam – Sonnenuntergang beobachten, einen Spaziergang oder einen Ausflug machen – egal, was, Hauptsache gemeinsam.«

Das waren meine Standardvorschläge für solche Situationen. Meiner Ansicht nach hat die Natur die Kraft zu heilen, auch zerbrochene Familien. Kinder brauchen den Kontakt mit der natürlichen Welt. Sie ist ein Gegengift zur Werbung und vermittelt ihnen eine andere Sicht von der Welt, vom Universum. Wenn wir die Milchstraße betrachten, spüren wir, wie klein wir sind, und fühlen uns doch als Teil eines großen Ganzen. Das Fernsehen mit seiner Betonung der Befriedigung aller Wünsche erreicht, daß sich die Menschen übermäßig wichtig vorkommen, und schneidet sie gleichzeitig von der Vorstellung eines größeren Zusammenhangs ab.

Nachdem ich meine Vorschläge unterbreitet hatte, schauten alle auf Sandi, die jammerte: »Wo ich doch am liebsten meine Füße nur auf Wege setze, die von Menschenhand gemacht sind!«

Bert kicherte: »Unter einem Ausflug ins Grüne kann sich Sandi nur einen Gang unter den künstlichen Palmen im Holiday Inn vorstellen.«

»Aber wenigstens wird es mir ein leichtes sein, auf Fernsehen und Computer zu verzichten. Da werdet ihr leiden.«

Fünfte Therapiestunde

Susanne mußte arbeiten, und Bert war auf Geschäftsreise; daher erschienen dieses Mal nur Jennifer, Tim und Sandi. Sandi machte einen weniger nervösen und angespannten Eindruck als sonst, denn sie streifte ihre hohen Schuhe ab und setzte sich mit untergeschlagenen Beinen auf die Couch. Jennifers Arme und Hände zierten – hoffentlich keine dauerhaften – Tätowierungen. Tim sah irgendwie beunruhigt aus, wollte aber offenbar kein Spielverderber sein und lächelte mich an, als er sich neben seine Mutter setzte.

Ich fragte nach unseren Vereinbarungen. Sandi berichtete, daß sie und Bert ihre Freitagabende freigenommen und jeden Tag zehn Minuten allein miteinander gesprochen hätten. »Das ist nicht viel, aber es bringt schon etwas.« Außerdem würden die Kinder jetzt mehr im Haushalt helfen, vor allem, wenn Sandi oder Bert selbst dabeisind. Fernseher und Computer bleiben jetzt drei Abende in der Woche aus. »Das macht einen riesigen Unterschied«, sagte Sandi. »Wir haben einfach mehr Zeit. Reden mehr miteinander. Tim und Jen lesen zur Abwechslung sogar Bücher! Wir haben Scrabble und Monopoly gespielt. An einem Abend haben Jen und ich Plätzchen gebacken und sie meiner Mutter geschickt.«

»Wir sind auch durch Wald und Wiesen gelatscht«, sagte Tim. »Lauter Mücken und Zecken in der Prärie. Alle fanden es gräßlich, nur Jen nicht.«

»Wir haben einen Hirsch gesehen«, sagt Jen. »Und die Blumen haben geblüht. In allen Farben!«

Jen sprach über die Prärie, und ich lieh ihr mein Buch über Blumen, damit sie sie bestimmen konnte. Dann fragte ich sie, wie ihr Sommer so verlaufe. Sarkastisch antwortete sie: »Ich schnupfe Kokain und verkaufe meinen Körper an Jungen, die HIV-positiv sind.« Über diese Art von Witz konnte ich nur den

Kopf schütteln. »Natürlich macht sie Spaß«, sagte Sandi. »Aber sie hängt weiter auf der Straße herum, dort, wo sich die Drogenszene abspielt.«

»Als ob ich nicht mal mehr meine Freunde sehen dürfte!« fiel Jen ein.

»Warum lädst du deine Freunde nicht einmal nach Hause ein?« fragte Sandi.

»Toll!« Ihre Stimme zitterte vor Hohn. »Und du stiftest uns Milch und Kekse, wie?« Hilflos schaute Sandi in meine Richtung, und Jen klagte: »Dein ewiges Gesorge um mich macht mich ganz krank!«

»Es gibt ja noch andere Möglichkeiten, als auf den Straßen herumzulungern oder Milch und Kekse im Wohnzimmer zu essen«, versuchte ich zu vermitteln. Wir sprachen eine Weile die in Frage kommenden Alternativen durch, bis Jen endlich zögernd versprach, die Vorschläge ihrer Mutter ernstlich in Erwägung zu ziehen.

Ich fragte Tim, wie es ihm gehe. Sein Gesicht wurde finster. »Mama hat bei Papa durchgesetzt, daß er alle Spiele aus dem Computer genommen hat.«

Sandi erklärte: »Wir wollten, daß er mehr aus dem Haus geht – radfahren, mit den anderen spielen, schwimmen gehen.«

»Kommt nicht in Frage«, sagte Tim, »genau dort sind die Banden zugange.«

»Ich geh da auch nicht mehr hin! Die Jungen im Schwimmbad sind Monster«, sagte Jen. »Tim nennen sie ein schwules Schwein und mich einen Klumpfisch. Aber ich sehe ja im Badeanzug wirklich wie eine Seekuh aus.«

»Kann ich denn nicht Wachstumshormone nehmen oder sonst irgendwas, was mich größer und breiter macht?« rief Tim dazwischen.

Sandi ging sanft auf Tims Einwurf ein: »Ich habe gar nicht gewußt, daß du dir Sorgen um deine Größe machst.«

Ganz unglücklich knautschte sich Tim in seinen Sessel hinein. »Woran erkennt man, ob man homosexuell ist?«

»Hau doch jedem eine in die Fresse, der dich einen Homo nennt!« Jen war ganz erregt. »Oder sag's mir, und ich erledige das für dich!«

»Vielleicht solltest du das Papa sagen«, meinte Sandi.

»Ach! Papa hat doch nie in seinem Leben eine Schlägerei durchstehen müssen! Die haben Waffen! Mit denen will ich nichts zu tun haben.«

»Ich habe Tim beigebracht, Frauen zu respektieren. Das macht ihm jetzt Probleme«, erklärte Sandi. »Er will die Mädchen nicht so aufziehen, wie das die anderen Jungen tun.«

»Ach was! Seine Schwierigkeiten kommen nur vom vielen Geigespielen!« schimpfte Jen.

Tim gab in der Folge ein bißchen von dem preis, was die Jungen so alles zu den Mädchen sagten. Seine Mitschüler hatten ihn angestachelt, ihnen an die Brüste und Hüften zu gehen. Sie nannten die Mädchen geile Huren und Fotzen. Wenn er einmal mit einem Mädchen sprach, fragten die Jungen ihn sofort, ob er es mit ihr getrieben habe. Zu Hause hatte er gelernt, daß sexuelle Anzüglichkeiten beleidigend sind, so wie man auch nicht »Nigger« sagt. Er wußte, wie sehr seine Schwestern die Grapscherei haßten, aber er war völlig durcheinander, was nun richtig war, denn seine Klassenkameraden behaupteten, daß die Mädchen so etwas mögen. Überdies kannte er ein Mädchen aus der vierten Klasse, das die Jungen anmachte. Sie fragte einen nach dem anderen, ob sie ihm einen blasen solle.

Sandi schaute ganz entsetzt, daß Tim wußte, was das war – einen blasen. »Aber Mama, wo lebst du denn? Ende des zwanzigsten Jahrhunderts?«

Jennifer sagte: »Ich glaube, die anderen ziehen mich dauernd mit meiner Figur auf, damit sie sich selbst besser fühlen können. Jeder leidet wohl an irgend etwas.«

Diese Enthüllungen führten zu einer Diskussion über Körpertypen. Ich erklärte, daß es erfahrungsgemäß für kleingewachsene Jungen und gut entwickelte Mädchen am schwierigsten sei. Den Jungen wird jede körperliche Schwäche vorgehalten, und die Mädchen werden als Sexobjekte betrachtet. Dazu sagte Jen: »Ich habe diese schmutzigen Bemerkungen über meine Brüste so satt! Irgendwann vergesse ich mich mal und haue einem eine in die Fresse.« Tim fürchtete sich am meisten davor, zusammengeschlagen zu werden. Er wußte, daß die einfachste Methode, sich und den anderen Männlichkeit zu beweisen, darin besteht, sich selbst einen kleineren Jungen herauszugreifen.

Jennifer ermunterte ihn: »Dann zeig es ihnen doch mal richtig!«

»Du hast leicht reden!« Tim begann zu weinen. »Wenn wir doch nur irgendwo anders wohnten.«

»Zur Zeit ist es überall in Amerika für Kinder schwer«, sagte ich.

Wir sprachen über die verwirrenden Leitbilder von Männlichkeit, die auf die Jungen einstürmen. In den Medien sieht man die coolen, einsamen Typen, die tun, was sie wollen. Richtige Männer sind sexuell unersättlich und ohne emotionale Bindungen. Ein Helden ist, wer andere Menschen zu Dutzenden töten kann, ohne deswegen auch nur eine einzige schlaflose Nacht zu verbringen. Doch im wirklichen Leben bekommen die Jungen ernste Schwierigkeiten, wenn sie versuchen, es ihren Helden gleichzutun. Die Jungen werden von den Medien aufgeputscht, sich wild und frei zu fühlen, ja gesetzwidrig zu handeln, aber wenn sie dann dabei erwischt werden, werden sie bestraft.

Ich bemerkte, daß viele Jungen meinen, um beliebt zu sein, müßten sie Mädchen belästigen. Zurückhaltende Jungen, die Mädchen respektieren, werden bestenfalls ignoriert und schlimmstenfalls tyrannisiert. Irgendwann streichen sie dann dieses menschenfreundliche Benehmen aus ihrem Verhaltensrepertoire, weil sie nirgendwo Bestätigung erfahren – außer von ihren Müttern, was in diesem Alter schlimmer ist als gar keine Bestätigung.

Ich sagte, daß Tim und Jennifer in der Falle säßen, eingeklemmt zwischen den Anschauungen ihrer Eltern und denen ihrer Kameraden. Um akzeptiert zu werden, müßten beide falsche Dinge tun, Dinge, die dem anderen schaden. Jennifer war ziemlich gut darin, ihr Potential an Coolness unter Beweis zu stellen, und mußte dafür bezahlen. Ebenso Tim, der sich von den anderen absonderte und sich dabei auch nicht wohl fühlte. Sandi hatte mit beiden Mitleid, wußte aber nicht, wie sie ihnen helfen konnte.

Ich fragte, ob Tim inzwischen neue Freunde gefunden habe. Darauf erzählte Sandi: »Er hat es versucht, aber es ist schwierig. Er hatte kürzlich einen Jungen zu Besuch. Aber der war unfähig, ein Nein zu akzeptieren. Als ich ihm sagte, er solle die Spielsachen wegräumen, nannte er mich eine alte Hure.« Sie seufzte. »Den werden wir wohl nicht mehr einladen.«

»Ja, der ist wohl nicht der Richtige«, meinte auch Tim. »Aber er ist neu in der Stadt und weiß noch nicht, daß ich ein rohes Ei bin.«

Ich beglückwünschte Tim zu seinem Versuch, Freundschaften zu schließen, auch wenn es nicht gleich beim ersten Mal geklappt hatte. Und beide Kinder lobte ich, daß sie so ehrlich über ihre Probleme gesprochen hatten. Wir beschlossen die Stunde mit einer kurzen Zusammenfassung unserer Vereinbarungen. Jennifer sollte noch einmal in die Prärie gehen und Tim seine Suche nach Freunden weiter betreiben. Ich schlug vor, daß sich Sandi und Bert um eine billige Ferienreise kümmern sollten, vielleicht in einem Wohnmobil. Das war nun offensichtlich nicht gerade nach Sandis Geschmack, aber als sie Tims Begeisterung sah, versprach sie, darüber mit Bert nachzudenken.

Siebte Therapiestunde

An einem späten, heißen Freitagnachmittag im Juli saßen Susanne, Sandi und – mit versteinertem Gesicht – Jennifer vor mir. Heute war Susanne eine wandelnde Reklame für Designerjeans. Jennifer trug ihre grünen Stiefel, dazu hautenge Minishorts und Top mit Spaghettiträgern. Sie hatte ein Buch mit dem Titel *Shampoo Planet* bei sich. Tim besuchte heute einen Computerkurs, und Bert war auf einer Konferenz außerhalb der Stadt. »Jennifer wollte heute zuerst nicht mitkommen«, begann Sandi das Gespräch. »Sie verweigert jedes Gespräch über ihr Verhalten am vergangenen Wochenende und wollte Sie gar nicht erst sehen.«

»Wirklich? Warum denn?« wollte ich wissen.

Jennifers Haltung wurde steif, und sie sah aus dem Fenster, während Sandi fortfuhr: »Ich sag es wirklich nicht gern. Aber Sonntag nacht kam Jen volltrunken nach Hause. Sie stolperte im Haus herum und taumelte gegen die Möbel. Bert begriff gar nicht, was mit ihr los war. Er weckte mich, weil er dachte, daß wir sie ins Krankenhaus bringen müßten.«

»Ich bin halt mit Freunden ausgegangen. Was ist denn schon groß dabei?« Aber Jennifers Gesicht strafte ihre Worte Lügen.

»Sie haben dieses neue Zeug getrunken, Alkohol, der wie Cola schmeckt«, sagte Susanne. »Ich habe das Gebräu auch einmal probiert und kam mir danach vor wie ein Zombie. Das haut einen in Null Komma nichts um.«

Sandis Augen füllten sich mit Tränen. »Jennifer hätte eine Alkoholvergiftung bekommen können. Sie hätte in ein Auto laufen oder vergewaltigt werden können.«

Jennifer verdrehte die Augen. »Mama, deine hysterischen Anfälle halte ich nicht länger aus.«

Ich vermutete, daß Jen versucht hatte, sich mit dem Trinken den Kameraden anzupassen und zudem den Pubertätsstreß zu bekämpfen. Ich wollte ihr helfen, anders mit dem Schmerz umzugehen, ihr eine Methode zeigen, mit deren Hilfe sie auch künftigen Schmerzen begegnen konnte. Ich schlug vor, daß sie einmal allein kommen solle, und fügte hinzu: »Du läufst vor deinen Gefühlen davon. So funktioniert das aber nicht.« Jen zog eine Grimasse, aber nachdem wir einen Termin ausgemacht hatten, war sie sichtlich entspannter.

Ich brachte ein Thema auf den Tisch, das nicht so persönlich war. »Es ist schon unheimlich, was Teenager bei uns alles machen müssen, wenn sie als erwachsen gelten wollen. Ich kenne viele Mädchen, die ständig mit ihren Müttern Kämpfe ausfechten, nur weil sie glauben, das gehöre sich so. In anderen Gesellschaften ist das anders. In Asien zum Beispiel erwartet niemand von den Kindern, daß sie sich so stark auflehnen wie in den USA.«

»Ich weiß, was Sie meinen«, sagte Susanne. »Was habe ich an Hohn und Spott über mich ergehen lassen müssen, als ich mit den Drogen aufhörte. Ich sei zimperlich und ein Baby, das seine Mami nicht ärgern will.«

»Meine Freunde machen keinen Druck«, sagte Jen.

»Eigentlich erlauben wir unseren Teenagern gar nicht, daß sie ihre Eltern lieben«, fuhr ich fort, »denn wir bringen ihnen bei, daß Nähe unnormal ist.«

Wir sprachen über die Tabak- und Alkoholindustrie, die so trickreich und wirkungsvoll Rauchen und Trinken mit dem Image des Erwachsenseins verknüpft. In Filmen und Musiksessions wird so getan, als ob ernst zu nehmende Menschen nur noch an Sex denken und gewalttätig werden, ohne über die Konsequenzen nachzudenken. Susanne erinnerte sich, daß ihr zum ersten Mal in der sechsten Klasse Alkohol und Drogen angeboten worden waren. Und Jennifer sagte: »Aber Sex ist auch eine tolle Sache. Die meisten Mädchen fangen in der siebten Klasse damit an. Vorher betrinken sie sich auf einer Party, dann fällt es leichter.«

Sandi sagte: »Bert und ich wollen natürlich die Kinder nicht zu Außenseitern machen, aber sie dürfen nicht unter die Räder kommen.«

Susanne erzählte: »Meine beste Freundin trinkt nicht, aber sonst trinkt fast jeder, den ich kenne. Wer nicht mitmacht, tut sich genauso schwer wie ein Behinderter oder sogar noch schwerer, weil sie bei ihm noch penetranter sind.«

Ich fragte Susanne, was aus ihrer Mannequinausbildung geworden sei. »Ich habe noch keine Antwort bekommen«, sagte sie. »Aber mittlerweile bin ich mir nicht mehr so sicher, ob ich das wirklich machen will, auch wenn ich ein Stipendium erhalte. Ich habe schon eine Bewerbung um einen Studienplatz an der Uni eingereicht.«

Was der Grund für diese Unschlüssigkeit sei, wollte ich wissen. »Ich will mein Leben lieber nicht nur auf dem Aussehen aufbauen. Irgendwann werde ja auch ich alt und faltig.«

Jennifer rümpfte die Nase. »Jetzt wird sie die große Unternehmerin.«

Ich fragte Jen, was sie in der Zwischenzeit gemacht habe. »Ich bin in die Prärie geradelt«, sagte sie. »Aber es ist gar nicht einfach, alle diese Blumen zu bestimmen. Im Buch sehen sie oft ganz anders aus. Aber ein paar habe ich erkannt – Indigosträucher, Malven, Schafgarbe, Seidenpflanzen – was in der Prärie jetzt so blüht.«

»Gute Arbeit«, lobte ich sie. »Warum rufst du nicht im Botanischen Institut an, ob sie dich als Volontärin nehmen? Da könntest du viel mehr über Pflanzen erfahren.« Zum ersten Mal während dieser Sitzung wischte ein Lächeln über ihr Gesicht.

»Vielleicht.«

Zehnte Therapiestunde

Bert und Sandi fanden sich zusammen zu einer Samstagssitzung ein. Beide schienen entspannter als bei ihren früheren Besuchen. Bert war in Golfkleidung; Sandi hatte Jeans und ein Sweatshirt mit der Aufschrift an: »Der Platz der Frau ist zu Hause und im Senat.« Sie berichtete, daß sie jetzt der Frauengruppe ihrer Kirche beigetreten sei. Bei der Arbeit versuche sie mit wachsendem Erfolg, sich seelisch nicht mehr so auspumpen zu lassen. Dadurch bliebe ihr mehr Kraft für die Familie.

Ich fragte nach ihrem Eheleben. »Als wir das erste Mal zu Ihnen kamen, fühlte ich mich weit weg von Bert. Wenn er aufwachte, machte er den Computer an. Wenn ich abends einschlief, war er im Internet. Damals haben wir kaum mehr miteinander gesprochen, es sei denn, es waren Familienangelegenheiten zu regeln.«

Und Bert erklärte: »Es ist mir nicht leicht gefallen, mich in Sandis Probleme einzufühlen. Mein Arbeitstag ging über zwölf Stunden. Ich hatte keine Liebesaffäre, aber für Sandi mag es so ausgesehen haben. Schließlich habe ich beschlossen: keine Computerarbeit mehr zu Hause. Wenn mich das meinen Job kostet, muß ich das halt schlucken.«

Sandi nickte ihm zu. »Es läuft jetzt besser. Nach dem Abendessen sprechen wir miteinander. Freitagabends bestellen wir Pizza, und die ganze Familie spielt irgend etwas zusammen. Sonntagmorgens gehen wir spazieren.«

»Das Beste, was wir aus meiner Sicht erreicht haben, sind unsere Ausflüge.« Bert schaute Sandi mitleidig an. »Sandi mag sie zwar immer noch nicht besonders gern, aber die Kinder sind begeistert. Jen ist voll auf die Bestimmung von Blumen abgefahren. Tim mag alles, wenn nur die gesamte Familie es unternimmt. In den letzten beiden Monaten sind wir mehr Rad gefahren und gewandert als bisher in unserem ganzen Leben. Nächstens werden wir auf eine Campingtour gehen.«

Sandi drohte Bert mit dem Finger. »Das war Berts und Jens Idee. Jedesmal, wenn ich mich nach Duschmöglichkeiten erkundige, feixt er nur.«

Bert fuhr fort: »Je weniger wir fernsehen, desto mehr reden und lesen die Kinder. Ja sogar ich lese jetzt.«

»Wir sprechen jetzt über alles mögliche«, sagte Sandi. Vor kurzem kam Jen mit der Frage an, ob ich wohl für eine Million Dollar einen Striptease machen würde. Darauf antwortete ich: ›Geld ist keine große Motivation für mich. Aber wenn es dabei um den Frieden in der Welt oder die Heilung von Aids ginge, dann...‹ Plötzlich waren wir mitten in einer Diskussion über das, was unserer Familie wirklich wichtig ist. Über so etwas haben wir seit Ewigkeiten nicht mehr gesprochen. In diesen Zeiten erfahren die Kinder alles«, fuhr Sandi fort. »Mit fünf Jahren hat Tim gewußt, daß Magic Johnson Aids hat. Heute regt er sich über die Nachricht auf, daß eine Frau ihre kleinen Söhne ertränkt hat.«

»Mit solchen Nachrichten können Kinder kaum fertig werden«, sagte ich.

»Wie soll ich damit fertig werden?« rief Sandi aus. »Wenn Tim mal nicht greifbar ist, denke ich sofort, daß er vielleicht gekidnappt worden ist. Ich führe ja schon Buch darüber, wann er wo wie lange ist. Für meine Mutter war es einfach. Die hat die Glocke geläutet, wenn wir kommen sollten.«

»Als ich klein war«, fügte Bert hinzu, »spielten meine Eltern mit einem Ehepaar jeden Sonntag abend Canasta, und wir Kinder waren in der Nähe und hörten den Gesprächen der Großen zu. Heute gehen die Eltern aus und überlassen die Kinder jemandem, der aufpaßt.«

Und Sandi erinnerte sich: »Mein Vater war Anwalt und hatte seine Kanzlei drei Häuserblock weiter am Stadtplatz. Zum Mittagessen kam er nach Hause und legte sich danach eine Viertelstunde auf die Couch im Wohnzimmer. Er und Mama plauderten jeden Morgen beim Kaffee in der Küche und die meisten Abende auf der Veranda.«

»Meine Eltern nahmen uns ins Zeughaus zum Tanzen, zu den Gemeindeessen in der Kirche oder zum Fischen und zu Picknicks mit.« Bert schüttelte verwundert den Kopf. »Dabei haben sie bestimmt nie in ihrem Leben ein Buch über Beziehungen gelesen. Darüber haben sie sich nie den Kopf zerbrochen. Mein Vater förderte die Schülerliga, aber nicht um mein Selbstbewußtsein zu heben, sondern einfach, weil er Baseball liebte.«

»Ich wußte zwar, daß andere Kinder ihren Eltern gegenüber frech waren, aber für mich kam das nicht in Frage. Ich habe meine Mutter auch nie eine alte Hure genannt«, sagte Sandi und seufzte. »Da ist noch etwas. Ich habe Schuldgefühle gegenüber Mama. Sie braucht mich, und die Kinder vermissen ihre Großmutter. Gut, wir können mit ihr telefonieren, aber wir können unmöglich immer nach Georgia fahren.«

»Haben Sie ihr schon einmal vorgeschlagen, hierherzuziehen? In eine kleine Wohnung in Ihrer Nähe?«

»Für mich wäre das gut. Auch für Jen, für die Nachmittage, wenn die Schule aus ist«, sagte Sandi. »Aber ich weiß nicht, ob das meiner Mutter gefallen würde.«

Bert sagte: »Deine Mutter ist noch jung genug, um Freunde zu finden und ihr Leben selbst zu leben.«

»Und was, wenn wir wieder einmal umziehen?« fragte Sandi.

»Wir werden nicht mehr umziehen. Das möchte ich euch nicht mehr antun, weder dir noch den Kindern. Wir sind schließlich keine Möbelstücke. Eher lasse ich den Job sausen, als daß wir hier wieder wegziehen«, sagte Bert. Er schaute Sandi an. »Ich bin am Überlegen, ob ich nicht kündigen soll. Das Leben ist zu kurz, um es dermaßen unglücklich zuzubringen.«

»Mit dem Geld werden wir schon irgendwie auskommen«, sagte Sandi. »Wir müssen eben unsere Ausgaben reduzieren. Wenn Susanne auf die Uni geht, kann sie sich auch nebenher etwas verdienen.«

Bert fügte hinzu: »Da Jen ihre Großmutter sehr gern hat, könnte sie für sie Besorgungen erledigen und im Haushalt helfen. Auch Tim täte eine ältere Bezugsperson im Leben gut.«

Und Sandi, ganz sanft: »Ich brauche sie auch.«

Ich fragte nach Jennifer und Tim. Bert antwortete: »Mit Jen geht es jetzt besser. Sie ist uns gegenüber nicht mehr so feindlich eingestellt und benimmt sich auch nicht mehr so aggressiv wie früher. Das Gespräch mit Ihnen über Streßsituationen hat ihr sehr geholfen. Sie ist zwar immer noch viel mit den Kindern zusammen, die wir nicht für den richtigen Umgang halten, aber sie geht auch ins Botanische Institut, wo sie mit ganz anderen Kindern zusammentrifft.«

Sandi verzog das Gesicht. »Vergangene Woche hat sie die Schlangen versorgt. Brrh! Und sie hat mir voller Begeisterung erzählte, wie sie die Würmer für den Schlangenfraß zerhackt hat.«

Ich mußte lachen. »Na, da hat sie ja wieder etwas gefunden, womit sie ihre Mutter schockieren kann!«

»Wir machen uns immer noch Sorgen um sie, vor allem, weil jetzt die Schule wieder anfängt«, sagte Bert. »Aber wir sehen einen Silberstreifen am Horizont.«

»Tim hat immer noch keinen Freund«, sagte Sandi. »Aber wenigstens geht er jetzt mit uns weg.«

Bert fügte hinzu: »Inzwischen ist er schon lustiger geworden. Er mag auch die Familienabende und die Spaziergänge, und auf die Campingtour ist er ganz wild.«

Ich meinte, daß es für Tim vielleicht gar nicht so schlecht sei, wenn er zu seinen Mitschülern etwas mehr auf Distanz gehen könnte. Vielleicht sollte man versuchen, ihn mit Älteren oder Jüngeren zusammenzubringen, Leuten, die nichts gegen Geigenspieler haben und nicht so auf das Machohafte fixiert sind. Ich gratulierte dem Ehepaar zu seinen Erfolgen und wünschte der Familie für ihre erste Campingtour alles Gute.

Zwölfte Therapiestunde

Es war Mitte August, und das neue Schuljahr stand bevor. Die Copelands kamen schon früh am Morgen in die Therapiestunde. Bert hatte Pfannkuchen gemacht, und so waren sie alle satt und in munterer Stimmung. Die Mädchen sahen sich ähnlicher als sonst; Susanne hatte keine Make-up aufgelegt, und Jens Tätowierungen waren verschwunden.

Ich fragte sie geradeheraus nach ihrer Campingtour. Sandi nörgelte ein bißchen: »Na ja, eigentlich ganz schön, bis auf den Umstand, daß die Toiletten immer irgendwo draußen sind.«

»Kennen Sie Campingplätze ohne Mücken?« sagte Susanne.

Wir lachten alle, als Sandi uns die Spuren ihrer Mückenstiche zeigte. »Ich bin ja nicht gerade das Mädchen für Lagerfeuer, aber es hat mir gefallen, wie glücklich Jen und Tim waren.«

Ich fragte nach den anderen Problempunkten, die im Laufe unserer Sitzungen zur Sprache gekommen waren. Sandi litt noch immer unter depressiven Verstimmungen, hatte aber ihr Medikament abgesetzt. Sie sagte: »Als ich das erste Mal hier bei Ihnen war, kam ich mir vor ein Hund in einem psychiatrischen Experiment, der einen Elektroschock bekommt, gleichgültig in welche Richtung er springt. Irgendwann springt er dann gar nicht mehr und ist deprimiert. Jetzt weiß ich, wie und wo ich springen kann, ohne bestraft zu werden.«

Sie war optimistischer und meinte, Bert und sie würden das Heranwachsen ihrer Kinder schon überleben. Sie nahm an der

Frauengruppe der Kirche teil und schloß Freundschaften. »Ich hatte ganz vergessen, wie sehr ich auch Beziehungen zu Frauen brauche.«

Bert war weiterhin durch die Arbeit stark gestreßt. Seitdem er Überstunden ablehnte, konnte das Damoklesschwert jeden Tag fallen. Aber er war auf die Konsequenzen seiner Haltung vorbereitet. Er drückte es so aus: »Im Grunde habe ich ja gar keine andere Wahl, wenn ich nicht zur Maschine werden will.«

Ich ging davon aus, daß Jen weiterhin mit ihren Schulfreunden Drogen nahm, wenn auch nur gelegentlich und auf jeden Fall seltener als zur Zeit ihrer ersten Sitzung bei mir. Im Botanischen Institut hatte sie sich mit zwei etwas älteren Mädchen angefreundet, die »clean« waren, was gleichbedeutend war mit: Sie haben sich entschieden, auf Drogen zu verzichten.

Tim hatte auf einem Stadtteilfest einige Erfolgserlebnisse verbuchen können. Er hatte die Nationalhymne auf der Geige gespielt und dafür viele Komplimente der Nachbarn eingeheimst. Eine ältere Dame erzählte ihm, wie gern sie ihm beim Üben zuhöre; oft setze sie sich dafür morgens extra auf den Balkon. Er hatte auch einen Jungen aus dem Block kennengelernt, der wie er selbst ein Computerfreak war; er war etwas jünger, aber er spielte auch ein Instrument. Tim hatte sich einmal lange mit Bert über Homosexualität unterhalten. Er hatte immer noch Angst davor, schwul genannt zu werden; aber er fürchtete nicht mehr, es auch wirklich zu sein. Vor der Schule fürchtete er sich aber immer noch.

Der Beginn von Susannes Studium am College der Staatlichen Universität stand in zwei Wochen bevor. Sie hatte gehört, daß die Klassen groß und die Schlafräume laut seien; außerdem seien viele Mädchen auf dem Gelände sexuell belästigt worden. So sah sie dem Tag, an dem sie den Schoß der Familie verlassen mußte, beklommen entgegen. Aber sonst ging es ihr gut. Sie hatte zugenommen und meinen Vorschlag befolgt, bei Jen »Nachhilfeunterricht in Unvollkommenheit« zu nehmen. Sie schien ein bißchen weicher geworden zu sein, und wenn sie das Haus verließ, sah sie immer seltener wie ein Model aus der *Vogue* aus, sondern glich mehr einer normalen jungen Frau.

Bert und Sandi schienen sich als Ehepaar wiedergefunden zu haben. Die Familie rationierte weiterhin ihren Fernsehkonsum und verbrachte die Freitagabende zusammen. Jen las Abenteuerromane und Tim Science-fiction. Aber sie halfen im Haushalt noch immer nicht so, wie sie eigentlich sollten. Sandis Mutter hatte sich entschlossen, in ihre Nähe zu ziehen, und sie suchten schon eine Wohnung für sie. Sandi sagte: »Wir ziehen nicht mehr um, es sei denn, wir nagen am Hungertuch. Wir haben unsere Ausgaben reduziert, und Bert sieht sich nach einem anderen Job um.«

Wir sprachen auch über die Therapie. Sandi meinte: »Jetzt suchen wir die Schuld nicht mehr immer nur bei uns, sondern achten auch auf die gesellschaftlichen Einflüsse.«

»Wenn wir früher Therapeuten aufgesucht hatten«, sagte Bert, »sind wir immer mit dem Gefühl hinausgegangen, ein Haufen von Monstern zu sein. Dieses Mal haben wir das Gefühl, eine ganz normale Familie zu sein, die eben Schwierigkeiten hat. Und wir haben begriffen, daß wir diese Probleme in den Griff bekommen können. Wir können Entscheidungen fällen über das, was wir tun und was wir lassen wollen.«

Jennifer deutete auf Susanne. »Und ich habe keinen Haß mehr auf alle und jeden.«

»Meine letzte Therapeutin meinte, ich wäre zu abhängig von dem, was meine Eltern von mir denken«, sagte Susanne. »Aber meinen Eltern ist es egal, wie ich aussehe, Hauptsache, mir geht es gut.«

Bert nahm sie in den Arm. »Schön, daß du so etwas sagst.«

»Es gefällt mir, daß die Familie mehr zusammen ist«, sagte Sandi. »Und ich rechne es Bert hoch an, daß er jetzt seine Zeit mit uns verbringt und nicht im Internet. Ja, und das viele Fernsehen hat die Kinder ja ganz meschugge gemacht.«

»Ich sollte jetzt wirklich auch noch das Rauchen aufgeben«, sagte Bert. »Eigentlich sofort. Aber unter dem Streß in der Arbeit...?«

»Papa, sag einfach nein!« Die Bemerkung kam von Jen.

»Das nächste Schuljahr wird für alle ganz schön hart werden«, sagte ich. »Ich bin froh, daß Sie mehr Zusammenhalt gefunden haben. So können Sie ganz anders einsteigen.«

»Wir lassen es jetzt langsamer angehen und nehmen uns mehr Zeit füreinander. Als Familie funktionieren wir jetzt eigentlich ganz gut. Wie viele können das nach einer Familientherapie von sich sagen?«

Kapitel vier

Einst und jetzt

Viele Menschen, die der neuen Zeit skeptisch gegenüberstehen, finden, daß früher alles besser war. Aber die Vergangenheit zu verklären birgt auch Gefahren, denn je mehr das Schlechte verdrängt wird, desto leichter kann es wieder aufleben. Sehnsucht nach der Vergangenheit kann zu Negativismus und Untätigkeit führen. Um fair zu sein, brauchten wir eine vergleichbare Bezeichnung für übermäßiges Preisen des Fortschritts. In unserer Konsumgesellschaft gilt, daß ein Mehr besser als ein Weniger und das Neue selbstverständlich besser als das Alte ist. Fortschrittsgläubige können über hieraus entstehende Probleme einfach hinweggehen und auf erschreckend naive Weise Optimismus signalisieren. Paul Gruchow fragt: »Warum soll es Selbstbetrug sein, über Verlorengegangenes zu trauern, und auf der anderen Seite für geistige Gesundheit zeugen, auf etwas zu vertrauen, was noch gar nicht eingetreten ist?«

Wenn wir alle die, die an der Vergangenheit gute Seiten entdecken, als Ewiggestrige verurteilen, verweigern wir uns einer rationalen Diskussion über das Heute. Wenn wir keine Vergleiche ziehen, können wir aus der Vergangenheit nichts lernen und die Schwierigkeiten von heute nicht bewältigen. Wenn wir unterstellen, daß das Wesentliche durch alle Zeiten gleich bleibt, legen wir die Gleise für Passivität.

Zeiten und Orte bleiben sich aber nicht gleich. In Gemeinschaften bilden sich zum Beispiel bestimmte Formen des familiären Zusammenlebens heraus. Die Behauptung, in früheren Zeiten hätten die Familien mehr Kontakt untereinander und zur Gemeinschaft gehabt, ist nicht unbedingt aus der Luft gegriffen. Solche Schlußfolgerungen lassen sich auch mit nüchternem Verstand und ohne Gefühlsduselei ziehen. Überdies muß Respekt vor der Vergangenheit nicht notwendigerweise eine reaktionäre Denkweise bekunden. Im Gegenteil, eine gesunde Wertschätzung dessen, was in früheren Zeiten gut funktionierte, kann unser Handeln heute inspirieren. Wir können prüfen, was gut und was weniger gut war, und dieses Wissen für die Schaffung einer besseren Welt einsetzen.

Gewiß ist manches heute besser, aber manches ist auch schlechter geworden. Es hat immer glückliche und unglückliche Familien und gut oder schlecht angepaßte Individuen gegeben, wenn sich auch sicher die Gewichtungen von Jahrzehnt zu Jahrzehnt verschoben haben. Die menschliche Natur mag sich immer gleichbleiben, aber die Bedingungen, unter denen sich Menschen entwickeln, verändern sich gewaltig. Unsere Frage muß also lauten: Wie sehen die optimalen Bedingungen für Familien und ihre Mitglieder aus?

Seit den zwanziger Jahren haben sich die Vorstellungen von dem, was ein Familie zu ihrem Glück braucht, sehr gewandelt. Damals waren die meisten Menschen mit kleinen Häusern oder Wohnungen zufrieden, sofern sie vor den Unbilden der Witterung schützten. Mit einem normalen Schulabschluß als Rüstzeug ließ sich eine Existenz aufbauen. Die Menschen hielten sich für einigermaßen wohlhabend, wenn sie sich den Sonntagsbraten leisten und ihre Kinder in die Schule schicken konnten. An Fernreisen, Essen in eleganten Restaurants oder einen Zweitwagen dachte niemand.

Befriedigung im Leben schöpfte man aus der Bewältigung des Alltags. Männer hatten ein Erfolgserlebnis, wenn sie genug Holz gehauen hatten, um ihre Familie über den Winter zu bringen. Frauen sahen ihren Stolz darin, ihren Familien frisches Brot und selbstgemachte Suppe auftischen zu können. Dankbar fuhren sie die Ernte ein. Heute ist die Arbeit für die meisten Menschen eher abstrakt, da wir die den Nutzen unserer Arbeit weniger klar vor Augen haben. Die Probleme, mit denen wir konfrontiert werden, sind verschwommener und schwieriger zu lösen.

In den dreißiger Jahren waren die Amerikaner mit der Sorge um das tägliche Brot sowie um Wohnung und Heizmaterial völlig ausgelastet. Schlechte Zähne und Narben von schlecht verheilten Verletzungen waren häufig, die Hände waren voller Schwielen und Frostbeulen. Heute können die meisten Amerikaner und Westeuropäer ihre dringendsten Lebensbedürfnisse befriedigen, aber ihr Leben ist deswegen weder leichter noch besser. In gewisser Weise ist es einfacher, sich um die Weizenernte Sorgen zu machen, als über die richtige Form der Selbstverwirklichung zu grübeln, ist es leichter, selber Sauerkraut herzustellen, als die richtigen Leute zu kennen. Es schafft wohl auch mehr Befriedigung, eine Kuh zu melken oder für hungrige Kindermägen einen Kuchen zu backen, als für eine Versicherungsgesellschaft Papierkram zu erledigen, verärgerte Angestellte zu dirigieren oder Unbekannten per Telefon Reizwäsche zu verkaufen.

Das Überleben auf dem Lande erforderte von den Menschen der zwanziger Jahre ganz bestimmte Fähigkeiten. Bill McKibben hat es drastisch aufgezeigt: Wollte jemand einen Hamburger essen, mußte er wissen, wie man das Land urbar macht, Viehzucht betreibt, Viehfutter anbaut, Vieh schlachtet und Fleisch konserviert, eine Scheune baut und seine Nachbarn zur Mithilfe bewegt. Es war zwar nicht gerade einfach, sich diese Fähigkeiten anzueignen, doch auch Durchschnittsmenschen konnten dies leisten. Sie durften stolz darauf sein, sich aus sich selbst erhalten zu können. Um heute Erfolg zu haben, sind andere Überlebensstrategien und Qualitäten nötig: Fähigkeiten, im Konkurrenzkampf zu bestehen, also Ärger zu unterdrücken und Streß zu bewältigen, sowie kommunikative Fähigkeiten, das heißt, positiv bestärkend und einfühlend zuzuhören. Viele Menschen sind jedoch mit den Ansprüchen der modernen Welt überfordert und suchen deshalb die Hilfe von Therapeuten oder nehmen leistungssteigernde oder psychisch wirksame Substanzen ein, um mithalten zu können.

In der Stadt meiner Großeltern legten die Leute großen Wert auf zwischenmenschliche Beziehungen. Für eine Kleinstadt war es zum Beispiel typisch, andere aufgrund ihrer Verwandtschaft und der Lage ihrer Wohnung oder ihres Hauses erst einmal klar zu identifizieren, bevor ein Gespräch über sie in Gang kam. Eine Unterhaltung über – sagen wir – Joe Smith begann etwa so: »Sie kennen doch Joe? Er wohnt auf dem ehemaligen Creed-Gelände, im Norden der Stadt, drei Meilen von hier. Er ist mit Hal Jones jüngster Tochter Mary verheiratet. Seine Mutter ist Lehrerin in Burlington. Der Postbote ist ein Vetter von ihm.«

Daraufhin dann der Gesprächspartner: »Ach ja, ist er nicht der Sohn von John Smith?! In seiner Schulzeit hat er in der Mannschaft von Seibert gespielt, oder?«

Zwischen Nachbarn herrschte ein höflicher Umgangston. Ließ sich jemand zu Schimpfwörtern hinreißen, machte das sofort die Runde. Beleidigte jemand die Gefühle eines anderen, wurde er gnadenlos verurteilt. Die Copelands, heute, kennen ihre Nachbarn nicht einmal. Ihre Privatsphäre ist geschützt, und sie brauchen niemandem Rechenschaft abzulegen. Solange sie niemanden stören und auch sonst nicht unangenehm auffallen, ist es allen gleichgültig, was sie tun. Früher war es umgekehrt: Das Problem war mehr das Fehlen einer Privatsphäre, denn was immer man tat, es wurde darüber geredet, und das konnte auch Leid verursachen. Zum Beispiel wurden Geschiedene oft von den Nachbarn gemieden. Aber heute sehen wir eher die Probleme, die aus der Anonymität erwachsen, in der die Menschen sich gegenseitig keine Rechenschaft abzulegen brauchen. Gewiß leistete die nahtlose Überwachung vergangener Zeiten der Heuchelei Vorschub, aber sehr oft förderte sie eben auch korrektes Verhalten. Man tat einfach gewisse Dinge nicht, von denen man nicht wollte, daß die Nachbarn sie wissen.

Zur Zeit meiner Großeltern arbeiteten und spielten die Familienmitglieder miteinander. Es gab auch Großfamilien, was finanziell sogar vernünftig war. Verwandte aller Altersstufen waren immer in der Nähe. Kranke konnten zu Hause gepflegt werden. Die Kinder versorgten ihre alten Eltern – nicht weil sie moralischer waren als die Kinder heutzutage, sondern weil die Möglichkeit hierzu gegeben war und es die damalige Gesellschaftsstruktur auch erforderte. In diesem Miteinander der Altersgruppen lernten die Kinder von den Erwachsenen, die Erwachsenen konnten die Kinder beaufsichtigen, und beide Altersgruppen lernten, sich gegenseitig zu respektieren. Die älteren Verwandten hatten oft Zeit, mit den Kindern zu spielen und ihnen Geschichten zu erzählen, und so lernten die Kinder die eigene Familienchronik kennen und erfuhren von historischen Ereignissen, die ihre Vorfahren selbst betrafen.

In den zwanziger Jahren war eine Familie meist hierarchisch strukturiert. Die Eltern hatten eindeutig das Heft in der Hand, und zwischen Kindern und Erwachsenen gab es eine scharfe

Trennungslinie. Nur Kinder wurden beim Vornamen genannt. Erwachsene, selbst enge Freunde, nannten sich gegenseitig Mrs. und Mr. Die Erwachsenen hatten Privilegien und damit Verantwortung. Sie verdienten und erhielten Respekt, weil sie den Kindern Fertigkeiten und Werte vermittelten. Geldprobleme oder Ehezwistigkeiten wurden nicht vor den Kindern ausgetragen.

Wichtig war, daß die Kinder gutes Benehmen lernten. Es gab buchstäblich Hunderte von Benimmregeln: Nimm die Mütze ab, wenn du in ein Haus kommst (nur für Knaben); steh auf, wenn eine Dame den Raum betritt; kau nicht mit offenem Mund Kaugummi; trage in der Kirche weiße Handschuhe (nur für Mädchen); unterbrich nicht, wenn Erwachsene sprechen; setz dich nicht hin, solange Erwachsene stehen. Viele dieser Regeln mochten albern sein, aber in ihrer Klarheit und Anschaulichkeit gaben sie auch Sicherheit.

Grundsätzlich lernten alle dieselben Regeln. Die meisten Menschen hatten das Gefühl, daß ihren Handlungen eine gewisse Bedeutung zukam, daß ein Gott ihr Verhalten und ihre Vorhaben bewertete. Das soziale Leben bestand zum großen Teil aus kirchlichen Veranstaltungen. Es gab keine Alternative zum herrschenden Wertesystem, die die Familie oder Gemeinde hätte davon abhalten können, diese Regeln zu akzeptieren. Heutzutage fällt es sogar innerhalb einer Familie schwer, sich darauf zu einigen, was richtig oder falsch ist. Noch schwieriger ist es, diese Regeln mit der Außenwelt in Einklang zu bringen.

Die Kinder der Pages fuhren mit dem Bus zur Schule. Sie spielten Basketball und nahmen am Diskussionsclub und der Theatergruppe teil. Margaret spielte Violine. Alle liebten sie Bücher. Für allzu viele Probleme hatten sie weder genug Zeit noch Geld.

Ganz anders die Mädchen, die ich in einem Jugendlager in Kansas antraf. In der Schulzeit kommunizierten sie mit ihren Lehrern der naturwissenschaftlichen Fächer und untereinander vorwiegend per E-Mail. Im Sommer belegten sie zusammen Kurse an der Universität. Wir trafen uns im Aufenthaltsraum des Stockwerks, in dem ihre Zimmer lagen – fünfundsechzig Personen in einem fensterlosen Raum, der nur mit Rattanstühlen möbliert war. Die Mädchen schrien sich gegenseitig an, kicherten, kabbelten sich und redeten ohne Pause. Erst als ich begann, über meine Arbeit als Therapeutin zu sprechen, wurden sie ruhiger.

Als ich fragte, welches Mädchen Streit mit der Mutter hatte, schossen alle Hände hoch. Ich berichtete von den Interviews, die ich mit asiatischen Mädchen durchgeführt hatte. Diese waren alle ihrer Mutter sehr zugetan und gestalteten ihre Tage so, daß genügend Zeit blieb, für die Mutter zu kochen oder mit ihr Karten zu spielen. Ich führte auch ein vietnamesisches Mädchen an, das mich einmal gefragt hatte: »Wie kann ich denn mit meiner Mutter streiten? Sie hat mir das Leben geschenkt!« Da begannen einige meiner Zuhörerinnen zu weinen.

Dann meldeten sich fast alle gleichzeitig zu Wort. Ein Mädchen aus Salina sagte: »Ohne Streit ging es bei uns nie ab. Wir waren uns einfach zu nahe.« Und ein Mädchen aus Russell: »Es hat immer Zoff gegeben, wenn Mama versuchte, mich davon abzuhalten, in die nächste Bredouille zu geraten. Dabei wollte sie ja bloß nicht, daß ich vor die Hunde gehe.« Die Tochter eines Geistlichen sagte: »Ich habe meinen Eltern sehr weh getan. Ich habe sie beschimpft und sie schreckliche Eltern genannt.«

Die Mädchen sprachen über Drogen und Alkohol. Ein Mädchen mit Zahnspange und einem Sweatshirt mit der Aufschrift: »Mein Chef ist ein jüdischer Zimmermann« rief: »In meiner Klasse ist man unmöglich, wenn man sich nicht regelmäßig betrinkt.« Mädchen aus Orten mit weniger als fünfhundert Einwohnern berichteten, daß dort die Kinder schnüffelten, Hasch rauchten und halluzinogene Pilze verzehrten. Zwei Mädchen lebten quasi von Abmagerungspillen. Drei Achtkläßlerinnen bekannten, sie seien alkoholabhängig. Zwei von ihnen gingen zu den Anonymen Alkoholikern, die dritte nicht. Eines der beiden Mädchen, die zu den AA gingen, warnte mit leidgeprüfter Stimme: »Macht bloß nicht denselben Fehler wie ich!« Sie war vierzehn Jahre alt.

Im Übereifer, einander ihre Erfahrungen mitzuteilen, unterbrachen sie sich ständig. Ein Mädchen mit Pferdeschwanz und vielen Armbändern berichtete, daß im vergangenen Sommer drei Kinder ihrer Schule umgekommen sind. Sie waren mit dem Auto die Hauptstraße auf und ab gerast und hatten einen Brückenpfeiler gerammt. Der Fahrer wurde hinausgeschleudert, die anderen verletzten sich tödlich an den metallenen Weinkühlern, die sie dabei hatten. Eine andere mit einem noch sehr kindlichen Gesicht ergänzte: »In unserer Stadt kann man sich nur betrinken. Etwas anderes gibt es nicht.«

»Als wir in die fünfte Klasse gingen, haben meine Freundinnen und ich beschlossen, uns mit Jungen einzulassen«, erzählte ein Mädchen aus dem Westen von Kansas. »Jetzt ist unser Ruf ruiniert, wir sind die Schulnutten.« Ein Mädchen aus Mulvane pflichtete bei: »Es ist wirklich abartig. Erst setzen sie dich unter Druck, daß du unbedingt mit Jungen schlafen mußt, und danach bist du eine Nutte.«

Andere Mädchen berichteten von Freundinnen, die bereits ein Baby hatten oder unter Eßstörungen, Herpes, Warzen oder Ekzemen an den Genitalien litten. Eine der Alkoholikerinnen erzählte von einer Freundin, die die Schule verlassen hatte, weil sie die ständigen Belästigungen nicht mehr aushielt. Einige Mädchen erzählten, wie die Jungen ihre Brüste betatschten und sie ständig wegen der Jungen aufzogen, mit denen sie schliefen. Ein sehr gefaßtes Mädchen sagte, sie könne mit solchen Geschichten nicht aufwarten. Sie stammte aus einem Ort mit siebenundsechzig Einwohnern und einer Schule, die nur von elf Kindern besucht wurde.

Auf der Heimfahrt wollte mir dieser Abend nicht aus dem Kopf. Eigentlich sollten diese Mädchen doch Reiten lernen oder Handball spielen, statt dessen gingen sie zu den Treffen der Anonymen Alkoholiker und zur Beerdigung ihrer Freunde. Wenn sogar diese Mädchen aus dem ländlichen Mittelwesten Amerikas in solchen Nöten waren, gab es wahrscheinlich im ganzen Land keine sicheres Fleckchen mehr.

Überall sind sich die Lehrer einig, daß es die Kinder heute viel schwerer als früher haben – und die Lehrer auch. Ein Lehrer formulierte es kurz und bündig: »Die Kinder sind anders, die Eltern sind anders, und die Erwartungen von seiten der Familie an die Schule sind anders.« Aber es ist geradezu beängstigend, wie viele Lehrer feststellen, daß gerade in den letzten paar Jahren irgend etwas mit den Kindern passiert sein muß. In erster Linie fällt ihnen auf, daß sich die Kinder nur noch kurze Zeit konzentrieren können und anders als früher miteinander umgehen.

Dafür gibt es viele Theorien. Die Eltern sind meist außer Haus, und die Kinder sehen bis spät in die Nacht fern. Es gibt mehr Schlüsselkinder als früher. Eltern haben selbst psychische Probleme oder sind drogenabhängig. Ein Lehrer berichtete mir von einer Mutter, die vor ihrem Kind, das gerade in die Schule gekommen ist, Hasch raucht, »weil sie ihm nichts vormachen und ihre Sucht nicht verheimlichen will«. Kinder geschiedener Eltern leben oft an zwei Orten. Kinder können sich körperlich nicht genug austoben, und manche erhalten keine richtigen Mahlzeiten. Eine Lehrerin sagte, daß sie nicht einmal die gängigsten Gemüse wie Mohrrüben, Sellerie oder Gurken kennen. Sie leben von Fast Food wie Pommes frites oder Hamburger und von Snacks.

Alle Lehrer stimmten darin überein, daß heutzutage die Kinder nicht mehr so höflich und schon gar nicht mehr unschuldig sind. Bereits im Kindergarten werfen sie mit obszönen Wörtern um sich. Die Lehrer gehen davon aus, daß die Kinder zwischenmenschliches Verhalten dem Fernsehen abschauen, nicht den Menschen. Eine Lehrerin drückte es so aus: »Gute Manieren sind in dieser Gesellschaft nicht mehr gefragt. Wenn die Cartoon-Figur Beavis andere beleidigen kann, machen es ihm die Schüler nach.«

Eine andere Lehrerin: »Den Kindern fehlen heute wichtige Grundlagen des Umgangs miteinander. Sie sind nicht in der Lage, sich bei anderen einzuführen oder vorzustellen. Eine Unterhaltung können sie weder beginnen noch in Gang halten. Ihre Kommunikation besteht im wesentlichen darin, daß sie sich gegenseitig verprügeln. Das sehen sie ja täglich im Fernsehen. Wir können den Kindern noch so oft sagen, ruhig zu sein, sie schwätzen munter weiter.«

Die Lehrer stimmten auch darin überein, daß sie für die Disziplinierung ihrer Schüler und Schülerinnen heute mehr Zeit aufwenden müssen, und daß die Kinder mehr ernste Probleme haben als noch vor einigen Jahren. Kinder, die sich anständig benehmen, werden von dem System erdrückt. Eine Lehrerin sagte: »Ich wache in der Nacht auf, weil mir die wohlerzogenen Kinder so leid tun. Sie wollen etwas lernen, und ich kann ihnen dabei kaum helfen.«

Nach Ansicht der Lehrer handelt es sich um einen Teufelskreis. Die Lehrer haben zügellose Schüler, und so versuchen sie, mit straffem Unterricht sie in Schach zu halten. Aber dadurch bleibt für die Kinder untereinander weniger Zeit übrig; und weil die Schüler auf diese Weise auch keinen zwischenmenschlichen Umgang lernen, bleiben sie zügellos und unlenkbar, und die Lehrer müssen den Unterricht noch strenger gestalten.

Andererseits meinen aber auch viele Lehrer, daß die Schulen heute Problemfälle besser in den Griff bekommen. Sie denken dabei an Gruppen, in denen Bewältigung von Streß und Ärger eingeübt wird, an die Treffen für Homosexuelle, Scheidungswaisen und Mädchen mit Eßstörungen. Es gibt Schulen, die aktiv gegen Rassismus und Sexismus ankämpfen. Kinder mit speziellen Bedürfnissen, zum Beispiel solche mit Lernstörungen, erhalten bessere Förderung. Viele Schulen bieten Erziehungstraining für Eltern oder Kindertagesstätten für die Babys von Schülerinnen an. Heute werden die Probleme nicht mehr unter den Teppich gekehrt.

Nicht nur das Leben an sich, auch das Familienleben ist schneller geworden. Wenn ich einen Videofilm über einen gewöhnlichen Tagesablauf der Familie Page hätte, käme er mir wahrscheinlich wie in Zeitlupe aufgenommen vor. Da war niemand in Eile. In der Familie Copeland dagegen sind alle immer nur gehetzt. Bei ihnen ist, wie bei den meisten modernen Familien, die Zeit das größte Problem. Das Leben wird zunehmend instabil, uneinheitlich und hektisch. Es gibt zu viele Vordergrundinformationen und zu wenig Aufklärung über Zusammenhänge, zu viele Ereignisse und zu wenig Zeit, diese zu verarbeiten.

Der Autor Jack Levin schrieb einen Artikel für die Zeitung *Baltimore Sun* über das Familienleben in den USA der dreißiger Jahre, während der Wirtschaftskrise. Darin fragte er sich, wie er heutigen Kindern der Mittelklasse verständlich machen könne, was es heißt, zu sparen und zu knausern und am Ende oft doch nicht zu bekommen, wofür man gespart hatte. Er schilderte eine Welt, in der die Menschen oft fünf Meilen weit zu Fuß gingen, um fünf Cent Fahrgeld zu sparen; in der Mahlzeiten ausfallen mußten; in der sie ihre Kleider trugen, bis sie zerschlissen waren, und ihre Schuhe, bis sie Löcher in den Sohlen hatten. Er sprach von der Verzweiflung einer Zeit, in der jeder Vierte arbeitslos war. Aber er sprach auch von dem Zusammenhalt, der aus gegenseitiger Abhängigkeit und gemeinsamem Leid erwuchs.

Über das geteilte Leid damals können alte Menschen alle ihre eigenen Geschichten erzählen. Bei meinem Vater gab es jeden Tag Brot mit einer Fleischersatztunke, aber sie hatten sieben Namen dafür, für jeden Wochentag einen anderen. Und wie liebevoll sprach meine Mutter von der einen Orange, die sie zu

Weihnachten bekam! Die Menschen in der Stadt können sich auch noch gut an diese Zeiten erinnern, in denen sie arm wie Kirchenmäuse waren. Aber, so sagte mir ein Freund aus New York, die öffentlichen Schulen waren gut, die Straßen sicher, und im Sommer schliefen sie sogar im Central Park. Immer und immer wieder versichern mir die Menschen, wenn sie von der Zeit der Wirtschaftskrise sprechen: »Natürlich waren wir arm, aber wir haben das nicht so gemerkt, denn alle anderen waren es ja auch.« Oder: »Wir waren arm, aber zufrieden«, oder: »Es gab kaum Kriminalität. Das bißchen, das die Menschen hatten, teilten sie ohnehin miteinander.«

Natürlich schafft Armut auch Probleme. Die Familien gingen hungrig und frierend zu Bett. Viele Kinder gingen vorzeitig von der Schule ab, um sich ihr Brot zu verdienen. Die Geschichten der Farmer, die aus den staubigen Dürregebieten flohen, zeugen von einer gnadenlosen Zeit. Oft mußten sich Familien aus finanziellen Gründen trennen. Diese Art von Armut hinterläßt Narben. Viele Menschen wurden zum Beispiel ihre Angst vor dem Hunger auch nach dem Ende der Wirtschaftskrise nie mehr los. Die Generation meiner Eltern richtete oft wohldurchdachte Speisekammern ein, in denen sie Vorräte horteten – angeblich, weil sie gerade ein Schnäppchen gemacht hatten, in Wahrheit aber, weil sie sicher sein wollten, daß immer genug Erdnußbutter, Zucker, Sirup oder Kaffee vorhanden waren. Wer in dieser Zeit aufgewachsen war, blieb als Erwachsener auf Sicherheit bedacht, und viele haben zeitlebens in untergeordneten Stellungen gearbeitet, weil ihnen die Erinnerungen an Arbeitslosigkeit und Hunger jegliche Freude am Risiko ausgetrieben hatten.

Der Schriftsteller Garrison Keillor vergleicht diese Situation mit einem Blick in ein Geschäft voller Nippes: Wenn man sie nicht hat, geht es auch ohne sie. So war es auch in der Stadt meiner Großeltern. Die Kinder trugen alle ähnliche Kleider; sie hatten alle die gleiche, etwas dürftige Kollektion von Spielsachen, mit denen sie meist zusammen spielten, wenn sie sich nicht mit ihren Tieren beschäftigten. Die Pages hätten es absurd gefunden, Dinge zu kaufen, die sie nicht wirklich brauchten. Geld hatte nur wenig mit Lebensqualität zu tun.

Ganz im Gegensatz dazu hat für die Copelands die Verfügbarkeit von Geld einen sehr hohen Stellenwert. Da es in ihrer

Gemeinde unterschiedliche soziale Schichten gibt, brauchen sie auch mehr Geld, um sich in der Mittelklasse zu halten. Geld ist nötig für die Krankenversicherung und für eine standesgemäße Erziehung der Kinder. Es ist zudem erforderlich für die Anschaffung von Geigen, Computern und die Bezahlung von Tanzstunden, damit die Kinder die richtigen Freunde finden und behalten können. Heute ist Geld für den Bestand der Familie notwendig. Bert und Sandi machen sich Sorgen, daß die Kinder später möglicherweise ärmer sind als jetzt.

Über Sex wurde in den zwanziger Jahren von wohlerzogenen Menschen nicht gesprochen. Das war eine geheimnisvolle und sehr persönliche Angelegenheit, die sich nur zwischen verheirateten Paaren abzuspielen hatte. Natürlich gingen auch damals viele Menschen fremd. Aber Sex war, insbesondere für Kinder, nicht Teil des allgemeinen Alltagslebens, und die Umgangssprache war nicht mit sexuellen Anspielungen überfrachtet.

Selbstverständlich hatte diese Moral einen hohen Preis. Die Unwissenheit in sexuellen Dingen erzeugte unnötige Ängste und Qualen. Wenn die Mädchen ihre Periode bekamen, erschraken sie furchtbar und schämten sich deswegen. Im allgemeinen schämten sich die Menschen auch ihrer natürlichen sexuellen Triebe. Jugendliche, die masturbierten, fürchteten sich vor Hölle, Tod und Teufel, zumindest aber vor Genitalwarzen und Erblindung. Sexuell aktive Mädchen wurden aus der »guten« Gesellschaft ausgestoßen und verachtet. Unerwünschte Schwangerschaften waren der Schrecken von Verheirateten und Unverheirateten. Alle mußten heiraten, manche sogar einen Partner, den sie gar nicht wollten. Frauen gingen an ihren vielen Schwangerschaften zugrunde, Möglichkeiten der Empfängnisverhütung waren unbekannt. Opfer von Inzest oder Vergewaltigung hatten keine Gelegenheit, das Thema auch nur anzusprechen.

Heute dagegen ist unsere Umgebung so sexualisiert, daß wir ganz andere Probleme damit haben. Informationen über Sex sind überall zu haben, leider auch sehr fragwürdige. So lernen die Kinder schon alles über den Oralverkehr und daß sie sich dabei keinerlei Sorgen über Babys oder Geschlechtskrankheiten machen müßten. In New York überlegt man sich bereits, ob man nicht getrennte Schwimmbecken für Jungen und Mädchen einrichten soll, weil sexuelle Belästigungen überhandnehmen.

Sex hat sein Geheimnis verloren; das mag einesteils durchaus begrüßenswert sein. Aber er wird auch vermarktet, und das ist schon weniger begrüßenswert. Sex, der einst verboten und einschüchternd war, hat sich zu einem Sex gewandelt, der so parat und aufregend ist wie ein Frühstücksei. Durch das Getöse um den Sex, das die Kinder ständig umgibt, sind viele schon völlig abgestumpft, wenn sie mit 18 Jahren die Schule verlassen. Und Collegestudenten erzählen manchmal Geschichten, die einen Wüstling erröten lassen könnten.

In der Gemeinde meiner Großeltern waren Verbrechen selten. Insbesondere in den Jahren der Wirtschaftskrise tauchten regelmäßig Fremde auf, denen man Arbeit und Brot gab. Die Häuser hatten keine Türschlösser, und die Zündschlüssel blieben im Wagen. Die Gefahren, vor denen sich die Kinder fürchteten, gingen von der Natur aus – Schlangen, Stiere, Hagel- und Schneestürme –, aber nicht von anderen Menschen. Eines Sommers, nachdem der Hagel die Ernte vernichtet hatte, ging die Familie Page auf Reisen. Sie fuhren mit einem alten Auto durch das ganze Land und zelteten. Sahen sie einen Anhalter winken, nahmen sie ihn mit. Damals waren ganz normale Leute per Anhalter unterwegs, und es drohte ihnen dabei kein Unheil. Heute sind Menschen wie die Copelands stets eines Verbrechens gewärtig. Ihr Haus ist ständig abgesperrt und von einem ausgeklügelten Sicherheitssystem bewacht.

In den zwanziger Jahren war jedoch keineswegs alles besser. Der Rassismus beispielsweise war eklatant. Amerika war eine gespaltene Gesellschaft mit rassistischen Gesetzen. Außerdem herrschte Lynchjustiz. Die Kinder der Ureinwohner Amerikas wurden weit weg von ihren Familien auf Indianerschulen geschickt, wo sie ihre Muttersprache nicht gebrauchen durften. In den zwanziger Jahren litten die Menschen Not und starben an schrecklichen Krankheiten oder an den Auswirkungen der Naturgewalten. Es starben Kinder, weil es keine Antibiotika gab und nicht einmal Aspirin verfügbar war, um das Fieber zu senken. Bei der Arbeit auf den Farmen mit primitiven Geräten kam es zu grauenhaften Unfällen. Die Fabrikarbeit war brutal und stumpfsinnig. Es gab viele Waisen, und die Armut hatte viele Familien auseinandergerissen. Die Isolation, besonders im Winter, trieb die Menschen in den Wahnsinn.

In isoliert lebenden Familien konnten sich Albträume abspielen. In jeder Gemeinde gab es Männer, die aus lauter Frustration Frau und Kinder schlugen, die ihre Macht nur deshalb mißbrauchten, weil niemand es merkte. Scheidungen waren selten und ein Skandal. Frauen und Kinder hatten kaum verbriefte Rechte und keinerlei wirtschaftliche Befugnisse. War der Vater ein Tyrann, schlug oder mißbrauchte er seine Angehörigen, hatten sie keine andere Wahl, als es auszuhalten. Viele, die die Zeit der Wirtschaftskrise noch aus eigener Erfahrung kennen, ziehen das Heute mit all seinen Problemen entschieden vor. Meine Mutter zum Beispiel würde nie wieder auf einer Farm leben wollen: »Alle, die das Farmleben so romantisch finden, haben es noch nicht erlebt.«

In allen Epochen sahen sich die Familien inneren und äußeren Problemen gegenüber. In den zwanziger Jahren fanden interne Schwierigkeiten kaum Beachtung, weil die größeren Schwierigkeiten von außen auf die Familie zukamen. Die schlimmsten Feinde waren niedrige Viehpreise, Staub- oder Hagelstürme und die Unmöglichkeit, kleinere Farmen wirtschaftlich aufrechtzuerhalten. Der gemeinsame Kampf schweißte die Familien zusammen.

Heute sind sich die äußeren Feinde der Familien viel weniger greifbar. Deshalb neigen sie dazu, sich mehr auf interne Schwierigkeiten zu konzentrieren, auf individuelle Schwächen und Spannungen zwischen den Angehörigen. Dabei sind die eigentlichen Feinde ein unfaires Wirtschaftssystem, eine von Alkohol und Drogen benebelte Gesellschaft, Kriminalität, Medien mit fraglicher Ethik und der Druck einer allgemeinen Konsummentalität. Ein Feind, den man nicht ausmachen kann, läßt sich schwer bekämpfen. Anstatt die Familie zu einen, führt diese Unsicherheit zu Selbstbeschuldigungen und Zersplitterung.

Während äußere Feinde die Familien erst recht zusammenschließen und stärken, verschleißen innere Feinde deren Kräfte. Ähnlich verhält es sich mit den Nationen. Die USA hatten weniger innere Zwistigkeiten, als sie gegen die Nazis oder die Kommunisten zu kämpfen hatten. Jetzt, da der gemeinsame äußere Feind weggefallen ist, bekämpfen sich die Bürger gegenseitig. Äußere Feinde, wie die große Wirtschaftskrise in den USA oder der Holocaust im Dritten Reich, rufen Zusammengehörigkeitsgefühle wach – so wie die Abwesenheit eines geliebten Menschen die Zuneigung steigert. Worum wir uns Sorgen machen oder wofür wir Opfer bringen müssen, das lieben wir. Wir schätzen, was wir teuer bezahlen müssen.

Durch das Schicksal getrennte Familienmitglieder sehnen sich nach einander. Umgekehrt aber, wenn sie sich nahe sind, neigen sie paradoxerweise oft zu Distanz und werden sich gegenseitig fremd; dann wird die Familie nicht als Quelle der Liebe empfunden, sondern eher als Last und Zumutung. Länder, in denen die Bürger auf dem Weg zur Wahlurne umgebracht werden können, verzeichnen einen höheren Prozentsatz an Wählern als die USA, wo der Gang zur Urne leicht und ungefährlich ist. Je schwieriger etwas zu erlangen ist, desto wertvoller erscheint es uns.

Familien, die einen äußeren Feind ausmachen können, zum Beispiel Rassismus oder Krankheit, sind in gewisser Hinsicht besser dran. Viele schwarze Familien gewinnen an Stärke, wenn sie sich als Schutzwall für ihre Kinder gegen die rassistischen Übergriffe der Gesellschaft organisieren. Ein junges Ehepaar, das einen Sohn mit Down-Syndrom hat, sagte einem Reporter, die Geburt dieses Kindes habe ihnen die Bedeutung der Familie klargemacht und sie Liebe und Hingabe gelehrt. Die Mutter sagte: »Für Kleinkram ist in unserem Leben kein Platz mehr.«

Ich denke hier noch an eine andere Familie, die zu mir in die Praxis kam. Rita arbeitete in einem renommierten Kaufhaus. Ihr Ehemann, Ernest, litt unter Huntington-Chorea – auch bekannt als »Veitstanz« –, einer Erbkrankheit, die zu Lähmungen, Gehirnschaden und letztlich zum Tode führt. Als wir uns kennenlernten, stand Ernest noch am Anfang seiner fortschreitenden Erkrankung. Er konnte das Gleichgewicht kaum mehr halten, Hände und Füße zitterten. Da sie aber genau wußten, was noch auf ihn zukommen würde, wollten sie mit mir besprechen, was sie ihrer Tochter über die Zukunft sagen und wie sie es ihr sagen sollten.

Die beiden waren sehr fürsorglich, was ihre Tochter Claudia anbetraf. Sie kauften ihr eine Geige und dazu Lehrkassetten mit einer Violinschule von Suzuki. Beim Abendessen hörten sie die Lektionen gemeinsam an. Sie wollten ihrer Tochter das gleiche bieten wie bessergestellte Eltern. Rita schilderte, wie sehr sie weinen mußte, als sie Claudia in einem Weihnachtskonzert mit anderen jungen Musikern Geige spielen hörte. Die Musik hatte die Schleusen ihrer Zukunftsangst geöffnet. »Ich mußte an ein Gedicht denken, dessen erste Zeile beginnt: ›Musik erschließt die gefrorenen Ströme des Herzens.‹«

Diese Familie verfügte nur über ein schmales Einkommen und hatte eine Tragödie vor sich. Aber sie hingen alle sehr aneinander. Ernest sagte: »Wir sind alles, was wir haben.« Und Rita drückte es so aus: »Wir haben keine Zeit an Streitigkeiten zu verschwenden.« Ich mußte oft an sie denken, wenn andere, viel »glücklichere« Familien zur Therapie kamen und dann über Haushalts- und Taschengeld stritten oder erreichen wollten, daß der Mann oder die Tochter wenigstens einmal in der Woche zum Abendessen zu Hause war.

Aus dem Thema der äußeren und inneren Feinde können moderne Familien eine Lehre ziehen: Sie gehen fehl, wenn sie einen internen Kampf austragen. Besser ist es, sich gegen die äußeren Feinde zu verbünden. Im Amerika der dreißiger Jahre war der äußere Feind die durch die ungeheure Wirtschaftskrise erzeugte Armut. Heute ist der größte Feind die Verarmung durch die Konsummentalität. Sie führt dazu, daß wir niemals genug haben. Wir verarmen heute auf andere Weise als früher. Wir bleiben, wie Peter Rowan es ausdrückt, »vor vollen Schüsseln hungrig«. Viele von uns verrichten eine Arbeit, bei der sie weder Stolz noch Befriedigung empfinden können. Wir sind zu sehr in Eile, um uns jenen Dingen zu widmen, die uns eigentlich am Herzen liegen. Die neunziger Jahre quellen über vor Widersprüchen. Je mehr Unterhaltung zu uns in unsere Wohnung kommt, desto mehr langweilen wir uns. Je mehr sexuelle Informationen und Stimulierungen uns überschütten, desto dürftiger wird unser eigenes sexuelles Vergnügen. In einer Kultur, die so stark auf die Gefühle abzielt, stumpfen wir gefühlsmäßig ab. Je mehr zeitsparende Geräte wir anschaffen, desto weniger Zeit haben wir. Je mehr Bücher, desto weniger Leser. Je mehr Psychiater und Therapeuten, desto schlechter die psychische Gesundheit. Wir befinden uns in einer schwer zu definierenden Krise. Es ist, wie mir scheint, eine Sinnkrise in emotionaler, geistiger und sozialer Hinsicht. Wir hungern nach Werten, Gemeinschaft und nach etwas Größerem als wir selbst, dem wir unser Leben widmen können. Die Sorge um uns und unseren Planeten raubt uns den Schlaf.

Kapitel fünf

Eine einzige grosse Stadt

Als Kind stahl ich einmal Flieder aus Mrs. Williams Garten. Sie muß mich dabei beobachtet haben, denn als ich fertig war, stand sie schon in Morgenrock und Pantoffeln neben mir. Sie befahl mir, ihr die Blumen auszuhändigen, und nannte mich eine Diebin. Sie schimpfte, meine Eltern hätten mich nicht anständig erzogen und ich solle mich schämen. Dann schlurfte sie davon, um meine Mutter in der Arbeit anzurufen und ihr brühwarm von meinem Verbrechen zu berichten. Das ist der Punkt: Sie kannte meinen Namen und wußte, wo meine Eltern zu erreichen waren. Als ich nach Hause kam, hielten mir meine Eltern eine Strafpredigt, und ich mußte einen Entschuldigungsbrief schreiben. Heute denke ich, daß Mrs. Williams eine griesgrämige Frau war und übertrieben reagierte. Aber ich habe niemals wieder etwas gestohlen, nicht einmal ein bißchen Flieder.

Und nun zum Gegenstück dieses Zusammenstoßes: Während ich in einer Radiosendung als Beraterin fungierte, rief ein Mann an und beschwerte sich über einige Jugendliche, die während der Mittagspause in seinem Vorgarten geraucht und seine Blumen und Büsche niedergetrampelt hatten. Als er das erste Mal hinausging und mit ihnen redete, beschimpften sie ihn. Beim zweiten Mal drohten sie, sein Haus niederzubrennen. Er kannte sie nicht und fürchtete sich vor ihnen. Noch jetzt am Telefon klang er wütend und zugleich hilflos, da er nicht in der Lage war, sein Grundstück zu schützen. Mir kam hierbei der Gedanke, daß dieser Mann bei der nächsten Sammlung für die Schule wohl kaum etwas spenden würde. Und auch die Jugendlichen haben einen Schaden davongetragen, da sie für ihr Verhalten nicht zur Rechenschaft gezogen wurden: Es entging ihnen die Gelegenheit zu lernen, andere zu respektieren.

Ich fahre auf einer verkehrsreichen Durchgangsstraße und sehe am Straßenrand ein Mädchen. Es ist vielleicht fünf Jahre alt, trägt einen gelben Regenmantel und eine Schultasche; schmutzige Tränenstreifen ziehen über das Gesicht. Während der Verkehr an dem Kind vorbeirauscht, streckt es seinen Fuß auf die Fahrbahn und zieht ihn wieder zurück, als ob es das Wasser eines Sees prüfen würde. Ich möchte ihm helfen, aber ich zögere. Sicher ist es gewarnt worden, sich von Fremden ansprechen zu lassen. Wird es sich noch mehr fürchten, wenn ich bei ihm anhalte? Wird es mich der Polizei melden als eine Frau, die es in ihr Auto locken wollte? Oder wird es vor lauter Angst zwischen die Autos rennen? Aber was, wenn ich nicht anhalte? Wird es dann von einem Laster überfahren? Der Mann im Wagen vor mir fährt rechts heran und hält. Er hat mir die schwere Entscheidung abgenommen. Doch im Weiterfahren kommen mir Bedenken über die Motive des Mannes.

EINE EINZIGE GROSSE STADT

In den letzten vierzig Jahren hat die Bevölkerung der Vereinigten Staaten eine enorme Wandlung durchgemacht. In der Prärie gingen überall die Lichter aus, weil die jungen Leute in die Städte abgewandert waren. Die Farmer wohnen jetzt in Vororten, und die Kleinstädte sind ausgetrocknet wie Steppengras. Die Stadtcafés haben geschlossen; die Einwohner trinken ihren Kaffee jetzt in den Schnellgaststätten an den großen Autostraßen. Überall entlang der großen Überlandstraßen, die Paul Gruchow »Tunnels ohne Wände« genannt hat, sehen wir die gleichen Geschäfte, Cafés und Hotels. Das ist zwar bequem und übersichtlich, aber langweilig.

Eine starke und intakte Gemeinde funktioniert nach McKibben wie eine geschlossene Gesellschaft, in die Außenstehende nur schwer eindringen können. Denn die Auskünfte, die man bekommt, sind ganz spezifisch; sie beziehen sich auf diesen Ort in dieser Zeit und gründen sich auf die Geschichte der Einwohner. Der Songwriter Greg Brown hat einmal gesagt: »Deine Heimat ist da, wo du die stillschweigenden Abmachungen kennst.

Vielleicht findest du sie nicht gut, aber du verstehst sie. Du kennst die Regeln und den, der dagegen verstößt.«

Wenn ich eine intakte Gemeinde nennen sollte, würde ich die Stadt wählen, in der mein Vater zu Hause war. Sie liegt in den Ozarks, einer Hügelkette, die vom südwestlichen Missouri bis zum Nordwesten von Arkansas reicht. Die Vettern wohnten nahe bei einander, und jeder kannte jeden. Außenstehenden wurde es sehr schwer gemacht, Näheres über die Einwohner zu erfahren, denn Außenstehende waren die meiste Zeit überwiegend Geschäftsleute oder Detektive und FBI-Beamte, die nach Schwarzbrennereien fahndeten. Andererseits kann ich heute, sechzig Jahre seit mein Vater die Ozarks verlassen hat, immer noch dorthin gehen und gewisse Privilegien genießen: Wenn ich erkläre, wer meine Familie war, bekomme ich einen Zeltplatz auf einem Privatgrundstück oder Tips, wo die besten Plätze zum Angeln oder zum Beerensuchen sind.

Unser Land hat sich von einer Ansammlung kleinerer, isolierter Gemeinden zu einer einheitlichen großen Stadtgesellschaft gewandelt. Einkaufszentren haben die Tante-Emma-Läden ersetzt und Fast-Food-Ketten wie Pizza Hut und Taco Bell die Stadtcafés. Wir sind geeint durch unsere Medien und durch unsere Konsummentalität. Über das Fernsehen lernen die Kinder kollektiv eine Grundsprache, und damit verschwinden in ganz Amerika die regionalen Dialekte und verschiedenen Akzente der ursprünglichen Muttersprachen.

Die Gelegenheiten für Begegnungen im Alltag schrumpfen. In Tele-Shops, Versandhäusern, Einkaufszentren und an Geldautomaten läßt sich schlecht ein gemütlicher Plausch abhalten. Fernstudien und Telekollegs machen es möglich, ein Studium zu absolvieren, bei dem man die Lehrer und die anderen Studenten kaum zu Gesicht bekommt. In den Telefonbüchern stehen Nummern, unter denen jeder seine persönlichen Probleme mit anonymen Ratgebern besprechen oder Wetterbericht, Lottozahlen, Kochrezepte, Verbraucherinformationen, Witze und vieles andere abfragen kann – alles Dinge, die früher an Straßenecken oder im Café mit lebendigen Menschen von Angesicht zu Angesicht ausgetauscht wurden. Das Kontaktbedürfnis besteht nach wie vor, aber es trifft nur auf Nachrichten vom Tonband.

Wir haben uns von einer Nation der Primärbeziehungen zu einer Nation der Sekundärbeziehungen gewandelt. Primäre Beziehungen sind dadurch gekennzeichnet, daß sich die Menschen in einer Vielfalt von Rollen kennen und begegnen – als Nachbarn, Mitarbeiter, Verwandte, Schulkameraden. In sekundären Beziehungen sind sich die Menschen eigentlich fremd. Wir kennen weder ihre Eltern, noch wissen wir, welcher Religionsgemeinschaft sie angehören, wo sie wohnen und ob sie einen Hund haben. Wir kennen sie nur in einer bestimmten Funktion, die sie zu einer bestimmten Zeit ausüben.

Im Jahr 1990 kannten 72 Prozent der Amerikaner ihre Nachbarn nicht. Die Anzahl der Menschen, die nach eigenen Angaben niemals mit ihren Nachbarn zusammenkommen, hat sich in den letzten zwanzig Jahren verdoppelt. Immer mehr Menschen praktizieren, was John Prine ein »Leben im Kopf« nannte. Sie phantasieren sich in Beziehungen zu Menschen hinein, denen sie nie in ihrem Leben begegnet sind noch begegnen werden. Unsere Kinder bewegen sich zwischen Fremden.

Bis jetzt ist noch nicht ganz klar, was es bedeutet, daß so viele von unseren Erfahrungen und Erlebnissen aus zweiter Hand stammen und die realen Erlebnisse nur ersetzen. Der Soziologe James House kommt nach dem Studium von einschlägigen Untersuchungen und Berichten zu dem Schluß, daß soziale Isolation genauso gesundheitsgefährdend ist wie Rauchen, Bluthochdruck oder ein zu hoher Cholesterinspiegel. Ein Partner, die Gesellschaft lebendiger Menschen dagegen, wirkt als Puffer gegen Streß. Mich würde hier interessieren, ob die Kinder aus solchen stellvertretenden Beziehungen etwas anderes lernen als aus realen Unterhaltungen und Erlebnissen.

In wirklichen Gemeinschaften entsteht ein Gefühl der Gemeinsamkeit. Alle sind im Hier und Jetzt vereint. Menschen, die miteinander leben, besitzen etwas sehr Zerbrechliches, das durch Rücksichtslosigkeit leicht zerstört werden kann. Alles, was sie tun oder unterlassen, zählt. Über Beziehungen läßt sich nicht einfach verfügen. In einer realen Gemeinschaft achten die Menschen darauf, was sie sagen, denn sie müssen mit den Folgen leben. Diese Art von Verantwortlichkeit gibt es im elektronischen Dorf nicht. Im Internet läßt sich die Kommunikation mit anderen, die lästig oder langweilig werden, sofort abbrechen. Ihre Namen sind ja nicht einmal notwendigerweise die richtigen Namen. Und niemand braucht jemals wieder mit irgend jemandem Verbindung aufzunehmen.

Nebenbei gesagt erklärt dieser gesellschaftliche Wandel zum großen Teil auch unsere fixe Idee, immer gut aussehen zu müssen. In dem Maße, wie wir uns von Primärbeziehungen auf Sekundärbeziehungen zubewegen, wird unsere äußere Erscheinung immer wichtiger. In früheren Zeiten hatten die Menschen mehrere Möglichkeiten der Information über andere Menschen, denn sie kannten deren Familie, Haus, Arbeitsweise und Religion. Für uns heute ist die äußere Erscheinung oft das einzige, nach dem wir gehen können.

Elektronische Dörfer sind nicht auf einen bestimmten Ort begrenzt. Die Kabelkanäle liefern uns Nachrichten aus der ganzen Welt in unsere Wohnzimmer. Im Mittelwesten der USA hört man die Wettervorhersagen für Florida. Die New Yorker lauschen der Kriminalstatistik von Austin in Texas. Über alle Bildschirme flimmern Enthüllungen aus dem Privatleben anderer. Während wir Kreuzworträtsel lösen, spulen sich die Massaker von Ruanda ab, und beim Putzen hören wir von den Vergewaltigungen bosnischer Frauen.

Die Nonstop-Berieselung mit Daten und Fakten reißt Zäune nieder, die unserem Leben einen festen Rahmen geben. Wie Stoll richtig sagt: »Daten sind noch keine Information, genausowenig wie fünfzigtausend Tonnen Zement schon einen Wolkenkratzer ergeben.« Die Grenzen verschwimmen zwischen Zeiten und Orten, zwischen Sex und Gewalt, Spaß und Trauer, Unwichtigem und Wichtigem, Nachrichten und Unterhaltung, Bericht und Meinung, Öffentlichkeit und Privatsphäre. Ähnlich verschwinden die Grenzen zwischen Kind- und Erwachsensein.

Auch die zeitlichen Begrenzungen sind schon aufgeweicht. Früher schlossen die Geschäfte um sechs Uhr abends und hatten den ganzen Sonntag zu. Die Menschen arbeiteten und aßen etwa zur gleichen Zeit. Nachrichten und Wetterbericht kamen morgens, um sechs Uhr abends und dann noch einmal um zehn Uhr. Jedermanns Leben hatte nahezu die gleiche Struktur. Heute senden die Fernsehkanäle nonstop, und irgendwo sorgt immer ein Geschäft oder eine Tankstelle rund um die Uhr für die Befriedigung der Bedürfnisse; die Banken liefern das Geld dazu über Geldautomaten, 24 Stunden am Tag, sieben Tage die Woche.

Joshua Meyrowitz bemerkte in seinem Buch *Die Fernseh-Gesellschaft*, daß sich Vorderbühne und Hinterbühne zu einer halbdunklen Mittelbühne verwischt haben, auf der wir alle uns bewegen. Da überall Videokameras installiert sein können, finden wir uns möglicherweise einmal im Licht der Öffentlichkeit wieder. Unser ganz privates Verhalten kann publik werden. Umgekehrt können auch wir normale Bürger in ihren privatesten Augenblicken beobachten: Gierig saugt das Mikrophon die Gebete von Eltern ein, deren Tochter ermordet wurde, und vor dem lüsternen Auge der Kamera begeht ein Mann Selbstmord.

Aus der Perspektive dieses Buchs ist aber der wichtigste Grenzverlust der zwischen Kindern und Erwachsenen. In den Medien werden Eltern oft als Erwachsene porträtiert, die irgendwie bis jetzt gelebt haben, aber noch immer so verloren sind wie Kinder und genauso unsicher über das, was richtig und wichtig ist. Alter geht heute nicht mehr mit Weisheit einher. George W. S. Trow schrieb einmal: »Wir werden immer kindischer. Wir verlassen die Welt der Geschichte und treten in eine Welt demographischer Beschreibungen ein, in der alles notiert, aber nichts bewertet wird.«

Wenn wir die Trennungslinien aufheben, sind die Kinder ohne Schutz und die Erwachsenen ohne Würde und Verpflichtungen. Die Folge davon ist, daß die Kinder vorwiegend als Kunden betrachtet werden, denen man verzuckerte Alkohol-Limonaden und Schokoladen-Kaugummi-Tabak verkaufen kann. Passend dazu schwimmt auf dem Umschlagbild einer CD ein Baby auf einen Angelhaken zu, der mit einer Dollarnote als Köder winkt. Wenn Kinder überwiegend als Konsumenten angesprochen werden, können sie nicht mehr in einem beschützten Raum aufwachsen. So wird jeder dem anderen ähnlich – ein gestreßtes Opfer von Mächten, die stärker sind als man selbst; das heißt, jeder wird ein Verbraucher, wird Beute.

In dem Buch *Geography of Childhood* von Gary Nabhan ist zu lesen, daß zur Jahrhundertwende zehn Prozent der Amerikaner in Großstädten lebten. 1992 lebten 32 Prozent in Städten. Das Wissen um die Natur erlangen die meisten Kinder heute nur aus zweiter Hand. Diese Entfernung von der Natur in der gesamten Menschheitsgeschichte ein neuartiges Phänomen. Noch vor einer Generation hatten die meisten Amerikaner Verwandte auf dem Lande, und die Familien aus der Stadt kamen regelmäßig zu Besuch. Die Kinder sahen, wie Kühe gemolken, Schweine gefüttert, Hühner gerupft, Getreide gesät, Mais geerntet und die Äpfel im Garten gepflückt wurden. Die Natur ist eine große Lehrmeisterin, aber immer weniger Kinder haben Zugang zu ihr.

Auch die persönlichen Beziehungen sind verschwunden. Das fiel mir besonders auf, als ich kürzlich eine Milchbar besuchte. Da bedienten müde, gestreßte junge Mädchen, die einander kaum kannten, eine Schlange von Kunden, die sie auch nicht kannten. Die Kunden kannten sich untereinander genauso wenig und hatten es offensichtlich eilig, ihre Eistüten zu bekommen und wieder nach draußen zu gelangen. Wie anders dagegen meine eigenen Erfahrungen als Bedienung an einem Imbißstand im Autorestaurant meiner Heimatstadt! Die anderen Mädchen waren meine Klassenkameradinnen. Wir kannten die Kunden, und sie kannten uns; sie waren unsere Freunde, Lehrer, Eltern. Die Kunden kannten sich auch und besuchten sich von Auto zu Auto, während sie auf ihre Schweinelendchen-Sandwiches und ihre Getränke warteten. Unsere Arbeit stand im Zusammenhang mit unserem normalen Leben. Wir gaben uns Mühe, weil wir uns von unseren Bekannten beobachtet wußten. Aber es hat auch Spaß gemacht, denn wir waren mitten im gesellschaftlichen Leben unserer Stadt.

In den elektronischen Dörfern von heute haben die Kinder mehr Angst. Sie kennen die Erwachsenen um sie herum nicht, und Fremde – so ist ihnen beigebracht worden – können gefährlich sein. Die meisten Kinder fühlen sich ständig gefährdet. In einer Studie aus Ohio glaubten dort 43 Prozent der Kinder, daß sie gekidnappt werden könnten. In den letzten Jahren scheinen uns einige Grundbedingungen des Lebens abhanden gekommen zu sein. Über der Betonung der Gefahren durch die »schlechten« Kontakte haben wir vergessen, wie wichtig die »guten« Kontakte für Kinder sind. Die Gefahren im Auge, denen Kinder durch Fremde ausgesetzt sind, haben wir die Gefahren übersehen, die Kindern drohen, wenn ihr Leben ohne liebevolle Erwachsene verläuft.

Wahrscheinlich haben wir mit unseren ständigen Warnungen einige Kinder vor Unheil bewahren können. Aber zu welchem Preis! Die Kinder wurden damit vieler Gelegenheiten beraubt, mit interessanten und lauteren Erwachsenen zusammenzukommen. Während ich dies schreibe, muß ich an den König des Jo-Jo von Detroit denken. Ich fuhr in seinem Taxi vom Flughafen in die Stadt, und wir unterhielten uns über seinen beruflichen Werdegang. Drei Jahre hintereinander hatte er die Detroiter Meisterschaft im Jo-Jo gewonnen. Eine Jo-Jo-Gesellschaft sponserte seine Reisen durch Amerika und nach Europa, und er führte seine Kunststücke oft in Stadien vor. Die meiste Zeit jedoch zog er von Schule zu Schule, lehrte die Kinder seine Tricks und verkaufte Jo-Jos. Jetzt läßt ihn die Schulaufsicht nicht mehr auf die Schulhöfe. Verbittert sagte er: »Die Perversen haben den Kindern und mir alles verdorben.« Sicher waren neue Verordnungen von seiten der Polizei notwendig, aber wieviel ist darüber verlorengegangen!

Kinder müssen glauben können, daß die Welt interessant und ungefährlich ist. Kinder brauchen ein Netz sozialer Beziehungen oder eine »Tiospaye«, wie es bei den Sioux-Indianern heißt. Ohne einen solchen Schutzraum durch liebevolle Menschen können sie nicht gedeihen und die Welt erforschen. Halten wir sie dazu an, sich vor Erwachsenen zu fürchten, beschneiden wir ihre Entwicklung. Nach Lew S. Wygotsky, dem großen Entwicklungspsychologen, ist Lernen grundsätzlich ein sozialer Akt. Die Beziehung zwischen Kindern und ihren Lehrern ist beileibe keine Nebensache; vielmehr ist sie die zentrale Komponente des Lernens überhaupt. Die menschliche Entwicklung vollzieht sich im Zusammenhang realer Beziehungen. Wir lernen von denen, die wir lieben.

DIE NEUEN TECHNISCHEN GERÄTE

»Annehmlichkeiten machen nicht unbedingt glücklich.« – Dr. Suzuki

Die Anthropologie kennt viele Beispiele, in denen neue Gerätschaften das gesellschaftliche Gefüge durcheinanderbrachten. Ich erinnere mich an eine Geschichte aus den ersten

Jahren meines Anthropologiestudiums. Missionare, die sich in der Nähe eines Eingeborenenstamms niedergelassen hatten, gaben den Frauen Messer aus Metall. Bis dahin hatten die Männer Messer aus Stein gefertigt, und diese Tätigkeit war eine bedeutende Quelle ihrer Macht. Jetzt aber waren die Messer in den Händen der Frauen den alten aus Stein weit überlegen, und damit kam in diesem Dorf das Verhältnis der Geschlechter aus dem Gleichgewicht, bis schließlich die Gemeinschaft auseinanderbrach. Die Rituale der Männer waren bedeutungslos geworden, und mit dem neuen, gesellschaftlich höheren Rang der Frauen gerieten die bis dahin festgefügten Familienbeziehungen heillos durcheinander. Die Missionare hatten somit unbeabsichtigt eine Kultur zugrunde gerichtet. Wenn so etwas mit ein paar Metallmessern möglich ist, was geschieht dann mit einer Kultur, in der wir alle zehn Jahre mit Dutzenden neuen »Geräten« bombardiert werden?

Die elektronische Revolution ist so bedeutsam wie einst die Erfindung des Buchdrucks. Sie hat unsere Welt genauso drastisch verändert, nur viel schneller. Die unser Leben beherrschenden Elemente sind andere geworden. Waren es früher Regen und Schnee, so sind es heute Autotelefon und Faxgerät. Darauf ist die Psychologie noch gar nicht eingestellt. Sie ist gerade erst dabei, die Auswirkungen der neuen technischen Geräte auf die menschliche Gesellschaft zu untersuchen. Diesen Elementen sind wir bisher noch schutzlos ausgeliefert.

Neue Produkte haben oft unvorhersehbare Folgen. Sie können unseren Gemeinschaftssinn auf eine Weise untergraben, die niemand bedacht zu haben scheint. Nehmen wir die Klimaanlagen: Sie haben nachbarschaftliche Verhältnisse verändert. Jetzt sitzen die Menschen nicht mehr auf der Veranda vor dem Haus, um die Abendkühle zu genießen. Da die Straßen nicht mehr von den Nachbarn beobachtet werden, sind sie auch gefährlicher geworden. Mit den neuen Geräten leben wir schneller, und jedermann scheint unter Zeitdruck zu stehen. Wenn die Menschen per E-Mail und Fax miteinander kommunizieren, verändern sich ihre Beziehungen, weil ihren Unterhaltungen die Wechselwirkung eines spontanen Gesprächs fehlt. Während manche ihre Computer für Kontakte mit Menschen nutzen, die sie kennen und lieben, kommunizieren andere auf diese Weise mit Unbekannten, an Orten, an denen sie niemals gewesen sind, über Leute, die sie niemals getroffen haben. Gerade lese ich, daß wir bald unsere Einkäufe via Computer erledigen können. Dann werden wir uns die Erdbeeren am Bildschirm zu Hause aussuchen und somit den Menschen um uns herum noch seltener begegnen.

Die Technologie unserer Zeit hat natürlich auch ihre Vorteile. So half der Computer, beim Bombenanschlag von Oklahoma die Familien der Getöteten zu finden und die Rettungsaktionen zu koordinieren. Andererseits hat der Computer es Terroristen überhaupt erst ermöglicht, sich die Kenntnisse zur Herstellung von Bomben anzueignen. Das Hauptproblem liegt aber in der Anhäufung all dieser Geräte. Die Auswirkungen unserer gesamten technischen Ausstattung addieren sich und verändern damit auch entscheidend unser Familienleben. Irgendwann gilt dann nur noch Quantität statt Qualität.

In seinem Buch *Die Wüste im Internet* schreibt Clifford Stoll: »Wir programmieren unsere Computer, aber sie programmieren auch uns.« Nun bin ich persönlich nicht der Ansicht, daß wir unsere Maschinen alle auf den Müll werfen sollten, aber wir müssen den Einfluß der Technik auf den Menschen analysieren und unser Handwerkszeug sorgfältig auswählen. Wir müssen uns immer wieder fragen: Gefällt es uns, was sie aus uns macht? Wenn wir der modernen Technik nicht Herr werden, wird sie uns beherrschen.

Die Geschwindigkeit dieser Veränderungen ist so schwindelerregend wie unsere Nachlässigkeit, über ihre Konsequenzen nachzudenken. Wer argumentiert, dieser Wandel sei unvermeidbar, unterstellt, daß eine Planung unmöglich und damit ausgeschlossen ist. Es gibt aber durchaus Präzedenzfälle, die zeigen, daß man entscheiden kann, welche Geräte man benutzen will und welche nicht. Die Mennoniten beispielsweise – eine kalvinistisch geprägte Religionsgemeinschaft – wählen ihre technischen Einrichtungen ganz gezielt aus. Und als die Japaner der Samurai-Gesellschaft feststellten, welche Verwüstungen die Gewehre anrichteten, warfen sie die westlichen Waffen fort und lebten jahrhundertelang ohne sie.

Bevor der Stamm der Seneka-Indianer irgendwelche Veränderungen vornahm, pflegten die Ältesten zu fragen: »Welche

Folgen werden daraus für die nächsten sieben Generationen erwachsen?« Ohne lange Diskussion über die Zukunft ließen sie weder neue Instrumente noch neue Gebräuche zu. Und wir fragen nicht einmal, wie sich die explosionsartige technische Entwicklung auf die jetzigen Generationen auswirkt!

DAS FERNSEHEN

Anläßlich einer Vorlesung an einem College fragte ich einmal, wie es sich in einer Welt ohne Medien leben ließe. Da meldete sich eine Studentin von den Tongainseln: »Bevor ich in die Vereinigten Staaten kam und die High-School besuchte, hatte ich in meinem ganzen Leben keine einzige Fernsehsendung gesehen oder Rockmusik gehört.« Sie machte eine kleine Pause und schaute sich in der Runde um. »Meine Kindheit war schön. Ich hatte nie Angst. Daß ich arm war, habe ich gar nicht gewußt. Auch nicht, daß es Eltern gibt, die ihren Kindern weh tun, oder Kinder, die ihre Eltern hassen. Außerdem habe ich mich immer hübsch gefunden.«

Das Fernsehen ist wahrscheinlich von allen Medien, die die neue Gesellschaft prägen, das mächtigste. Es liefert uns Freunde, Ereignisse und unseren täglichen Klatsch. Die Familien in den Serien bedienen uns mit Modellvorstellungen von Beziehungen und Intimleben. Die Medienstars kennen wir besser als unsere Nachbarn. Über das Leben von jenen wissen die meisten besser Bescheid als über das der eigenen Verwandten. Mensch und Rolle werden für viele Zuschauer eins, und sie denken, daß ein Schauspieler, der einen Arzt darstellt, auch etwas von Medizin verstehen oder der mitteilsame Gast einer Talkshow auch in Wirklichkeit ein umgänglicher Mensch sein müsse. Einer solchen Täuschung unterliegen besonders oft die kleinen Kinder, die noch nicht zwischen Phantasie und Wirklichkeit unterscheiden können. Aber sogar Erwachsene geraten in diese Falle.

Das richtige Leben spielt sich die meiste Zeit unauffällig ab. Die meisten Vergnügen sind kleine Vergnügen – eine heiße Dusche, ein Sonnenuntergang, eine schmackhafte Mahlzeit oder ein interessantes Buch. Das Fernsehen suggeriert aber, daß das Leben ein einziges großes Drama sei, voller Höhepunkte in Liebe und Sex.

Fernsehfamilien sind völlig anders als wirkliche Familien; bei ihnen überstürzen sich die Ereignisse. Vorgänge und Handlungen, die optisch nicht viel hergeben, zum Beispiel Denken, Lesen und Sprechen, werden gar nicht erst dargestellt. Tätigkeiten wie Hausarbeit, Geldbeschaffung für wohltätige Zwecke oder Überwachung der Hausaufgaben der Kinder kommen nur gelegentlich und am Rande vor. Anstatt unsere gewöhnlichen Erfahrungen und Arbeiten durch Darstellung zu adeln, demonstriert uns das Fernsehen, daß sie von keinerlei öffentlichem Interesse sind.

Solche allgemeinen Tendenzen sind sogar in den Darstellungen des Tierreichs zu beobachten. Tierfilme zeigen gewöhnlich, wie Tiere sich paaren, Junge werfen, jagen und töten. Dabei werden die gefährlichen und die niedlichen Tiere bevorzugt. Aber in Wirklichkeit sind die meisten Tiere weder gefährlich noch niedlich. Haifische und Pandabären stellen ja nicht gerade die Hauptarten auf unserem Planeten dar. Die meisten Tiere – wie auch die meisten Menschen – verbringen den Großteil ihres Lebens unspektakulär: Sie suchen Futter und schlafen.

Das Fernsehen isoliert die Menschen in ihrer Freizeit. Sie verbringen heute mehr Zeit als früher damit, Musikvideos anzuschauen, und weniger Zeit, selbst mit anderen Musik zu machen. Wo früher Kleinstädter mit ihren Nachbarn Karten gespielt haben, schauen sie sich jetzt internationale Kabelsendungen an. Anstatt sich gesellschaftlich in der Kirchengemeinde oder in einem Verein zu engagieren, beschäftigen sich die Frauen mit TV-Serien. Kommt Besuch, werden die Kinder mit einem Videofilm im Fernsehzimmer verstaut. Sogar das gemeinsame Essen findet vor dem Fernseher statt, und die Kinder lassen sich beim Lernen von Fernsehen oder Radio berieseln.

Eltern haben heute nicht mehr den größten Einfluß auf das Leben ihrer Kinder. Einige der ersten Stimmen, die ein Neugeborenes wahrnimmt, stammen aus dem Fernsehkasten; der erste Straßenname, den sie kennen, ist Sesamstraße. Ein Kind, das sich allein mit Nintendo und Computerspielen beschäftigt, macht andere Erfahrungen als ein Kind, das am Bach oder auf der Straße mit anderen Kindern spielt oder mit dem Großvater Dominosteine legt. Als Folge des hohen Fernsehkonsums sind viele Kinder nur noch zu hochgradig verkürzten Aufmerksamkeitsspannen fähig.

Auch Erwachsene können sich nicht mehr so lange konzentrieren. Neil Postman schildert in seinem Buch *Wir amüsieren uns zu Tode* die Debatten zwischen Lincoln und Douglas im Jahre 1858. Damals saß der Durchschnittsbürger sieben Stunden lang in der Hitze und hörte diesen beiden Männern zu. Er verstand die rechtlichen und verfassungsmäßigen Streitfragen, deren moralische Bedeutsamkeit und politische Verflechtungen. Darüber hinaus wußte er die Kunst der Rede zu schätzen und konnte verschlungenen Satzkonstruktionen folgen. Heute stöhnen Presse und Öffentlichkeit über jede Rede von Präsident Clinton, die länger als eine Stunde dauert. Einer Zuhörerschaft, die an Informationshäppchen von anderthalb Minuten gewöhnt ist, kommt eine Stunde sehr lang vor.

Die Zeit, die im Fernsehen der Gewalt gewidmet wird, spiegelt in keiner Weise deren Bedeutung in der Realität wider. Das wirkliche Leben der meisten von uns besteht aus Arbeit, Sport, Freunde besuchen, Lesen, Kochen, Essen, Einkaufen. Nur sehr wenige Zeitgenossen verbringen einen nennenswerten Teil ihrer Zeit mit der Lösung von Kriminalfällen oder der Flucht vor psychopathischen Mördern. Auf den Fernsehschirmen aber erscheinen mehr Detektive und Mörder, als auf der ganzen Welt existieren. Die Faustregel für die Darstellung von Gewalt lautet: »Je mehr Tote, desto höher die Quote.« Weil Gewalt die Aufmerksamkeit der Betrachter anzieht, bersten unsere Filme von Gewaltdarstellungen, und mit den Worten von James Wolcott im *New Yorker*: »Gewalt ist der Sex von heute.«

Manche werden sagen: Es gibt nichts Neues unter der Sonne. In gewissem Sinne haben sie natürlich recht. Mörder und Räuber hat es immer gegeben, und Gewalt war schon immer ein Thema von Literatur und Liedern. Aber da gibt es Unterschiede. Heute werden Kinder, sogar Kleinstkinder, täglich Hunderten von Gewaltbeispielen ausgesetzt. Häufigkeit und Intensität dieser Bilder sind in der Geschichte der Menschheit ohne Beispiel. Es gibt genügend Untersuchungen, die beweisen, daß diese ständige Konfrontation mit Gewalt die Kinder unempfindlicher macht und ihre eigene Gewaltbereitschaft – aber auch die Angst vor möglicher Gewalt durch andere – erhöht.

Ein anderer Unterschied liegt in der Einstellung gegenüber der Gewalt. *Romeo und Julia* zum Beispiel war eine Tragödie; der

Tod der beiden verursachte großen Kummer bei Angehörigen und Freunden. Es war ein schrecklicher Verlust. Als Julia und Romeo starben, geschah etwas Denkwürdiges im Universum, selbst die Götter weinten. Heute ist der Tod oft zur Belanglosigkeit degradiert, er bedeutet nicht mehr als, sagen wir, ein Tritt gegen einen platten Reifen. Ja, er wird sogar als Witz präsentiert.

Es ist eine Sache, Shakespeare zu lesen, was zumindest erfordert, daß jemand des Lesens kundig ist. Eine andere Sache ist es, Tag für Tag zu sehen, wie »Action-Helden« Blut über den Bildschirm spritzen. Es ist eine Sache, wie Shakespeare zu zeigen, daß Gewalt die erschütternde Folge von Mißverständnissen sein kann, und eine andere, Gewalt als erregendes Erlebnis zu präsentieren, als Lösungsmöglichkeit menschlicher Konflikte oder auch nur als etwas, was eben passiert, wenn die Leute ein bißchen frustriert sind oder Männer unbedingt beweisen müssen, daß sie wirklich Männer sind.

Selbstverständlich kann man sagen, die Eltern brauchten ja kein Fernsehgerät zu Hause zu haben. Aber für Durchschnittseltern ist das kaum durchzuhalten. Selbst wenn sie es schaffen, gehen ihre Kinder doch aus dieser »beschützten Umgebung« hinaus und spielen mit anderen Kindern, die jede Menge Fernsehen konsumieren und sich entsprechend benehmen.

Ich sehe mir im Kino nicht oft Gewaltfilme an. Aber ich habe ein existentielles Interesse an ihnen, denn ich will nicht in einer Welt leben, in der Tausende Jugendliche, von denen einige selbst Waffen besitzen, von Gewaltfilmen erzogen werden. Auf jedem Gang durch die Straßen kann ich einem Jungen begegnen, der zeit seines Lebens Gewaltfilme angeschaut hat. Leider sind die ohnehin schon gefährdeten Kinder auch die am meisten Betroffenen. Ich denke hierbei an jene Kinder, deren Eltern am wenigsten zu Hause sind, und die daher am längsten fernsehen. Gewalt im Fernsehen ist wie Passivrauchen; sie wirkt auf uns alle ein.

Dauerfernseher entwickeln das »Böse-Welt-Syndrom«, das in einen Teufelskreis mündet. Weil sich die Kinder fürchten und die Straßen tatsächlich gefährlicher geworden sind, kommen sie gleich nach der Schule nach Hause, wo sie dann auch bleiben. Dadurch sehen sie mehr fern, was sie noch furchtsamer macht und noch stärker zu Hause hält. Wenn aber jeder zu Hause bleibt, werden die Straßen noch unsicherer. So sehen alle noch mehr fern, fürchten sich noch mehr ... und so weiter.

Das Fernsehen und die elektronischen Medien haben eine neue Gesellschaft geschaffen, geprägt von gänzlich anderen Regeln und Strukturen als die Gemeinschaften, die seit Jahrtausenden existierten. Die Familien versammeln sich um den Lichtschein des TV-Apparats wie einst die Lakota-Indianer in den Great Plains oder die Wikinger in ihren Siedlungen um den Schein des Feuers. Sie sitzen vor dem Fernseher wie die Familien Neuenglands im 19. Jahrhundert um den Herd, der ihnen Wärme und ein Gefühl von Sicherheit gab. Aber das Fernsehen wärmt uns nicht, gibt uns kein Gefühl von Sicherheit und hält uns nicht zusammen. In Windeseile erzeugt unsere moderne Technik einen neuen Menschentyp: Menschen, die durch Maschinen statt durch menschliche Beziehungen verbunden sind; Menschen, die mehr in einer virtuellen, künstlichen Welt als in einer Familie leben.

WERBUNG

Seit den fünfziger Jahren hat die Reklame gewaltig zugenommen, an Menge und an Bedeutung – und drang auch in das Familienleben ein. In einer meiner Therapiestunden streiten sich junge Eheleute, was sie ihrer sechsjährigen Tochter kaufen sollen und was nicht. Wann immer sie ausgehen, fängt Catherine an zu quengeln, daß sie ein bestimmtes Spielzeug oder einen Kaugummi haben will. Der Papa sagt: »Warum nicht? Wir können es uns doch leisten. Und wir haben unsere Ruhe!« Die Mama befürchtet, daß sie mit einer solchen Einstellung das Kind verwöhnen. Im Gespräch stellt sich heraus, daß eigentlich keiner von ihnen mehr gern ausgeht. Catherine bettelt, die Eltern streiten, der Vater gibt ihr nach, und die Mutter ärgert sich. Catherine wird so in ihrer Quengelei bestärkt und lernt, daß das Hauptziel allen Ausgehens der Erwerb von Produkten ist. Eines Tages wird sie Dinge verlangen, die die Eltern nicht billigen und die sie sich auch nicht leisten können.

Meine Nachbarin Mona erzählt mir von ihrer Tochter, die gerade in die vorletzte Klasse der High-School gekommen ist.

»Ganz plötzlich«, sagt Mona, »ist sie ungeheuer auf Geld bedacht. Sie will wissen, wieviel wir verdienen, und redet dauernd davon, wer reich ist und wer nicht. Mit einem Mal will sie teure Dinge haben, die sie gar nicht braucht und die wir auch gar nicht bezahlen können.« Sie seufzt. »Ich weiß nicht, woher sie das hat. Von uns jedenfalls nicht.«

Was die moderne Psychologie über Suggestion und Beeinflussung weiß, wird für den Verkauf von Waren eingesetzt. Die Verkaufsstrategen arbeiten nach festen Richtlinien und kontrollieren die Erfolgsquoten ihrer Werbespots genau. Die Philosophie der Werbung funktioniert glänzend: Erzeuge ein Verlangen, tu so, als ob es sich um ein zutiefst menschliches Bedürfnis handelt, und stelle dann ein Produkt vor, das dieses Bedürfnis stillt. Mit den Tricks von Varieté-Hypnotiseuren werden Wünsche eingeflüstert und zu Bedürfnissen erhoben. Dein Wunsch sei dir Befehl. Die Werbung erhebt Gefühle über das Denken und Impulse über den gesunden Menschenverstand. Mit solchen Methoden können elterliche Mahnungen zur Vorsicht kaum konkurrieren. Die Wissenschaft des Marketing übertrifft jegliche Erziehungswissenschaft an Zielgenauigkeit.

Die Werbung manipuliert uns: Wir haben unzufrieden zu sein. Der Geschäftsmann B. E. Puckett brachte es auf den Punkt, als er sagte: »Es ist unser Job, die Leute so weit zu bringen, daß sie mit dem, was sie haben, nicht glücklich sind.« Wir sollen möglichst viel an uns auszusetzen finden oder uns leid tun. Der Werbung lehrt uns, nach dem Lustprinzip zu leben. Das führt natürlich zu mangelhafter Impulskontrolle und zu Anspruchsdenken: »Ich bin der Mittelpunkt des Universums, und was ich will, das muß ich sofort haben.« Diese Denkweise schafft Menschen, die momentane Mißlichkeiten nicht tolerieren können. Sie schafft Menschen voller Selbstmitleid, das mit berechtigten Ansprüchen nichts zu tun hat.

Den Lehren der Werbung zufolge brauchten Menschen nicht zu leiden, sind Schmerzen wider die Natur und leicht zu beheben. Demzufolge ist Anstrengung schlecht und Bequemlichkeit gut, können Produkte vielschichtige menschliche Probleme lösen. Immer und immer wieder hören die Menschen, daß ihr Bedürfnis nach Liebe, Sicherheit und Abwechslung mit einem Produkt befriedigt werden kann. Vielleicht lehnen sie anfangs die Botschaft einer bestimmten Reklame ab, aber mit der Zeit verinnerlichen sie die globale Botschaft: Kaufen ist wichtig.

Werbung banalisiert das Wichtige und glorifiziert das Banale. Ein Mittel gegen Mückenstiche findet mehr Aufmerksamkeit als die Hungersnot in Äthiopien. Werbung für Cola oder Limonade wird mehr Sendezeit eingeräumt als Berichten über die globale Klimaerwärmung. Wir sollen kaufen, um unsere innere Leere zuzuschütten.

Die Propaganda, daß das Leben durch Kaufen glücklicher würde, verleitet Erwachsene und Kinder dazu, Zeit und Geld zu verschwenden. Um diese Dinge alle bezahlen zu können, nehmen Eltern womöglich einen Nebenjob an, und Teenager arbeiten in der niedrigsten Lohnklasse, um sich Designerjeans leisten zu können. Kinder erbetteln sich Dinge, von denen die Eltern genau wissen, daß sie nicht gut für sie sind. Die Kinder schwanken zwischen dem Glauben, daß bestimmte Produkte sie glücklich machen könnten, und einem tiefen Zynismus gegenüber den Versprechungen der Erwachsenenwelt. Bald mangelt es ihnen an Vertrauen und Respekt für die Erwachsenen, weil sie wissen, daß Erwachsene sie belügen, um an ihnen zu verdienen.

Uns wird sogar erklärt, daß Geldausgeben ein Dienst am Vaterland ist. Um die Wirtschaft unseres Landes am Laufen zu halten, müssen wir kaufen, ob wir es uns leisten können oder nicht.

Die Philosophin Eileen Moody schrieb einmal, daß »der amerikanische Traum in der Sprache der Werbefachleute umgeschrieben« wird. Die Werbung ist unsere Staatsreligion, ihre Gleichnisse laufen alle auf dasselbe hinaus: »Kaufe dieses Produkt, und du wirst selig werden.« Die Kinder zitieren Werbeslogans statt Gedichte, und sie kennen die Namen von Weinbrandsorten besser als die Namen der Politiker. In einem Test konnten mehr Studenten vom Bild her Mr. Peanut oder Joe Camel identifizieren als Abraham Lincoln oder Eleanor Roosevelt. Sie kannten an die zwanzig Arten von Frühstücksflocken oder Müslis, aber nicht die Bäume oder Vögel ihrer nächsten Umgebung.

GELD

»Besser, als viel Geld zu verdienen, wäre es, die Bedürfnisse herunterzuschrauben, so daß man nichts zu kaufen brauchte. Als Thoreau diese geniale Idee überall in der Stadt predigte, beteten die Geschäftsleute, daß er tot umfallen möge.« – Richard Armour

Sitting Bull reiste einmal mit Buffalo Bill und sah die Armut und den Reichtum amerikanischer Großstädte. Da sagte er: »Der weiße Mann ist fähig, alles herzustellen. Aber er ist unfähig, es richtig zu verteilen.«

Richard Ford: »Der freie Markt ist nicht im entferntesten geeignet dafür, daß jeder bekommt, was er braucht.«

Unser Land der unbegrenzten Möglichkeiten ist ein Land von Opportunisten geworden. Unsere bestorganisierte Religion ist der Kapitalimus, der in seiner gemeinsten Form Laster zu Tugenden erhebt. Habgierige Menschen werden zu Helden, Eigennutz ist schick und Mitleid nur hirnverbrannt. Der Kapitalismus fördert eine Tendenz, die sich vornehm das Überleben der Besten und Geeignetsten nennt; in Wirklichkeit aber handelt es sich um das Überleben der Gierigsten, die ihre Ellbogen erbarmungslos einsetzen. Wir geben uns mehr Mühe, unserem Nächsten etwas zu verkaufen, als ihn zu lieben oder ihm zu helfen. Die Karten sind falsch gemischt, und am Ende werden wir alle verlieren.

Peter hatte einen Job als Televerkäufer. Über das Telefon drehte er Menschen in anderen Staaten der USA sinnloses Zeug an. Die Firma, für die er arbeitete, gehörte Menschen, die weit weg wohnten und weder Peter noch ihre Kunden kannten. Seine Arbeit nützte nur den Aktionären. Eines Tages verkaufte er in Florida Reisegutscheine. Am Apparat hatte er eine alte Frau mit einem starken spanischen Akzent, die offenbar sehr einsam und leichtgläubig war. Außerdem hörte sie schlecht und war drauf und dran, sein Produkt zu erwerben, das für sie keinerlei Wert hatte. »Lassen Sie es lieber bleiben«, riet Peter ihr schließlich. Daraufhin erhielt er eine Abmahnung und am Ende die Kündigung.

Es ist leichter, anderen zu schaden, wenn man sie nicht kennt. Inzwischen zählt in unserer Gesellschaft Verantwortungsgefühl nur noch wenig. So müssen die Menschen in ihrer Arbeit oft wider ihre bessere Natur handeln. Oberstes Gebot ist der Profit. Eltern, die ihre Kinder hegen und pflegen, zögern nicht, anderer Leute Kinder zu schaden, wenn es um den Profit geht. Kinder sind eben nur Konsumenten und geben einen Markt für gewinnträchtige Manipulationen ab.

Irgend jemand hat einmal gesagt, wenn man die höchsten Werte einer Kultur kennenlernen will, muß man sich ihre höchsten Gebäude anschauen. Im Mittelalter waren dies die Kirchen, im 19. Jahrhundert die Schulen und Regierungsgebäude; heute sind es in Amerika die Banken und die Wolkenkratzer der Konzerne.

Unser gegenwärtiges Wertesystem setzt den Profit über menschliches Wohlergehen. Wir haben, wie die Franzosen sagen, »le capitalisme sauvage«, einen wilden Kapitalismus. Ratten mögen nach dem Prinzip von Angebot und Nachfrage leben; aber die Menschen sollten doch nach höheren Prinzipien leben dürfen, nach Prinzipien wie Gerechtigkeit, Vergebung und Wahrhaftigkeit. Die meisten von uns sind besser als das kapitalistische Wertesystem. Wir wünschen uns ein Leben, in dem noch andere Dinge als nur das Geld wichtig sind. Die meisten von uns glauben einfach nicht, daß der Junge mit den meisten Spielsachen am Ende der ist, der gewinnt. Vielmehr hoffen wir, daß das, was von uns bleiben wird, die Liebe ist.

WERTE

In den Weihnachtsferien schaute ich mir einige Talkshows an. Zuerst sah ich eine Präsentation des Talkmasters Gordon Elliot, eines gutaussehenden Mannes mittleren Alters im grauen Anzug. Er hatte eine schmierig-einschmeichelnde Art und sprach mit britischem Akzent. Das Mikrophon in der Hand, bewegte er sich mit Leichtigkeit zwischen Show-Gästen und Publikum.

Das Thema war: »Wie gehe ich mit meinem knauserigen Gatten um?« Im Studio waren zwei Paare aus der Arbeiterklasse – zwei wuchtige Frauen und ihre dürren, wettergegerbten Ehemänner. Tracy, mit gebleichtem Haar und blauem Lidschatten, beschwerte sich über ihren Gary. Wenn sie zum Essen ausgingen, lüge er die Bedienung an und würde behaupte, es sei Tracys Geburtstag, damit sie den Nachtisch umsonst bekämen. Manchmal beschwere er sich über das Essen oder behaupte, ein

Angestellter der Hotelkette zu sein, nur um die Mahlzeit nicht bezahlen zu müssen. Gary, ein Mann mit beginnender Glatze, schlechten Zähnen und falscher Grammatik, saß bedrückt neben ihr. Das Publikum buhte, als Tracy seinen Geiz schilderte, und johlte, wenn sie ihn fertigmachte.

Loretta war eine jüngere Ausgabe von Tracy, ebenfalls mit gebleichtem Haar und dick aufgetragener Schminke. Sie lispelte und hatte eine Narbe, die wahrscheinlich von der chirurgischen Korrektur einer Hasenscharte stammte. Während sie sprach, blickte sie immer wieder nervös auf Earl, der steif neben ihr saß. Sie behauptete, daß sie sich wegen seines Geizes in Therapie begeben mußte. Sie habe Depressionen, weil sie nicht mit ihren Freundinnen einkaufen gehen könne. Earl verteidigte sich und sagte, daß ihre Kreditkarten hoffnungslos überzogen seien und Loretta zuviel Geld ausgebe. Da erhob sich eine Freundin Lorettas und bestätigte: Earl ist ein Knicker. Die Frauen im Publikum buhten.

Gordon lud anschließend die Zuschauer vor den Bildschirmen ein, gebührenfrei anzurufen, wenn auch sie einen Geizhals zu Hause hätten. Dann war Werbepause. Ein Spot über eine Spaghettisoße war akustisch untermalt: »Ich weiß nicht, warum ich dich so liebe.« Dann kam die Ankündigung einer Sendung mit Gästen, die an einer durch Sex übertragenen Krankheit litten. Eine Reklame für Haushaltsgeräte bot eine dreimonatige Zahlpause ohne Zinsberechnung an. Eine wunderschöne Schauspielerin verkaufte Tampons mit ultraweichem Applikator unter dem Motto »Vertrauen«. Dann kamen noch Werbespots über Mittel gegen Magenbeschwerden und eine Zeitschrift für schöneres Wohnen, »für ein Haus, in dem Ihre Träume wahr werden«.

Dann waren wir wieder bei Gordon und seinen steif dasitzenden Gästen. In ihren billigen Kleidern und mit ihrem gekünstelten Lächeln sahen sie verletzlich aus, bloßgestellt. Auf dem Bildschirm zog unterhalb der Paare eine eingeblendete Nachricht vorbei: »Einunddreißig Prozent aller befragten Frauen sagten, sie hätten lieber mehr Geld als Sex.«

Jetzt kamen Rita und Dennis hinzu. Rita war eine mehr als vollschlanke Frau, mit platinblondem Haar. Dennis hinkte und sprach kaum Englisch. Rita zeigte dem Publikum das Preisschild an ihrem Kleid. Dennis habe ihr nicht erlaubt, das Schild abzumachen, weil er das Kleid nach der Show zurückgeben wolle.

Das Publikum buhte, und höflich bot Gordon an, die Kosten für Ritas Kleid zu übernehmen. Ritas Kinn wabbelte vor Rührung, als sie ihm dankte. Dennis sah verängstigt und verwirrt aus; wahrscheinlich begriff er gar nicht, warum er ausgebuht wurde. Wann immer Rita Geld wolle, sagte er, bekomme sie es von ihm – vorausgesetzt, er habe welches. Noch mehr Buhrufe.

Die Leute aus dem Publikum drängelten sich um die Mikrophone für ihre Dreißig-Sekunden-Spots im Fernsehen. Die Frauen aus dem Publikum sahen aus wie Rita, Tracy und Loretta. Auch sie waren mit Knickern verheiratet. Eine Frau gab Rita den Rat, Dennis zu verlassen. Der versuchte zu erklären, daß er seinen Job bei der Eisenbahn verloren habe, daß er gar kein Geizhals sei, nur eben pleite. Aber weil dieser Aspekt nicht zum Thema des Abends paßte, schnitt Gordon ihm das Wort ab.

Unterschwellig, aber wirkungsvoll schürte Gordon Spannungen, Konflikte und Dramatik. »Ich mache mir Sorgen um Rita«, sagte er. »Soll sie Dennis wirklich verlassen?« Rufe aus dem Publikum: »Ja! Ja!« Bald rannen ihr die Tränen über das Gesicht. Nahaufnahme. Ich habe nicht abgewartet, ob Rita ihren Dennis verlassen würde, und schaltete auf einen anderen Kanal um.

Dort kam mir eine Windel für Erwachsene entgegen mit dem Slogan: »Wenn Sie sich behaglich fühlen, ist alles andere nur halb so schlimm.« Dann erforschte die Showmasterin Sally Jesse Raphael das Thema »Töchter, die nie ihren Vater kennengelernt haben«. Im Studio saß Angela mit ihrer Mutter Maxine. Sie hielten sich an den Händen, und Angela erklärte, daß Maxine ihr nie etwas über ihren Exmann, Angelas Vater, erzählt habe. Maxine, zitternde Erregung in ihrer Stimme, sagte, sie schäme sich so sehr. Sie sei körperlich und seelisch von ihm mißhandelt worden. Ihre Stimme überschlug sich dabei, und Mutter und Tochter brachen in Tränen aus.

Jetzt kam Angelas Vater ins Studio, ein großer, breiter Mann mit rotem Gesicht. Gerührt nahm er seine verlorene Tochter in die Arme. Angela weinte auch und schaute dabei ziemlich dümmlich in Richtung ihrer Mutter, die dicht neben ihr stand. Millionen Menschen sahen dieser Familie in ihrem wohl dramatischsten Augenblick zu.

Sally hielt das Mikrophon und forderte mit Schmeichelstimme zum Kampf heraus. Der Vater leugnete jede Mißhandlung während der Ehe und erklärte, er wäre niemals fortgegangen, wenn er gewußt hätte, daß er eine so schöne Tochter habe. Maxine antwortete darauf, daß sie es ihm nicht habe sagen können, weil er unbekannt verzogen sei.

Ich zappte zu einem anderen Kanal. Hier interviewte Maury Povitch gerade Menschen, die einen anderen totgefahren hatten, oder von denen ein Angehöriger durch einen betrunkenen Fahrer umgekommen war. Im Studio saßen sechs seelisch verwundete Eltern, die ihre Kinder verloren hatten, und ein Mädchen, das schluchzend berichtete, wie sie ihren Freund zum Krüppel gefahren hatte. »In der Schule war er so ein guter Sportler, er hat Meisterschaften gewonnen, und ich bin schuld, daß er jetzt sein Leben lang im Rollstuhl sitzt.«

Povitch schritt ins Publikum, legte den Arm um die Schultern einiger Zuschauer und ermutigte sie mit bewegenden Worten, ihre eigenen Geschichten zu erzählen. Der Mann einer Zuschauerin saß im Gefängnis, weil er die sechsjährige Tochter überfahren hatte. Sie habe ihm vergeben. Eine andere Frau, die ihren Sohn verloren hatte, war voller Haß auf alkoholisierte Autofahrer. Mit Povitchs Unterstützung griff sie die verzeihende Frau an. In der Zwischenzeit saßen oben die Eltern mit ihrer Schockneurose und wußten nicht mehr, wo sie eigentlich waren.

Ich war wie erschlagen von dieser Bloßlegung der Gefühle. In diesen Shows wurden arme, bedürftige Menschen dazu gebracht, ihr Innerstes nach außen zu kehren. Für einige Minuten Bekanntheit verkauften sie ihre Seele und ihren intimsten Schmerz. Ihr Kummer und ihre Tragödie dienten der Unterhaltung. Da sprachen Menschen über ihre tiefste Erschütterung, ihre schlimmste Angewohnheit, ihre Streitigkeiten und ihr Sexualleben. Für einen Kühlschrank oder eine Reise nach Los Angeles sollen sie ihre Eltern oder ihre Lebensgefährten verraten, und sie tun das auch.

Ich würde gern wissen, was mit diesen Menschen passiert, wenn sie wieder zu Hause sind. Zeigen sie dann die Videoaufzeichnungen der Sendung her? Verprügeln die Männer ihre Frauen? Lassen sie sich scheiden, oder tun sie so, als ob der Verrat nie stattgefunden hätte? Was bleibt denn übrig, wenn sie ihre privatesten Geheimnisse mit einem Fernsehpublikum geteilt haben?

Diese Shows erinnern mich an die Schauprozesse der Stalin-Ära. Auch in diesen Prozessen verrieten Menschen vor den

Kameras ihre Familien und Freunde. Allerdings hatten sie andere Motive. Die Russen retteten damit einst ihr Leben, während die Amerikaner es heute für einige Sekunden Berühmtheit tun. Aber die Ähnlichkeiten sind verblüffend. Wie die ehemalige Sowjetgesellschaft fördert auch die Talkshow-Kultur den Verrat der Familie. Mit diesen öffentlichen Zurschaustellungen von Familiengeheimnissen lehren beide, daß die Familie weder unantastbar noch heilig ist. Wie die frühere Sowjetunion verteufeln unsere Talkshows die Intellektuellen, das heißt Menschen, die per Definition darüber nachdenken könnten, was in der Gesellschaft vor sich geht, und gewissen Praktiken kritisch gegenüberstehen.

In dem Beitrag »Der Verlust des moralischen Bodens« zu dem Buch *Rebuilding the Nest* (Bauen wir uns wieder ein Nest) schrieben Cofer und Jacobsen über die Talkshows von heute: »Wenn aus irgendeinem Grund ein neues Gesetz von den Fernsehsendern verlangen würde, alles Erdenkliche zu unternehmen, um den gesellschaftlichen Wert dieses Mediums herabzusetzen, die traditionelle Auffassung von Kindheit zu verhöhnen und der Familie als Institution mutwillig Schaden zuzufügen, brauchten die Sender nichts anderes zu tun, als einfach diese Programme täglich in Millionen von Haushalten hineinzustrahlen.«

Wie der Kommunismus hat auch der Kapitalismus allen Grund, die Familie als Feind zu betrachten. In einem kommunistischen System, in dem Familien als Produktionseinheiten gesehen werden, beeinträchtigen diese oft die Produktion. Eltern möchten ja, daß ihre Kinder zur Schule gehen, spielen, sich ausruhen und bei Familienfesten dabei sind, und meist liegt den Eltern das Glück ihrer Kinder mehr am Herzen als jedes Plansoll der Produktion. Das Sowjetsystem funktionierte am besten, wenn sich nicht Drittes zwischen Staat und Individuum schob. In einem kapitalistischen System, in dem Menschen Verbrauchseinheiten sind, beeinträchtigt die Familie oft die Verkaufszahlen. Die Eltern treten zwischen ihre Kinder und den Markt. Sie wollen nicht, daß ihre Kinder Alkohol trinken, Zigaretten rauchen oder nur noch von Süßigkeiten leben, auch wenn deren Konsum noch so gut für die Wirtschaft ist. Sie wollen auch nicht unbedingt Designerjeans oder teures Spielzeug kaufen. Sie haben andere Werte und andere Ziele für ihre Kinder als unsere Gesellschaft von Konzernen.

Familien brauchen Liebe, Beziehungsfähigkeit und Zeit. Natürlich machen Eltern auch Fehler. Aber selbst die schlimmsten Eltern wollen meist nicht aus ihren Kindern Kapital schlagen. Sie beuten ihre Kinder nicht für den persönlichen Profit aus.

Was ihre Kinder betrifft, sind Eltern zutiefst konservativ und zugleich subversiv. Familien sind der Puffer zwischen dem einzelnen und dem Staat. Alle totalitären Staaten beschneiden deshalb die Familie in ihren Rechten. In manchen dieser Staaten werden die Kinder den Eltern zur Erziehung weggenommen, und oft werden den Kindern dabei Werte vermittelt, die im Gegensatz zu den Überzeugungen der Eltern und zu den Interessen der Kinder stehen.

In der damaligen Sowjetunion wurden Kinder darauf getrimmt, als Spitzel zu arbeiten und ihre Eltern zu verraten. Sie hatten die Gespräche ihrer Eltern zu belauschen und alles zu melden, was nach Protest oder auch nur nach Unzufriedenheit klang. Kinder, die »Informationen« über ihre Eltern lieferten, wurden öffentlich geehrt. Dieses Vorgehen lehrte die Kinder den Vorrang des Kollektivs vor der Familie.

In beiden Gesellschaften wachsen Kinder zu zynischen Erwachsenen heran. Hedrick Smith schrieb einmal, daß die Russen an ihre Freunde glauben und sonst an kaum etwas. Dann hilft nur Alkohol, die Schmerzen der Hilflosigkeit zu betäuben. Diese Beschreibung trifft auf die jungen Erwachsenen in den Vereinigten Staaten genauso zu. Wie die Russen gebraucht diese Generation Drogen, und manche sind schon seit ihrer Schulzeit harte Säufer. Im Alkohol ertränken sie ihre Gefühle – Bitterkeit, Wut, Unsicherheit und Verzweiflung.

Weder der sozialistische Staat noch unsere vom Geld angetriebene Gesellschaftsform fördern die Gemeinden. Gemeinden stehen für die Familien ein. Sie lehren angemessenes Betragen und gute Werte. Sie vermitteln den Familien einen Sinn für Geschichte, für den Ort, an dem sie leben. Und sie bieten ein vielfach gewobenes Beziehungsnetz von Menschen, von denen man lernen kann, menschlicher zu leben. Gemeinden versorgen Kinder mit vernünftigen Geschichten, warnenden Erzählungen und moralischen Fabeln. Gemeinden geben den Familien eine Tiospaye, einen Schutzraum.

Die Familie braucht die Gemeinschaft, so wie meine Maispflanze gute Erde braucht. Seit dem Beginn aller Zeiten haben die Menschen ihr Leben mit Menschen um sie herum geteilt. Sie teilten die Fische aus dem Meer, sammelten Schilf für die Dächer und betrachteten zusammen die Sterne. Damals haben wir aufeinander achtgegeben. Nun fühlen sich zum ersten Mal in der Menscheitsgeschichte Menschen allein und keiner Gruppe zugehörig. Die Welt hat sich verändert, wir aber nicht. Wir alle brauchen Liebe, Respekt, gute Arbeit und interessante Freizeit. Wir wünschen uns für unsere Kinder und Freunde eine sichere, anregende Welt und einen Planeten, der überleben wird. Wir Menschen gleichen uns mehr, als daß wir uns unterscheiden.

Ich möchte dieses Kapitel mit einem Bericht über eine Familie beenden, die sehr sorgfältig mit ihrem technischen Gerät umgeht. Sie hat genau bedacht, was sie aus den gesellschaftlichen Angeboten für sich wahrnehmen will und was nicht, und sie hat sich viele gute Ressourcen erschlossen. Die Millers haben Glück, und sie nutzen es weise. Sie sind fast einschüchternd perfekt. Vermutlich werden sich jetzt die Leserinnen und Leser ihnen gegenüber sehr unzulänglich fühlen und sie beneiden – so wie ich, als ich sie besuchte. Aber ich habe von den Millers viel gelernt und möchte auch den Leserinnen und Lesern die Möglichkeit dazu geben.

Zur Familie Miller gehören Jim und Jane und ihre fünf Kinder – Karl, 15 Jahre alt, Matthew, dreizehn, Cora, neun, Grace, vier, und Ruby, erst 13 Monate.

An einem frühen Julimorgen besuchte ich die Millers auf ihrem Anwesen. Das moderne Haus hatte eine große Veranda mit Blick über das Tal des Blue River. An der Tür empfing mich Jim mit Ruby auf dem Arm. Ruby, im rosafarbenen Sonnenanzug und mit Cowboystiefeln, streckte die Ärmchen nach mir aus, als wollte sie auf meinen Arm. In dem gemütlichen Wohnzimmer voller Bücher kamen Jane und Grace hinzu. Jim, ein Mann mit sanfter Stimme, lehrte an der Universität. Jane war klein und rund, hatte sanfte braune Augen und ein etwas schiefes Lächeln. Sie war ausgebildete Lehrerin, hatte aber seit Karls Geburt nicht mehr in der Schule gearbeitet und begonnen, ihre Kinder zu Hause zu unterrichten, was in den USA durchaus möglich ist.

Ich fragte sie, ob nun alle Kinder nur zu Hause unterrichtet würden. Jane antwortete: »Karl ist der einzige, der jemals eine öffentliche Einrichtung besucht hat. Er war in einem fortschrittlichen Kindergarten, aber wir hatten das Gefühl, daß wir selbst mit weniger Zeitaufwand kreativer mit ihm umgehen könnten und daß Karl zu Hause mehr Zeit zum Lernen und zum Spielen hätte.«

Jane fing Ruby auf, als sie an die Couch stieß und beinahe umgefallen wäre. »Wir mögen den Begriff ›Privatunterricht‹ nicht so sehr, da er eine künstliche Trennung zwischen Leben und Lernen unterstellt. Jeder Tag bietet doch Gelegenheiten zum Lernen, und die Welt ist voller interessanter Dinge. Wir sprechen lieber von einem Lernen, das sich an den Bedürfnissen und den Interessen unserer Kinder ausrichtet.«

Grace ging hinüber zum Klavier und spielte einige Suzuki-Lieder. Ruby krabbelte ihr nach und schaute ihr zu. Ich war verblüfft, wie gut sich diese Kinder benahmen und wie ruhig sie waren. Ich fragte nach Karl.

»Er liebt Bücher«, sagte Jim. »Wenn wir ihn ließen, würde er vierundzwanzig Stunden am Tag lesen. Diesen Sommer möchten wir erreichen, daß er außer Lesen noch etwas anderes macht.«

»Er hat in diesem Haus so ungefähr alles – bis auf Jims Vorlesungsskripte – gelesen«, sagte Jane. »Er liebt Arthur Conan Doyle und hat an die fünf Ausgaben seiner Werke. Auch C. S. Lewis und Ray Bradbury mag er sehr.«

»Karl hat früh zu lesen angefangen«, sagte Jim. »Matthew war da ganz anders. Bis vor zwei, drei Jahren hat er sich dafür überhaupt nicht interessiert. Jetzt lesen er und Cora die *Fünf-Freunde*-Bücher und solche Sachen. Und er liest alles, was er über Pferde und Geflügel erwischen kann.«

Während Ruby vergnügt am Klavierstuhl herumklopfte, spielte Grace ihr »Twinkle, Twinkle, Little Star«. Und Ruby »sang« mit. »Wir zwingen unsere Kinder nicht in irgendein System«, sagte Jane. »Sie lernen lesen, sobald sie es wollen. Ein Jahr lang haben wir Karl zur Schule geschickt. Danach fragten wir ihn jedes Jahr, ob er wieder zur Schule gehen wolle. Schließlich haben wir begriffen, daß sich keiner von uns wieder in ein großes System einreihen wollte.«

Jim schlug Grace vor, daß sie ihr Musikstück noch einmal spielen sollte, und fuhr dann fort: »Nächstes Jahr wird Karl einige Kurse an der Universität besuchen und an der Volkshochschule einen Kurs über elektrische Schaltungen mitmachen. Wir sind schon gespannt, was er davon halten wird.«

Wie sie das alles organisieren, wollte ich wissen. »In manchen Familien haben ›Heimschüler‹ regelmäßigen Unterricht, einen Stundenplan und Prüfungen, in anderen sind sie völlig frei«, sagte Jane. »Wir bewegen uns irgendwo dazwischen. Wir haben fast täglich bestimmte Lernstunden. Im Winter absolvieren wir mehr den Lehrstoff, der drinnen zu bewältigen ist, und im Sommer sind wir mehr draußen. Im großen und ganzen richten wir uns mehr an Projekten aus als an Lernstunden. Unser nächstes Projekt ist zum Beispiel der Bau einer Scheune.«

»Wir versuchen, den Unterricht nicht an- und auszuknipsen. Das Leben selbst ist Lernen. Aber die Morgenstunden sind stärker durchorganisiert, und im Laufe des Tages werden wir lockerer. Wir verlangen von den Kindern, daß sie Mathematik lernen, was keinem von ihnen sonderlich Spaß macht. Wir führen keine Tests durch und geben keine Zensuren, weil das die Fehler zu stark in den Mittelpunkt rückt. Die Kinder sollen begreifen, daß Fehler dazu da sind, aus ihnen zu lernen.«

»Viele Eltern sagen mir immer wieder, daß sie es nicht aushielten, jeden Tag nur mit ihren Kindern zusammen zu sein«, sagte Jane. »Ich hoffe nur, daß deren Kinder das nicht hören. Meistens sind Kinder, die mit selbstbestimmtem Lernen aufwachsen, ruhig und leicht zu haben.«

Ruby kam zur Mutter zurück und wollte gestillt werden. Die drei älteren kamen von draußen herein und stellten sich selber vor. Sie hatten alle noch ihre erbrachten Leistungen in die Pfadfinderkarten einzutragen und breiteten sich dafür auf dem Fußboden aus.

»Die Kinder wachsen wirklich zusammen auf«, sagte Jane. »Weil sie zu Hause lernen, werden sie nicht wie andere Geschwister tagsüber getrennt. Karl und Matthew kennen Ruby wirklich, und sie kennt ihre Brüder. Besonders Matthew und Cora verbringen viel Zeit miteinander. Ihren Anteil an Hausarbeit machen sie gemeinsam. Karl möchte erst seit kurzem mehr Zeit für sich allein haben; er geht dann nach draußen, setzt sich unter einen Baum und bleibt stundenlang weg. Aber er liest auch Ruby und Grace vor. Pferde und Geflügel versorgen wir gemeinsam.«

Als ich den Eltern, die so lässig die Zeit verplauderten, eine

Stunde lang zugehört hatte, wurde ich unruhig. Nervös schielte ich immer wieder nach den Kindern, ob sie sich nicht langweilten oder ungeduldig wurden. Sie gingen doch nicht etwa hinaus, bevor ich sie interviewt hatte? Fühlten sie sich wohl ausgegrenzt? Als ich sie dann richtig ansah, merkte ich, daß es ihnen gutging. Es machte ihnen offenbar Spaß, ihren Eltern und mir zuzuhören. Weder litten sie unter den typischen Konzentrationsstörungen des Fernsehzeitalters, noch waren sie darauf getrimmt, ihre Eltern für blöd und lächerlich zu halten. Sie waren nicht dazu verdammt, ständig Mittelpunkt aller Aufmerksamkeit zu sein.

»Wir werden oft gefragt, ob die Kinder auch genügend soziale Kontakte haben«, sagte Jim. »Darauf kann ich nur antworten, daß sie viel Zeit mit anderen Kindern verbringen – bei den Pfadfindern, in der Fußballmannschaft, in der Kirche. Aber sie kommen nicht nur mit Gleichaltrigen zusammen, sondern mit Menschen aller Altersgruppen, die die gleichen Interessen wie sie haben. Karl ist zum Beispiel viel in der Universität, und Cora ist mit einer älteren Nachbarin befreundet, die ihr das Gärtnern zeigt.«

»Es macht mich verrückt, wenn mich die Leute immer nach meinen gesellschaftlichen Kontakten fragen«, fügte Karl hinzu. »In die Schule zu gehen, heißt doch noch lange nicht, dort auch gute Freunde zu haben. Ich kenne Kinder, die in den Schulen sehr einsam sind.«

Cora ging in die Küche, um Limonade zu machen. Ruby hörte auf zu saugen und tappte ihrer Schwester hinterher.

»Die meisten meiner engeren Freunde werden auch zu Hause unterrichtet«, fuhr Karl fort. »Mein bester Freund lebt in Colorado in einer Hütte, und wir kommunizieren hauptsächlich über Modem. Jedes Jahr unternehmen wir beide eine große Radtour.«

Karl sah einerseits älter und andererseits jünger aus als die meisten Kinder seines Alters. Sein Gesicht erinnerte mich an Gesichter aus meiner Kindheit, Gesichter, von denen ich schon gar nicht mehr wußte, daß es sie geben konnte. Ich fragte ihn, wie er mit den Nachbarskindern zurechtkam.

»Die halten mich wahrscheinlich für ein bißchen seltsam, weil ich mich so sehr für Pferde und Geflügel interessiere. Die Musikgruppe, die ich am liebsten mag, ist Simon and Garfunkel. Ich mag Fußball lieber als Football. Aber das ist hier in Nebraska nicht cool.« Er lachte. »Ich gehe mit allem etwas anders um als die anderen, die die öffentlichen Schulen besuchen. In meiner Fußballmannschaft vermasseln zum Beispiel manche alles, wenn es um die Wurst geht. Und wenn wir dann in den Spielen schlecht abschneiden, ist immer die andere Mannschaft schuld. Ich mache auch nicht bei Ritualen mit wie In-die-Hände-Spucken, bevor man den Gegnern die Hand gibt. Mir ist es egal, ob wir gewinnen oder verlieren. Mir geht es um das Spielen. Das macht Spaß. Ich hasse auch die Spieler von der gegnerischen Mannschaft nicht.« Er sah seinen Vater an. »In noch einer Hinsicht bin ich anders: Ich liebe nämlich meine Familie. Ob ich eine Gehirnwäsche bekommen habe, hat mich einmal einer gefragt. Das ist doch gespenstisch, daß man für verrückt erklärt wird, wenn man seine Familie mag!«

Matthew ging hinaus, um Cora beim Hereintragen der Getränke behilflich zu sein. Grace kam vom Klavier herüber und kuschelte sich an ihren Vater. »Erzähle doch, wie es dir ging, als du MTV angeschaut hast«, sagte Jane.

Karl schüttelte den Kopf. »Das war auf einer Reise nach Mexiko mit der Jugendgruppe von der Kirche. Da haben wir im Hotelzimmer ferngesehen. War das langweilig! Irgendwie seltsam. Mir hat es gar nicht gefallen.«

Matthew reichte mir ein Glas. Er war ein stiller, ruhiger Junge mit großen Augen. Schüchtern sprach er mich an. »Letzte Woche hat meine Ente sechs Küken bekommen. Die Mutter ist schwarz, und in der Sonne schimmern ihre Federn grün.«

»Matthew hat wieder ein Pferd in Pflege bekommen«, sagte Cora. »Er kriegt im Reiten lauter Preise.« Matthew sprach über seine Stute wie über das siebte Weltwunder.

Als das Gespräch auf Tiere kam, waren alle Kinder dabei. Grace rannte hinaus und kam mit zwei jungen Kätzchen wieder, die sie mir stolz präsentierte. Coras Pferd war ein abgewracktes Pony von vierzehn Jahren, das – wie Cora sagte – »hauptsächlich nur schläft und frißt«. Karl hatte einen äußerst sprechfaulen Papagei. Alle arbeiteten mit Hühnern und Enten. Sie besaßen verschiedene Rassen und sogar einen Brutschrank. »Wir haben Eier in allen Farben: rosa, grün und sogar blau«, sagte Matthew.

Zärtlich legte mir Grace das schwarze Kätzchen in den Schoß. Ich streichelte es und fragte, ob ich mir die Hühner später nicht ansehen könnte.

»Wir versuchen, viel zu Hause zu sein«, sagte Jane. »Wir haben keine Lust zu hetzen. Wir lieben die langen Tage hier draußen, an denen wir nach unserem eigenen Rhythmus arbeiten und spielen können. Jedes Kind darf ein Musikinstrument spielen und eine Sportart ausüben. Alle spielen Klavier, nur Karl spielt Trompete. Und alle mögen Fußball.«

Jim nickte. »Wenn eine Unternehmung nicht in unseren Tagesplan paßt, lassen wir die Finger davon. Zuviel Betriebsamkeit ist nichts für uns. Ein anderer Grundsatz bei uns ist: Wenn wir etwas nicht mit der ganzen Familie unternehmen können, machen wir es meist gar nicht. Wir gehen alle zusammen zu den Sportveranstaltungen oder Konzerten. Wir machen alle die Hühnerhäuser sauber und gehen zusammen auf den Viehmarkt.«

»Ich besitze keine Uhr«, sagte Jane. »Die Kinder haben aber eine, und wenn wir in die Stadt gehen, wachen sie über unseren Plan.« Sie half Matthew beim Ausfüllen seiner Pfadfinderkarte und fuhr dann fort: »Es gibt Grenzen bei der Anzahl von Menschen, mit denen unsere Familie Kontakt halten kann, ohne daß ihre Einheit gefährdet ist. Wir sind mit einer anderen Familie befreundet, deren sieben Kinder auch zu Hause unterrichtet werden. Die Kinder passen im Alter mit den unsrigen ungefähr zusammen. Sie spielen gemeinsam Theater und lernen Spanisch. Mit der anderen Familie zusammen geben wir jeden Monat ein Computer-Rundschreiben heraus.«

Karl machte Cora ein Kompliment für die Limonade und wandte sich dann an mich. »Wir können lange Reisen machen, wann immer wir wollen. Im letzten Herbst sind wir einen Monat nach Wisconsin auf die Farm der Großeltern gefahren.«

Und Cora: »Dieses Jahr gehen wir nach Pennsylvania zu Großvater und lernen dort Holzbearbeitung. Er hat eine Werkstatt in seiner Garage und hat uns versprochen, daß wir dort mit seinen Elektrogeräten arbeiten dürfen.«

Matthew: »Nächsten Sommer kommt er her und hilft uns, die Scheune zu bauen.«

»Ich liebe den Lehrberuf«, sagte Jim, »weil er mir die Möglichkeit bietet, für solche Vorhaben wie den Bau der Scheune freizunehmen. So ein Glück haben die wenigsten Väter. Kürzlich hatte ich ein Angebot aus New York. Der Job hätte mich sehr gereizt, aber für die Familie wäre nicht viel Zeit geblieben, und so habe ich abgelehnt.«

Auf meine Frage nach dem Fernsehen antwortete Jane: »Wir hatten jahrelang keinen Fernseher. Aber dann wollten wir die Olympischen Spiele anschauen, und da wir kein Leihgerät bekommen konnten, haben wir einen Fernseher gekauft.« Sie lachte. »Jetzt steht der Fernseher im Wandschrank, für besondere Gelegenheiten.«

»Zur Zeit ist er mal wieder draußen«, sagte Karl, »weil wir die Fußballweltmeisterschaft sehen wollen.«

»Und wir haben *Meer für Sarah* gesehen«, fiel Cora ein.

»Wir haben *Weg nach Westen* gesehen«, fügte Jim hinzu, »und ein Telekolleg in Gebärdensprache mitgemacht.«

Ich fragte, wann sie zum letzten Mal im Kino gewesen waren. »Jim und ich waren schon seit Jahren nicht mehr im Kino. Dafür haben wir viel zu viel zu tun«, antwortete Jane.

»Filme können ein Problem sein«, sagte Jim. »Unsere Kinder sind nicht so desensibilisiert wie die meisten amerikanischen Kinder. Cora und Grace geraten ganz durcheinander, wenn sie in Disneyfilmen Tiere leiden sehen. Auch sogenannte harmlose Filme verursachen ihnen Albträume.«

Grace nickte. »Der Film *Zurück nach Hause: Die unglaubliche Reise* war furchtbar, oder, Mami?«

Jane fuhr sich durch das Haar und pflichtete ihr bei.

Was für Zeitungen oder Zeitschriften sie beziehen, wollte ich wissen. Die Millers hatten keine Tageszeitung abonniert, aber sie hörten sich die Nachrichten und die Wettervorhersage im öffentlichen Rundfunk an. Sie bezogen einige Fachblätter über Geflügelzucht sowie Zeitschriften wie die *National Geographic*, den *New Yorker* und *Atlantic Monthly*.

Cora ging ans Klavier und spielte ein Menuett von Bach. Matthew setzte sich neben sie auf die Sitzbank und wartete, bis er an die Reihe kam. Ich fragte nach der Religion.

»Im traditionellen Sinn sind wir sicher nicht religiös«, sagte Jim. »Aber wir glauben, daß unsere Familie eine spirituelle Mitte braucht. Wir glauben daran, daß wir auf der Welt sind, um Gott zu ehren und die Gaben, die er uns mitgegeben hat, zu nutzen. Wir sehen einen Sinn darin, anderen Menschen zu helfen.«

Jane ergänzte noch: »Bibelstunden haben wir nicht in unserem

Lehrplan. Aber wir konzentrieren uns darauf, so zu werden, wie Gott uns sehen möchte. Wir sind dankbar dafür, daß wir mit unserer Schule die Möglichkeit haben, echte Werte zu vermitteln.«

Jetzt war Matthew mit dem Klavierspielen dran. Er spielte eine sanfte Sonate. Ich fragte nach der Disziplin. Jim schien einigermaßen verdutzt über diese Frage, und in der Tat sah es nicht so aus, als ob das in dieser Familie ein Thema wäre. Aber ich lebte ja in einer anderen Welt und dachte: Woher kommt das?

»Wir lehren Selbstdisziplin«, sagte Jim, »und stellen es zum Beispiel frei, die Mathe-Aufgaben jetzt oder vor dem Schlafengehen zu machen. Wir helfen den Kindern, Prioritäten zu setzen und ihre Zeit klug zu planen. Für Tiere zu sorgen ist eine gute Methode, Arbeitseinteilung zu lernen. Wenn man da seinen Job nicht richtig macht, passiert etwas Schlimmes.«

Jane sah sich im Raum um. »Wir haben hier ein schönes Leben, mit den Pferden und der Farm. Wir sagen den Kindern, daß wir dieses Leben nur deshalb führen können, weil wir einmal richtige Entscheidungen auf lange Sicht gefällt haben. Wir möchten, daß auch die Kinder in größeren Zeiträumen denken lernen.«

Jim fügte hinzu: »Karl möchte den Führerschein machen, und wir haben ihm gesagt: Prima, sobald du in der Lage bist, die Versicherung zu bezahlen. Er hat schon alle Fahrstunden genommen und den Test bestanden.«

»Unser Grundsatz ist, jedem zu helfen, der arbeitet«, sagte Jane. »Die meiste Arbeit erledigen wir zusammen, das macht sie leichter.«

Wir haben uns über zwei Stunden unterhalten. In dieser Zeit hat kein Kind geweint, um Aufmerksamkeit gebettelt oder uns unterbrochen. Ruby ist von einem Familienmitglied zum anderen getapt und saß auf jedem Schoß, der gerade recht war. Die drei mittleren Kinder haben ein bißchen Klavier gespielt. Alle haben sie ihre Pfadfinderkarten ausgefüllt und sich an der Unterhaltung beteiligt. Grace hat mir ihre Kätzchen gezeigt und Karl einige Ausgaben ihres Rundbriefs *Familiy Times* ausgegraben. Außer mir hat in dieser Zeit niemand auf die Uhr geschaut.

Wir gingen nach draußen, um den Hühnerhof zu inspizieren. Es war um die Mittagszeit, aber die Hähne krähten immer noch. Die Vielfalt der Arten war erstaunlich – Enten, Zwerghühner und Weißbart-Seidenhühner. Voller Eifer, mir ihre Vögel zu zeigen, drängten sich die Kinder um mich. Sogar Grace konnte einen großen Hahn aufheben und einen Flügel wegspreizen, damit ich ihn genau betrachten konnte.

Stolz brachte Matthew ein Entenküken an. Ich hielt dieses winzige flaumige Wesen vorsichtig in der Hand, damit es mir nicht entschlüpfte. Matthew erklärte: »Diese Enten konnten schon einige Stunden nach dem Schlüpfen schwimmen. Sie wurden auf natürliche Weise ausgebrütet und konnten bei der Mutter bleiben. Wenn sie sich am Körper der Mutter reiben, werden sie eingefettet, so daß sie im Wasser obenauf bleiben. Entenküken aus dem Brutkasten erhalten kein Fett und gehen unter, sobald sie zu schwimmen versuchen.«

Ich schreibe über die Familie Miller mit so vielen Details, weil ich meine, daß sie in vielerlei Hinsicht das Beste aus den dreißiger und den neunziger Jahren vereint. Sie hat sorgfältig ausgesucht, was sie aus der modernen Welt übernehmen und was sie verwerfen will. Die Millers benutzen moderne Geräte, aber nicht kritiklos. Sie verfügen über das Beste der neunziger Jahre: moderne Medizin, Datenverarbeitung, öffentlichen Rundfunk und Verkehrsmittel. Aber die Kinder werden vor der Welt des ungehemmten Konsums und der Massenmedien bewahrt. Sie werden nicht von einer Lawine kinderschädigenden Materials erdrückt.

Sie haben reichlich von dem, was sie brauchen, und nicht zuviel von dem, was sie nicht brauchen. Die Millers haben viel Kontakt zu ihrer natürlichen Umwelt und zu Tieren. Die Eltern sind tolerant und zurückhaltend, und jedes Kind kann seine eigene Persönlichkeit entwickeln. Aber sie haben auch hohe Erwartungen an sie und eine klare Werteordnung. Die Kinder haben gute Manieren und außerdem gelernt, verantwortungsvolle Aufgaben zu übernehmen.

Diese Familie ist glücklich dran. Sie lebt auf einem ruhigen Landsitz in einem sicheren, schönen Haus. Die Eltern sind gescheit, gut ausgebildet, gesund und auf einander eingestimmt. Sie sind auch finanziell gutgestellt. Darüber hinaus verwenden sie viel Zeit und Energie, um ihre Kinder in der bestmöglichen Art und Weise heranwachsen zu lassen. Was die Millers tun, ist also auch in unserer Zeit möglich, erfordert aber außergewöhnliche Mittel. Nur die wenigsten können sich das leisten. Aber wir alle können von ihnen lernen.

Dieses Interview kam mir vor wie eine Zeitreise in die Vergangenheit. Ruhige, glückliche Kinder und entspannte, vertrauensvolle Eltern sind heutzutage so rar. Das Bemerkenswerteste daran war wahrscheinlich die Fähigkeit der Kinder, sich längere Zeit zu konzentrieren, und ihre Bereitschaft, den Erwachsenen bei deren Gesprächen zuzuhören. Diese Familie war nicht durch eine Überfülle von nicht mehr zu verarbeitenden Informationen gestreßt. Die Kinder waren nicht überstimuliert und nervös, noch waren sie, wie die meisten Kinder heute, sexualisiert. Die Eltern waren nicht überfordert oder gehetzt.

Diese Eltern würden auch unter anderen Umständen ihren Alltag meistern. Aber ich denke, daß die Entscheidung, die schulische Ausbildung der Kinder selbst zu übernehmen, eine große Rolle für ihre besondere Art des Familienleben spielte. Die Anforderungen an die Kinder – Küken herzeigen, die Pferde pflegen, Limonade machen und Klavierspielen – waren von ihnen durchaus zu bewältigen. Diese Kinder wurden nicht nach ihrem Alter abgesondert und waren nicht dem Druck anderer Kinder zu selbstzerstörerischem Verhalten ausgesetzt. Es war ihnen erlaubt, sich entsprechend ihrem eigenen Rhythmus und ihren eigenen Interessen und Fähigkeiten zu entwickeln. Sie verbrachten ihre Zeit mit Menschen, mit denen sie ihre Interessen, nicht ihr Alter gemeinsam hatten und lernten von Gleichaltrigen nicht, jüngere Kinder und Erwachsene zu meiden.

Großartige Verbraucher waren sie nicht. Sie hatten gelernt, für sich selbst Verantwortung zu übernehmen, die Befriedigung ihrer Wünsche in Ruhe abzuwarten und sich die Ziele weiter zu stecken. Die Familie folgte starken Überzeugungen über den Sinn des Lebens und vereinte damit Elemente der dreißiger und der neunziger Jahre. Ihr Motto hieß: Erfülle deine Pflicht und hilf anderen – dies ist ein Wert der dreißiger Jahre – sowie: Wachse und mache das Beste aus dir – was mehr ein Wert der neunziger Jahre ist. Sicher hat auch diese Familie ihre schlechten Tage, an denen die Eltern streiten und die Kinder bocken. Aber ebenso sicher hat sie eine ausbalancierte Mitte und ein Wertesystem, das ihr hilft, problematische Zeiten durchzustehen.

Kapitel sechs

Therapie, ein Trojanisches Pferd

GESCHICHTLICHES

Sigmund Freud, der Erfinder der Gesprächstherapie, hatte vernünftige Ansichten über Abwehrmechanismen, Träume und körperliche Symptome. Seine Definition der Rolle des Therapeuten kann noch heute von Nutzen sein: »Wo das Es war, soll das Ich sein.« Er erkannte, welche Kräfte frei werden können, wenn zwei Menschen in einem Raum zusammen sind, von denen der eine den Worten des anderen größte Aufmerksamkeit schenkt. Aber bei der Betrachtung der menschlichen Psyche sah Freud nur die Dornen und nicht die Rosen, und so führte er uns auf einen dornigen Pfad. Seine Theorie ist deterministisch und völlig am Krankhaften orientiert. Die biologische Anlage war für ihn gleich Schicksal. Er sah unter die Oberfläche und fand den Geschlechtstrieb und den Aggressionstrieb. Er stellte einige interessante Postulate auf – daß der Geschlechtstrieb unser mächtigster Motor ist, daß der größte Teil unserer Persönlichkeit bereits im Alter von fünf Jahren ausgeprägt ist und daß in der Familie Konkurrenz, Begierde und Besitzergreifung herrschen. Gute Manieren, Kunst, Liebe und Arbeit deutete er als Bewältigungsstrategien böser, triebhafter Impulse. Mit dieser Suche nach sexuellen und aggressiven Motiven jeder Art von Handlung hat er aber der Welt keinen Gefallen getan.

Freud hat nicht danach gefragt, wie und in welchem Ausmaß eine Kultur die seelische Gesundheit ihrer Angehörigen beeinträchtigen kann. Er glaubte, eine seelische Erkrankung wäre die Folge einer kindlichen Kränkung durch die Familie. Bei seinen Erklärungen menschlichen Verhaltens ließ er die Bedeutung von Geschichte, Kultur, Wirtschaft und Politik außer acht. Zum

Beispiel schrieb er die Hysterie – in seiner Zeit, dem viktorianischen Zeitalter, offenbar ein häufiges Problem von Frauen – eher kindlichen Phantasien zu als der Rollenerwartung, der sich die Frauen in der viktorianischen Gesellschaft ausgesetzt sahen. Dagegen beschreibt Charlotte Perkins Gilman in ihrem Buch *The Yellow Wallpaper* (Die gelbe Tapete) eine intelligente und abenteuerlustige junge Frau, die am Mangel an geistiger Anregung und an Gelegenheiten zu sinnvoller Arbeit seelisch zugrunde geht. Ihre Geschichte erklärt die weibliche Hysterie im viktorianischen Zeitalter besser als die ganze Freudsche Theorie. Aber Freud hat alle beeinflußt – die Historiker, Philosophen, Künstler, Politiker und sogar Geistliche. Heute definieren sich die Menschen der westlichen Welt selbst mit Begriffen, die auf ihn zurückgehen.

Auf den Spuren Freuds wandelten viele Disziplinen: Psychiatrie, Psychoanalyse und Psychologie wandten sich dem Studium des Krankhaften zu. Die Therapeuten wurden geschult, Geisteskrankheiten und seelische Störungen quer durch die Generationen aufzuspüren. Sie drangen in Familien ein, analysierten und überwachten sie. Unter diesem Mikroskop zerfielen die meisten Familien. Als einmal der Familientherapeut Jay Haley seine Kollegen aufforderte, zu Forschungszwecken eine heile Familie zu suchen, konnten die Spezialisten im Erkennen des Krankhaften keine finden. Haley schloß daraus, daß wir so hellhörig in bezug auf das Krankhafte geworden sind und so gedrillt, es auch zu finden, daß uns nach längerer Betrachtung überhaupt keine Familie mehr gesund vorkommen könne.

Freud betonte das Denken und das Fühlen. Er interessierte sich mehr für die Phantasien als für die Realität und fast gar nicht dafür, wie die Menschen eigentlich handelten. Dieses Thema blieb den Behavioristen, einer amerikanischen Richtung der Verhaltensforschung, vorbehalten, die das menschliche Verhalten einer rein mechanistischen Betrachtungsweise unterzogen. In ihrem Bemühen, wissenschaftlich zu sein, verdünnten die Behavioristen den reichhaltigen Eintopf des Lebens zur Wassersuppe. Menschliche Handlungen wurden zu einer Kette von Stimuli und Antworten. Das Verhalten wurde von äußeren Faktoren bestimmt, und der Wille konnte von Belohnung und Strafe abhängig gemacht werden. Die frühen Behavioristen vernachlässigten so ziemlich alles, was für die Menschen von Bedeutung ist – Erfindungsgabe, Wissensdurst, Motivation und Liebesfähigkeit. Die wirklich interessanten Fragen schoben sie als für eine Erforschung zu schwierig beiseite, und so entzog sich das wirklich Bedeutungsvolle im Leben der Überprüfung unter Laborbedingungen.

In der Mitte des Jahrhunderts entfernte sich die akademische Psychologie zusehends von der klinischen Praxis. In der trockenen Sprache der Sozialwissenschaften wurden massenweise Forschungsarbeiten publiziert, die mit dem klinischen Alltag oft wenig zu tun hatten. Und die Psychiatrie hatte sich hoffnungslos in aggressiven Behandlungen verfangen – Gehirnoperationen, Elektroschocks und abstumpfende Medikamente. Die Psychoanalyse wiederum bediente sich zunehmend einer Sprache, die Normalbürgern unverständlich bleiben mußte. Psychoanalytische Schriften waren nur etwas für eine gebildete Elite und hatten kaum etwas mit dem Leben in der Realität zu tun. In den sechziger Jahren glichen die Debatten der Analytiker den Streitgesprächen der Theologen im mittelalterlichen Rom. Während damals die Menschen reihenweise an der Pest starben, stritten die Bischöfe darüber, wie viele tanzende Engel auf einer Nadelspitze Platz hatten.

Die sozialen und demographischen Veränderungen der heutigen Zeit haben den Bedarf an Therapeuten erhöht. In dem Maße, in dem die Gemeinschaften kleiner Orte zerfielen und die Religionsgemeinschaften ihren Rückhalt verloren, wuchs der Einfluß der Therapeuten. Die Menschen zogen aus den kleinen Orten in die großen Städte und Vororte. Sie arbeiteten nicht mehr für ihre Familie, sondern nur noch für das »Big Business«. Die jungen Familien lebten weit weg von ihrer angestammten Umgebung, und die Menschen fühlten sich immer mehr isoliert und gestreßt. Sie brauchten Trost und Rat. Die Welt veränderte sich so schnell, daß althergebrachte Vorstellungen über richtiges Verhalten nicht mehr paßten. Die Menschen suchten Führung und Lebensberatung bei Therapeuten. Viele, die nicht mehr an Gott glaubten, glaubten an Sigmund Freud.

In den späten fünfziger und den sechziger Jahren blühte die humanistische Psychologie. Sie beschäftigte sich vorwiegend mit gebildeten Erwachsenen der Eisenhower-Ära und des amerikanischen Nachkriegsgswohlstands. Ihre Klienten hatten als Kinder ein übergroßes Maß an Kontrolle durch ihre Eltern sowie durch das Gemeinwesen erfahren und neigten zum Perfektionismus, Schuldgefühlen und übertriebener Selbstkritik. Sie waren so angepaßt, daß ihre Kreativität und Initiative darunter litten. Aus der Arbeit mit diesen depressiven Erwachsenen schlossen die Therapeuten, daß viele Eltern ihre Kinder einengen und seelisch verletzen.

Carl Rogers meinte, daß Menschen eine bedingungslos positive Zuwendung brauchen, und schrieb viel über den seelischen Schock von Kindern, denen diese Art Liebe versagt wurde. Erwachsene, insbesondere gebildete Erwachsene, haben das Gefühl, daß sie einst durch rigide Eltern traumatisiert wurden, und befürchten, sie könnten ihren eigenen Kindern durch eine Liebe schaden, die zu viele Bedingungen stellt. Aber erstens sind sie auch nur Menschen und können als solche nicht ständig in optimaler Verfassung sein; zweitens sind sie als Eltern unter anderem auch dafür verantwortlich, daß sich ihre Kinder in der Gesellschaft zurechtfinden und behaupten können, was ein gewisses Maß an Zucht und Ordnung voraussetzt.

Ich erinnere mich an einen Fall aus den siebziger Jahren. Es handelte sich um Eltern, die tapfer versuchten, ihren vier Kindern bedingungslose Liebe zuteil werden zu lassen. Die Kinder wuchsen in einer völlig antiautoritären Umgebung auf, in der alles akzeptiert wurde. Die Kleinsten wurden erst dann entwöhnt oder auf den Topf gesetzt, wenn sie es selber verlangten. So machte der Junge mit vier Jahren immer noch in die Hosen und saugte an der Brust. Wenn die Kinder kreischten: »Ich hasse dich«, sobald ihnen etwas nicht paßte, behaupteten die Eltern, sie seien froh, daß die Kinder ihren wahren Gefühlen Ausdruck gaben. Diese Kinder hätten sicher von einer Liebe, die Bedingungen stellt, mehr profitiert.

Unsere Theorien haben mit den enormen Veränderungen der Welt nicht Schritt gehalten; sie hinken hinter der neuen Realität her. Ratschläge, die in den fünfziger Jahren ihre Berechtigung gehabt haben mochten, können heute nutzlos sein oder sogar das Gegenteil von dem bewirken, was intendiert wird. Sie können aber auch Eltern hoffnungslos in die Irre leiten. So sagte mir die Mutter eines dreijährigen Knaben, der im Kinderhort ständig schrie und die anderen biß: »Ich kann ihm doch nicht meine Verhaltensvorstellungen aufdrängen.« Und der Vater einer Fünfzehnjährigen, die Kokain schnupfte, erklärte mir: »Das ist ihre Sache. Es ist schließlich ihr Leben. Niemand kann einen anderen Menschen ändern.«

Es gibt viele Arten von Therapeuten: Familientherapeuten, existentialistische, feministische und lösungsorientierte Therapeuten. Es gibt New-Age-Therapien, die in vorherige Leben zurückführen (Rebirthing) oder wenigstens bis in die Zeit vor der Geburt (Primärtherapie oder »Urschreitherapie« von Arthur Janov). Leider werden sie oft von Therapeuten mit nur dürftiger Schulung angewendet, die sich damit an den Grenzen zur Scharlatanerie bewegen. Solche Praktiken vermögen unseren ganzen Berufsstand in Verruf zu bringen.

Manche Therapeuten folgen nur einer bestimmten Lehre, andere integrieren verschiedene Verfahren in ihre praktische Arbeit, die dann ihre Spezialität darstellt. Im Laufe der Jahre hat die Psychologie viele hilfreiche Methoden ausgearbeitet, um menschlichen Problemen zu begegnen – kognitive Verhaltenstherapie, Problemlösungsstrategien, Entspannungstechniken, Angstbewältigungsstrategien sowie Methoden, die den Menschen helfen, über ein Trauma, einen seelischen Schock, hinwegzukommen. Es gibt viele gut ausgebildete und sozial engagierte Therapeuten, deren Arbeit die Familien erhält, statt sie erst richtig krank zu machen.

Dennoch ist Psychotherapie auf lange Sicht mit einem großen Paradoxon belastet: Wir arbeiten am besten mit Klienten, die unsere Hilfe am wenigsten brauchen. Jung, attraktiv, wortgewandt, intelligent und urteilssicher – diese Klienten sind unsere besten Kunden. Oft begeben sich gerade jene Familienmitglieder in Therapie, die sensibel, offen und lernbegierig sind, während die anderen Familienmitglieder, die sie viel nötiger hätten, eine Therapie ablehnen. Viele gestörte Menschen kommen nicht freiwillig, und wenn sie gezwungenermaßen erscheinen, verschließen sie sich unserer Beratung. Und leider wissen wir nicht, was wir mit Psychopathen tun sollen, die ohne schlechtes Gewissen anderen schwersten Schaden zufügen.

Über die akademisch fundierten Therapien hinaus gibt es noch die Industrie der Populärpsychologie, die nicht schwer zu kritisieren ist. Großenteils hat sie wenig mit Psychologie zu tun, sondern eher mit Geschäft, Public Relations oder Öffentlichkeitsarbeit, mit Firmeninteressen und persönlichen Ambitionen. Die Autoren sind oft auch Talkshow-Philosophen oder Gurus, die ihr Charisma bedenkenlos ausnutzen. Häufig borgt sich die Populärpsychologie einige Ideen von gut entwickelten Theorien und schneidert diese in eingängige Schlagworte und handliche Ratschläge um. Was immer die Originaltheorie an Integrität und Nützlichkeit besaß, geht in solcher Auslegung verloren.

Wenn sie gut sind, lehren diese »Ratgeber« kommunikative Strategien, den Umgang mit Streß und Impulskontrolle beziehungsweise Selbstbeherrschung. Dennoch wollen sie mehr verkaufen, als sie zu bieten haben. Ihre unpräzise Sprache biedert sich mit einem Allerweltsvokabular an. Mittlerweile können die meisten Amerikaner ihre Befindlichkeit in der Sprache der Populärpsychologie erklären: »Ich stamme aus einer gestörten Familie« oder »Mein inneres Kind ist verletzt«. Die typische Sprache der Populärpsychologie reduziert die Menschen auf Slogans und ordnet sie in Schubladen ein.

Eine Therapie, die sich auf die Populärpsychologie stützt, fördert manchmal Selbstzweifel, Selbstmitleid und Nabelschau. Sie tendiert eher dahin, den Menschen Etiketten aufzudrücken, als ihnen eine Richtung zu weisen; sie bietet eher Entschuldigungen an, als daß sie motiviert. Manchmal ist eine solche Therapie dann nur eine Krücke, die als Unterstützung gerade noch ausreicht, damit ein Mensch in einer unglücklichen Situation verharren kann. Schlimmstenfalls dient sie als wunderbarer Vorwand: Klienten können ihren Familienmitgliedern sagen, daß sie ja in Therapie sind, und behaupten, an ihrem Problem zu arbeiten, obwohl sie einfach nur zur Therapie hingehen. Die Eltern können den Lehrern erzählen, daß sie ihre aufsässigen Kinder zur Therapie schicken, und die Lehrer werden sich zufriedengeben. Richter sind geneigt, Kriminellen »in Therapie« Haftverschonung zu gewähren. Manchmal dürfen auch Alkoholiker ruhig weiter trinken, wenn sie nur zum Analytiker gehen.

Ich will unser Fachgebiet nicht verteufeln oder unterstellen, daß wir keine gute Arbeit leisten. Therapie durch gut ausgebildete Fachkräfte hat schon das Leben Tausender gerettet, hat Gestürzte wieder aufgerichtet und festgefahrenen Familien geholfen, ihre Schwierigkeiten zu überwinden. In allgemeinen haben die Therapeuten für mehr Toleranz, Verständnis und Zurückhaltung in unserer Gesellschaft gesorgt. Wir sind für Rücksicht gegenüber den Andersartigen und für den Schutz der Schwachen und Entrechteten eingetreten. Als Therapeutin folgte ich in der Regel der anerkannten Hauptströmung. Das geschah in guter Absicht, weil ich die zu der jeweiligen Zeit gültigen Theorien meines Fachs anwandte. Aber sowohl ich als auch meine Kollegen haben Fehler gemacht. Langsam wurde mir jedoch bewußt, wie stark sich die Welt verändert, und ich begann allmählich zu begreifen, was diese Veränderungen für meine Arbeit mit den Klienten bedeuten.

Auf welche Probleme wir uns konzentrieren ist eine Frage von Ausbildung, Tradition und Vorbildern. Es ist auch eine Frage von Ort und Zeit. Unsere Ausbildung und unser Beruf begünstigten eine bestimmte Weltsicht und eine bestimmte Einstellung gegenüber Familien. So suchen wir nach Mängeln, Krankheit und dem Feind im Menschen selbst. Nur wenige Therapeuten sind bösartige Ränkeschmiede; im Gegenteil, die meisten von uns wählen diesen Beruf aus einem ursprünglichen Bedürfnis heraus, anderen zu helfen. Aber wir denken und handeln alle, wie wir es eben gelernt haben. Zu ihrer Zeit mögen Freud und die anderen Theoretiker eine große Hilfe gewesen sein, aber heute ist ihre Arbeit überholt.

Die nächsten Abschnitte werden die wesentlichen Fehler der Therapeuten behandeln. Aber ich muß hier gleich zur Vorsicht mahnen. Ich habe immer als Therapeutin gearbeitet, und ich liebe diesen Beruf. Ich hege große Achtung vor vielen Therapeuten und vor der Psychotherapie selbst. Eine gute Therapie kann Leben retten und Familien wieder zusammenfügen. Sie hilft der Seele, sich zu entwickeln. Ich kritisiere jedoch mein Arbeitsgebiet, weil ich mir Sorgen darum mache. Infolge des wirtschaftlichen Drucks und eines rapiden Wandels der Welt befindet es sich in einer Krise. Die Psychotherapie ist von inneren und äußeren Schwierigkeiten belastet und läuft Gefahr, einerseits zu veralten und andererseits in Bürokratie zu ersticken. Wenn wir unsere Arbeit nicht auf den Prüfstand legen und uns den Veränderungen stellen, werden wir nicht überleben.

DIE ZEHN IRRTÜMER DER THERAPEUTEN

1. Die Familie ist die Ursache aller persönlichen Schwierigkeiten
Albert Einstein hat einmal gesagt, daß selbst in den sogenannten exakten Wissenschaften, den Naturwissenschaften, unsere Theorien das Ergebnis unserer Forschungen beeinflussen. Bei unserer theoretischen Grundlage ist es kein Wunder, daß wir überall nur Störungen finden. Angesichts schwieriger Kinder fragen wir sofort: »Was haben die Eltern falsch gemacht?« Unsere Fachsprache läßt uns immer wieder in diese Falle tappen und die Schuld bei der Familie suchen. Unser Begriff von Distanz hat einen positiven Klang; er steht für Autonomie und Unabhängigkeit. Dagegen ist unser Begriff von Nähe eher negativ besetzt; er beinhaltet Einmischung, Überfürsorglichkeit, Abhängigkeit. So können elterliche Mahnungen zur Vorsicht oder zum Maßhalten als Kontrolle ausgelegt werden.

Im schlimmsten Fall belastet die Therapie eine Familie mit Wort- oder Begriffsschöpfungen wie »emotionaler Inzest« oder »unterschwelliger Inzest«. Dieser »Inzest« hat nichts mit Berührung zu tun, sondern mit zudringlicher oder kontrollierender elterlicher Liebe. Ich möchte behaupten, daß Eltern, die niemals zudringlich oder kontrollierend in ihrer Liebe sind, wie eine Stecknadel im Heuhaufen zu suchen sind. Solchen Phrasendreschern ist es gelungen, Liebe als etwas Pathologisches hinzustellen. Ich hingegen würde alle elterlichen Bemühungen als Formen der Liebe ansehen. Nahezu alle Eltern wollen, daß ihre Kinder glücklich sind und zu anständigen und produktiven Bürgern werden.

Wir haben die frühkindliche Entwicklung zu stark hervorgehoben und den Herkunftsfamilien zu viel Verantwortung für ihre Mitglieder aufgebürdet. Dabei haben wir völlig übersehen, wieviel die Menschen noch als Erwachsene lernen können, insbesondere durch ihre Liebe und ihre Arbeit. Die Persönlichkeit kann sich durch Erfahrungen im Erwachsenenalter noch ändern. Haben wir nicht alle die Erfahrung gemacht, daß ein Freund gerade dann auftauchte, als wir dringend Hilfe brauchten? Daß uns jemand genau das lehrte, was wir zu lernen hatten? Daß uns ein Angehöriger ein Zeichen der Liebe gab, das uns half, in schwieriger Zeit durchzuhalten? Diese Erfahrungen von Erwachsenen sind in der Psychologie ein noch unerforschtes Gebiet.

Viele Therapeuten suchen die Ursache der Schwierigkeiten bei den Ursprungsfamilien, insbesondere den Eltern ihrer Klienten. Das Ziel ihrer Therapie ist, die Familienmuster zu erkennen, die später beim Erwachsenen zu einem Problem führten, und manchmal hat eine solche Identifikation durchaus ihren Wert. Aber dieser Zugang kann das Vertrauen der Klienten zu ihren Eltern untergraben. Manche Therapeuten bestehen aber weiterhin auf ihrer Behauptung, daß sich Klienten erst dann besser fühlen, wenn sie die Verletzungen ihrer Kindheit aufgedeckt haben. Das stimmt aber oft gar nicht – im Gegenteil. Erwachsene Menschen werden also angeleitet, eigenes Versagen mit dem Versagen ihrer Eltern zu erklären. Das kann auf ganz subtile Weise geschehen, etwa wenn ein sogenanntes »Genogramm« erstellt wird. Das ist eine Art Stammbaum, in dem familiäre Schwächen sehr genau und ausführlich dokumentiert werden, die familiären Stärken hingegen unberücksichtigt bleiben. Das kann aber auch direkt geschehen, indem etwa der Therapeut den Klienten ermutigt, sich von seiner Familie zu »lösen«.

Manchmal zieht sich diese Hexenjagd auf die Familie lange hin. Ich kenne eine Frau, die akut therapeutische Hilfe benötigte, um mit der Diagnose »Krebs« fertig zu werden. Zu ihrer Überraschung meinte der Therapeut, daß sie möglicherweise als Kind sexuell belästigt worden sei und daß die verdrängte Erinnerung daran den Krebs verursacht haben könnte. Er empfahl ihr, sich erst einmal einer Hypnose zu unterziehen, die einen eventuellen Mißbrauch im Kindesalter aufdecken sollte.

Kürzlich kam Lara zu mir, die schon bei zwei anderen Therapeuten gewesen war. Ich fragte sie, was sie aus ihrer langen Therapie gelernt habe. Sie erzählte, daß sie mit dem »inneren Kind« gearbeitet habe und jetzt versuche, sich selbst zu lieben. Sie ließe es nicht mehr zu, daß ihre Mutter sie »manipulierte«, damit sie zu Thanksgiving und zu anderen Familientreffen nach Hause käme. Später gestand sie mir, daß sie ihren Job haßte, zu viel trank und keine Freunde hatte. Diese Probleme hatten aber auch nicht aufgehört, als sie nicht mehr nach Hause fuhr.

Einige Therapeuten geben ganz natürlich den Eltern die Schuld, wenn ihr Teenager-Nachwuchs außer Rand und Band gerät; und natürlich sind die jugendlichen Klienten schnell bereit, diese Unterstellungen zu bekräftigen. Aber in Wirklichkeit leiden viele Jugendliche mehr unter den gesellschaftlichen Zwängen als unter ihren Eltern. Wir haben den Einfluß der Medien und den Druck durch die Altersgenossen bisher viel zu wenig beachtet. Werden Kinder straffällig oder sind sie sexuell überstimuliert, suchen wir gewöhnlich die Ursachen in ihrem Zuhause. Manchmal liegen wir damit richtig, aber sehr oft müssen wir woanders suchen. Auch Kino, Fernsehen, Werbung und Musik können Kinder sexualisieren. Auch Altersgenossen können das Vertrauen der Kinder und ihre seelische Gesundheit untergraben. Viele Kinder, die sich von ihren Eltern angenommen und geliebt fühlen, werden gerade dafür von den anderen ausgelacht und fertiggemacht. Vernichtet durch die verletzenden Bemerkungen, die sie auf dem Schulhof oder auf der Straße anhören mußten, kommen sie dann zur Therapie.

Wir hören oft nur eine einzige Geschichte über die Familie, und diese Geschichte stammt womöglich von dem unzufriedensten Familienmitglied. Das verzerrt natürlich das Bild. Auch Therapeuten sind nur Menschen, und es kann vorkommen, daß sie Partei ergreifen, ohne alle Seiten gehört zu haben. Es ist leichter, die Familienmitglieder, die gerade nicht im Raum sitzen, zu verurteilen, als sich in sie einzufühlen. Beginnt ein Therapeut mit der Person zu fühlen, die gerade bei ihm im Raum sitzt, kann er der Familie unrecht tun. Vielleicht sagt der Therapeut dann Sachen wie: »Sie kommen aus einer gestörten Familie« oder »Ihre Eltern scheinen Sie manipulieren zu wollen«, wobei die Betreffenden keine Möglichkeit haben, Dinge zu erklären oder richtigzustellen. Das Bestreben, unsere Klienten zu stützen, kann auch ihre Gewalttätigkeit oder, umgekehrt, ihre Opferhaltung verstärken.

Eine Therapie kann Ärger oder Unzufriedenheit für berechtigt erklären, aber es stellt sich immer wieder die Frage, ob dies auch wirklich immer im Interesse des Klienten liegt. Sprächen sich die Klienten einmal mit einem anderen Familienmitglied aus, würden sie wahrscheinlich viele Dinge nicht mehr so negativ sehen. Zum Beispiel beklagte sich einmal mein Sohn bei seiner Tante darüber, daß wir ihn ausgeschimpft hatten. Sie erklärte ihm daraufhin, daß seine Eltern recht hatten und sie selbst ihn härter bestraft hätte. Sie gab ihm noch den Rat, sich mit uns zu versöhnen, und das half uns allen ungemein.

Die Amerikaner leiden immer noch unter dem Mythos elterlicher Allmacht. Aber wenn die Kinder herangewachsen sind, ist davon wenig übriggeblieben. Kinder aus gesunden Familien sind durchaus in der Lage, selbstzerstörerisch mit sich umzugehen; andererseits können Kinder aus belastenden Familien sich gut entwickeln und Erfolg haben. Menschen geben oft ihren Eltern die Schuld an ihrer seelischen Not, aber in Wirklichkeit ist es meist das Leben selbst, das sie unglücklich macht. Schließlich können auch sinnlose, entfremdete Arbeit, Vereinsamung, Sucht, eine labile Gesundheit, eine zerbrochene Beziehung, Straffälligkeit oder Armut unglücklich machen.

Die Aufgabe der Familie, die Kinder für die Gesellschaft zu erziehen, ist nicht leicht. In einer Welt, in der nur wenige Menschen konstruktive Kritik von außen erhalten, wird diese Aufbauarbeit meist von der Familie geleistet. Sie erzieht zu Verantwortungsbewußtsein und vermittelt Überlebenstechniken. Die Familie kann dies leisten, weil sie nicht immer nur freundlich zu sein braucht. Als mein Sohn mir einmal vorhielt, ich sei die einzige, die an ihm herummeckere, dachte ich mir: Natürlich, ich bin ja auch die einzige, die weiß, daß du dich beim Autofahren nicht immer anschnallst; ich bin es, die weiß, daß du weder Gemüse noch frisches Obst ißt, und ich mache mir Sorgen, wenn du statt in deine Schulbücher in den Fernsehapparat schaust. Ich habe dich eben zu lieb, als daß es mir egal sein könnte, was du tust.

Mit dem Zerfall der traditionellen Werte, des Arbeitsethos und des Gemeinschaftssinns ist die Familie die letzte Bastion vor dem Chaos. Eltern sorgen sich eben um ihre Kinder mehr als die Welt draußen. Dabei denke ich an die Mütter in den sozialen Ghettos, die alles versuchen, damit ihre Jungen keine Drogen nehmen. Ich denke an die Eltern eines vergewaltigten Mädchens in unserer Stadt. Nachdem das junge Mädchen den lokalen Fußballstar als Täter angezeigt hatte, wurde es von allen Freunden und Bekannten gemieden. Nur ihre Eltern hielten zu ihr.

Ich erinnere mich auch an ein Farmerehepaar, dessen Tochter eine Therapeutin unserer Stadt aufgesucht und danach die Eltern aus ihrem Leben gestrichen hatte. Der Farmer saß vor mir, mit dem Filzhut auf dem Schoß, und erzählte, wie die Tochter mit ihren Kindern an einem Sonntag im vergangenen Juli zum Essen zu ihnen gekommen war. Seine Frau hatte Huhn gebraten und Schokoladenkuchen gebacken. Sie, die Eltern, waren ein bißchen nervös, fanden aber, daß das Essen angenehm verlief. Im übrigen freuten sie sich an den Enkelkindern, und vor dem Abschied schnitt der Farmer noch einen Buschen Mais für sie zum Mitnehmen ab. Später kam ihm zu Ohren, daß sich seine Tochter schlecht bewirtet vorgekommen war. »Warum nur?« fragte er ganz ratlos. »Ich habe ihr doch den besten Mais mitgegeben, den wir hatten!« Diese Familie hat durch eine Therapeutin einen irreparablen Schaden erlitten – eine Therapeutin, von der sich mit Sicherheit sagen läßt, daß sie für die Enkelkinder niemals einen Schokoladenkuchen backen würde.

Die Familie ist diejenige Instanz, die zwischen dem einzelnen und dem unpersönlichen gesellschaftlichen System steht. Wenn wir den Menschen erst einmal das Vertrauen zu ihrer Familie genommen haben, was haben wir dann als Ersatz anzubieten? Wenn wir erst einmal eine Gesellschaft haben, in der niemand mehr seiner eigenen Familie vertraut, wem sollen wir dann überhaupt vertrauen?

In Amerika grassiert die These, daß es ein Zeichen von geistiger Gesundheit sei, sich von der eigenen Familie freigeschwommen zu haben. Ganz im Gegensatz dazu glauben viele Völkerstämme, daß ein Mensch ohne Familie keine Identität habe, daß er gesellschaftlich tot sei. Damit liegen sie gar nicht so falsch. Ein absolut freies Selbst ist ein leeres Selbst. Trotz aller Unvollkommenheiten stehen Familien gewöhnlich für ihre Mitglieder ein. In einem kommunistischen Land hat jemand, der keine Familie hat, niemanden zwischen sich und dem Staat. In Amerika hat jemand, der keine Familie hat, niemanden zwischen sich und der Konsumgesellschaft.

2. Die Darstellung der Frauen als Sündenböcke

Freud arbeitete in einer Zeit, als die Frauen weder ein Einkommen noch einen Beruf, noch eine Ausbildung, noch ein Stimmrecht hatten. Die ersten Therapeuten waren alle Männer. Männer entwarfen die Konzepte unseres Fachs; ihre Theorien gingen vom Mann aus und waren auf den Mann bezogen – sie waren androzentrisch. Ein gutes Beispiel dafür ist Freuds Konzept des Penisneids, der inzwischen als Machtneid demaskiert worden ist. Hätten nämlich Frauen im 19. Jahrhundert geherrscht, hätten wir vielleicht eine Theorie des Gebärneids oder sogar des Menstruationsneids.

Seit urdenklichen Zeiten haben Therapeuten die Frauen zu Sündenböcken gemacht. Charakteristika, die den Männern zugeschrieben werden, wie Unabhängigkeit und Dominanz, gelten als erstrebenswert und gesund, während Charakteristika, die den Frauen zugeschrieben werden, wie Denken in Beziehungen und Teilen von Macht, als schwach und neurotisch gelten.

Mütter waren – und sind es eigentlich immer noch – an allem schuld. War ein Kind in Schwierigkeiten, wurde die Mutter dafür verantwortlich gemacht: Entweder hatte sie das Kind zu sehr bemuttert und damit seelisch erstickt, oder sie hatte ihm nicht genug Liebe gegeben und es damit seelisch kastriert. Mütter von schizophrenen Kindern bekamen das Etikett »schizophrenogen« und damit die Schuld an dem Zustand zugeschoben. Die Therapeuten unterstellten, daß kindlicher Autismus durch Gefühlskälte der Mutter hervorgerufen werde, und sprachen angesichts betroffener Kinder nur noch von den »Kühlschrank-Müttern«. Zusätzlich zu dem Leid, ein autistisches Kind oder ein Kind mit Zwangsstörungen oder einem Tourette-Syndrom, einem Leiden, das mit unwillkürlichen Zuckungen und Grimassieren verbunden ist, zu haben, tragen diese Frauen auch noch die Bürde der Schmähungen durch unser Fach.

Wenn es um Erkrankungen im Kindesalter ging, wurden gesellschaftliche und genetische Faktoren einfach übergangen und statt dessen Schuld und Verantwortung an die Frauen weitergereicht. Sie brachten angeblich ihre Kinder in eine Zwickmühle, indem sie ihnen widersprüchliche Botschaften vermittelten und sie damit verrückt machten. Aber die Zwickmühlen, in die die Mütter schwieriger Kinder geraten, oder die Tatsache, daß wir uns alle irgendwann widersprüchlich äußern, wurden außer acht gelassen. Für Väter, Geschwister oder entferntere Verwandte wurden ohnehin solche diffamierenden Bezeichnungen nicht erfunden.

Frauen wurden für das Wohlergehen jedes einzelnen Familienmitglieds verantwortlich gemacht. War der Ehemann Alkoholiker, so hatte es ihm die Ehefrau ermöglicht, wenn nicht gar die Voraussetzungen dazu geschaffen. Angeblich waren Frauen masochistisch veranlagt und provozierten die Gewalt, während sie still und heimlich ihre Männer manipulierten. Bis vor kurzem feministische Psychologinnen begannen, uns aufzuklären, hat unser Fach es unterlassen, Depressionen von Frauen im Zusammenhang mit ihrer Stellung in unserer Gesellschaft zu sehen oder solche Faktoren wie Armut oder die Schwierigkeiten als alleinerziehende Mutter oder die hohen Raten von Mißhandlungen und sexueller Gewalt in unserer Gesellschaft zu berücksichtigen.

Wie hat sich das alles auf die Frauen ausgewirkt? Im großen und ganzen haben sie diese ihnen aufgebürdete Verantwortung akzeptiert und geben sich selbst für ihre familiären Probleme die Schuld. Die Frauen haben die Vorstellungen der Therapeuten verinnerlicht. Sie lasen Bücher, unterzogen sich mit ihren Kindern einer therapeutischen Behandlung, versuchten sich zu ändern und fühlten sich schließlich schuldig. Sie haben ihren Therapeuten vertraut, sogar noch nachdem diese sie mit so verheerenden Diagnosen bedacht hatten. Die meisten Frauen werden auch weiterhin alles tun, um ihren Familien zu helfen, selbst um den Preis, dabei zu psychiatrischen Patientinnen zu werden.

3. Die Therapie hat gewöhnliche menschliche Erlebnisse als krankhaft erklärt und darauf bestanden, daß seelisches Leiden einer Analyse bedürfe

Intensive Gefühle wie Angst, Wut, Verzweiflung sind alle schon als krankhaft bezeichnet und von Therapeuten »behandelt« worden. Hier stellt uns das System, in dem wir arbeiten, eine Falle, denn Therapeuten brauchen kranke Menschen. So ernennen einige Psychiater Traurigkeit zur endogenen Depression und verschreiben Menschen, die Kummer haben, Medikamente. Einige Therapeuten sind schnell dabei, Menschen, die ihre Arbeit lieben, zu »Workaholics«, zu Arbeitssüchtigen, zu stempeln, was gleichbedeutend mit der Diagnose einer schweren, behandlungsbedüftigen Krankheit ist. Auch gewöhnliche

Angst bezeichnen wir als neurotisch, obwohl Ängste unser ganzes Leben begleiten; insbesondere in der heutigen Zeit braucht es keineswegs neurotisch zu sein, unsere Welt beängstigend zu finden.

Kürzlich meinte eine Klientin: »Ich muß nicht ganz dicht sein, daß ich so leide.« – »Ganz im Gegenteil«, antwortete ich. »Leiden gehört zum menschlichen Dasein.« Überrascht schaute sie mich an. Diese Bemerkung war sicherlich nicht gerade originell, aber im Zusammenhang einer Psychotherapie doch ziemlich ungewöhnlich.

Die Methode, gewöhnliches Verhalten zu pathologisieren, macht es Familien fast unmöglich, die therapeutische Untersuchung und Behandlung unbeschadet zu überstehen. Manchmal wird Ehepaaren in der Therapie gesagt, daß ihre Probleme von der Art und Weise herrührten, wie ihre jeweiligen Eltern in ihren Ehen mit Konflikten umgegangen sind. Offener Kampf gilt als böse, versteckter Kampf hingegen als passive Aggression. Entweder haben die Eltern ihren Zwist außerhalb der Sicht- oder Hörweite der Kinder ausgetragen – dann haben die Kinder kein Vorbild für den Umgang mit eigenen Konflikten erhalten, oder die Eltern haben vor den Kindern gestritten und ihnen damit einen Schaden fürs Leben zugefügt. Die meisten Eltern waren entweder zuviel da oder zuwenig, zu distanziert oder zu bedrängend, zu streng oder zu nachgiebig. Entweder haben sie ihre Gefühle nicht offen genug ausgedrückt oder ihre Kinder damit plattgewalzt. In jedem Fall haben sie es falsch gemacht, und die Kinder sind die Opfer. Es war immer wie ein Rätsel, bei dem es keine richtige Antwort gab.

Erwachsene, die sich als Kinder in schwierigen Situationen gut behaupten konnten, heißen bei Therapeuten »Elternkinder«. Ich kenne viele solcher »Elternkinder«. Dazu gehörten zum Beispiel ein großartiger Englischlehrer, dessen Vater ein passionierter Spieler war, oder eine stets gutgelaunte Buchhalterin, die trotz der psychotischen Erkrankung ihrer Mutter selbst eine gute Mutter geworden ist. Diese Menschen wären nach dieser Definition eigentlich »Elternkinder«; doch geht dieser Begriff an der Sache vorbei, denn er macht Anpassungsfähigkeit zu einem krankhaften Wesenszug und Kraft und Elastizität zu einer psychischen Störung. Viele starke und interessante Menschen hatten eine schwierige Kindheit. Da sie schon früh mit Not und Unglück fertigwerden mußten, eigneten sie sich außergewöhnliche Strategien an. Heute sind sie differenzierte und verantwortungsbewußte Persönlichkeiten. Beschreiben wir nun diese Charaktere als gestört, machen wir aus einem Sieg eine Niederlage.

Es würde den Therapeuten guttun, sich stets gewärtig zu sein, daß sich unsere Theorien auf dem Boden klinischer Fälle entwickelten. Unsere Patienten suchen uns meist auf dem Höhepunkt emotionalen Stresses auf. Wenn ich dann meine Klienten draußen im Alltag sehe, begreife ich, daß unser beruflicher Blickwinkel auch ganz schön verzerren kann. Zum Beispiel erörterte ein Ehepaar in meinem Beratungszimmer eine Scheidung, und zwar so erbittert und voller Groll, daß auch ich eine Trennung für angebracht hielt. Noch am selben Tag sah ich sie später quietschvergnügt mit den Kindern Rad fahren, und ich bekam Zweifel an der Unumgänglichkeit einer Scheidung. Offensichtlich spielte in dieser Ehe etwas mit, das mir im Beratungszimmer entgangen war.

Am schlimmsten aber finde ich es, wenn in der Therapie Liebe als etwas Negatives dargestellt wird, wenn also Liebe plötzlich Co-Abhängigkeit oder Gefühlsmißbrauch oder sogar Beziehungswahn heißt. Dabei ist es doch völlig gesund und in Ordnung, die eigene Familie zu lieben! Hier einige Beispiele für die Verwirrung, die wir angerichtet haben. Der Mann einer Freundin von mir hat mit Herzproblemen zu tun. Sie machte ihm Ernährungsvorschläge und bekam dann Gewissensbisse: »Habe ich eigentlich das Recht, ihn zu einem Besuch beim Arzt zu drängen? Oder übe ich damit Kontrolle aus?« Eltern einer sehr begabten Achtkläßlerin, die auf einmal in allen Fächern durchfiel, fragten mich: »Ist es falsch, wenn wir uns um die Schulnoten unserer Tochter Sorgen machen?« Wenn wir Liebe mit negativen Begriffen besetzen, blockieren wir Menschen, die anderen helfen wollen.

Selbstverständlich kann man das Engagement auch übertreiben. Manche Menschen beziehen ihr ganzes Selbstbewußtsein aus dem Dienst an anderen. Ihnen können wir Therapeuten helfen, sich klar zu werden, wann sie in dieser Hinsicht zuviel des Guten tun. Manche müssen erst lernen, sich auch um sich selbst zu kümmern. Andererseits versäumen wir es leider gern, gegenteilig gepolte Menschen zu ermutigen, auch etwas für andere zu tun. Ja, wir lassen die Menschen sogar im Ungewissen, ob Dienst am anderen nicht ein Zeichen psychischer Störung ist.

Kürzlich habe ich ein Buch entdeckt, das für »Erwachsene, denen als Kind weh getan wurde« geschrieben war. Dieser Titel suggeriert, daß es auch Erwachsene gibt, denen als Kind nicht weh getan wurde! Aber alle Eltern machen doch Fehler, und irren ist menschlich. Unterstellen wir aber, daß Leiden vermeidbar ist, nähren wir unbillige Erwartungen und unterscheiden uns kaum mehr von der Werbung. Die Werbung proklamiert, daß Leiden unnatürlich und überflüssig und vor allem vermeidbar ist, sofern wir das richtige Produkt anwenden. Psychologen geben mitunter zu verstehen, daß ein streßfreies Leben möglich ist, sofern wir das rechte Rüstzeug haben. Und doch gehen alle unsere Geschichten am Ende traurig aus, denn am Ende sterben wir alle.

Dazu paßt eine Geschichte aus dem Buddhismus: Eine Frau kam mit ihrem toten Kind auf dem Arm zu Buddha und bat ihn, es wieder zum Leben zu erwecken. Da antwortete Buddha: »Gehe in deinem Dorf in jedes Haus und bringe mir ein Senfkorn von demjenigen, der das Leiden nicht kennt. Dann will ich dir dein Kind wieder zum Leben erwecken.« Die Frau klopfte an jede Tür und fragte die Bewohner, ob einem von ihnen das Leid erspart geblieben sei. Natürlich fand sie niemanden. Statt dessen hörte sie in jedem Haus eine andere traurige Geschichte. Das Senfkorn konnte sie Buddha also nicht bringen, aber sie erkannte: Leben ist Leiden. Das half ihr, ihr Schicksal als menschliche Grundbedingung anzunehmen.

Das menschliche Dasein bedeutet Kampf und Verlust genauso wie Schönheit und Freude. Trauer als Depression zu bezeichnen, heißt, sie zu bagatellisieren. Das Leiden, so zeigt die buddhistische Geschichte, ist allgegenwärtig. Eine schlechte Therapie, die Erwachsene dazu veranlaßt, eine große Jeremiade anzustimmen, ist eine schlechte Therapie. Es geht bereits das Wort von der »großen weißen Klage« um, weil es vorwiegend die wohlhabenden Weißen sind, die zum Psychotherapeuten gehen. Ihnen wird Krankheit statt Führung angeboten, Entschuldigungen statt Motivation. Das lähmt sie.

4. Wir konzentrieren uns mehr auf die Schwächen als auf die Stärken

»Das beste Mittel gegen Traurigkeit ist, etwas Neues zu lernen«, schreibt T. H. White. Trauer ist notwendig und wichtig und hinterläßt am Ende keine Narben. Doch Therapeuten interessieren sich meist mehr für die Entstehung des Schadens als für den Weg der Genesung. Von den Lebensgeschichten der Menschen, die sich von den schrecklichsten Umständen seelisch wieder erholten, nehmen wir kaum Notiz. Dabei ist es wichtig zu wissen: Warum können bestimmte Menschen in einer Hölle auf Erden gedeihen? Wie überleben Familien in mörderischen Ghettos und helfen sich noch gegenseitig? Wie kann die Seele nach dem Tod des Partners wieder heilen? Wie wird ein Verbrecher zum liebenden Vater?

Der gebannte Blick auf die Schwäche ist in unserer Kultur weit verbreitet. Die meiste Aufmerksamkeit ziehen Kriminelle und ihre Opfer auf sich. Die Literatur und die Zeitungen leben davon. Wir befassen uns mit denen, die sich vergehen, die morden und vergewaltigen. Die Helden des Alltags sind nicht so interessant wie die Verbrecher. Wir Therapeuten folgen also nur einer allgemeinen Tendenz unserer Kultur und unserer Berufstradition, wenn wir den Blick vor allem auf das Krankhafte richten. Aber wie immer gibt es auch hier Ausnahmen, die die Regel bestätigen. Hier ist insbesondere der Wiener Psychiater Viktor E. Frankl, Begründer der positiv eingestellten und auf Lösungen bedachten Logotherapie, zu nennen, der das Überleben im Holocaust beschrieben hat. Auch Michael White und David Epston präsentieren eine lösungsorientierte Therapie. Aber im allgemeinen befassen sich die Therapeuten eben doch mehr mit Krankheit und Kränkung als mit seelischer Kraft und Gesundheit.

Die Vorteile eines streßfreien Lebens und die positiven Effekte einer unbelasteten Kindheit sind bei weitem überschätzt worden. Bei zuviel Freiheit und zuwenig Herausforderung fehlen dem Kind Anreize zur Entwicklung. Hingegen kann eine schmerzliche Erfahrung, wenn sie angemessen verarbeitet wird, eine gute Lehre sein. Nicht der Streß selbst ist das Problem, sondern die Art und Weise, wie man mit ihm umgeht. Manche geben auf, andere machen verstärkt weiter.

Es ist natürlich auch von Bedeutung, um wieviel Streß es sich handelt. Optimal ist es, wenn ein Mensch genügend Herausforderungen erfährt, so daß er daran wachsen kann, aber nicht so viele, daß er keine Erfolgserlebnisse mehr hat. Ständige Niederlagen führen zu Verbitterung, Verzweiflung oder Gleichgültigkeit; einige Niederlagen können jedoch Motivation, Mitgefühl und Verständnis wecken. Gute Strategen sehen zwar die Schwierigkeiten, die ihnen aus ihrer Umwelt erwachsen, halten sie aber nicht für unüberwindlich. Wenn sie sich anstrengen, können sie Erfolg haben, und diese Erfolgserlebnisse stärken ihr Selbstbewußtsein.

Die widerstandsfähigsten Kinder sind jene, die durch ihre schmerzlichen Erlebnisse neue Energien und Strategien zur Problemlösung entwickelt haben. Es gibt eine berühmte Sängerin, die als Kind miterlebte, wie ihre Mutter an Schizophrenie erkrankte und ihr Bruder zum Mörder wurde. Als sie in den Kindergarten ging, sang sie wie die anderen auch die Kinderlieder. Später – so sagte sie – »konnte ich nicht anders, als weiterzusingen«. Sie ist heute eine starke Frau. Eine stets nur wohlmeinende Umwelt hingegen kann Teibhausgewächse züchten. So äußerte sich einmal eine Freundin von mir sehr treffend über einen verwöhnten Jungen: »Zu den Grundbedürfnissen eines Kindes gehört es offenbar, daß nicht immer alle seine Bedürfnisse befriedigt werden.«

Wie Forschungen zur Widerstandskraft von Kindern ergaben, fällt ein Drittel aller Kinder unter Streß seelisch nicht zurück, sondern entwickelt im Gegenteil lösungsorientierte Strategien. Lois Murphy fand heraus, daß der Unterschied zwischen normalen und gestörten Kindern nicht darin besteht, daß normal entwickelte Kinder weniger Problemen ausgesetzt gewesen wären, sondern daß sie Fähigkeiten entwickelt haben, mit diesen Problemen umzugehen oder diese zu lösen. Kinder, die zu behütet aufwuchsen, waren im Jugendalter hilflos. Aus diesen Ergebnissen folgerte Lois Murphy, daß es einerseits notwendig und gut ist, bestimmte Grundbedürfnisse abzudecken, daß aber andererseits Kinder auch einen Rest von »Hunger« behalten müssen. Ein Wunsch oder ein Ziel gerade eben außerhalb der gegenwärtigen Reichweite ruft versteckte Kräfte wach. Den Eltern empfiehlt die Autorin, mäßige Herausforderungen für die Kinder zuzulassen und ein Gleichgewicht von Belohnung und Verweigerung zu schaffen. Sie zitiert die Mutter eines seelisch gefestigten Jungen, die ihm immer wieder gesagt hatte: »Das Leben ist hart, und am besten gewöhnst du dich möglichst bald daran.« Eine andere Mutter hatte ihrem behinderten Sohn gesagt: »Jeder ist irgendwo behindert. Bei dir sieht man es halt.«

Dazu fällt mir auch ein Beispiel aus dem Tierreich ein. Die Jungen des kalifornischen Kondors müssen sich ihren Weg ins Leben durch besonders harte und dicke Schalen picken. Viele Küken schaffen das nicht und gehen dabei zugrunde. In einem Experiment hatten Wissenschaftler versucht, diesen Küken zu helfen, indem sie die Eischalen ein bißchen öffneten. Daraufhin schlüpften die Küken ohne solch große Mühe, aber nachher starben sie doch, denn sie hatten nicht wie die anderen beim Durchbrechen der Eischale die überlebensnotwendige Muskelkraft entwickelt. Kindern geht es ähnlich. Anstrengung stärkt ihre Fähigkeit zur Selbstbehauptung. Es kommt nur darauf an, unterscheiden zu können, welche Streßfaktoren die Kinder stärken oder schwächen. Die entscheidende Frage ist: Was braucht das Kind für eine optimale Entwicklung? Einige benötigen mehr Hilfe, andere weniger.

5. Manche unserer Behandlungsmethoden haben neue Probleme geschaffen

Es gibt den Begriff »iatrogene Erkrankungen« (»iatrós« kommt aus dem Griechischen und bedeutet »Arzt«). Er besagt, daß eine Erkrankung erst durch die ärztliche Behandlung entstanden ist. Manchmal sehen Therapeuten den Wald vor Bäumen nicht mehr, oder sie kalkulieren die Auswirkungen ihrer Behandlung im Alltag ihres Klienten nicht genügend ein. Ich bekam einmal einen traurigen Brief von einer verbitterten Frau, der als Mutter »gekündigt« worden war. Nachdem ihre Tochter in einem Therapiezentrum behandelt worden war, hatte sie die Mutter quasi aus ihrem Leben gestrichen. Die Familienentzugstherapie hatte gut funktioniert. Die Tochter war nun zwar »trocken« von der Familie, gleichzeitig aber entwicklungsmäßig weit hinter ihr Alter zurückgefallen, »regrediert«, wie die Psychologen sagen. Nach der Hypnose und dem Rat, die Familie zu verlassen, hatte sie sich jahrelang jeglichem Kontakt mit der Familie entzogen und sich geweigert, mit einem Angehörigen zu sprechen. Mutter und Tochter leiden jetzt wahrscheinlich an einer iatrogenen Krankheit.

Als ich noch auf einer psychiatrischen Station im Krankenhaus arbeitete, gehörte zu meinen ersten Patienten eine Frau, die von Schmerzmittelinjektionen abhängig war. Als ihr die Krankenschwestern keine Medikamente mehr verabreichten, bat sie sie, ihr wenigstens Zuckerwasser zu spritzen. Sie hatte jahrelang so viele Injektionen bekommen, daß sie allein aus einem »Schuß« schon ein Gefühl der Erleichterung bezog. Auch diese Abhängigkeit war eine iatrogene Krankheit.

Meistens sind wir Therapeuten wohlmeinende Menschen mit ehrenhaften Absichten. Aber wir arbeiten heute mit Theorien, die für eine andere Welt entwickelt wurden. Auch Experten mit guten Absichten können Schaden anrichten. Wir haben die Macht zu helfen und zu schaden, beidem gegenüber müssen wir Demut empfinden.

Im allgemeinen werden Probleme nicht gelöst, indem man ihre Namen streicht. Umgekehrt aber können, wie Thomas Szasz, der amerikanische Psychiater und Psychoanalytiker, in seinem Buch *The Politics of Psychotherapy* (Die Politik der Psychotherapie) ausführt, Etiketten ihrerseits Krankheiten auslösen. Ein Etikett reduziert die Menschen auf die Summe ihrer Symptome; es kann ihnen Selbstbestimmung und Selbstverantwortung nehmen und ihnen das Gefühl geben, für ihre Handlungen nicht verantwortlich zu sein. Dann hören wir Sätze wie: »Ich kann nichts dafür, wenn meine Kreditkarte hoffnungslos überzogen ist. Ich bin manisch-depressiv.« Oder: »Wenn ich meine Frau schlage, kommt das daher, daß ich unter posttraumatischem Streß leide.« Solche Etiketten können zu sich selbst erfüllenden Prophezeiungen werden und das Vertrauen in die Möglichkeit einer Veränderung unterwandern.

Die Menschen halten solche Etiketten für Erklärungen und sagen dann vielleicht: »Ich liege den ganzen Tag im Bett, weil ich eine dysthyme Depression habe.« Oder: »Ich verliere dauernd meine Jobs, weil ich an einem Borderline-Syndrom leide.« In Wirklichkeit aber erklären Bezeichnungen gar nichts. Sie beschreiben nur, und das nicht einmal besonders gut. Michael

White hat dies treffend formuliert: »Sie berauben die Person ihrer Einzigartigkeit.« Niemand ist aber so einfach konstruiert, daß er in das Schema eines Begriffs paßt. Daher sind sich die Experten vielfach über eine Diagnose nicht einig.

Leider muß trotzdem oft die Begriffsfindung die Lösung des Problems ersetzen. Zwar bewirken diese Krankheitsbezeichnungen häufig, daß sich die Patienten daraufhin schlechter fühlen. Aber die Patienten müssen eine Krankheitsbezeichnung erhalten, damit die Krankenkassen zahlen. Damit gehen diese Diagnosen in die Computer ein und lassen ein Datenschutzproblem entstehen. So begünstigen finanzielle Überlegungen die Simplifizierung, Pathologisierung und serienweise Etikettierung.

6. Wir fördern den Narzißmus und sorgen dafür, daß grundlegende moralische Übereinkünfte an der Garderobe vor unserem Sprechzimmer abgegeben werden

Unsere Therapeutensprache kennt keine Schuldzuweisungen. Das hat zweifellos Vorteile, führt aber auch zu einer Art moralischem Durcheinander. Über Moral überhaupt zu sprechen, fällt uns, die wir unser Fach in den siebziger Jahren studiert haben, außerordentlich schwer. Im Laufe der Zeit schreckte unser Fach immer mehr vor moralischen Beurteilungen zurück. Auch heute noch verursachen uns Wörter wie »Pflicht«, »Verantwortungsgefühl« und »Bindung« Bauchschmerzen. Aber nicht nur das. Wir haben unsere Klienten darauf gedrillt, von uns als Therapeuten zu erwarten, daß wir ihnen immer zustimmen und uns nur darum kümmern, wie sie sich fühlen. Sobald wir versuchen, unsere Rolle etwas anders zu sehen, steht uns diese alte, überholte Erwartung entgegen.

Wir sind darauf getrimmt, nur unseren Klienten ins Blickfeld zu nehmen und die anderen Menschen aus seinem Leben herauszuhalten. Das kann durchaus zu einer Ich-bin-der-Mittelpunkt-der-Welt-Einstellung beitragen. Unter einer oberflächlich durchgeführten Therapie kann der Eindruck entstehen, daß sich gut zu fühlen, auch schon bedeute, gut zu sein, und daß die rasselnden Ketten von Pflicht und Schuldigkeit abzuwerfen seien. Fritz Perls, der Begründer der Gestalttherapie, sagte einmal: »Wer davon spricht, daß er sich zu etwas verpflichtet fühle, meint damit, daß er es eigentlich gar nicht tun will.« Dabei ist Pflicht nicht notwendigerweise unangenehm. Sie ist gewissermaßen der zwischenmenschliche Kitt, der eine Gesellschaft zusammenhält. Ohne solche Verhaltensstandards würden wir alle nur unser eigenes persönliches Glück verfolgen.

Eine Therapie kann die Funktion einer Beichtabnahme erfüllen, etwa in dem Sinne: »Ich will alle meine Macken vor dir ausbreiten, wenn du mir Absolution erteilst und mich weitermachen läßt wie bisher.« Eine Therapie kann auch dazu benutzt werden, andere zum Schweigen zu bringen. So kann jemand, der sich von der Familie unter Druck gesetzt sieht, sagen: »Meine Therapeutin sagt, ich tue eh, was ich kann!« Oder: »Ich muß einfach diesen Job aufgeben.« Oder: »Ich habe nicht die Energie, mich mehr um die Kinder zu kümmern.« So läßt sich eine Therapie auch gut als Entschuldigung für unmoralisches Handeln vorbringen. Man kann auch hören: »Mein Therapeut hat mir gesagt, daß ich aus dieser Ehe unbedingt herauskommen muß.« Oder: »Mein Therapeut sagt, daß ich dem Streß, Mama im Altenheim zu besuchen, nicht gewachsen bin.«

Während es für einen Menschen sehr gewinnbringend sein kann, sich in einem ruhigen, separaten Raum ernsthaft und ehrlich über seine Probleme auszusprechen, kann zuviel Seelenmassage auch von Übel sein. Schlimmstenfalls verleitet sie dazu, sich ohne Rücksicht auf andere Menschen »selbst zu verwirklichen«. Es kommt auch vor, daß eine Therapie auf schwierige moralische Fragen nur fixe und oberflächliche Antworten liefert. Ab wann ist Selbstverwirklichung selbstsüchtig? Was sind unsere Pflichten anderen gegenüber? Das sind wirklich schwierige Fragen.

Ich erinnere mich an entsprechende Fälle aus meiner Praxis. Bonnie, zum Beispiel, die schon bei vielen anderen Therapeuten gewesen war, erzählte mir stolz: »Von meinem letzten Therapeuten habe ich gelernt, daß ich anderen nicht helfen soll. Jetzt tu ich das auch nicht mehr.« Ich denke auch an Hannah. Sie hatte eine Affäre mit einem Vater von vier Kindern, dessen Frau an Brustkrebs litt. Hannah war gekommen, um ihre Schuldgefühle loszuwerden, weil sie diese Ehe zerstörte. Hierbei fällt mir auch der Vorstandsvorsitzende eines Unternehmens ein, der den Streß nicht mehr aushielt, langjährigen Mitarbeitern zu kündigen. Von mir erwartete er Beruhigung seines schlechten Gewissens.

Wir dürfen nicht vergessen: Die Psychotherapie wurde Anfang dieses Jahrhunderts begründet, als die allgemein hohen moralischen Anforderungen das Gewissen der meisten Menschen stark belasteten. Freud betrachtete das »Über-Ich« als eine strenge und tyrannische Instanz, und im Zusammenhang weit verzweigter Großfamilien in stabilen, religiös bestimmten Gemeinschaften war es das wahrscheinlich auch. Aber heute sieht die Welt anders aus. Was die Amerikaner betrifft, gibt es nur wenige Hinweise, daß sie unter der Last einer festgelegten, strengen Moral stöhnten, von der sie unbedingt befreit werden müßten. Im Gegenteil, in dieser Hinsicht herrschten eher Chaos und Verwirrung.

Natürlich gibt es auch heute noch zwanghafte Perfektionisten, aber diese werden immer weniger. Diese Theorien waren vor allem für Neurotiker gedacht, die von übertriebenem Schuldbewußtsein erlöst werden mußten. Heute hingegen sind die meisten Klienten keine schuldbeladenen Neurotiker, sondern eher Menschen, die Führung und Sinngebung suchen. Sie brauchen Hilfe, um sich selbst Richtlinien für moralisches Handeln zu geben.

Schuldgefühl ist ein inneres Unbehagen darüber, bestimmten Standards nicht gerecht geworden zu sein. Es führt aber nicht notwendigerweise zu gutem Verhalten. Genausogut kann es in Selbstmitleid, Tatenlosigkeit oder fromme Sprüche münden. Einen stärkeren Anreiz zum Handeln gibt im allgemeinen die Liebe. Aber sicherlich kann ein Mangel an Schuldgefühlen auch üble Handlungen begünstigen, wohingegen Schuldgefühle schon manche Sühnetat hervorgebracht haben. Wie viele schöne Gebäude sind von schuldbewußten Millionären erbaut worden! Viele Therapeuten sind der Ansicht, daß jedes Schuldgefühl von Übel ist; aber Menschen ohne Schuldgefühle sind Psychopathen. Gleich, ob sie sich in den Straßen herumtreiben, in Vorstandsetagen oder im Parlament sitzen, sie richten großen Schaden an.

Natürlich vertreten nicht alle Therapeuten eine solche Wohlfühlphilosophie oder leugnen jegliche persönliche Verantwortlichkeit. Viele Therapeuten wollen ihren Klienten helfen, Werte für sich aufzustellen und den eigenen Charakter zu entwickeln und zu stärken. Sie betonen, daß sich die Menschen zum Beispiel besser fühlen, wenn sie anderen helfen. Insgesamt sind sie der Ansicht, daß die Psychotherapie sich in den Dienst eines guten und ethischen Lebens zu stellen hat und die Menschen in die Lage versetzen muß, wohlüberlegte und ethisch richtige Entscheidungen zu treffen.

William Doherty schreibt in seinem Buch *Soul Searching* (Die Erforschung der Seele), daß Psychotherapeuten mit den Klienten eine ethische Diskussion führen sollten. Zumindest dürften sie ihnen aber nie ihre moralischen Bedenken auszureden versuchen. Er empfiehlt keineswegs, daß Therapeuten anderen ihre Meinungen aufdrängen sollen, aber er ist überzeugt davon, daß eine gute Therapie von sich aus die moralische Sensibilität schärft und den Charakter formt. Am Ende einer jeden Therapie fragt er seine Klienten, wie sie glauben, die neuen Erfahrungen für ihre Arbeit oder zum Nutzen der Allgemeinheit einsetzen zu können.

7. *Wir konzentrieren uns zu stark auf das individuelle Seelenheil und zu wenig auf das Allgemeinwohl*

Die Psychotherapie hat wesentlich dazu beigetragen, daß sich in unserer Gesellschaft die Schwerpunkte vom gemeinschaftlichen politischen Handeln auf die Betonung der individuellen seelischen Gesundheit verlagert haben. Auf Kosten gesellschaftlicher Veränderungen haben wir die Analyse der individuellen Persönlichkeit gefördert. Das erinnert mich an eine treffende Karikatur, in der einer Frau geraten wurde, statt sich über den Hunger in Äthiopien aufzuregen doch eine Valium zu nehmen. Wir tun, als ob Moral eine persönliche Angelegenheit ohne sozialen Belang wäre. Damit entziehen wir uns der Verantwortung, uns zu den sozialethischen Themen zu Wort zu melden.

Unser Blickfeld ist zu eng. Wir müssen uns einen Einblick verschaffen, wie das Leben unserer Klienten das Leben der anderen und die Umwelt beeinflußt. Unterlassen es die Therapeuten, das individuelle Dilemma in einen gesellschaftlichen Zusammenhang zu stellen, glauben die Klienten sehr schnell, ihre Nöte seien die wichtigsten der Welt. Der ausschließlich auf das eigene Selbst gerichtete Blick kann nicht im Interesse des Klienten liegen. Der Narzißmus, das heißt, die Selbstverliebtheit, führt zu sozialer Isolation, Zynismus, Verflachung und letztlich Verarmung der Gefühle. Dem Menschen und der Gesellschaft geht es am besten, wenn wir alle der Goldenen Regel folgen: Liebe dich und deinen Nächsten. Das Leben wird befriedigend und bekommt einen Sinn, wenn Hingabe, Gerechtigkeit, Wahrhaftigkeit und Gemeinsinn dazugehören. Will jeder nur die Nummer eins sein, leiden wir alle unter einem vergifteten gesellschaftlichen Klima.

Manche Therapeuten gehen unsinnigerweise sogar so weit, altruistischen Menschen zu unterstellen, daß sie nur ihren eigenen Schwierigkeiten ausweichen. Hierfür ein schlagendes Beispiel: Der Ehemann einer Klientin in Lateinamerika riskierte täglich sein Leben für die Opfer des Gewaltregimes. Dem Therapeuten der Ehefrau fiel dazu folgendes ein: Ihr Mann würde sich nur deshalb so stark für die politischen Gefangenen engagieren, weil er die Intimität mit ihr fürchte. Einigen Therapeuten zufolge ist Altruismus ungesund und ein Zeichen von Unreife. Einer von ihnen stellte die These auf: »Man kann die Gesellschaft nicht in Ordnung bringen wollen, wenn man selbst noch nicht die Wunden des eigenen inneren Kindes geheilt hat.« Hätten sich wohl Martin Luther King oder John F. Kennedy ans Werk gemacht, wenn sie auch so gedacht hätten?

Die Psychotherapie – darauf weist Doherty hin – hat als kulturelle Institution einen überwältigend erfolgreichen Weg hinter sich. Sie hat die Lücken ausgefüllt, die ältere Institutionen hinterließen. Mittlerweile war ein Drittel der Amerikaner bereits bei einem Therapeuten, und alle sind von den Gedanken und der Sprache der Psychotherapie beeinflußt.

»Die Kultur unserer Gesellschaft«, sagt Doherty, »zu deren Ausprägung wir in den letzten hundert Jahren beigetragen haben, ist in einer Krise, denn die Menschen haben uns geglaubt, was wir ihnen von einem besseren Leben erzählten.« Unser Fach ist seiner Ansicht nach in großen Schwierigkeiten. Unter den vielen Gründen dafür sind die folgenden zwei die wichtigsten: Zum einen haben wir dem Zerfall der kulturellen Werte im Grunde nichts von Bedeutung entgegenzusetzen. Zum anderen wirkt sich die zunehmende Verwaltung des Gesundheitswesens negativ auf die Integrität der einzelnen Therapeuten aus, denn Therapeuten leben schließlich davon, daß entweder die Klienten oder eben die Krankenversicherungen zahlen. Am Horizont zeichnet sich aber schon eine Neubewertung der Psychologie ab, und immer mehr Therapeuten fragen sich, wie wir unsere traditionellen Ideale von persönlicher Freiheit mit der gesellschaftlichen Notwendigkeit des Zusammenhalts von Familie und Gemeinschaft vereinbaren können.

In seinem Buch *Hundert Jahre Psychologie – Und der Welt geht's immer schlechter* führt James Hillman aus: Einer der Gründe für den Zerfall unserer Kultur sei die Tatsache, daß sich intelligente Menschen in psychotherapeutische Behandlung begeben, anstatt sozial aktiv zu werden. Sie bezahlen Therapeuten für die Zeit, in der sie sich über die Arbeitsbedingungen beschweren können, anstatt die Arbeiter zu organisieren, um diese Arbeitsbedingungen zu ändern. Nach Hillman hilft die Psychotherapie bei der weiteren Ausplünderung der Erde, weil sie das Schwergewicht nicht auf die äußeren, sondern auf die inneren Probleme legt. Es gäbe keinerlei Anzeichen dafür, daß die Menschen nach einer psychotherapeutischen Behandlung mehr für die Allgemeinheit tun; wahrscheinlich tun sie sogar weniger dafür.

In der Tat sprechen Forschungen dafür, daß Menschen, die sich gut fühlen, eher geneigt sind, Gutes zu tun, und daß andererseits gedemütigte Menschen zum Rassismus neigen und ihrerseits andere demütigen. Es gibt aber kaum Hinweise, daß sich Menschen – als Gruppe – nach einer psychotherapeutischen Behandlung sozial oder politisch mehr engagieren.

Was ist eigentlich das Selbst? Hillman bietet eine wunderbare Definition an: Das Selbst ist die Verinnerlichung der Gemeinschaft. Ich mag diese Begriffsbestimmung, weil sie uns mit der Gemeinschaft verbindet und außerdem zu verstehen gibt, daß wir Schwierigkeiten haben, wenn wir in einer schlechten Gemeinschaft leben. Die Therapeuten brauchen einen neuen Standpunkt, der zum sozialen Handeln aufruft, nicht zur Selbstgeißelung oder zur Beschimpfung der Familie. Wir müssen untersuchen, wie die Gesellschaft die psychische Gesundheit ihrer Mitglieder beeinflußt.

Eng mit diesem Problem hängt ein anderes zusammen: Wir sind auf Behandlung eingestellt, nicht auf Vorbeugung. Die Auswirkungen einer schonungslosen Gesellschaftspolitik behandeln wir von Fall zu Fall, von Familie zu Familie. Dabei könnten wir auf allgemeiner Ebene wesentlich mehr tun. Wenn wir zum Beispiel die aktuellen Fragen unserer Zeit öffentlich erörtern würden, könnten wir für alle Familien etwas tun. Wir könnten Kindergärten fördern sowie Tagespflege für kranke Angehörige, bessere Schulen, Kontrolle des Waffenbesitzes, öffentliche Parkanlagen, soziale und medizinische Dienste für die Armen, garantierten Mindestlohn und Programme für mehr Toleranz gegenüber dem Fremden und Andersartigen. Wir könnten zudem Programme zum Schutze unserer Kinder und zum sozialen Aufstieg in die Mittelklasse fördern.

8. Wir haben ethische Normen und psychische Gesundheit, Mitgefühl und Verantwortungsbewußtsein durcheinandergebracht

Es ist ein neuer Trend in Amerika, ethische Normen zu einer Frage der psychischen Gesundheit zu machen. Können sich die Menschen als Opfer ansehen, als vorübergehend unzurechnungsfähig oder unter Streß stehend, so tragen sie keine moralische Verantwortung; dann ist niemand für Gut oder Böse zur Rechenschaft zu ziehen. Das wird uns Amerikanern in den Schauprozessen vorgeführt. Ein Beispiel ist der spektakuläre Kriminalfall der Brüder Menendez, die ihre Eltern umgebracht hatten und sich darauf beriefen, als Kinder mißhandelt worden zu sein. Wir kennen den mildernden Umstand der Trunkenheit oder der Mißhandlung in der Kindheit. Sobald wir uns zum Opfer erklären können, läßt sich jedes Verhalten rechtfertigen. Dann sind wir alle wegen fehlender Zurechnungsfähigkeit frei von Verantwortung.

Zu dieser Verwirrung ethischer Normen hat die Psychologie wesentlich beigetragen. Wir haben erreicht, daß Probleme wie Alkoholabhängigkeit, die früher als Ausdruck eines Charakterfehlers oder von Willensschwäche galten, jetzt als Krankheit, als medizinisches Problem angesehen werden. Damit ist die Tür offen für eine Behandlung, die keine Schuldfrage kennt. Das ist einerseits gut; andererseits kämpfen wir nun mit einem sehr fragwürdigen Vermächtnis. Jetzt kann nämlich ein Mann, der sich betrinkt und dann seine Frau umbringt, wegen zeitweiser Unzurechnungsfähigkeit auf »nicht schuldig« plädieren. Und um die Fragwürdigkeit auf die Spitze zu treiben: die Frau, das Opfer, kann in der öffentlichen Meinung für die Gewalttat verantwortlich gemacht werden, weil sie seine Trinkerei geduldet hat.

In meiner Sprechstunde hat einmal ein Mann seiner Wut über den Freund seiner Tochter Luft gemacht. Dieser Freund hatte seine Tochter geschlagen und sich damit verteidigt, daß er vor lauter Eifersucht nicht mehr wußte, was er tat, daß er also zu diesem Zeitpunkt nicht zurechnungsfähig gewesen sei. »Heutzutage«, klagte der Vater, »ist nichts mehr unrecht. Für alles und jedes läßt sich jetzt eine Entschuldigung vorbringen.«

Ich kenne einen Mann, der eine langjährige Beziehung zu einer Mitarbeiterin unterhielt. Als er diese Affäre beenden wollte, begann die Frau ihn zu erpressen. Irgendwann hatten ihn die ständigen Erpressungen so fertiggemacht, daß er versuchte, sich zu erhängen. Seine Ehefrau fand ihn und rief den Notarzt. Im Krankenhaus diagnostizierte man eine Depression, sagte ihm, daß er erblich belastet sei, und setzte ihn auf Medikamente. Jetzt weiß seine Frau nicht, wie sie reagieren soll – wütend und traurig über seine Untreue? Oder soll sie froh sein, daß seine Depression erkannt worden ist und jetzt behandelt wird? Er ist natürlich erleichtert, daß er für sein Verhalten eine Entschuldigung hat, wundert sich aber, daß er früher nichts von seiner Depression gemerkt hatte.

Ganz zu recht stehen die Therapeuten für Mitgefühl ein. Wir versuchen, zusammen mit den Klienten den Gründen eines bestimmten Verhaltens auf die Spur zu kommen. Aber Mitgefühl oder Verstehen kann und darf nicht von der Verantwortung freisprechen. Kluge Eltern geben ihrem Kind zu verstehen: »Wir lieben dich, aber wir erwarten auch etwas von dir.« Vernünftige Therapeuten wollen ihre Klienten verstehen und gleichzeitig deren sittliches Handeln fördern. Eine gute Psychotherapie zeigt Mitgefühl und stärkt das Verantwortungsbewußtsein. Sie trägt zum Entscheidungsprozeß bei – was zu tun ist, und wie der Klient die Kraft dazu findet.

Wir sind eine polarisierte Gesellschaft. Die »rechte« Seite konzentriert sich auf die Verantwortung und die »linke« auf das Einfühlungsvermögen. Beide Seiten haben recht. Eine Gesellschaft ohne Verantwortungsbewußtsein ist gefährlich; eine Gesellschaft ohne Einfühlungsvermögen ist brutal. Eine gesunde

Gesellschaft vermittelt ihren Mitgliedern: »Wir fühlen mit dir und deinen Schwierigkeiten; trotzdem mußt du dich korrekt verhalten.« Eine sittliche Gesellschaft kultiviert sowohl Mitgefühl als auch Verantwortlichkeit. Schließlich sitzen wir alle in einem Boot.

9. *Manche Therapeuten mißbrauchen ihre Macht*

Einige Therapeuten lassen es zu, daß ihre Klienten gefühlsmäßig von ihnen abhängig werden. Sie nehmen sich zuviel heraus, reißen die Macht an sich und bestimmen, wie ihre Klienten leben sollen. Zum Beispiel sagen sie ihnen, daß sie sich scheiden lassen, ihren Job kündigen oder sich von ihrer Familie trennen sollen. Ich weiß von einer jungen Frau, die in ihrer Arbeit unglücklich war und ihre weit entfernt lebende Familie schmerzlich vermißte. Aber sie war in Behandlung, und ihr Therapeut sagte ihr: »Gehen Sie nicht nach Colorado zurück. Sie müssen hierbleiben und mit mir arbeiten.« Der Therapeut warnte sie auch, daß ihre Familie sie zu sehr belaste und es gar nicht gut für sie wäre, in deren Nähe zu sein. Ein anderer Therapeut rät sogar vielen Klienten, mit ihren Familien zu brechen. Er schlägt darüber hinaus potentiellen Heiratskandidaten vor, ihren Heiratsantrag in seinem Sprechzimmer zu machen, damit er sie gleich therapeutisch auffangen könne, falls sie abgewiesen würden.

Wenn Therapeuten so tun, als könnten sie für ihre Klienten sorgen, wird es gefährlich. Denn für die Familie, die sie ihren Klienten wegnehmen, haben sie kaum Ersatz anzubieten. Sie werden für ihre Klienten nicht da sein, wenn diese ihre Miete oder die Rate für das Auto nicht aufbringen können, wenn sie krank werden oder irgend jemanden brauchen, mit dem sie Weihnachten verbringen können.

Das erinnert mich an Corinna, die eine richtige Karriere als psychiatrische Patientin hinter sich hatte. Sie war seit über zwanzig Jahren in Behandlung, und ich war ihre zehnte Therapeutin. Mindestens ein dutzendmal war sie in einer Klinik gewesen. Dabei war sie weder schizophren noch sonst ernsthaft psychisch krank. Sie war es nur gewöhnt, sich von Professionellen seelisch führen zu lassen. Aber zum Geburtstag hat ihr keiner ihrer Therapeuten je eine Karte geschickt.

10. *Wir tun so, als sei Therapie wichtiger als das wirkliche Leben*

Therapeuten haben eine enorme Macht. Selbst bei aller Vorsicht können wir die Klienten stärker beeinflussen, als wir eigentlich wollen. Ja, oft kolonisieren wir sie geradezu, und am Ende haben sie dann unseren Standpunkt übernommen. So fanden Wissenschaftler heraus, daß die Veränderungen bei den Klienten von Carl Rogers, dem Begründer der klientenzentrierten Psychotherapie, in erster Linie darin bestanden, daß seine Klienten ihm immer ähnlicher wurden. Selbst wenn wir ganz gut sind, können wir unabsichtlich anderen unsere Hilfe oktroyieren. Ständige Hilfsbereitschaft kann hilflos machen. Unsere Erklärungen können selbst Teil des Problems werden.

In gewisser Hinsicht lassen die Therapeuten für sich andere Regeln gelten als für ihre Klienten. Wir selbst wollen nicht diagnostiziert werden, aber andere wollen wir diagnostizieren. Wir selbst wollen nicht manipuliert werden, aber andere wollen wir manipulieren – natürlich nur zu ihrem Besten. Manchmal respektieren wir unsere Klienten nicht als Menschen, die für sich selbst Sorge tragen können. Oder wir machen die Menschen glauben, daß nur ausgebildete Profis Unterstützung und Führung bieten können. Aber das ist nicht wahr. Die beste Orientierung geben häufig die Ehegatten, die Familie, die Freunde und Arbeitskollegen.

Auch Therapeuten sind fehlbar, und unser Fach ist beherrscht von Vieldeutigkeiten und Dutzenden von Denkmodellen, denn das menschliche Verhalten resultiert aus unendlich vielen Faktoren. Fast gar nichts ist sicher. So war einer meiner Lieblingslehrer der Ansicht, die wichtigste Eigenschaft eines Therapeuten sei, dieser Vieldeutigkeit und Unklarheit gewachsen zu sein.

Alle Therapeuten haben ihre eigene Vorgehensweise und ihren eigenen Standpunkt. Wenn zwei Therapeuten an einem Fall arbeiten, dann kann das schlimmer sein als gar keine Therapie, denn dann erhalten die Klienten so unterschiedliche Ratschläge, daß sie überhaupt nicht mehr wissen, was sie tun sollen. Psychotherapeuten sind nicht austauschbar, und es gibt kompetente und inkompetente Therapeuten. Nach meiner Erfahrung ist – wie bei Installateuren, Ärzten oder Lehrern – ungefähr ein

Drittel ausgezeichnet, ein Drittel gut und ein Drittel unter dem Standard. Als Faustregel könnte gelten: Das Leben, also Freundschaften, Familienarbeit, Schule, Ferien und Ballspiele, ist wichtiger als die Therapie.

Es ist natürlich in Ordnung, wenn Klienten der Beziehung zu ihrem Therapeuten vertrauen; aber diese Beziehung sollte nur vorübergehend sein. Danach sollten sie in der Lage sein, vertrauensvolle Beziehungen zu anderen Menschen zu entwickeln, Freundschaften zu schließen oder sich wieder ihrer Familie zuzuwenden. Der Therapeut sollte sich als Berater verstehen, der den Menschen hilft, ihr Leben zu durchforsten. Was Treue und Bindung anbelangt, sollten die Therapeuten erst nach der Familie, den Freunden und Kollegen kommen. Wir müssen uns darüber im klaren sein, daß wir den Klienten zwar helfen können, daß wir aber trotzdem immer nur eine bezahlte Hilfe sind.

ERKLÄRUNGSVERSUCHE UND MYTHEN

Die Menschen suchen nach Erklärungen für ihre Schwierigkeiten. Zur Zeit kursieren in Amerika einige Theorien, die auf dem besten Wege sind, sich zu machtvollen Mythen zu entwickeln. Die Leute erfahren, daß es ihnen nur deshalb nicht gutgeht, weil sie nicht die richtigen Dinge gekauft haben, weil sie aus einer gestörten Familie stammen oder ihre Blutwerte nicht in Ordnung sind. Aber das sind alles nur Versuche, der Welt die Welt zu erklären. Auch Psychologen bedienen sich solcher Mythen, und diese üben zur Zeit in Amerika einen großen Einfluß aus. Zu uns kommen Klienten mit lauter »problemgesättigten« Themen, wie es der Psychologe Michael White ausdrückt. Sie fragen: »Was steckt hinter meiner Angst, meiner Traurigkeit, meiner Wut?« Unglückliche Menschen suchen natürlich nach einer Ursache oder nach einer Person, der sie die Schuld daran geben können. Wir sind imstande, ihnen auf der Suche nach einem Sündenbock zu helfen, wir können ihnen aber auch helfen, ihre Beschwerden in einem größeren Zusammenhang zu sehen.

Es gibt unendlich viele Erklärungsversuche. Inzwischen sind einige davon lächerlich veraltet. Zum Beispiel erscheint Otto

Ranks Theorie vom Geburtstrauma geradezu albern in einer Zeit der bewaffneten Überfälle, der Firmenpleiten und Übernahmen ganzer Konzerne. Als »Geschichten erzählende Ärzte« können wir den Klienten erklären, ihre Probleme seien biochemischen, also körperlichen Ursprungs oder kämen daher, daß sie einer unterdrückten Minderheit angehörten; daß sie das Familienbaby seien, sich in ihrem Verhalten nicht ihrer Umgebung anpassen könnten, nicht genug freudige Erlebnisse hätten oder ihrem Leben ein Sinn fehle. So können wir zum Beispiel sagen: »Sie sind so, weil Sie selbst noch als Erwachsener das Kind eines Alkoholikers sind.« Oder auch: »Es geht Ihnen schlecht, weil Sie vor zwanzig Jahren Ihr Kind zur Adoption freigegeben haben.« Wir können auch einen Persönlichkeitstest heranziehen und dann erklären: »Sie verhalten sich so, weil Sie ein so und so sind.«

Solche Erklärungen sind für die Klienten zweifellos sehr wichtig, da sie ihnen helfen, ihre Welt zu verstehen; sie können aber auch Prophezeiungen darstellen, die sich selbst erfüllen. Weil unsere Geschichten so stark in das Leben anderer eingreifen, müssen wir höllisch aufpassen, was wir sagen. An dieser Stelle möchte ich kurz auf zwei Mythen eingehen, die zur Zeit ziemlich im Schwange sind.

Der eine Mythos handelt davon, daß ein Mensch leidet, weil ihn die Eltern als Kind seelisch verletzt haben. Das liest sich dann bei einem Autor so: »Wie auch immer Mißhandlung definiert werden mag oder was immer die anderen denken – alles hängt von Ihrem eigenen Urteil ab. Wenn Sie glauben, daß Sie mißhandelt wurden, war es auch so. Wenn Sie sich nicht sicher sind, war es sehr wahrscheinlich der Fall.« Solche Aussagen sind das Echo der Genesungsbewegung, deren Botschaft lautet: Sie leiden, weil Sie aus einer gestörten Familie kommen; wenn Sie gesunden wollen, müssen Sie sich durch allen von Ihrer Familie verursachten Kummer durcharbeiten und Ihr »inneres Kind« trösten und befrieden.

Für diese Theorie spielen die Motive der Eltern keine Rolle, denn auch ohne böse Absicht behandeln sie ihr Kind manchmal schlecht. Also sind Sie, selbst wenn Sie sich daran nicht erinnern, wahrscheinlich mißhandelt worden und haben es nur verdrängt. Mit dieser Theorie wird nahezu alles der Familie, aus der man stammt, in die Schuhe geschoben: Als jetzt Erwachsener kein Kind wollen, unbedingt ein Kind wollen, Depression, Ärger über die Kinder, Drogenabhängigkeit und Sexualprobleme – alles ist die Schuld der Eltern. Solche Vorstellungen unterminieren aber die Familie.

Eine andere Theorie, die sich zum Mythos entwickelt, handelt von der Co-Abhängigkeit: Menschen, die sich in irgendeiner Form auf die Suchtproblematik von Angehörigen einlassen, laufen Gefahr »co-abhängig« zu werden. Dieser Mythos erklärt fürsorgliches Verhalten als krankhaft und verunsichert die Angehörigen, bis sie gar nicht mehr wissen, was sie tun oder lassen sollen. Völlig gelähmt stehen sie zwischen dem Impuls, helfen zu wollen, und der Furcht, damit Schaden anzurichten. Diese Verunsicherung betrifft insbesondere die Mütter: Kümmern sie sich zuviel, sind sie sofort »co-abhängig«, kümmern sie sich zu wenig, sind sie »gefühlskalt« und »distanziert«. Da ist es schwer, den Mittelweg einzuhalten. Aber im Grunde wird jeder auf diese Weise verunsichert. Im Sinne dieser Theorie waren auch Jesus, Abraham Lincoln, Ghandi und Mutter Teresa Co-Abhängige, denn sie kümmerten sich mehr um andere als um sich selbst.

Wo immer Macht ist, gibt es auch den Mißbrauch von Macht. Nicht immer prüfen wir Therapeuten unsere Geschichten und Erklärungsversuche kritisch genug, und manche dieser Geschichten schwächen die Familie und den einzelnen. Wir höhlen damit das Vertrauen in die Eltern und in die Familie aus. Dabei sollten Therapeuten doch klären und heilen und nicht das Denken trüben und Gräben vertiefen.

Mit jeder These, die die Therapeuten vorbringen, üben sie eine große Macht aus. Macht bedeutet aber auch Verantwortung. Wir müssen uns immer fragen: Wie wird sich diese These auf lange Sicht auswirken? Wird sie den Klienten stärker oder schwächer machen? Wie wird sie seine zwischenmenschlichen Beziehungen verändern? Wird sie ihn mit seiner Umgebung enger verbinden oder ihr entfremden? Kann sie dazu beitragen, daß sich in unserer Gesellschaft alle wohler fühlen?

Alle Geschichten sind verschieden. Handeln sie von Schuften und von Käufern, werden wir Schufte und Käufer formen. Verehren wir die Opfer, erschaffen wir neue Opfer. Eine gesunde Gesellschaft kennt Geschichten von beispielhaften Menschen.

Unsere Gesellschaft ist voll von ihnen, doch werden ihre Geschichten kaum erzählt. Ich kenne so viele Menschen, die außerordentlich schweren Umständen mit einer außerordentlichen Haltung begegnen. Ich denke an die Frau, die ihren an Alzheimer erkrankten Mann pflegt. Ich denke auch an die junge Frau im Rollstuhl, die den anderen Heimbewohnern die Tage mit Frohsinn erfüllt. Ich erinnere mich sehr gut daran, wie gefaßt einige Freunde von mir dem nahenden Tod entgegensahen. Ich denke an die Lehrer, die sich unter demoralisierenden und gefährlichen Umständen um ihre Schulkinder kümmern. Wir brauchen mehr gute Darstellungen von Opferbereitschaft, Treue, Freundlichkeit und Stärke über alle Widrigkeiten hinweg. Wir werden so, wie wir glauben und uns erzählen, jetzt zu sein.

Therapeuten hören auch viele Geschichten. Wir sind in der einmaligen Lage, Geschichten von ganzen Familien zu erfahren. In meiner Praxis in Nebraska höre ich vom Verlust der Familienfarm, von jungen Menschen, die an Drogen und Alkohol starben, und von Frauen mit Eßstörungen. Neuerdings kommen immer mehr Geschichten hinzu: von Firmenübernahmen, gestreßten und verängstigten Arbeitnehmern sowie amoralischen Geschäftsführern. Therapeuten haben die Chance, in ihrem Sprechzimmer direkt den Einfluß der gesellschaftlichen Entwicklung auf das Leben vieler Familien beobachten zu können. Vor unsere Augen kommt, was Hillman beschrieben hat: Das Selbst ist eine Verinnerlichung der Gemeinschaft. Die Krankheiten unserer Gesellschaft nisten sich in unserer Seele ein.

Wir Therapeuten sehen Tragödien vor uns, aber wir sehen auch mutige Anstrengungen und heroische Lösungen. Solche Geschichten können wir weiterreichen, um Hoffnung zu wecken. Wir können Mitgefühl, flexibles Denken, Ehrlichkeit und Beziehungsfähigkeit entwickeln helfen – Eigenschaften, die unsere Gesellschaft so notwendig zum Überleben braucht. Wir können Toleranz und Achtung vor dem anderen fördern. Wir können helfen, daß eine Familie sich selbst bestimmt, zusammenhält und gute Verbindungen zu anderen Familien unterhält.

Kapitel sieben

___

WIE THERAPIE ZU EINER INTAKTEN FAMILIE VERHELFEN KANN

Wenn ich darüber nachdenke, was ich mit meiner Arbeit eigentlich alles erreichen und von welchem Nutzen sie sein kann, rufe ich mir die Gespräche mit Irene ins Gedächtnis. Sie kam in der braunen Uniform und den metallbestückten Stiefeln der Zementfirma, bei der sie arbeitete, zu mir in die Therapie. Von unansehnlicher Erscheinung und im Umgang mit anderen Menschen unbeholfen, entschuldigte sie sich ständig für alles und jedes. Bei unserer ersten Unterhaltung suchte sie sogleich mein Gesicht nach Zeichen der Abwehr ab, und ihre häufigste Antwort auf meine Fragen war: »Warum wollen Sie das wissen?«

Irene war die Tochter eines Mannes, der gegen alle Leute, auch gegen seine eigenen Kinder, einen Widerwillen hegte. Wenn er abends nach Hause kam, schrie er seine Frau an: »Schaff die Gören aus dem Weg!« Irenes Mutter hatte eigentlich gar keine Kinder gewollt, und Mädchen schon gar nicht. Irenes Geburt war sehr kompliziert gewesen, und seither sprach ihre Mutter von ihr als derjenigen, »die mich fast umgebracht hat«. Irene wurde in erster Linie als Haushaltshilfe betrachtet. Als ich sie fragte, ob sie sich jemals als etwas Besonderes gefühlt habe, erzählte sie, wie ihre Großmutter ihr einmal Schinken im Teigmantel gemacht hatte, weil sie das so gern aß. Sie lebte richtig auf, als sie davon sprach, und sagte: »Das war toll! Ich war riesig stolz darauf.«

Nach einer freudlosen Kindheit folgte ein ebenso freudloses Erwachsenendasein. Irene war zu verschüchtert, um Freundschaften mit Frauen zu schließen. Nachdem einige Beziehungen zu Männern übel und gewalttätig verlaufen waren, beschloß sie, ohne Männer und ohne Sex auszukommen, den sie ohnehin nie als mit Liebe oder Zuneigung verbunden erlebt hatte.

Irene arbeitete mit Männern zusammen, die ihre Schließfächer und Lastwagen mit Pin-up-Girls tapeziert hatten. Nach der Arbeit ging sie gelegentlich in eine Bar und hörte zu, wie sich ihre Kollegen über den Chef ausließen und mit ihren Liebeserlebnissen und ihrem Bierkonsum prahlten. Aber nähere Kontakte hatte sie weder mit ihnen noch mit irgend jemand anderem. Als ihr dann kein Mensch zum Geburtstag gratulierte, wollte sie es einmal mit einer Psychotherapie versuchen.

Irene hatte niemals Wertschätzung erfahren und konnte sich auch selbst nicht schätzen. Sie war dazu erzogen worden, gefügig statt selbstbewußt und zurückhaltend statt kreativ zu sein. Nie hatte sie eine Beziehung als gut oder hilfreich erfahren. Über die Freundlichkeit dieser Welt machte sie sich keine Illusionen, im Gegenteil, sie empfand das Leben als unglaublich hart.

Zu Beginn unserer Gespräche war Irene unruhig und mißtrauisch, bei jeder Frage auf dem Sprung, wieder zu verschwinden. Aber mit der Zeit gewann sie Vertrauen zu mir, sprach über ihre Gefühle und seufzte erleichtert, als ich diese akzeptierte. Manchmal überschlugen sich ihre Worte, und sie war in ihrem Redeeifer kaum zu bremsen. Sie wollte unbedingt zwei Sitzungen pro Woche festlegen, so weit mein Kalender reichte. Ihre Begeisterung war mir nur zu verständlich, denn schließlich erlebte sie in meinem Sprechzimmer zum ersten Mal in ihrem Leben, daß ihre Ansichten etwas galten.

Ihr Enthusiasmus rührte und beschämte mich. Ich versuchte, eine warme und ehrliche Beziehung zwischen uns herzustellen. Vielleicht, so hoffte ich, könnte sie dann später auch zu anderen Menschen Vertrauen haben. Ich ermutigte sie, sich selbst zu erforschen, wer sie war und was sie dachte. Ich mußte erst einmal die Bedingungen schaffen, damit sie sich weiterentwickeln und sich und ihre Umwelt verstehen konnte.

Irene kam fast zwei Jahre lang zu mir. Allmählich setzte sie sich Ziele und traf wichtige Lebensentscheidungen. Sie lud auch ihre Eltern zur Therapie ein, was diese aber ablehnten. Irgendwann kam sie zu dem Schluß, daß ihre Eltern sie niemals mögen würden, und hörte auf, sich über sie und ihre Ansichten Gedanken zu machen. Daraufhin suchten wir in ihrer weiteren Verwandtschaft nach einer Person, die sie mögen könnte, und kamen auf ihre Tante Shirley, die Schwester ihres Vaters. Sie begann, ihrer Tante Shirley zu schreiben und ihr Kleinigkeiten zu schicken. Am Ende der Therapie war es zur Gewohnheit geworden, daß sie ihre Tante Shirley sonntags zum Essen besuchte.

Sie war stolz darauf, daß sie die körperlich schwere Arbeit leisten konnte, die ihr Job erforderte. Ihre Stellung hatte durchaus Vorteile, und das Gehalt war besser als in anderen Jobs, für die sie mit ihrem Schulabschluß qualifiziert gewesen wäre. Obwohl sie die Männer an ihrer Arbeitsstelle als ziemlich sexistisch empfand, fühlte sie sich von ihnen nicht schlecht behandelt. Mit der Zeit freundete sie sich mit Richard an und besuchte auch dessen Familie zu Hause. Richard begann daraufhin, seine Kollegen zu mäßigen, wenn sie zu anstößige Reden führten. »He«, pflegte er dann zu sagen, »wir haben eine Dame unter uns.«

Sie lernte auch, wie man Freunde gewinnt – Fragen stellen und zuhören, offen und ehrlich sein, positiv und unaufdringlich auftreten. Sie entdeckte ein neues Hobby und trat in eine Stick- und Strickgruppe ein. Zufällig waren dort lauter freundliche ältere Damen, die sie unter ihre Fittiche nahmen und bemutterten. Das hätten viele junge Frauen wohl nicht mitgemacht, aber Irene tat es bei ihrem Nachholbedarf sehr gut.

Sie schätzte die Therapie, weil sie dabei lernte, eigenverantwortlich zu handeln. Im Laufe unserer Gespräche wurde ihr klarer, wie sie über sich und ihr Leben dachte. Sie spürte, daß sie selbst, als Person, interessant war, und machte jene Erfahrungen, die eigentlich alle Menschen im Laufe einer Psychotherapie machen sollten: daß menschliche Beziehungen sehr bereichernd sein können. Dabei hatte die ganze Entwicklung mit einer einfachen Kontaktaufnahme zwischen uns angefangen.

Wenn ich darüber nachdenke, ob eine Psychotherapie wirklich etwas bewirken kann, denke ich auch an die Familie Green. Die Eheleute Melinda und Jeff Green begannen die Psychotherapie, weil sie mit ihrem Sohn Jakob nicht mehr zurechtkamen. Er war ein äußerst schwieriges und völlig überdrehtes Kind. Wenn etwas nicht nach seinem Kopf ging, schlug er um sich und schrie: »Ich hasse euch.« Außerhalb des Hauses beleidigte er die Großen und schlug die Kleinen, warf mit seinem Essen um sich und wollte jedes Spielzeug, das er sah, für sich allein. Dabei fürchtete er sich viel – vor Monstern, Gespenstern, Schatten an der Wand, Gewitter und Räubern. Er wollte nicht allein schlafen und hatte schreckliche Albträume. Die Greens sahen erschöpft aus und schienen schuldbewußt, als sie mir das alles erzählten. Sie wollten vor allem ergründen, woher diese Ausbrüche kamen. War vielleicht sein Stoffwechsel nicht normal? Hatten sie ihn falsch erzogen? Lag es an den vielen Süßigkeiten, die er in sich hineinstopfte? Befaßten sie sich zuviel oder zuwenig mit ihm?

Beide Eltern waren berufstätig, und Jakob ging in einen großen und nicht sehr guten Kinderhort. Er verbrachte mindestens fünf Stunden am Tag vor dem Fernseher und sah auch noch die Abendnachrichten um zehn Uhr an. Melinda war abends nach ihrer Berufstätigkeit oft unterwegs, weil sie Tupperware verkaufte. Jeff war viel mit Jakob zusammen, aber meist auch nur vor dem Fernseher.

Ich erkundigte mich, was bei ihnen gut funktionierte und was nicht. Ihre Bemühungen, die Hintergründe ihrer Situation zu verstehen, fand ich anerkennenswert und schlug ihnen einige Experimente vor. Vielleicht würde Jakob ja besser schlafen, wenn er nicht noch die Spätnachrichten anschaute. Vielleicht wäre Jakob weniger zappelig und destruktiv, wenn sein Vater mit ihm abends nach dem Essen noch einen Spaziergang machte. Ich hätte noch andere Vorschläge in petto gehabt, aber ich beließ es erst einmal dabei. Melinda und Jeff wollten es damit versuchen. Sie schienen sehr erleichtert, daß weder sie noch ihr Sohn für verrückt erklärt wurden, und froh, Beratung gefunden zu haben. Wir vereinbarten wöchentliche Gespräche, in denen wir gemeinsam die nächsten Schritte überlegen wollten.

Ich lernte auch Jakob kennen, der wirklich eine Nervensäge war, und versuchte herauszufinden, woran es ihm fehlte. Ich vermittelte das Ehepaar Green in eine Elternberatungsgruppe, und wir sprachen über die Erwartungen, die an Jakob auf seinem Entwicklungsstand gestellt werden konnten. Ich versuchte, diesen Eltern Unterstützung, Ermutigung und eine zielgerichtete Vorgehensweise zu vermitteln. In der Therapiestunde konnten sie sich sammeln und die einzelnen Probleme systematisch angehen. Schließlich lachten wir sogar über gewisse Schwierigkeiten, anstatt sie gleich als bedrohliche Anzeichen eines Versagens zu deuten.

Was ich heute an meiner Arbeit sowohl mit Irene als auch mit den Greens als richtig empfinde, ist eigentlich das Natürlichste von der Welt – Wärme, Einfühlung, Achtung und Zeit für ein Gespräch ohne Unterbrechungen. Ich stellte Fragen, schlug Experimente vor und lobte sie, wenn ihnen etwas gelungen war. So einfach sind die Spielregeln einer Therapie eigentlich meistens. Eine Person richtet sich darauf ein, zuzuhören und passende Fragen zu stellen, während eine andere oder mehrere andere Personen ihre Situation erklären. Die zuhörende Person bleibt wachsam und neugierig und akzeptiert, was sie hört. Die sprechende Person versucht, genau und ehrlich zu sein. Großartige Theorien oder die Fähigkeit zu souveränem Management brauchen Therapeuten für gewöhnlich nicht. Viel wichtiger sind gesunder Menschenverstand, Erfahrung im Umgang mit Problemlösungen und eine gute Portion menschlichen Feingefühls.

Gute Therapeuten geben gar nicht so viele Ratschläge. Sobald ihre Klienten Fortschritte machen, halten sie sich mehr und mehr aus der Sache heraus. Gute Therapeuten helfen den Menschen, das, was sie selbst in den Griff bekommen können, von dem zu trennen, wozu sie Hilfe brauchen. Sie stehen den Menschen bei, sich klare Ziele zu stecken und auf diese hinzuarbeiten. Sie können vermitteln, daß alle Gefühle akzeptabel sind, nicht aber jedes Verhalten. Sie können die Menschen dazu anregen, ihre Gefühle ehrlich auszudrücken und sich trotzdem angemessen zu benehmen. Indem sie die Bedeutung von beidem – Ehrlichkeit und Verhalten – betonen, vereinen sie die Einsichten verschiedener Zeiten. In den zwanziger Jahren lag die Betonung auf akzeptablen Verhaltensformen, Gefühle wurden dagegen selten ausgetauscht. In den neunziger Jahren wird viel Wert darauf gelegt, daß Menschen ihre Gefühle äußern, während das Verhalten eher sekundär zu sein scheint. Wenn aber die Familie überleben soll, müssen Gefühlsäußerungen mit moralischem Verhalten einhergehen.

Die Tatsache, daß wir heute mehr verschiedenartige Beziehungen knüpfen können als früher, bedeutet zugleich auch, daß dies schwieriger geworden ist und bestimmte Strategien erfordert. Leider lernen viele Menschen diese Strategien – zum Beispiel Vermitteln in Konflikten, einfühlendes Zuhören, Äußern klarer Mitteilungen, diplomatisches Bestätigen und nicht zuletzt gute Manieren – nicht in der real existierenden Welt. Hier können Therapeuten viel bewirken.

Manche familiären Schwierigkeiten haben sicher damit zu tun, daß Liebe die Probleme verschärft. So antworte ich Jugendlichen, die sich über ihre Mutter beschweren, oft: »Natürlich macht sie sich Sorgen um dich! Sie liebt dich doch.« Wir müssen daran erinnern, daß Liebe immer auch Schmerzen bereitet, und wir können unseren Klienten nur immer wieder empfehlen, viel mehr miteinander zu sprechen und zu lachen und sich gegenseitig zu berühren. Ich meine, daß vieles von dem, was gemeinhin unter Co-Abhängigkeit läuft, Liebe heißen sollte.

Wichtig ist natürlich, daß die notwendigen Rahmenbedingungen für eine Therapie stimmen. Gewöhnlich braucht eine Familie eine gewisse Zeit, um ihre Situation zu erkennen, darüber sprechen zu können und eine Lösung finden zu wollen. So muß eine gute Therapie auch den schützenden Zeitraum dafür bieten. Die Sprache des Heilens und des Sich-selbst-Verstehens entfaltet sich nicht häppchenweise, und die Wahrheit enthüllt sich nicht durch Abhaken einer Checkliste. Das menschliche Herz heilt nicht nach der Uhr. Schneller ist nicht immer besser, denn die Probleme der meisten Menschen lassen sich nicht von heut auf morgen erledigen. Um ihre Geschichten und ihre Situation auszubreiten, brauchen sie eine naturgegebene, biologische Zeit, die nicht nach der Stoppuhr abläuft.

Wenn Familien zur Behandlung kommen, sind sie meist durcheinander und wütend über die Art und Weise, wie sie ihre Zeit verbringen müssen. So sitzen Kinder häufig in überfüllten Klassenräumen, und Erwachsene verrichten die meiste Zeit eine eher ungeliebte Arbeit. Ehepaare haben kaum Zeit für lange Gespräche, für Sex oder zum Ausgehen. Kinder wachsen in Kinderhorten, Autositzen und Fernsehzimmern auf. Oft müssen die Therapeuten erst einmal den »Stundenplan der Menschen behandeln«, um ein Wort von James Hillman zu gebrauchen.

Oft ist die Therapiestunde die einzige Gelegenheit, bei der sich die Angehörigen alle zusammen in einem Raum über ihre

Situation aussprechen. Und oft genügt allein das schon, damit sich die Dinge zum Besseren wenden. Reden und Zuhören heilten, das ist eine alte Weisheit. Die Ureinwohner Amerikas im Südwesten der Vereinigten Staaten kennen Gesprächskreise, zu denen sich alle versammeln und jeder seine Sicht einer Situation oder eines Ereignisses darlegen kann. Alle anderen hören zu und versuchen es zu verstehen.

Einerseits bin ich der Ansicht, eine Therapie sollte für alle erschwinglich und zugänglich sein; andererseits befürchte ich jedoch, daß damit den Kurz- und Fließbandtherapien Tür und Tor geöffnet wird. Eine Therapie ist aber keine Fertigware wie ein Instantpudding. Gehetzte Menschen sollen sich nicht auch noch bei der Problemlösung gehetzt fühlen. Was den Klienten oft am meisten hilft, ist das Wissen, daß ein anderer ihre Lage versteht. Aber das braucht Zeit. Die Behauptung, das Leben eines anderen Menschen ließe sich schnell erfassen, ist eine Lüge und eine Beleidigung. Kein Mensch ist dafür geradlinig genug konstruiert, und keiner gleicht dem anderen. Ich verlange nicht, daß eine Therapie – so wie die traditionelle Psychoanalyse – drei Sitzungen die Woche benötigt, und das mehrere Jahre lang; aber gut Ding will Weile haben.

Therapeuten können ihren Klienten helfen, klare Wertvorstellungen zu entwickeln und Prioritäten zu setzen sowie bewußter, toleranter und flexibler zu werden, indem sie ihnen vernünftige Ratschläge vermitteln: Überprüfe dein Leben und triff bewußte Entscheidungen; handle, statt be-handelt zu werden. Zwischenmenschliche Beziehungen sind wichtig und müssen gepflegt werden. Erwarte nicht, daß andere deine Gedanken lesen können, sondern teile dich klar mit. Verletze Kinder nicht. Greife nicht andere an, wenn du leidest. – Auf die Frage, was Menschen in ihrem Kummer am besten helfe, hat Herman Melville einmal geantwortet: »Salz – das Salz des Schweißes, der Tränen und des Meeres.« Wir können den Menschen helfen herauszufinden, welches Salz für sie das beste ist.

Wir können auch Lehren erteilen wie: Unterhalte keine außerehelichen Beziehungen; gib nicht mehr Geld aus, als du hast; lüge nicht und habe keine Geheimnisse; arbeite nicht siebzig Stunden die Woche, nur um Schmuck oder Valium zu kaufen; Liebe allein genügt nicht immer; mit Humor geht alles besser; entspanne dich. – In einer guten Therapie geht es um die Suche nach der Wahrheit in all ihrer Vieldeutigkeit. Im Zeitalter des Informationswirrwarrs, des »Infotainments« und der »Dokudramen« brauchen wir Räume, in denen nur die nackte Wahrheit zählt. Es ist großartig, eine sinnvolle Arbeit zu haben. Hat eine Therapie Erfolg, so ist dies das Ergebnis einer persönlichen, respektvollen Beziehung von Menschen, die miteinander daran arbeiten, Lösungen zu finden.

ZIELE DER FAMILIENTHERAPIE

1. Schützen

Therapeuten bieten einen Hafen, in dem eine Familie ihre Kraft sammeln und eine Identität als Familieneinheit aufbauen kann. Wir haben die Möglichkeit, den Familienmitgliedern zu zeigen, wie sie ihre Einheit festigen können – mit ihren eigenen Wertvorstellungen, Festen und Geschichten sowie ihrer Art und Weise, mit der Zeit umzugehen. Eigentlich ist das etwas ganz Simples, aber es ist nicht einfach durchzuführen. Eine Familienstruktur zu schaffen verlangt Hingabe und oft schwierige Entscheidungen über das, was Prioriät haben soll. Vor solch einer Entscheidung stand zum Beispiel eine Blues-Sängerin, die von Chicago in unsere Stadt gezogen ist: Chicago wäre zwar eine geeignetere Umgebung für ihren Beruf, aber nicht für ihren heranwachsenden Sohn gewesen.

Eine Familie zu festigen heißt, die Nacht durchzufahren, um bei der Beerdigung eines Cousins dabeizusein, oder die Kollegen wissen zu lassen, daß man am Samstag nicht arbeiten kann. Es bedeutet auch, auf ein neues Auto zu verzichten, damit man keine Überstunden machen muß, oder eine Beförderung auszuschlagen, damit die Kinder nicht in eine entfernte Stadt umziehen müssen. Es heißt auch, auf ein Konzert mit Michael Jackson zu verzichten, um Großmutters Osterausstellung besuchen zu können. Alles in allem bedeutet das, daß die Familie an erster Stelle kommt. Das ist selten bequem und gelegentlich nicht einmal angenehm.

2. Verbindungen zwischen Familien schaffen

Wir können uns bemühen, Menschen mit ihrer persönlichen Geschichte und ihrer weiteren Verwandtschaft zu verbinden. Selbst in den schwierigsten Familien gibt es gewöhnlich einige schätzenswerte Mitglieder. Bis jetzt haben wir zu oft Distanz und sogar Trennungen angeraten. Manchmal sind diese wirklich notwendig, aber eigentlich sind das nur Notfallmaßnahmen. Zerschlagenes Porzellan läßt sich nur schwer wieder kitten, und immer bleiben die Brüche sichtbar. Familien können schweren Schaden erleiden, wenn wir ihre Mitglieder trennen, selbst wenn sie miteinander nicht so gut zurechtkommen. Wir sollten uns mehr bemühen zu heilen. Manchmal müssen wir Menschen, die immer recht zu haben glauben, auf den Boden der Tatsachen zurückholen oder einer Familie helfen, Vergebung zu üben. Peter Ustinov hat es einmal so ausgedrückt: »Liebe ist ein Akt endlosen Vergebens, ein zärtlicher Blick, der zur Gewohnheit wird.«

Wir können Familien helfen, ein System tragender Pfeiler aufzubauen. So könnten wir zusammen mit unseren Klienten eine Skizze möglicher sozialer Ressourcen in der nächsten Nachbarschaft entwerfen – ältere Ehepaare, die Kinder mögen, der Nachbar von gegenüber, der seine Hilfe schon einmal angeboten hat, oder die Ladeninhaberin an der Straßenecke, die die Familie kennt. Wir können Verbindungen zwischen den einzelnen Familien herstellen und sie inspirieren, sich gegenseitig zu unterstützen, weil beide davon profitieren. Auch Kirchen stellen oft solche Inseln gegenseitigen Beistands dar. Wenn Gemeindezentren für die Jugend Sportveranstaltungen oder andere gesellige Treffen gestalten, kann dies für das soziale Miteinander und das Familienleben selbst segensreich sein. Wie sagte doch Glenn Hilke? »Wenn Sie eine grundlegende Änderung erreichen wollen, müssen Sie die Menschen miteinander bekannt machen.«

3. Hoffnung machen

Diesen Auftrag sprach Don Meichenbaum, ein Vertreter der kognitiven Verhaltenstherapie, aus. Seiner Ansicht nach ist es erste Therapeutenpflicht, ja der Hauptbeitrag jeder Therapie,

Wege der Hoffnung zu eröffnen. Wenn sich die Klienten in oder nach einer Therapiestunde schlechter fühlen und ihnen ihre Situation hoffnungsloser erscheint als vorher, dann funktioniert diese therapeutische Methode nicht. Ins Zentrum des Blickfelds sollten wir Lernen, Kreativität, Spaß und gute Arbeit stellen. Therapeuten sollten, um eine Forderung von Robert Frost hier zu umschreiben, Menschen bestärken, mit Stolz zurück und mit Hoffnung nach vorn zu sehen.

Dabei geht es nicht darum, unangenehme Fakten wegzudiskutieren; vielmehr ist Hoffnung eine existentielle Haltung, der Not und dem Unglück ins Auge zu sehen. G. K. Chesterton meint ähnliches, wenn er sagt: »Mut ist die Kraft, auch in verzweifelten Situationen die Hoffnung nicht aufzugeben.« So gesehen, verleiht Hoffnung den Klienten Kraft und ein klares Ziel. Eine falsche Hoffnung gibt es gar nicht, diese Redewendung ist ein Widerspruch in sich.

4. Anerkennung vermitteln

Gute Therapeuten legen auf Respekt und Anerkennung genausoviel Wert wie auf Fürsorge. Natürlich steht für sie die Fürsorge im Mittelpunkt, aber sie wissen auch, daß Anerkennung noch stärker motiviert. Anerkennung spricht Denken und Gefühle an; am leichtesten ist sie an ein besonderes Verhalten zu koppeln. Hier einige Beispiele: »Ich erkenne es sehr an, daß Sie aufgehört haben, Marihuana zu rauchen, weil Sie Ihren Kindern ein Vorbild sein wollen.« Oder: »Ich finde es gut, daß du nicht zu der Bande gehören willst.«

Respekt und Anerkennung bedeuten, daß die Klienten mündige Menschen und für ihre Handlungen verantwortlich sind. Auch Angehörige, die nicht anwesend sind, verdienen Respekt. Therapeuten können die Bewältigung schwieriger Situationen erleichtern und die Flexibilität fördern, indem sie fragen: »Was lernen Sie daraus?« Hier fällt mir Duke Ellington ein, der einmal gesagt hat: »Statt meine Energie auf das Jammern zu verschwenden, habe ich sie zum Schreiben von ein paar Bluesstücken verwendet.«

Respekt bedeutet für uns Therapeuten auch, darauf zu verzichten, zwischen uns und den anderen einen Unterschied zu machen, denn unsere Theorien müssen uns selbst entsprechen. Psychiatrische Diagnosen sollten wir, wenn überhaupt, nur mit größter Vorsicht gebrauchen. Es ist Michael White nur zuzustimmen, wenn er sagt: »Niemand ist so krank, wie es nach seiner Fallbeschreibung oder seiner Diagnose aussieht.«

5. Das Denken klären

Wir helfen den Menschen, zwischen Denken und Fühlen zu unterscheiden und Phantasie von Wirklichkeit zu trennen. Aber anstatt Absolution zu erhalten, sollen sie lernen, mit der Wirklichkeit umzugehen. Wir können sie auch darin unterstützen, sich zur rechten Zeit an den rechten Dingen zu freuen. Dazu ein Beispiel aus meinem eigenen Leben: Im letzten Sommer war ich endlich einmal an der Ostküste, am Strand von Cape Cod in Massachusetts. Immer hatte ich mit meiner Familie ans Meer fahren wollen, aber irgendwie hatten wir dafür entweder keine Zeit oder kein Geld. Jetzt waren meine Kinder erwachsen, und ich schaute zu, wie anderer Leute Kinder Sandburgen bauten und Muscheln sammelten. Ich hörte, wie sie vor Vergnügen quietschten, und sah die Freude der Eltern an ihren sandverklebten, sonnengebräunten Kindern. Das gab mir einen Stich ins Herz. Auf dem Sterbebett, dachte ich, werde ich mich kaum zu der Zeit und dem Geld beglückwünschen, die ich gespart habe, weil ich nicht mit den Kindern ans Meer gefahren bin.

6. Strategien für sinnvolle Entscheidungen entwickeln

Die meisten Menschen wollen das Rechte tun, aber viele wissen nicht, was das Rechte ist, und Familienangehörige können sich darüber oft nicht einigen. Wir können sie zu einem gemeinsamen Vorgehen anleiten, das jeden zu Wort kommen läßt und schließlich zu einer fairen und vernünftigen Entscheidung führt. Ich denke hier zum Beispiel an die mittellose, hochverschuldete Familie, die zu mir kam, um eine existentielle Frage zu erörtern: Sollte der Vater eine gefährliche Arbeit annehmen oder die Familie der Obdachlosigkeit ausliefern? Ich denke dabei auch an die beiden Lesbierinnen, die ein Mädchen adoptiert hatten und nicht wußten, wie sie den Fragen ihrer Tochter nach ihrem Sexualverhalten begegnen sollten. Bei solchen schwierigen Fragen können sich Menschen von uns Rat für eine Entscheidung einholen, zu der alle stehen können.

Während die Mittellosen darum kämpfen, einigermaßen zurechtzukommen, und weder genug Zeit noch Geld haben, will der Mittelstand meistens beides und macht sich nicht klar, daß das nicht geht. Hier können die Therapeuten neue Perspektiven eröffnen – daß das beste Geschenk für Angehörige nicht irgendein Verbrauchsgut ist, sondern die Zeit, die man ihnen widmet. Wir können Wohlstand neu definieren helfen. Was ist Wohlstand? Nach Ralph Waldo Emerson, dem amerikanischen Philosophen und Dichter, ist er »die Anzahl der Dinge, ohne die man auskommen kann«. Meine persönliche Definition von Wohlstand enthält auch die Zahl der Sonnenuntergänge, die die Familie im Jahr zusammen ansieht, oder die Zahl der Wochentage, die der Vater mit seinen Kindern nach der Schule verbringt, oder auch die Zahl der Tage, an denen die Familie mit Verwandten feiert.

7. Einfühlungsvermögen entwickeln

Simone Weil, die französische Sozialtheoretikerin, hat einmal gesagt: »Die einzig bedeutsame Frage, die man anderen stellen kann, ist die nach den Erfahrungen, die sie machen, und wie es ihnen dabei geht.« Wir können unseren Klienten vermitteln, wie wichtig es ist, einmal die Maschinen auszuschalten und in der Eile kurz innezuhalten, um andere so etwas zu fragen; oder einmal Verwandte anzurufen, ihnen zu schreiben, sie mit den Kindern zu besuchen; oder einen Nachbarn, der Kummer hat, zu einem gemeinsamen Spaziergang aufzufordern. Wir können sie ermutigen, sich mit Menschen anderer Herkunft zu treffen oder eine ausländische Familie zum Essen einzuladen. Wir können auch die Reichen anregen, sich um Arme zu kümmern. Es geht darum, mit anderen Lebenserfahrungen und Gefühle auszutauschen.

Wir sollten vermitteln, daß jeder nur auf die ihm eigene Weise lieben kann. Um dies deutlicher zu machen, liest eine mir bekannte Therapeutin mit ihren Klienten das Buch *Das Geschenk der Weisen* von O. Henry. Viel zu oft suchen Menschen ihr Leben lang vergeblich nach der einen Form von Liebe, ohne zu sehen, daß alles um sie herum voll Liebe ist, wenn sie sie nur wahrnehmen würden. Es gibt doch viele Arten von Liebesbeweisen – wenn der Ehemann am frühen Sonntagmorgen das Öl im Auto wechselt, wenn das Kind im Mienenspiel des Vaters nach Zeichen von Anerkennung sucht, die Nachbarin Rosen aus ihrem Garten schenkt oder ihr Sohn uns die Kätzchen zum Streicheln in die Arme legt.

8. Selbstbestimmung und Kreativität fördern

Wir müssen die Menschen ermutigen, zu sich selbst zu stehen und ehrlich zu sein. Wir können ihnen helfen, über sich selbst zu bestimmen, statt sich von der Gesellschaft eine Rolle aufdrängen zu lassen. Wir können ihnen Mut machen, ihren Neigungen zu folgen: Schreiben, Musik machen, Malen, Kochen, Patchwork-Decken anfertigen, Schmuckkästchen schreinern, Kindern Geschichten erzählen – kurz, was ihnen eben Spaß macht.

9. Verheimlichtes aufdecken, für Offenheit einstehen und dem Schmerz ins Auge sehen

Die Familien sollten bestärkt werden, ehrlich zu dem zu stehen, was sie am liebsten auch vor sich selbst verbergen: Selbstmord in der Familie, ein straffälliger Angehöriger, Suchtpropbleme, unerwünschte Schwangerschaft, Adoption oder Mißbrauch. Was auch immer die Achillesferse der Familie ist, es sollte erörtert werden. Denn, wie schon Adrienne Rich, die feministische Lyrikerin, schrieb: »Was nicht ausgesprochen wird, wird irgendwann unsagbar.«

Es beeinträchtigt unsere Lebensqualität, wenn wir Probleme nicht sehen wollen. Verheimlichung hält eine Familie davon ab, sich der Realität zu stellen. Auf der einen Seite führt sie zu Kumpanei und auf der anderen Seite zu Entfremdung. Sie verursacht nur Scham und verhindert jede Veränderung. Einen solchen Makel zu verdrängen wirkt von innen heraus destruktiv und macht glauben, daß er nicht zu bewältigen sei. Wenn Individuen oder ganze Familien gesunden wollen, müssen sie in der Lage sein, ihre Erfahrungen in ihr Leben einzubringen. Unverarbeitete Erlebnisse trüben das Denken und blockieren die Weiterentwicklung. Wir müssen die Menschen anregen, sich gewissermaßen durch ihr Problem hindurchzuarbeiten, statt ihm aus dem Weg zu gehen. Der meiste Wahnsinn auf dieser Welt rührt daher, daß die Menschen vor dem Schmerz davonlaufen.

10. Ängste zerstreuen und mit Streß umgehen

Familien brauchen Strategien, um mit beschämenden, ängstigenden, traurigen oder peinlichen Situationen umzugehen. Wenn sie mit solchem Streß nicht fertig werden können, geht es ihnen schlecht. Wir können sie den Umgang mit Angst und Schmerzen lehren. Wir können sie zum Sprechen und Zuhören bewegen, ein Vorgehen, das auch in der Behandlung von traumatisierten Patienten angewendet wird. Wohlbefinden und gesunder Lebensstil lassen sich lernen. Dazu gehören auch richtige Ernährung, regelmäßige körperliche Bewegung und die Beziehung zur Natur. Auch hierbei können Therapeuten Hilfestellung bieten.

11. Den Konsum einschränken, Gewalt und Abhängigkeit in den Griff bekommen

Wir können Unterstützung bieten, wenn es um Abhängigkeit von Drogen, Medikamenten, Zigaretten oder Alkohol geht. Wir können die Menschen lehren, ihre Impulse zu kontrollieren und deren Befriedigung abzuwarten – kurz, die Frustrationstoleranz zu erhöhen. Das meiste Unglück dieser Welt entsteht, weil Menschen, die eigentlich zu 90 Prozent glücklich sind, die restlichen zehn Prozent auch noch anstreben müssen. Was »genug« ist, sollte jede Familie für sich selbst entscheiden lernen.

Wir können die Kommunikation zwischen den Wütenden und ihren Opfern erleichtern. Wir können helfen, auf Gewalt zu verzichten und den Zorn zu beherrschen. Dafür gibt es viele brauchbare Modelle aus der kognitiven Verhaltenstherapie. Wir können Familienmitgliedern beibringen, daß niemand es verdient, körperlich verletzt oder mit Worten eingeschüchtert zu werden. Nimmt die Gewalt in der Familie trotzdem kein Ende, können wir bedrohten Angehörigen helfen, dieser Gefahr zu entrinnen.

12. Das Gleichgewicht zwischen der Pflege der individuellen Eigenart und der Gemeinschaft aller finden

Bei Abgrenzungsproblemen können Therapeuten helfen, Streitigkeiten beizulegen. Hierfür einige Beispiele:

Zwei Eheleute konnten sich nicht einigen, was mit der an Diabetes erkrankten Mutter der Ehefrau geschehen sollte. Einerseits scheuten sie sich, sie in ein Pflegeheim zu geben, andererseits konnten sie sie nicht mehr allein leben lassen, wollten sie aber auch nicht bei sich aufnehmen. Hin- und hergerissen zwischen Pflichtgefühl, eigenen Lebensvorstellungen und der Sorge um den Ehefrieden, fragten sie sich immer wieder: War es Selbstsucht oder berechtigte Sorge um ihre eigene Ehe, wenn sie die Mutter ins Heim gaben?

Eine alleinerziehende Mutter lebte mit ihrem Kind bei ihren Eltern. Sie kam in die Therapie, um zu klären, wieviel Hilfe sie von den Eltern annehmen sollte. Manchmal hatte sie das Gefühl, daß sich die Eltern zu sehr in ihre Erziehung einmischten. Sie sagten ihr, wann der Junge ins Bett gehörte und was sie ihm anziehen sollte. Natürlich war sie für die Hilfe dankbar, andererseits wollte sie mehr Eigenständigkeit bewahren.

In manchen Familien sind die Angehörigen zu eng miteinander verstrickt. Eltern kümmern sich zuviel um die Kinder, oder Geschwister reden sich gegenseitig in ihre Ehen hinein. Es gibt aber durchaus auch Menschen, die kein eigenes Leben führen können und sich ihre Identität von anderen borgen müssen. Bislang hat die Therapie mehr die Gefahren zu starker Einmischung gesehen und dafür die Gefahren der Isolation vernachlässigt. Meiner Ansicht nach ist es Zeit, das Pendel in die Gegenrichtung schwingen zu lassen, um zu einem Gleichgewicht zu kommen. Wir helfen am besten, wenn wir das menschliche Bedürfnis nach beidem anerkennen – nach Gemeinschaft und nach Eigenständigkeit.

13. Maß und Gleichgewicht erlangen

Wir vermögen zu Arbeit und Spiel anzuregen, zu Altruismus und zu Selbstliebe. Wir sollten, um hier das Wort eines alten Pfarrers aufzugreifen, »die Beladenen erleichtern und die Leichtlebigen beladen«. Das bedeutet, daß übermäßig strenge

Menschen sich zu entspannen und übermäßig lässige Menschen sich besser zu organisieren lernen; daß selbstbezogene Menschen auch einmal an andere denken und andererseits die sich stets Aufopfernden auch einmal an sich denken. Wir können Menschen zu guten Taten ermuntern, aber auch dazu, an jedem Tag etwas Freudiges zu entdecken.

14. Humor entwickeln

Mir gefällt ein Spruch von Jeanne Moreau: »Das Leben ist schon hart genug, um auch noch zusätzlich über alles und jedes unglücklich zu sein.« Während der Wirtschaftskrise in den dreißiger Jahren war Humor ein Mittel zum Überleben. In all der Not und Traurigkeit machte ein Witz das Leben erträglicher. Ich kenne eine Psychologin, die einer Familie oft aufträgt, beim Abendessen einen Witz zum besten zu geben.

15. Charakterbildung fördern

Der Zweck des Lebens ist, mehr Mensch zu werden, sagte Albert Einstein. Was wir tun können, ist, eine Familie so weit zu stützen, daß jedes einzelne Mitglied sein eigenes Potential entwickeln kann. Wir müssen ihr helfen, einfühlsam und zugleich verläßlich zu sein. Über den Wert dieser beiden Eigenschaften herrscht in unserer Gesellschaft einige Verwirrung, und die familiären Verhältnisse spiegeln nur diese Verwirrung wider. Was eine Familie bieten muß, sind hohe Erwartungen an ihre Mitglieder, Toleranz und Zärtlichkeit.

Um Familien dabei zu unterstützen, ihre Position zu klären, neue Erkenntisse über sich zu gewinnen und auch langfristig dazu motiviert zu bleiben, verwende ich bestimmte Modelle, sogenannte Assignments. Danach soll eine Familie verschiedene Maßnahmen ausprobieren und selbst herausfinden, was bei ihr am besten funktioniert. Dabei soll sie ganz pragmatisch vorgehen: Was wird durch diese oder jene Vorgehensweise besser, was wird schlechter? Um nach solchen Modellen vorzugehen, braucht sich eine Familie nicht unbedingt in eine Therapie zu begeben. Sie kann sich auch selbst zu wöchentlichen Treffen zusammenfinden und eigene Modelle entwickeln.

Gewöhnlich bitte ich dann die Familie, über ihre Erfolgserlebnisse Buch zu führen und mir davon zu berichten. Erfolge können alles sein, von dem die Familie in Zukunft mehr haben will – gemeinsame Mahlzeiten zum Beispiel oder Stunden, die ihnen allen Spaß gemacht oder in denen sie sich miteinander über ihren Konflikt ausgesprochen haben. Als Erfolge zählen auch die Abende, die die Eltern für ein Zwiegespräch in Ruhe freigeschaufelt haben, oder die Zeiten, in denen eine alleinerziehende Mutter die Energie aufgebracht hat, ihrem Kind eine Geschichte vorzulesen. Immer von neuem erinnere ich die Familien daran, daß sie mir als Erfolg keine guten Zensuren oder den Nobelpreis präsentieren müssen, denn die meisten Erfolge im Leben sind kleine Erfolge. Aber sie haben große Bedeutung, wenn es gelungen ist, die eigene Schwäche zu überwinden, anderen zu helfen und damit sich selbst und die Familie zu festigen.

Ich empfehle auch, negative Erfahrungen durch positive zu ersetzen. Dabei geht es darum, einen Schmerz aus früherer Zeit mit einem positiven, ihn gewissermaßen überschreibenden Erlebnis abzumildern. Hierfür zwei Beispiele: Freunde von mir hatten eine Reise nach Denver unternommen, als die Ehefrau an einem Hirntumor notoperiert werden mußte. Zwei Jahre später, nachdem sie genesen war, fuhr das Paar wieder nach Denver, aber dieses Mal bewußt, um die Stadt zu genießen. Auf einer weniger ernsten Ebene können alle so handeln. So kann ein Paar, das sich in seinem Lieblingsrestaurant zerstritten hat, zur Versöhnung auch wieder in dieses Restaurant gehen.

Bei Jugendlichen funktionieren solche korrigierenden Erlebnisse besser als Strafen. Insbesondere auf der Beziehungsebene sind Reparationen, also Entschädigungs- oder Wiedergutmachungsleistungen, außerordentlich wirksam. Wenn etwa ein Jugendlicher mit einem seiner Wutanfälle der ganzen Familie das Abendessen verdorben hat, schlägt eine mir bekannte Therapeutin vor, daß er oder sie gebeten wird, ein andermal selbst zu kochen und der ganzen Familie ein Abendessen mit Kerzenschein und allem Drum und Dran zu servieren. Eine weitere heilsame Wiedergutmachung könnte auch sein, den Eltern beim

Hausanstreichen zu helfen oder ihnen den Umgang mit dem Computer zu erklären. Aber auch im Garten mitzuarbeiten oder nur die Abfälle zur Sammelstelle der Wiederverwertung zu bringen oder sich um einen alten Verwandten zu kümmern – all das kann seinen Zweck erfüllen. Solche Wiedergutmachungsleistungen haben den Vorteil, daß die Jugendlichen in Gegenwart eines Erwachsenen mit einem sinnvollen Projekt beschäftigt sind, bei dem sie zudem noch etwas lernen.

Hat eine Familie einen Schock, ein Trauma, erlitten, rate ich ihr zu einer Art Zeremonie, die zur Verarbeitung des Schmerzes beitragen kann. So haben einmal Eltern, deren Tochter ermordet worden war, eine Gedenkfeier in deren College ausgerichtet und Geld für mehr Sicherheit auf dem Gelände gestiftet. Dieser Akt war für die Bewältigung ihres Schmerzes von großer Bedeutung.

Jede Familie schleppt noch unverarbeitete Reste mit sich herum, sei es, daß sich die Angehörigen gegenseitig sehr weh getan haben, oder seien es Wunden, die die Außenwelt ihr zugefügt hat. Je mehr eine Familie seelisch in eine solche Zeremonie investiert, desto mehr profitiert sie davon. Meine Vorliebe gehört den Zeremonien außer Haus. Wie schon Thoreau sagte: »In der Wildnis ist das Leben.« Alle Rituale, die in Sonne, Wasser, Meer, Wald und Gebirge stattfinden, können eine heilsame Wirkung haben. Auch Städter können geeignete Plätze finden – Dachterrassen, Parks, Fluß- oder Seeufer. Auch Städte haben Bäume, den Himmel, Blumen, Regen und Sterne – alles Requisiten für Heilungszeremonien.

Wenn eine Familie einmal ihr Verhältnis zu den Medien unter die Lupe nimmt und sorgfältig auswählt, was sie sehen will und was nicht, bedeutet dies natürlich: Studium des Fernsehprogramms, den Dialog darüber, Experimente und oft auch Streit. Aber am Ende ist eine Entscheidung gefallen und nicht einfach die Welt von draußen eingedrungen. Das kann sehr befriedigend sein. Eine Familie entschied sich einmal für eine radikalere Lösung: Sie verkaufte ihr Fernsehgerät und überließ den Kindern den Erlös.

Wenn die Menschen vernünftige und genaue Informationen haben, handeln sie klüger. Aber genau diese sind in den neunziger Jahren immer schwerer zu bekommen. Empfangen wir nicht ständig widersprüchliche Nachrichten über die wirtschaftliche

Zukunft, die Klimaerwärmung oder die richtige Ernährung? Auf welche Information sollen wir denn unsere Entscheidungen gründen? Hier versuche ich zu helfen, indem ich den Familien rate, zusätzliche Informationsquellen einzusehen und zum Beispiel die Stadtbücherei zu nützen.

Ja, ich rate sogar zur Lektüre von Selbsthilfebüchern. So empfehle ich beispielsweise *Training der Gefühle* von Albert Ellis oder Harriet Lerners Buch *Wohin mit meiner Wut?*. Aber bevor ich solche Bücher empfehle, lese ich sie selbst, um sicherzugehen, daß sie wirklich sachliche Informationen bieten und nicht dazu verführen, sich selbst als Opfer einer gestörten Familie zu sehen.

Viele Menschen, die in ihrem Leben sehr erfolgreich sind, bekennen, daß sie als Kinder von Büchern inspiriert wurden, die von Helden handelten. Deshalb empfehle ich Bücher, in denen sich gute Menschen über Widrigkeiten und Mißgeschicke hinwegsetzen oder in schlimmen Verhältnissen überlebten. Ich denke hierbei an Jewgenia Ginsburgs *Gratwanderung*, die ihre Erlebnisse in einem stalinistischen Arbeitslager beschreibt, oder an die Geschichten von Zitkala-Sa aus ihrer Kindheit beim Stamm der Lakota-Sioux im frühen zwanzigsten Jahrhundert. Ich liebe Biographien von Menschen, die etwas vollbracht haben – Albert Einstein, die Malerin Georgia O'Keeffe oder die Astronauten. Ich verleihe auch Autobiographien, zum Beispiel Margaret Meads *Brombeerblüten im Winter*, Benjamin Franklins Tagebuch und Mark Twains Autobiographie.

Kinder lieben Geschichten über tapfere Kinder. Mit ungefähr zwölf, dreizehn Jahren las ich das *Tagebuch der Anne Frank* sowie John Gunthers Geschichte über seinen krebskranken Sohn, *Death Be Not Proud* (Tod, du hast keinen Grund, stolz zu sein). Solche Bücher spornten mich an, meine relativ angenehme und günstige Ausgangssituation möglichst gut zu nutzen. Zu den modernen Büchern, die ich für Jugendliche sehr geeignet halte, gehören *It's Our World, Too! Young People Who Are Making a Difference* (Es ist auch unsere Welt. Junge Leute, die es anders machen) von Phillip Hoose sowie *Real Lives* (Wirkliche Leben), ein Buch von Jugendlichen, die darin ihre eigene Erziehung entwerfen. In jeder Bücherei können sich Eltern beraten lassen, welche Bücher für ihre Kinder geeignet sind.

Ich ermutige immer wieder dazu, die Geschenke anzunehmen, die Aufmerksamkeit, Anregungen und Erlebnisse bieten. So kenne ich eine Familie, die bei jedem Vollmond auf einen nahegelegenen Bergkamm wandert. Eine Freundin von mir schreibt ihren Enkelkindern jede Woche lange Briefe und nimmt Gutenachtgeschichten für sie auf Kassetten auf. Eine Klientin arbeitete einmal monatelang an einer Patchwork-Decke für ihren Neffen, damit er wisse, wieviel er ihr bedeutet. Und ich kenne eine Großmutter, deren Rente zu klein ist, um großartige Geschenke zu machen; dafür schreibt sie für jedes Enkelkind zum Schulabschluß seine Lieblingsrezepte mit der Hand auf.

Wie ich in Kapitel 11 noch näher ausführe, rege ich Familien an, eigene Rituale zu schaffen, die mit den Jahreszeiten, mit besonderen Familienereignissen oder auch mit Reisen in Zusammenhang stehen können. Umfragen haben ergeben, daß sich die schönsten Kindheitserinnerungen von Erwachsenen an Ereignisse im Freien, an Festtage und an Ferien knüpfen. Deshalb rate ich einer Familie, solche Gelegenheiten zu schaffen. Das braucht nicht teuer zu sein; schon Zelten am Wochenende oder ein Verwandtenbesuch können Ferien bedeuten. Ein kleines Ereignis im Freien kann schon darin bestehen, auf dem Balkon zu sitzen und gemeinsam die Sternbilder auszumachen.

Meiner Ansicht nach sollten Gesten der Liebe in einer Familie häufiger sein. Man muß tatsächlich daran erinnern, daß Angehörige sich auch einmal streicheln, sich Komplimente machen oder darüber sprechen sollten, was sie von den anderen halten. Ich rege an, von Zeit zu Zeit Grußkarten zu schreiben, kurz einmal anzurufen, kleine Gefälligkeiten zu erweisen und auf jede mögliche Weise der Zuneigung Ausdruck zu verleihen. Wie schön ist es doch, einen Friedhof, auf dem Verwandte begraben sind, aufzusuchen oder dem Heimatort von Eltern oder Verwandten einen Besuch abzustatten. Ich rate Familien sogar, mit dem Bus quer durch die Stadt zu fahren, sich ein Flugticket zu kaufen oder mit dem Auto Hunderte von Kilometern zu fahren, nur um eine Großtante oder einen Vetter zu besuchen.

Wieviel das für alle bedeuten kann, veranschaulichen folgende Beispiele. Eine ältere Klientin von mir besuchte Verwandte, die sie seit dem Holocaust nicht mehr gesehen hatte.

Diese Zusammenkunft wurde zu einer der tröstlichsten Erfahrungen ihres Lebens. Eine andere Klientin war bei der Geburt von ihrem Zwillingsbruder, der mit schweren Mißbildungen auf die Welt gekommen war, getrennt worden. Nachdem sie seine Pflegefamilie aufgespürt und ihn besucht hatte, erwuchs eine Beziehung zwischen den beiden, die für sie heilsam und für ihn lebensrettend war.

Eltern von Kindern im Jugendalter empfehle ich, einmal in der Woche ein langes Familienfrühstück einzuplanen. Dabei läßt sich gut über das Leben an sich sprechen. Diese Frühstückszeiten sollten aber frei von allen kritischen Alltagsthemen wie Schulnoten, Aufteilung der häuslichen Arbeiten, Verhaltensentgleisungen und Geld bleiben. Es sollte eher so sein, als wären sie bei sich zu Hause zu Besuch. In schwierigen Zeiten können solche Erfahrungen eines neuen Umgangs miteinander die Beziehungen außerordentlich festigen.

Ich denke mir auch Experimente aus, die helfen können, bestimmten Zeiten Bedeutung zu verleihen. Das können ganz kleine Dinge sein, wie zum Beispiel die Gewohnheit eines alten Freundes, mit seiner Frau jedes Jahr zum Eröffnungsspiel der Kansas City Royals zu fahren. Meine Mitarbeiterin Jan nimmt immer am ersten Schultag eines Jahres frei, damit sie da ist, wenn die Kinder nach Hause kommen und erzählen wollen. Das können aber auch subtilere Dinge sein, wie zum Beispiel, für besondere Zwecke bestimmte Zeiten zu reservieren. In meiner Stadt reisen viele Familien jedes Frühjahr nach Mittelnebraska zu den jährlichen Sanddünenwanderungen. Andere wiederum haben sich zur Gewohnheit gemacht, aus allen Teilen des Staates zu unseren Football-Spielen anzureisen.

Gut sind auch Miniferien, in denen die Familie bewußt eine kleine Auszeit vom Trubel nimmt. Dazu können kleine Rituale bei Tisch gehören – daß man zum Beispiel das Telefon aussteckt, den Fernseher abdreht, Kerzen anzündet, ein Tischgebet spricht.

Ich empfehle auch das Schreiben. Hier sind einige Beispiele: Schreiben Sie einen kleinen Exkurs über die Geschenke, die Sie von Ihren Eltern oder anderen Familien erhalten haben; oder schreiben Sie auf, was Sie von Ihrem Vater oder Ihrer Mutter gelernt haben. Ich liebe Briefe – Briefe über besondere Vorhaben, Briefe der Versöhnung, Dankesbriefe, Briefe mit Schecks und Liebesbriefe. In meinen Vorlesungen fordere ich meine Studenten auf, einen älteren Verwandten zu interviewen und seine Biographie zu verfassen. Viele der Studenten haben mir daraufhin gestanden, daß diese Aufgabe für sie eine der besten und spannendsten Übungen ihrer Collegezeit war. Um diese Übungen ranken sich zum Teil rührende Geschichten. So war ein Student, ein zorniger junger Mann und Drogenkonsument, drauf und dran, das Studium abzubrechen. Dann interviewte er seine Großmutter, mit der er in den letzten Jahren kaum gesprochen hatte. In den zehn Stunden des Interviews lernten sich die beiden wieder richtig kennen. Jetzt geht er mittags immer zu ihr zum Essen. Er mäht ihren Rasen, und sie flickt ihm seine zerrissenen Jacken. Vom Verlassen des College ist nicht mehr die Rede, und er nimmt sogar weniger Drogen.

Väter und Söhne bekommen von mir den Rat, sich zu schreiben; auch erwachsene Geschwister ermutige ich, sich lange Briefe zu schreiben, in denen sie sich gegenseitig mitteilen, was sie denken und fühlen. Ein Kollege von mir fordert die Geschwister depressiver Klienten auf, ihm zu schreiben, vor allem Briefe über die Kraft und die guten Eigenschaften des depressiven Geschwister. Diese Briefe liest er dann seinen Klienten in den therapeutischen Sitzungen vor.

Ehepaaren rate ich, sich einmal im Jahr einen Brief mit einer Bestandsaufnahme zu schreiben: An was sie mit Freude zurückdenken, wie sie die Gegenwart sehen, was sie sich für die Zukunft erhoffen, was sie tun wollen, um ein besserer Partner beziehungsweise eine bessere Partnerin zu werden. Solche Briefe können sehr wirkungsvoll sein; darüber hinaus dokumentieren sie im Lauf der Zeit die Entwicklung der Ehe.

Wenn eine Kleinfamilie mit sich zu kämpfen hat, lohnt es sich oft, Tanten und Onkel, Cousins und Cousinen oder die Großeltern heranzuziehen. Die meisten Menschen sind geradezu rührend in ihrem Eifer, nützlich sein zu wollen. Manchmal sind allerdings gerade die Verwandten ein Teil des Problems, und dieses läßt sich dann ausdiskutieren. Andere so zu schätzen, daß man sie um ihre Hilfe bei einer Problemlösung bittet, kann Wunder wirken. Auch sonst sind die Verwandten oft eine wichtige Hilfe: zum Beispiel, wenn sich ein Onkel bereit erklärt, mit einem kriminell gewordenen Jugendlichen Basketball zu spielen; oder wenn ein Großvater einem alleinerziehenden und erschöpften Elternteil mit der Beaufsichtigung der Kinder zur Seite steht. Auch Familienzusammenkünfte sind oft äußerst wirksam, denn gerade Kinder finden es großartig, wenn sie ihre Verwandten mehrere Tage besuchen können. In unserer Gesellschaft jammern wir ja meistens, wenn längere Familienbesuche anstehen, aber sie können wirklich Spaß machen. Wir haben die Privatsphäre kultiviert, ohne zu bedenken, daß dieser Kult auch in Isolation münden kann. Kinder sind aber gesellig und mögen es, um sich herum Familie zu haben.

Ich frage meine Klienten immer, was sie über sich selbst wissen – über ihre Geburt, ihre ersten Worte, ihre ersten Gewohnheiten. Dabei konnte ich feststellen, daß es von Familie zu Familie völlig verschieden ist, wie viele und welche Geschichten kursieren und welche Details Angehörige beisteuern können. Die Menschen hungern nach solchen Geschichten, und die Familie kann sie ihnen bieten. Deshalb fordere ich immer wieder dazu auf, in Kontakt zu bleiben – per Brief, Telefon, Videoband, Audiokassette und E-Mail. Angehörige können einander eindrucksvolle Geschichten erzählen.

Es gibt Länder, in denen das gang und gäbe ist. So berichtete mir eine Freundin, daß sie sich in Singapur mit einer Frau über die unterschiedlichen Lebensweisen in unseren beiden Ländern unterhalten hatte. Als meine Freundin ihr erklärte, daß bei uns jede Kleinfamilie für sich lebt, fragte die Frau aus Singapur voller Verwunderung: »Und woher bekommen eure Kinder ihre Geschichten?«

In diesen Tagen müssen wir eine Familienstruktur erst einmal aufbauen, bevor wir darangehen können, sie zu analysieren. In den sechziger Jahren war das nur für Familien nötig, denen es an Regeln, Struktur, Hierarchie und Werten fehlte. Heute gilt das für fast alle Familien. Daher passen die meisten Vorstellungen über eine Familientherapie nicht mehr in unsere Zeit. Wir müssen unsere Konzepte modernisieren. In Wirklichkeit sind die Klienten vielen Therapeuten voraus; sie wissen nämlich, daß unsere Gesellschaft verrückt ist. Aber sie sind durch die vielen verschiedenen Erklärungen der Populärpsychologen über die Funktionsstörungen der Familie verunsichert und zweifeln zu Unrecht an sich selbst.

Wir Therapeuten müssen unsere Konzepte über Familienbeziehungen revidieren. Noch vor zwanzig Jahren brauchten junge Familien eher Hilfestellung, um sich von ihrer Verwandtschaft abzugrenzen. Das war die Zeit, in der die Schwiegereltern meist in der Nähe wohnten und sonntags zum Essen eingeladen oder besucht werden wollten; eine Zeit, in der die Großeltern den Kindern zu viele Süßigkeiten zusteckten und die elterliche Autorität untergruben. Damals unterstützten die Therapeuten die jungen Eltern, das Überengagement der Verwandtschaft fernzuhalten und für sich selbst mehr Freiraum zu gewinnen. Sie halfen somit jungen Paaren, der elterlichen Einmischung Grenzen zu setzen. Wurden also damals junge Familien von der Verwandtschaft quasi in Besitz genommen, so sind sie heute kaum mehr mit ihr zusammen. Kein entfernter Verwandter kennt die Kinder oder schenkt ihnen etwas. Heute brauchen die jungen Familien oft mehr, nicht weniger familiäre Verbindungen.

Natürlich gibt es in den meisten Familien auch schwierige Menschen. Da denke ich gleich an meine Freundin und deren Tante Charlotte. Bei Familientreffen versucht jeder, möglichst wenig mit ihr zu tun zu haben, denn sie ist eine Querulantin. Jeder ihrer Sätze ist ein Vorwurf, und sie nutzt jede Gelegenheit, in Tränen auszubrechen. Sie ärgert sich, weil keines der Kinder nach ihr genannt wurde und weil die Gastgeber das Pflaumenmus nicht so machen wie sie. Zu ihren Lieblingsthemen gehört, wie schlecht alle Welt mit ihr umgeht und wie sie es aber jemandem heimgezahlt hat, der sie austricksen wollte. So reißt sich verständlicherweise niemand um Tante Charlotte. Eine »Tante Charlotte« haben wir wohl alle in unserer Familie. Aber meistens sind wir ja in der glücklichen Lage, auch noch andere Verwandte zu haben, die wir wirklich lieben und schätzen.

Eine Familie muß wieder Rollenvorbilder haben, muß mit der Natur und einer größeren Gemeinschaft verbunden sein – und eben auch mit ihren Verwandten. Die Hauptaufgabe der Therapeuten liegt in den neunziger Jahren sicherlich darin, die Menschen vor den schädlichen Einflüssen der Gesellschaft zu schützen, sie anderen Menschen – Verwandten, Freunden und Bekannten – näherzubringen und sie in das Gemeinwesen zu integrieren. Wir müssen daran arbeiten, Kinder und Erwachsene, reich und arm, jung und alt wieder zu einen.

Therapeuten können gegen allzu simple Lösungen für die Schwierigkeiten heutiger Familien angehen. Über die Familie sind viel zu viele Vereinfachungen und Romantisierungen im Umlauf. Leichtfertige Moralpredigten wie »Es kommt nur darauf an, daß du deine Kinder wirklich liebst« können sie geradezu zerstören. Gewöhnlich ist eine Familie weder ein Brutkasten schwelender Krankheiten noch der Ursprung aller Tugenden. Die meisten von uns leben in Familien, die etwas von beidem haben. Wir finden, daß unsere Familie einmalig interessant, aber auch einmalig verrückt ist, und nur wir selbst sind jeweils das gesündeste Mitglied dieser Ansammlung von Irren. Leider betrachten viele Therapeuten die Familie als ein halbleeres und nicht als ein halbvolles Glas.

Wir sollten die Familie zum Politikum, nicht zum Pathologikum machen. Wir sollten ihr zeigen, daß ihr Feind eine Gesellschaft ist, die ihr die Zeit und das Geld stiehlt, ihre Kinder überfordert und sie mit wertlosem Zeug vollstopft. Wir sollten die Doppelbelastung der Frauen deutlicher werden lassen und sie ermutigen, durch soziale Veränderungen eine gerechtere Verteilung zu erreichen. Wir können die wohlhabenden Familien anregen, ihre Mittel mit den armen Familien zu teilen, und die gebildeten Familien, von ihrem Wissen an jene abzugeben, die dessen dringend bedürfen. Wir können Uneigennützigkeit fördern und Menschenverachtung bekämpfen.

Therapeuten können gegen Rassismus, Menschenfeindlichkeit, Sexismus, Gewalt und Ignoranz angehen. Wir können alle Arten von Menschen und Familien unterstützen und die Toleranz gegenüber dem Andersartigen fördern. Wir sollten nicht nur Analytiker, sondern auch Organisatoren sein und unseren Klienten die Hoffnung geben, die sie brauchen, um für eine Veränderung in ihrem Umfeld einzutreten. Ja, wir können ein Gegengewicht gegen das Übermaß an Technologie, Konsummentalität und Verlust an Gemeinschaft bilden. In dem politischen Klima der Demagogie können wir ein Modell für Toleranz und Achtung vor der Meinung und der Lebensart anderer aufstellen. Wir können der Allgemeinheit ins Gedächtnis rufen, was wirklich wichtig ist, und helfen, einen Sinn in dieser verworrenen und verwirrenden Gesellschaft zu finden. Unser Interesse gilt schließlich nicht dem Bruttosozialprodukt, sondern dem menschlichen Geist.

Therapeuten gehören zu den großen »Geschichtenerzählern« dieses Jahrhunderts. Aber weil unsere Geschichten, unsere Theorien, einen so starken Einfluß ausüben, müssen wir sie besonders gut auswählen. Ich gebe zu, daß wir es bisher häufig an dieser Sorgfalt fehlen ließen. Theorien wie die von der Co-Abhängigkeit, dem inneren Kind oder der gestörten Familie vermehren nur das menschliche Leid. Sie lösen Familienzwiste aus und geben den Klienten das Gefühl, allein und schwach zu sein. Sie bringen die Menschen endgültig durcheinander, weil diese nicht mehr wissen, was sie von sich glauben und wie sie sich angemessen verhalten sollen. Sie können deshalb zu Kurzschlußhandlungen führen und Herzen brechen. Gute, realitätsbezogene Erklärungsversuche hingegen geben Kraft, schaffen Beziehungen und trösten. Sie geben den Klienten das Gefühl, zu lieben und angenommen zu werden und so ihr Leben besser meistern zu können.

Es ist an der Zeit, unsere Theorien einer gründlichen Revision zu unterziehen. Welche sollten wir behalten? Welche sind geeignet, die Persönlichkeit oder die Familie aufzubauen? Die Psychologen müssen sich aber auch noch andere Fragen stellen. Was für eine Rolle soll die Psychologie im nächsten Jahrhundert spielen? Wie sollen wir unsere Kinder zu liebenden, gewaltlosen und produktiven Menschen erziehen? Wie können wir in unserer Gesellschaft jede Art von Familie stützen? Wie entwickeln wir die Kraft, Menschen zu verstehen, die anders sind als wir? Wie können wir ein Gemeinschaftsgefühl für all die Menschen in diesem Land oder die vier Milliarden Menschen auf unserer Erde entwickeln?

Teil zwei

Die Last
dieser schweren Jahre

Was noch vor dreißig oder vierzig Jahren Sinn gemacht hat, ist heute abwegig. Zum Beispiel hatte ich in den sechziger Jahren die Respektlosigkeit, Rebellionsbereitschaft und Wildheit der Beat-Generation und ihrer Dichter bewundert. Ginsberg und Orlovsky, Kerouac und Corso boten ein wunderbares Kontrastprogramm für die verschlafenen Vorstädter. Sie bildeten ein Gegengewicht zu all der Sicherheit, Uniformität und Selbstgefälligkeit der fünfziger Jahre. Aber heute fühlen sich die Menschen verloren und verunsichert. Da mögen sich manche Politiker noch so sehr rühmen, sie hätten die richtigen Antworten parat – in den meisten Familien ist Selbstgefälligkeit nicht gerade das Problem. Wenn eine ganze Kultur zu kollabieren droht, sind Chaos und Wildheit fehl am Platz. In den fünfziger Jahren mag Amerika die Bilderstürmer nötig gehabt haben; heute dagegen brauchen wir Heiler, das heißt Menschen, die versuchen, aus Scherben wieder etwas zusammenzusetzen.

Ähnliches gilt für die Psychotherapie. Seit unser Fach besteht, haben die Therapeuten überwiegend in einer gut organisierten Gesellschaft mit einem relativ einheitlichen Wertesystem gearbeitet. Die Familie war in einen größeren Verband mit vielen Verwandten und in das Gemeindewesen eingebettet. Die Werte selbst brauchten durch die Therapeuten nicht extra bestätigt zu werden; das besorgte schon die Umgebung der Menschen. Heute, da das einheitliche Wertesystem zerbröckelt ist, geht es nicht mehr darum, die Ketten einengender Zwänge zu sprengen.

In den nächsten drei Kapiteln berichte ich von Familien, die mit den Auswirkungen unserer Zeit kämpfen. Es geht hierbei um drei zentrale Themen: Charakter, Wille und Verbundenheit. Manche der Geschichten handeln von Familien, die überfordert sind und sich selbst nicht mehr zu helfen wissen. Andere zeigen Familien, denen es gelungen ist, ihre Situation mit Kraft und Würde zu meistern. Diese Gegensätze sind jedoch nicht absolut zu sehen. In jeder Familie sind Stärken und Schwächen untrennbar miteinander verbunden.

Ich will hier nicht behaupten, alle Probleme, die eine Familie heutzutage belasten, therapeutisch lösen zu können. Vielmehr möchte ich von Familien berichten, die durch eine Therapie eine Linie gefunden haben. Bei der Auswahl habe ich mich um größtmögliche Vielfalt bemüht – um reiche und arme Familien, um Familien in verschiedenen Stadien der Entwicklung und mit unterschiedlicher ethnischer Herkunft. Aber natürlich ist diese Auswahl von vornherein begrenzt: Zum einen hängt sie von dem Ort ab, an dem ich lebe, und zum anderen von den Menschen, die zu mir kommen, und das sind meist Weiße der Mittelklasse in Nebraska. Zwar habe ich gelegentlich auch mit Afroamerikanern, Spaniern und Abkömmlingen der Ureinwohner sowie als Beraterin in einem Flüchtlingsasyl mit Asiaten gearbeitet; aber trotzdem kann die Auswahl meiner Fallbeispiele natürlich nicht die Mannigfaltigkeit Amerikas widerspiegeln.

Selbstverständlich blicke auch ich, wie alle Therapeuten, auf Fälle zurück, in denen ich gar nichts erreichen konnte. Aus zwei Gründen habe ich aber auf diese Fälle nicht zurückgegriffen: erstens sind sie meiner Ansicht nach nicht so lehrreich wie die, in denen eine Familie wenigstens einen kleinen Fortschritt erreichte; zweitens möchte ich mit diesem Buch Familien, die Probleme haben, Hoffnung machen und konzentrierte mich deshalb auf diejenigen Fallgeschichten, in denen wenigstens einige kleine Erfolge zu verzeichnen waren. Aber, um ehrlich zu sein, meine Ansätze funktionieren nicht bei jeder Familie.

Noch ein Punkt: Meine Arbeit unterscheidet sich in großen Teilen nicht von der anderer Therapeuten. Auch ich lehre die Menschen, sich zu entspannen und mit Streß umzugehen. Auch ich lehre Problemlösungs-, Verhandlungs- und Kommunikationsstrategien. Auch ich lehre meine Klienten, positiv zu denken und mit kognitiver Verhaltenstherapie ihre Depression in den Griff zu bekommen; ich lehre sie Ärger- und Impulskontrolle. Ich höre Klienten zu, wenn sie sich über ein seelisches Trauma aussprechen. Auch ich helfe Klienten, bessere Erziehungsmethoden zu entwickeln oder Gesundheitsvorsorge zu betreiben, und ich stehe ihnen bei Eßstörungen oder Drogenabhängigkeit bei. Da ich aber mit diesem Buch neue Erkenntnisse vermitteln möchte, schreibe ich nur wenig über diesen Teil meiner Arbeit. Ich konzentriere mich dagegen in erster Linie auf das, was ich vielleicht anders mache als andere Therapeuten, damit meine Theorien klarer und verständlicher werden. Natürlich hat das seinen Preis: Die Leserinnen und Leser mögen mich vielleicht für einmalig halten. Das bin ich aber nicht.

Unter diesen einschränkenden Voraussetzungen lassen Sie mich einige Fallbeispiele erzählen. Sie sollen Ihnen einen Eindruck davon geben, wie es anderen Familien geht. Vermutlich werden manche von Ihnen feststellen, daß auch andere Familien mit gleichen oder ähnlichen Problemen zu kämpfen haben. Sie sollen aber auch aufzeigen, daß viele schwierige Situationen, denen sich Familien heute gegenübersehen, zu bewältigen sind, und daß es durchaus Möglichkeiten gibt, das eigene Leben anders und vielleicht klüger zu gestalten.

Kapitel acht

CHARAKTER

Charakter definiere ich als diejenige innere Instanz einer Persönlichkeit, die die moralischen Entscheidungen fällt. Charakter impliziert Denken und Fühlen, ererbte und erworbene Strukturen sowie Handlungsmuster. Die moralische Erziehung der Kinder formt deren Charakter; sie hat zum Ziel, Kinder das Treffen bewußter und kluger Entscheidungen zu lehren. Der Charakter unterliegt ein Leben lang den verschiedensten Einflüssen.

Als wir den Charakter aus den Augen verloren haben und statt dessen das Selbstwertgefühl in den Mittelpunkt unseres Blickfelds rückten, haben wir Therapeuten einen Fehler gemacht, denn gegenüber dem grundsoliden Konzept des Charakters verhält sich das Konzept des Selbstwertgefühls wie Zuckerwatte zu einem Laib Brot. Ursprünglich hatte der Begriff »Selbstwertgefühl« eine präzise Bedeutung und damit auch einigen praktischen Nutzen. Doch inzwischen ist es ihm wie den Begriffen »Kommunikation« und »Mißbrauch« ergangen: Er sagt wenig aus. »Selbstwertgefühl« ist mittlerweile ein ausgelutschtes Wort, das nur noch dazu dient, Akademikern zu Publikationen zu verhelfen und den Markt mit Selbsthilfebüchern zu überschwemmen.

Myriaden von Magisterarbeiten und Dissertationen zeigen die Beziehung zwischen einem niedrigen Selbstwertgefühl und nahezu jedem menschlichen Problem auf. Manche dieser Forschungen bewegen sich ganz offensichtlich auf dem Boden der Banalität, denn natürlich neigen Menschen, die schwer von Begriff sind, sowie unerwünschte oder sexuell mißbrauchte Kinder und adipöse Frauen zu einem niedrigen Selbstwertgefühl. Der größte Teil dieser »Forschungen« zeigt meiner Meinung nach, daß gewisse Phänomene zusammen vorkommen – aus welchem Grund auch immer.

Die Feststellung einer Beziehung sagt aber noch nichts aus über die Kausalität, das heißt, über den Zusammenhang von Ursache und Wirkung. Im allgemeinen wird unterstellt, daß Menschen mit einem hohen Selbstwertgefühl mehr vollbringen, bessere Prüfungsnoten erhalten, mehr Produkte verkaufen und so weiter. Tatsächlich besteht hier eine Beziehung zwischen Ursache und Wirkung. Allerdings denke ich, daß dieses Prinzip gerade umgekehrt funktioniert, als gemeinhin angenommen wird. Wenn also Menschen mit bestimmten Fähigkeiten und mit Erfolgserlebnissen von sich selbst sehr viel halten, dann ist wahrscheinlich deren gutes Selbstwertgefühl das Ergebnis und nicht die Ursache guter Arbeit.

Oft versuchen unsichere Menschen, ihr Selbstwertgefühl mit Selbstbestätigungen zu verbessern. Viele hören sich auf dem Weg zur Arbeit im Auto Kassetten mit Selbstaffirmationen an; andere lassen sich von programmierten Botschaften berieseln, daß sie gute Menschen seien. Solche Selbstaffirmationen machen durchaus Sinn, aber als Allheilmittel in einem schwierigen Leben werden sie entschieden überschätzt. Wenn die Arbeit eines Menschen ohne Bedeutung ist und seine Beziehungen zerbrochen sind, sind grundsätzliche Veränderungen angesagt.

Es ist sehr wichtig, daß die Arbeit eines Menschen gewürdigt wird, denn dauernde Krittelei kann in der Tat entmutigen. Doch ein echtes Gefühl für den eigenen Wert erwächst aus dem Glauben, daß man seinen Teil zu einer besseren Welt beiträgt. Es ist sozusagen das Nebenprodukt eines bewußt geführten Lebens. Allerdings erlangt man ein gutes Selbstwertgefühl am besten, wenn man es nicht direkt anstrebt. Es kann uns weder von einem anderen Menschen vermittelt werden, noch läßt es sich durch Selbsthypnose erreichen. Ein gutes Beispiel hierfür bietet die Streitfrage in der Bibel, was wichtiger und besser sei – der Glaube oder gute Werke. Meiner Ansicht nach führt Glaube allein, ohne tätige Nächstenliebe, nur zu abgehobenem Theoretisieren. Ähnlich verhält es sich mit dem Selbstwertgefühl. Wenn wir uns statt auf den Charakter und gute Werke nur auf unseren Selbstwert konzentrieren, nähren wir einen Narzißmus, eine Selbstverliebtheit. Echtes Gefühl für den eigenen Wert, also Selbstachtung, hat mit ethischem Verhalten zu tun.

Der Unterschied zwischen Narzißmus und Selbstachtung ist für viele – Klienten wie Therapeuten – unklar. Der Narziß kümmert sich überwiegend um sich selbst; alle Energien werden darauf verwendet, das Selbst zu pflegen. So ist Narzißmus gekennzeichnet durch einen Mangel an Interesse an allem, was sich nicht auf das eigene Selbst bezieht. Im Unterschied dazu bemüht sich Selbstachtung um ein Verhalten, das mit dem eigenen Wertesystem übereinstimmt. Es ist gekennzeichnet durch eine moralische Haltung gegenüber der Welt und ein in der Persönlichkeit ruhendes Gefühl für das, was man ist. Weil das Selbst klar umschrieben ist und feste Wurzeln hat, bleibt noch Energie für die Außenwelt übrig. Menschen mit Selbstachtung können andere als eigenständige und interessante Personen ansehen und nicht nur als Vehikel zur Befriedigung eigener Bedürfnisse. Zur Selbstachtung gehört Selbsterkenntnis, die immer nur schwer zu erlangen ist. Narzißmus bedeutet vorwiegende Beschäftigung mit sich selbst. Der Narzißmus sagt: Schau mich an. Die Selbstachtung sagt: Ich weiß, wer ich bin, wenn ich dich anschaue.

Heutzutage werden wir dazu ermutigt, narzißtisch zu sein, uns ständig auf ein eventuelles Unbehagen hin abzutasten und jede Sache danach zu beurteilen, was dabei für uns herausspringt. Die Werbung will uns aufschwatzen, daß wir uns auch um unsere geringsten Bedürfnisse kümmern und unsere Wehwehchen ganz oben auf die Liste der Prioritäten setzen müssen. Wir werden darauf getrimmt, daß die wichtigste aller Fragen zu lauten hat: »Tut mir das gut?« Dazu paßt ein Artikel, den ich eben gelesen habe. Er handelt von einer älteren Dame, die Medikamente nach Nicaragua gefahren hatte. Als sie zurückkam, wurde sie von allen Seiten gefragt, ob ihr die Reise Spaß gemacht habe. »Nun war ja«, sagte sie, »das Vergnügen nicht gerade der Zweck der Reise. Ich habe dringend notwendige Medikamente hingebracht. Aber anscheinend können sich die meisten gar nicht vorstellen, daß man etwas auch aus anderen Gründen als nur zum eigenen Vergnügen unternimmt.«

Viele Klienten kümmern sich mehr um die Gefühle als um das Verhalten ihrer Kinder, und sie achten mehr auf deren Selbstwertgefühl als auf deren Charakter. Sie wollen sie lieber glücklich als gut sehen. Bei allem Verständnis für eine solche Haltung, bezeichne ich sie doch als falsch, denn letztlich beruht Glück auf dem Gefühl, etwas zum Wohle der Gemeinschaft beizutragen. Bewußte Entscheidungen zu treffen ist der direkte Weg zu wahrem Glück.

Oft glauben Klienten, daß häufiges Loben das Selbstwertgefühl ihrer Kinder stärke. Aber Komplimente aus der Gießkanne bringen gar nichts. Schlimmer noch: Die Kinder lernen dadurch, alles laufen lassen zu können. Unterforderung macht Kinder zu Faulpelzen. Eines der größten Geschenke, die Eltern einem Kind machen können, ist, es arbeiten zu lehren.

Doch die Realität sieht oft anders aus, wie aus einem Gespräch zweier Lehrerinnen aus Minnesota hervorgeht. Pamela sagte: »Die Eltern kennen sich in der Sprache der Populärpsychologie gut aus. Alles beschreiben sie mit psychologischen Begriffen.«

Joanne antwortete darauf: »Manche Eltern drücken sich dabei aber sehr widersprüchlich aus. Ich bekomme beispielsweise zu hören: ›Bauen Sie das Selbstwertgefühl meines Jungen auf, aber verlangen Sie ihm nichts ab. Sorgen Sie dafür, daß er Erfolgserlebnisse hat, aber bitte überfordern Sie ihn nicht.‹ Sie tun so, als ob wir ein Selbstwertgefühl kaufen und portionsweise abgeben könnten, wie eine Salbe, die man nur aufzutragen braucht.«

»Ich weiß, daß zuviel Kritik die Kinder abblockt«, seufzte Pamela. »Wir müssen uns auch immer der psychischen Folgen unserer Bemerkungen bewußt sein. Aber das kann doch nicht heißen, daß wir am laufenden Band Lob produzieren!«

»Die Eltern scheinen sich auch über die Bedeutung von Verantwortungsfühl nicht im klaren zu sein«, fügte Joanne hinzu. »Sie wollen zwar, daß wir ihre Kinder lehren, Verantwortung zu tragen, aber sie reagieren verärgert, wenn wir dann die Kinder tatsächlich zur Rechenschaft ziehen.«

»Manche Eltern meinen, ein Verweis schade ihrem Kind«, ergänzte Pamela. »Deshalb schreiben sie Entschuldigungen für nicht erledigte Hausaufgaben. Sie merken gar nicht, daß sie damit die Gelegenheit versäumen, dem Kind Verantwortungsfühl beizubringen. Auf lange Sicht leiden doch die Kinder darunter, wenn sie nicht gelernt haben, angemessen zu handeln.«

Viele moderne Eltern denken, ein schwaches Selbstwertgefühl sei ein konkreter Zustand, wie etwa ein niedriger Blutzuckerwert, den der Arzt schon richtig einstellen wird. Eltern unterliegen oft dem Mißverständnis, daß Loben den Kindern die nötigen Erfolgserlebnisse bringt. Aber unberechtigtes Lob hebt das Selbstwertgefühl eines Kindes keineswegs. Kinder wissen genau, wann sie etwas Nützliches vollbringen. Damit will ich nicht sagen, daß sie für gute Arbeit kein Lob bekommen sollten, sondern nur, daß die gute Arbeit selbst, und nicht das Lob dafür, das Erfolgserlebnis vermittelt.

Die folgenden Beispiele kreisen um verschiedene Aspekte des Charakters. Im ersten Fall wollte Victoria, daß ich das Selbstwertgefühl ihres Sohnes hebe. Andreas wurde sehr geliebt, aber nicht genügend gefordert, und so wurde er immer passiver und schließlich leicht deprimiert. – Die zweite Fallgeschichte handelt von Ralph, einem jungen Mann mit gutem Charakter, der von zu Hause ausziehen wollte. Er und seine Mutter Hanna überlegten, wie weit weg er ziehen oder wie nahe er bleiben sollte – eine Frage, die aus verschiedenen Gründen sehr kompliziert war. Hanna war nämlich alleinerziehende Mutter, und ihre eigenen alten Eltern brauchten Ralphs Hilfe. Außerdem war Ralph schwul und hatte Angst vor der Intoleranz unserer Gesellschaft. Irgendwie fürchtete er sich zudem davor, sein Leben selbst in die Hand zu nehmen und sich endgültig zu entscheiden. – Die Geschichte von Helen und Flora ist die einer Familie, die mit den Problemen von Drogenabhängigkeit, Scheidung und zu vielen verschiedenen Therapeuten kämpfte. Die Konflikte zwischen Helen und ihrem Exmann über Erziehungsfragen machten es Flora nahezu unmöglich, bei ihren Eltern Rückhalt zu finden. – In der letzten Geschichte geht es um Izella und Lloyd, ein Ehepaar, das älter, ärmer und weniger gebildet ist als die Familien, die ich betreue. Ihre jüngste Tochter war vor kurzem an Aids gestorben, und obwohl es um ihre eigene Gesundheit nicht zum besten stand und sie zudem ihre Enkelin großzogen, verrichteten beide körperlich schwere Vollzeitarbeit in einer Fabrik.

Andreas (16) und Victoria

Victoria erschien in einem weißen Sommerkleid, das viel sonnengebräunte Haut sehen ließ, und hatte eine Ausgabe von *Verrückte Weisheit*, ein Buch über einen legendären tibetanischen

Asketen, bei sich. Sie trug Fußkettchen und hatte türkisfarbene Schnüre ins Haar geflochten. Ihr Sohn Andreas war klein, blaß und schmalschultrig. Er trug einen Ring in der Nase und hatte gelb gefärbte Haare. Seine Jeans waren ausgeblichen, seine Stiefel ausgesucht alt, und auf seinem T-Shirt stand: »Eat shit, corporate America« (Scheiß auf dich, Amerika der Konzerne).

»Wir sind wegen Andreas hier«, sagte Victoria. »Er hat keine Freunde. Sein Selbstwertgefühl ist völlig am Boden. Vielleicht braucht er etwas Bestätigung.«

Andreas zuckte die Achseln. »Ich tu doch nichts Böses.«

»Du tust überhaupt nichts, mein Liebling«, sagte Victoria. »Du mußt endlich leben.«

»Andreas ist«, fuhr sie fort, »was ich sehr begabt nennen möchte. Aber im letzten Vierteljahr hat er lauter Sechser nach Hause gebracht. Dazu gehört heute schon etwas, wo sie mit den guten Noten nur so um sich schmeißen.«

Andreas stöhnte. »Ich war doch krank!«

»Andreas hat Asthma, eine Milchunverträglichkeit und einen Reizdarm«, sagte Victoria. »Und im letzten Halbjahr hatte er ein chronisches Müdigkeitssyndrom.«

Auf meine Frage nach seinen Interessen zuckte Andreas nur die Achseln.

»Ich habe ihm angeboten, Gitarrenstunden zu nehmen. Aber er hat keine Lust«, seufzte Victoria.

Ich fragte Victoria, ob er im Haushalt mithelfe, was er sonst tue, und ob er bestimmte Regeln befolge. »Ich mag ihn nicht bedrängen. Er soll das tun, was er für richtig hält«, antwortete mir darauf Victoria.

Wir sprachen über ihre Kindheit und ihre Ausbildung. Victoria war die jüngste Tochter eines Bankiers aus Iowa. Als Kind hatte sie alles, was sie sich nur wünschen konnte – den Rückhalt der Familie, Kunst- und Musikunterricht, teure Ferienlager und Reisen. In den frühen siebziger Jahren besuchte sie ein elitäres Privatcollege. Sie studierte Kunstgeschichte, schwänzte aber bald den Unterricht, um sich mehr dem LSD zu widmen. Der größte Teil ihrer Ausbildung fand außerhalb der Lehrveranstaltungen statt. Ihre College-Laufbahn erinnerte mich an die Zeilen von Bob Dylan: »You've gone to the finest schools, Miss Lonely, but you know you only used to get juices in them.« (Du bist auf die besten Schulen gegangen, Miss Einsam, aber eigentlich hast du dich dort nur zugedröhnt.)

Mitten im Studium wurde Victoria schwanger. Sie verließ das College und ging in ihre kleine Heimatstadt in Iowa zurück. Zunächst verhielt sich ihre Familie sehr abweisend. Die Eltern hatten Angst um ihren guten Ruf. Ihre Mutter gab sich an allem selbst die Schuld, denn sie war der Meinung, bei Victoria irgend etwas falsch gemacht zu haben. Ihre Geschwister konnten überhaupt nicht verstehen, wie sie bei all ihren Privilegien ihr Leben so »ruinieren« konnte. Aber als Andreas geboren war, freuten sich die Eltern doch und verziehen ihr. Sie unterstützten sie finanziell, so daß sie es sich leisten konnte, bei ihrem Sohn zu Hause zu bleiben. Ihre älteren Geschwister fühlten sich offenbar befugt, über sie zu richten, insbesondere ihr Bruder Joe, der nach Victorias Worten ein »erfolgreicher Spießbürger« war.

Als Andreas laufen lernte, wohnte Victoria in Boulder, und später, als er in die Grundschule ging, in Santa Fe, wo sie die Religionen der Ureinwohner Amerikas studierte. Für die kurze Zeit, die Victoria mit einem Schriftsteller liiert war, hatte Andreas so etwas wie eine Vaterfigur. Aber schließlich verließ sie ihn, denn »er wollte eine traditionelle Familie gründen«, und da habe sie Panik gekriegt.

Später machten sie eine Reise nach Indien, wo Victoria verschiedene heilige Stätten besuchte. Als Andreas in die achte Klasse kam, zogen sie in die Hauptstadt. Er ging auf eine Privatschule für begabte Kinder, und Victoria trat einer Sufi-Sekte bei. Als Andreas jedoch wegen Rauschgifthandels im Washington Square Park verhaftet wurde, entschied Victoria, daß sie die Stabilität des Mittelwestens brauchten. Sie zogen in das Haus einer verstorbenen Tante. Aber sie reisten immer noch viel, vornehmlich nach Europa, Indien und Kalifornien.

Während Victoria von ihren Reisen sprach, zog Andreas mit einer Pantomime eine kleine Schau ab, indem er die Bewegungen von Stewardessen vollzog, die den Fluggästen die Sicherheitsmaßnahmen erläutern. Sie hörte auf zu sprechen und schaute ihrem Sohn zu, der inzwischen das ganze Ritual der Erklärungen abzog. Wir lachten, und Victoria sagte: »Vielleicht sollte er Steward werden. Über Fliegen und Flughäfen weiß er mehr als jeder andere.«

Während Victoria in ihrer Lebensgeschichte fortfuhr, fiel mir auf, wie verschieden die beiden waren. Victoria hatte einen neuen Liebhaber und einen Job in einer Kunstgalerie. Sie war körperlich fit und nahm auch noch Unterricht in Aquarellmalerei. Außerdem gehörte sie der lokalen Zen-Gemeinschaft an. Sie war das Urbild der Hippies aus wohlhabendem Hause. Sie verfügte über genügend Geld, um ihre spirituelle Entwicklung, ihre kulturellen Interessen und ihre Reisen finanzieren zu können. Aber diese Art zu leben, die sie aufblühen ließ und sie immer neu inspirierte, schien Andreas auszulaugen. Er war erschöpft von dieser diffusen Vielfältigkeit, und auf meine Frage, was er von den vielen Reisen halte, zuckte er nur die mageren Schultern und sagte: »Was schon.«

Es waren mehrere Faktoren, die Andreas in einen Zustand totaler Erschlaffung versetzt hatten. Ihm fehlten langjährige Beziehungen, die seinem Leben Tiefe geben und ihm neue Perspektiven eröffnen könnten. Zudem erwartete Victoria nicht viel von ihm, ja, sie bestand nicht einmal auf guten Manieren. Auch das viele Geld war ein Problem. Normalerweise ist ja der Beruf ein Grund, sich morgens aus dem Bett zu erheben. Aber reiche Leute haben manchmal Schwierigkeiten, ihren Alltag zu strukturieren; sie lassen sich leicht treiben und langweilen sich öfter.

Victoria war so bemüht, Andreas ja nicht zu überfordern, daß ihm Herausforderungen fehlten. Herausforderungen, denen erfolgreich begegnet wird, fördern die Spannkraft. Andreas dagegen verfügte über die Spannkraft eines Veilchens. Victoria hatte sich viel um seine Gefühle, aber nur wenig um seine Fertigkeiten gekümmert. Außer mit seinem Computer herumzuspielen, konnte er nicht viel. Ich bezweifelte, daß er in der Lage war, einen Reifen zu wechseln, einen Ball zu werfen oder auch nur Spaghetti zu kochen.

Seine Mutter hatte zudem Angst, seine Entwicklung zu beschneiden, wenn sie ihm ein Wertesystem vorgab. Ihrer Ansicht nach war Andreas mit seiner hohen Intelligenz in der Lage, eine eigene Philosophie zu entwickeln. Aber Andreas war so vielseitig begabt, daß er völlig gelähmt schien.

Im nachhinein erinnert mich Victorias Gesicht noch in anderer Hinsicht an die sechziger Jahre, und zwar an ein Spruchband in Leuchtbuchstaben: »Hinter dem zerbrochenen Spiegel siehst du nur traurige Augen.« Victoria war als Mittelpunkt der Aufmerksamkeit aufgewachsen, ihre Eltern konnten ihr jeden Wunsch erfüllen. Aber für ihre Unbeständigkeit hatte sie zu viele Möglichkeiten und zuwenig vorgegebene Strukturen; ihr Boot hatte zu viele Segel und zuwenig Kielschwert. Weder die Drogen noch ihre Gurus hatten ihr zu mehr Klarheit über ihre Situation verholfen. Sie war getrieben und unstet. Aber ich mochte ihre Ehrlichkeit über sich selbst und ihren Sinn für Humor. Ihre Art, einfach zuzugeben, daß sie Fehler gemacht hatte, war entwaffnend, und ihre Sorge um ihren Sohn war echt. Sie liebte ihren, wie sie ihn nannte, »guten Kerl mit den gelben Haaren«.

Ich wußte nicht genau, wo ich bei den beiden ansetzen sollte. Gewöhnlich beginne ich in solchen Fällen mit Zuteilung von Hausarbeit, mit Regeln und Anforderungen. Aber Victoria hielt davon nichts. So erkundigte ich mich nach Tanten und Onkeln, Cousins und Cousinen und nach den Großeltern von Andreas. Vielleicht konnte er einen von ihnen besuchen, jemanden, der ihm etwas beibringen konnte – Holzarbeiten, Gitarre spielen, Gärtnern oder sonst irgend etwas. Andreas mußte doch einmal sehen, wie der Großteil der Menschen lebt. Mir schien er reif für eine kleine »Schocktherapie«.

Da erwähnte Victoria ein Familientreffen, das in Iowa bevorstand. Sie hatte allerdings nicht vor, dort zu erscheinen und ihrem selbstgerechten Bruder und ihren zimperlichen Schwestern zu begegnen. »Mit denen habe ich doch gar nichts gemeinsam«, sagte sie angewidert. Aber ich drängte sie, sich das noch einmal zu überlegen, und zu ihrer großen Überraschung pflichtete Andreas mir bei.

Mein Vorschlag war, daß sie sich gut auf dieses Familientreffen vorbereiten sollten. Victoria sollte ihrem Sohn einen Familienstammbaum skizzieren und ihm erzählen, was sie von den jeweiligen Familienmitgliedern wußte. Andreas gab zu verstehen, daß er gern die Großeltern auf ihrem Anwesen besuchen und auch zum Familiengrab gehen würde. So schlug ich vor, sie sollten alte Familienfotos hervorholen und dabei über die Familiengeschichte plaudern. Die nächste therapeutische Sitzung sollte dann nach dem Familientreffen stattfinden.

Zweite Therapiestunde

Victoria und Andreas kamen zu spät, und Victoria erklärte, daß sie unterwegs noch einige Cappuccinos besorgt hatten. Andreas hatte sich modische Löcher in die Knie seiner Jeans geschnitten, trug aber keinen Nasenring. Diesen hatte er für den Ausflug zum Familientreffen abgenommen und dann nicht mehr wiedergefunden. Ich erkundigte mich nach dem Verlauf des Familientreffens.

»Es lief besser, als ich dachte«, sagte Victoria. »Sie haben mich nicht auf dem Scheiterhaufen verbrannt.«

Sie lachte und nippte an ihrem Cappucino. »Ganz im Ernst, nach all den Jahren schien sich niemand mehr dafür zu interessieren, daß Andreas nicht ehelich geboren wurde. Meine Schwestern und mein Bruder freuten sich einfach, uns zu sehen.«

»Na ja«, sagte Andreas, »ein bißchen beknackt sind sie schon, aber ich habe sie gut leiden können.« Er zog ein Foto von seinem zehnjährigen Cousin Robert aus der Tasche und sagte: »Robert hat mich gefragt, wo ich sein ganzes Leben lang gewesen bin.«

»Ich hatte eine Wut auf alle zusammen. Deshalb bin ich auf Distanz zu ihnen gegangen. Aber alles verändert sich. Sogar mein Bruder Joe hat sich beruhigt«, erzählte Victoria. »Es hat gutgetan, wieder einmal mit den Menschen zusammen zu sein, die mich schon kennen, seit ich lebe. Wir haben ja doch vieles gemeinsam – unsere Großeltern, die Familienferien, Freunde von früher und Spielkameraden.«

»Wir sind auch auf das Grundstück hinausgefahren, wo sie einmal gewohnt haben«, sagte Andreas und zog ein Hufeisen aus der Tasche sowie einige rostige Nägel, die er gefunden hatte. »Übrigens hatte ich keinen einzigen Asthmaanfall in der ganzen Zeit.«

Victoria zwinkerte mir zu. »Klingt das nicht wie ›Heidi und der Großvater‹?«

»An Thanksgiving fahren wir wieder hin« sagte Andreas.

Darauf Victoria kläglich: »So oft nach Iowa zu fahren, habe ich aber keine Lust. Einmal im Jahr genügt mir vollauf. Du kannst ja hinfahren – solange du kein Republikaner wirst...« Sie wandte sich mir zu. »Papa hat ihm angeboten, daß er ihm Golfspielen beibringt. Was halten Sie davon?«

Ich fragte Andreas, was er dazu meinte. »Ich komme mir auf dem Golfplatz ein bißchen komisch vor, zwischen all diesen Leuten in weißen Hosen und weißen Poloshirts. Aber wenn Opa mich mitnehmen will, geh ich schon hin.«

Ich beglückwünschte sie dazu, ihre Familie wiedergefunden zu haben, und sagte ihnen voraus, daß sich noch manches Positive aus diesen Verbindungen ergeben würde. Dann fragte ich Andreas noch, ob er sich nicht nach einer Nebentätigkeit umsehen wolle.

Ralph (17) und Hanna

An einem frühen Montagmorgen kamen Ralph und seine Mutter Hanna zu mir. Ralph trug schwarze Jeans und eine schwarze Jacke und drückte mir gleich beim Hereinkommen die Ankündigung von »Jesus Christ Superstar« in die Hand. Es handelte sich um die Aufführung seiner Schulklasse, bei der er mitspielte. Hanna war eine aktive Feministin; ich hatte sie schon im Fernsehen gesehen. Von der Sendung her, hatte ich sie entspannt und gelassen in Erinnerung, aber heute schien sie unter Streß zu stehen. Was los sei, wollte ich wissen.

»Wir brauchen Ihre Hilfe, um über Ralphs Zukunft zu entscheiden«, sagte Hanna. »Wir sind beide ziemlich emotional, und vielleicht kann ein Außenstehender uns helfen, klarer zu denken.«

Vor vier Jahren war Hannas Mann an einem Herzinfarkt gestorben. Seither haben sich Hanna und Ralph aneinander angelehnt, und wie viele alleinerziehende Mütter fürchtete Hanna, daß die Bindung zu eng sei und daß sie bei der Entscheidung, auf welches College er gehen solle, zuviel mitrede. Sie sagte: »Ohne Ralph kann ich mir Thanksgiving und Weihnachten überhaupt nicht vorstellen.« Sie sah mich beschwörend an. »Ich will an seinem Leben teilhaben, aber ich will ihn auch nicht erdrücken.«

»Ich will einerseits in Mamas Nähe bleiben«, sagte Ralph, »andererseits möchte ich aber gern auf ein College gehen, wo mehr Schwule sind.«

»Ralph hat sich vor einem Jahr geoutet«, sagte Hanna. »Es geht natürlich auch um seine Sicherheit. Er ist viel schikaniert worden.«

»Da müssen sich Halbidioten ihre Männlichkeit beweisen, indem sie einen Zirkus mit mir aufführen. In letzter Zeit ist es wirklich schlimm geworden.« Ralph zog ein paar Zettel heraus und las vor. »Verrecke, du schwules Schwein« und »Vorsicht, Homo!«

Ich fragte, ob sie jemanden in Verdacht hätten. »An meiner Schule gibt es schon welche, die so was tun könnten.« Ralph strich sich durch das Haar. »Unglaublich, wie grausam manche sein können.«

Hanna zitterte. »Wahrscheinlich können wir nicht viel dagegen tun. Ralph schließt immer sein Auto ab und bleibt in der Schule stets in der Nähe von Freunden. Aber wir verbringen oft schlaflose Nächte.«

»Besonders du, Mama.« Ralph streichelte seine Mutter. »Du bist diejenige, die Albträume hat. Ich bin zäher, als du denkst.«

Ralph hatte rote Flecken am Hals, aber er sprach ganz ruhig. »Wir haben die Polizei verständigt. Aber es hat nichts gebracht. Von Papier lassen sich ja schlecht Fingerabdrücke abnehmen.«

»Das wird auch vorbeigehen. Wir werden es überleben«, warf Hanna ein. »Aber das gibt unseren Überlegungen, welches College in Frage kommt, eine neue Dimension.«

Sie erläuterte die Situation näher. Seit Ralphs Geburt wohnten sie immer noch im selben Haus. Ihre Eltern lebten auch in der Stadt. Ralph hatte noch aus der Zeit des Kindergartens Freunde, die fest zu ihm standen. In der Schule kannte ihn jeder vom Theaterspielen her. Sie sagte: »Eigentlich will er ja gar nicht wegziehen. Aber er will natürlich akzeptiert werden, und zwar so, wie er ist.«

»Ich würde furchtbar gern auf die Universität von New York oder San Francisco gehen. Großstädte sind zwar heutzutage auch nicht gerade Wallfahrtsorte, auch in Großstädten werden Schwule gejagt. Aber ich weiß effektiv nicht, wo es sicherer für mich wäre.« Ralphs Gestik dehnte sich aus, und er fuhr fort: »Sie werden mir alle fehlen. Meine Großeltern sind alt geworden. Ich möchte dasein, wenn sie Hilfe brauchen.«

Hanna fügte hinzu: »Ralph will nicht zulassen, daß Gangster über sein Leben bestimmen. Er möchte dort studieren, wo er die beste Ausbildung bekommen kann. Vom Verstand her bin ich mit ihm einig, aber gefühlsmäßig will ich ihn natürlich beschützt wissen.«

»New York und San Francisco sind aufregende Städte, aber ich bin bescheiden«, sagte Ralph. »Ich will gar nicht an den Broadway. Ich will Theater für Kinder machen und in den Schauspielhäusern der Gemeinden spielen.«

»Ralph mäht meinen Eltern den Rasen, hilft ihnen im Garten und macht kleinere Reparaturen im Haus«, sagte Hanna. »An den Schultagen geht er mittags zum Essen zu ihnen. Einerseits wollen wir unsere Familie nicht aufspalten, aber andererseits wollen wir Ralph alle Möglichkeiten offenhalten. Wir wissen einfach nicht, wie nahe bei uns er bleiben soll.«

Es war gut, daß sie hier waren. So konnten wir in Ruhe das Thema durchsprechen: Wie nahe ist zu nahe? – ein Thema, das in unserer Gesellschaft besonders Mütter und Söhne betrifft. Als erstes konnte ich Hanna versichern, daß ihr Wunsch, mit Ralph in Verbindung zu bleiben, keineswegs pathologisch, sondern nur ganz natürlich und verständlich war. Was sie als Co-Abhängigkeit fürchtete, konnte ich ihr als Liebe erklären. In einer Gesellschaft, die ein enges Verhältnis zwischen Mutter und Sohn mit Mißtrauen betrachtet, konnte ich Ralph bestätigen, daß er seine Mutter durchaus lieben darf. Ich hoffte, daß ihnen dies helfen würde, ruhiger über die Schikanen sprechen zu können, denn sich ständig fürchten zu müssen macht die Menschen fertig. Die Entscheidung über das College verlangte eine sorgfältige Abwägung der Vor- und Nachteile. Ralph mußte sich darüber klarwerden, was für ihn wichtiger war – die Familie oder die Ausbildungsmöglichkeiten, die Anonymität einer Vielfalt bietenden, aber desinteressierten Umgebung oder die Wärme der Heimatstadt, auch wenn diese manchmal mit Intoleranz einhergeht.

Ich empfahl ihnen, sich einmal die Colleges in New York und San Francisco anzusehen. Außerdem sei die Entscheidung ja nicht unwiderruflich. Sie sollten die Wahl des College als ein Experiment ansehen. Zum Beispiel könnte Ralph an der Universität am Ort beginnen und selber sehen, ob es ihm dort gefiel. Oder er könnte für eine Zeit weggehen und dann wiederkommen. Hauptsache, die Entscheidung würde nach sorgfältiger Überlegung bewußt gefällt.

Nachdem sie gegangen waren, dachte ich noch lange über sie nach. Es machte mich richtig zornig, daß intakte Familien Angst hatten, ihr Wunsch nach Nähe könnte krankhaft sein. Dabei bezogen sie gerade aus der Nähe zueinander Zuversicht und Rückhalt. Ralph und Hanna lebten als seelisch gesunde Menschen in einer Gesellschaft, die ihnen das Leben unsinnig schwer machte. Es machte mich krank, daß die anderen Jungen es nötig hatten, Ralph zu demütigen, um ihre Männlichkeit zu beweisen. Wie seine Mutter hatte ich Angst um ihn. Ralph war ein sympathischer Junge – witzig, freundlich und klug –, mit siebzehn schon nahezu ein Charakter. Hanna war stark, aber flexibel, und sie hielt zu ihm. Hoffentlich habe ich ihnen helfen können, eine gute Entscheidung zu treffen. Die Aufführung von *Jesus Christ Superstar* wollte ich mir auf jeden Fall ansehen.

Helen und Flora (11)

Helen sah nervös und erschöpft aus, hart an der Grenze zum Tränenausbruch. Ziellos fummelte sie an ihrer Handtasche herum und faltete schließlich die Hände, um das Zittern zu stoppen. Flora saß trotzig auf der Couch, dünn, eine Barbiepuppe im Arm. Im Gegensatz zu ihrer herausfordernden Haltung lag in ihren Augen Stumpfheit. »Gestern ist Flora aus dem Krankenhaus entlassen worden, und schon gibt es wieder Schwierigkeiten«, sagte Helen.

Am Abend hatte Flora nach einem Streit über das Einhalten bestimmter Regeln auf Helen eingeschlagen. Dann war sie weggerannt und vom nächstgelegenen Schnellimbiß erst wieder mit nach Hause gekommen, nachdem Helen ihr versprochen hatte, daß sie nicht bestraft würde. Heute morgen wollte sie nicht zur Schule gehen, und Helen, die zur Arbeit mußte, war mit ihren Nerven am Ende.

Flora war vor einiger Zeit in die Klinik eingeliefert worden, nachdem sie eine Klassenkameradin zusammengeschlagen hatte und weggelaufen war. Die für Schulschwänzer zuständige Lehrerin hatte sie in das nächste Krankenhaus gebracht, wo sie untersucht und dann auf die Kinderstation verlegt wurde. Die Ärzte diagnostizierten Konzentrationsstörungen und behandelten sie medikamentös. Auf der Station traf Flora auf drogensüchtige, alkoholkranke und straffällig gewordene Kinder, die aber noch nicht strafmündig waren. Den Ärzten sollte Flora vor allem über die Scheidung ihrer Eltern und über ihre Probleme zu Hause berichten. Leider hatte niemand während dieser Zeit ihre Mutter Helen beraten, und als die Kostendeckung durch die Versicherung auslief, wurde Flora kurzerhand entlassen. Helen kam sich so verloren vor wie eh und je, nur daß jetzt für eine weitere Behandlung kein Versicherungsschutz mehr bestand.

Nach dem, was ich gehört hatte, war ich überrascht, daß Helen überhaupt noch einem Vertreter meines Fachs trauen wollte. Aber bald realisierte ich, daß nur die nackte Verzweiflung sie zu mir geführt hatte. Während Helen sprach, unterbrach Flora sie ständig mit Bemerkungen wie »Du bist so blöd« oder »Du lügst«. Gegenüber solchen Unverschämtheiten schien Helen resigniert zu haben; nichtsdestoweniger genierte sie sich deswegen vor mir. Schließlich forderte ich Flora auf, im Empfangsraum zu warten.

Als ihre Tochter draußen war, redete Helen freier. Sie hatte das Gefühl, daß Flora sehr verletzlich sei und alles ihre eigene Schuld war. Sie hatte Jack geheiratet, als sie beide noch Teenager waren. In der Schwangerschaft hatte sie Marihuana geraucht. Bei der Geburt wog Flora nur knapp fünf Pfund. Als Baby litt sie unter Koliken und schrie die meiste Zeit. Jack war Alkoholiker und im Umgang mit dem Baby keine große Hilfe. »Für eine Vaterschaft war er noch viel zu jung. Babys machten ihn nervös«, entschuldigte sie ihn.

Helen hatte Schwierigkeiten mit dem Stillen, war aber deprimiert, als der Arzt ihr empfahl, auf Flaschennahrung umzustellen. Sechs Wochen nach Floras Geburt nahm Helen ihre Tätigkeit als Kassiererin bei einer Bank wieder auf. Es war furchtbar für sie, Flora jeden Morgen in der überfüllten Kinderkrippe mit ihrem überforderten Personal abzugeben. Infolge der vielfachen Belastungen durch Arbeit, Babyfürsorge und dem Streß ihrer Ehe, litt Helen bald unter Schlaflosigkeit. Nachts wälzte sie sich von einer Seite zur anderen, und am Morgen schleppte sie sich müde und zerschlagen zur Arbeit. Ihr Arzt verschrieb ihr Schlaftabletten. »Eine Zeitlang war ich richtig abhängig davon.« Traurig schüttelte Helen den Kopf. »Unser Familienleben war ein einziges Chaos.«

Jack war Handlungsreisender. Was gesellschaftliche Kontakte, Haushaltsführung, Kochen und Sex anbelangte, hing er völlig von Helen ab, aber außer Geld erhielt sie von ihm nur wenig. Er arbeitete oft bis in die Nacht hinein, und wenn er dann nach Hause kam, war er mit Alkohol zugeschüttet. Helens Versuche, über ihre Beziehung zu sprechen, nannte er nur »Gejammer«.

Im Laufe der Zeit hatten Jack und Helen sich immer weniger zu sagen. Sie versuchten es mit einer Paartherapie. Helen erklärte mir, wie sich die Sitzungen gestalteten: »Der Therapeut sagte Jack, ich meinte dies, und mir sagte er, Jack meinte das. Es schien, als ob wir so kompliziert und erstarrt wären, daß wir nicht mehr miteinander sprechen könnten. Aber die Therapie hat auch nichts geholfen. Vielleicht, wenn der Therapeut mit uns umgezogen wäre...«

Als Flora neun Jahre alt war, kam Helen einmal unvorhergesehen früh nach Hause und fand Jack mit ihrer Freundin im Bett. Eigentlich war sie nicht sehr überrascht. Ja, es war fast wie eine Erleichterung, daß sie nun einen einsehbaren Grund hatte, sich aus dieser Ehe zu lösen. Sie ließ sich scheiden und wollte auch mit der Freundin nichts mehr zu tun haben. Aber diese Affäre war nur eins von vielen Problemen, die sie hatte. Sie sagte: »Ich habe Jack verlassen, weil ich nicht mehr ertragen konnte, was in dieser Ehe aus mir geworden war.«

Schon vorher hatten Helen und Jack ihr Kind verzogen, aber nach der Scheidung wurde es damit noch schlimmer. Helen war überarbeitet und depressiv, Jack selbstbezogen und dem Kind gegenüber sehr nachsichtig – ein Disneyland-Papa, der an den Wochenenden Flora mit Süßigkeiten, Kinobesuchen und Einkaufsbummeln nach Strich und Faden verwöhnte.

Wie viele, die übel handeln, hatte es Jack nötig, den Menschen, den er verletzt hatte, zu einem Schreckgespenst zu stilisieren. Wie sonst hätte er sein Verhalten Helen gegenüber rechtfertigen können? Flora erzählte er, wie sehr es ihn bekümmerte, daß sie bei einer gestörten Mutter leben mußte. »Aber«, sagte Helen, »nicht für alles Geld der Welt hätte er Flora zu sich genommen. Er wollte mich nur sabotieren.«

Flora benahm sich immer verrückter. Aus Wänden und Schränken sah sie Monstergestalten hervorkommen, und sie wollte immer bei Helen schlafen. Sie schlug andere Kinder und weigerte sich, Hausaufgaben zu machen. Außerdem entwickelte sie eine heimtückische Taktik, um das durchzusetzen, was sie gerade wollte. War Helen einmal nicht ganz auf der Höhe, drehte Flora total durch. Je schwieriger das Kind wurde, desto mehr glitt Helen die Erziehung aus der Hand. Sie ließ die Dinge laufen, bis es irgendwann krachte. Sie hielt nichts von körperlicher Züchtigung, aber zweimal rutschte ihr doch die Hand zu einer Ohrfeige aus. Daraufhin zeigte Jack sie wegen Kindesmißhandlung an.

Nach einiger Zeit waren alle drei in psychotherapeutischer Behandlung. Helen seufzte. »Damals dachte ich, alle Therapeuten zusammen könnten solch eine Katastrophe nicht bereinigen. Jack und ich sind sozusagen von einem Felsen gesprungen, und die Therapeuten haben nur gefragt, was wir dabei fühlten.«

Jack war in Behandlung, damit er dort lernte, mit seiner unmöglichen Exfrau fertig zu werden, die seine Tochter mißhandelte. Helen war bei einer Therapeutin, die ihr half, ihr inneres Kind zu heilen. Und Flora war bei einer Therapeutin, die ihr zuschaute, wie sie Mutter- und Vater-Puppen aneinanderschlug und dabei schrie: »Ich hasse dich.« Bei der Familienberatung sagte Jack, daß Flora unter dem emotionalen Mißbrauch durch ihre Mutter litt. Flora sagte, daß sie ihren Papa liebe und ihre Mutter hasse. Wütend sagte Helen: »Natürlich zog sie ihn vor. Schließlich kaufte er ihr Spielzeug und Eis und ließ sie machen, was sie wollte.«

Die Therapeutin schlug Helen vor, sie solle mehr mit dem Kind nach draußen gehen. Aber das funktionierte nicht. »Flora liebte ihr Zimmer. Dort sah sie fern, spielte Computerspiele, vor allem die von Nintendo, oder telefonierte mit ihrem Papa. In der Familientherapie wurde Flora ermutigt, ihren Haß auf ihre Mutter rauszulassen. »Diese Taktik«, sagte Helen verbittert, »war alles andere als hilfreich.« Jack behauptete, bei ihm ginge es Flora blendend. Irgendwann weigerte sich Helen, wieder zu diesen Beratungen zu gehen. Sie sagte: »Alles drehte sich immer nur darum, daß ich mich und wie ich mich zu ändern hätte. Ich hatte meinen Job von 50 Stunden die Woche und war durch die ganzen Therapien pleite. Ich habe es abgelehnt, als psychisch gestört zu gelten. Ich hätte gern gesehen, was die Therapeutin an meiner Stelle getan hätte.«

Heute meint Helen, daß es vielleicht doch besser gewesen wäre, die Therapie durchzustehen, denn nach dem Abbruch ging es mit Flora steil bergab. Sie wurde für verhaltensgestört erklärt und in einem Spezialraum für Kinder unterrichtet, die normale Klassenzimmer nicht ertragen. Flora war in der Gruppe mit Kindern geschiedener Eltern, aber sie war auch bald wieder draußen, als sie die Lehrerin eine Hure geschimpft hatte.

Jetzt weinte Helen. »Ich bin völlig fertig. Tausende von Dollar haben wir ausgegeben, Flora war bei x Therapeuten, und jeder sagte etwas anderes. Die Schule verlangt, daß sie Medikamente nimmt, aber als sie sie noch nahm, war es doch auch nicht besser. In der Klinik sagen sie, sie benötige eine Langzeitbehandlung. Aber das kostet im Monat 15 000 Dollar! Dabei hat sie dort ohnehin meist nur ferngesehen und Tischtennis gespielt.«

Ich gab ihr ein Taschentuch. Sie schneuzte sich und fuhr fort: »Ich weiß, das sieht nach Kapitulation aus, aber ich bin wirklich bereit, Flora Jack zu überlassen. Ich werde ihn dazu zwingen müssen, denn lieber hackt er weiter auf mir herum, als daß er sie selber erzieht.«

Ich sah Helen an, als sie so weinte, und dachte, daß mein Beruf mit all unseren Tests, Etiketten, Ratschlägen und Entwürfen ihr nicht viel geholfen hatte. Zu viele Therapeuten sind schlimmer als gar kein Therapeut. Wir haben ihr Konfliktberatung geboten und sie nur hoffnungslos verwirrt. Jetzt fühlt sich Helen unfähiger und schwächer als zu der Zeit, in der sie das erste Mal Hilfe suchte. Nach so vielen Informationen über Konfliktmanagement schien sie den Boden unter den Füßen verloren zu haben.

Wahrscheinlich hatte Jack seiner Tochter sehr geschadet, indem er die Autorität der Mutter untergrub und Floras Verhalten als Ausdruck eines inneren Schmerzes deutete. Er konnte vielleicht Floras Verhalten während ihrer Besuche bei ihm ertragen, aber außer ihm konnte das offensichtlich niemand. Ich überlegte, ob wohl Verwandte in der Nähe wohnten, die man heranziehen könnte. Eine größere Familie könnte sicher manche der Spannungen zwischen Helen und Jack lockern. Vielleicht könnte man sich auch über einige Vorschriften einigen, zum Beispiel über ein Verbot von Fluchen und Schlagen sowie über die absolute Notwendigkeit, in die Schule zu gehen.

Wir sprachen über die Behandlungsstrategien in der Klinik. Ich erklärte ihr, daß bei einigen Kindern eine Überprüfung ihrer seelischen und sozialen Situation nötig sei und bei anderen eine Medikation sowie eine Psychotherapie. Geraten Kinder so weit außer Kontrolle, daß eine Gefahr für sie selbst oder für andere besteht, ist manchmal ein Krankenhausaufenthalt nötig. Aber im allgemeinen kommt eine Klinikbehandlung für kindliche Probleme dem Schießen auf Spatzen gleich. Sie ist langwierig, teuer, und oft genug wirft sie die Kinder zurück.

Jetzt wollte ich mit Flora sprechen. Helen sagte: »Vielleicht sollten Sie mich an die Haustür ketten, damit ich nicht gehe und sie Ihnen dalasse.« Ich mußte lächeln. Flora erinnerte mich an den Jungen in der Geschichte von O. Henry, »The Ransom of Red Chief« (Das Lösegeld des Roten Häuptlings). Der Junge hatte sich so schrecklich aufgeführt, daß die Kidnapper den Eltern Geld zahlten, damit sie ihn wieder zurücknahmen. Und damit Helen ja nicht ohne Flora nach Hause ging, schlug ich ihr vor, sie solle im Raum bleiben.

Flora pflanzte sich mit ihrer Barbiepuppe auf meine Couch und erwartete mit gespielter Gleichgültigkeit meine Fragen. Oberflächlich betrachtet bestand Flora nur aus Empörung, aber unter dieser Oberfläche glaubte ich Verwirrung zu erkennen. Flora war ein Energiebündel, und das machte ihr selber Angst.

»Ich hasse Mama. Ich kann nicht mehr mit ihr zusammenleben. Es geht nicht«, sagte sie.

»Was macht dir das Leben mit deiner Mutter so schwer?«

»Immer schreit sie mich an. Hier, bei Ihnen, mag sie sich ja ganz nett benommen haben, aber bei mir spielt sie verrückt.« Sie schniefte vor Zorn. »Ich darf nicht mal eine Maus haben.«

Ich fragte sie ganz ernst: »Und wie freundlich bist du zu deiner Mutter? Womit hilfst du ihr?«

Flora fluchte leise vor sich hin und schaute aus dem Fenster.

Meine Bemerkungen schienen Helen sichtlich zu beleben. Sie tat mir leid. Sie fand kaum Unterstützung, dafür gaben ihr jede Menge Leute mehr oder weniger passende Ratschläge, und ihre vielen Therapien hatten sich als Trojanische Pferde erwiesen. Ich empfahl, daß wir uns einmal mit Floras Lehrern treffen und darüber sprechen sollten, wie sie wieder in die alte Klasse integriert werden könnte. Außerdem sollte Helen mit ihren Eltern, die nicht weit entfernt wohnten, Verbindung aufnehmen und sie fragen, ob sie nicht kommen und ihr mit Flora helfen könnten. Dann gab ich Helen noch den Auftrag, eine Liste mit einigen Alltagsregeln für Flora aufzustellen. Ich hielt noch einen kleinen Vortrag über die Notwendigkeit von Respekt, der wahrscheinlich wirkungslos, aber wenigstens weniger lästig als meine Aufträge war. Flora sagte ich, daß wir versuchen würden, ihre Situation zu verstehen, wenn sie zusammen mit ihren Eltern noch einmal herkäme. Ich sagte ihr auch, daß sie meiner Meinung nach bald keine Psychopatientin mehr sein würde, sondern ein ganz normales Mädchen wie alle anderen auch.

Ich bat darum, daß Jack in den nächsten Tagen zu mir käme. Ich wollte auch seine Sicht der Dinge kennenlernen, bei ihm um mehr Kooperation und Unterstützung für Helen werben und ihm nahelegen, Flora fester an die Kandarre zu nehmen. Vielleicht konnte ich ihm klarmachen, daß es für Kinder schmerzhaft und schwierig ist, wenn der Vater keine festen Grenzen setzt. Flora bat ich, mir eine Liste zu schreiben, auf der alles stand, wofür sie ihrer Mutter dankbar war. Sie war völlig perplex über diesen Auftrag.

Ich hoffte, daß Helen später einmal eine Elterngruppe in der Nachbarschaft gründen würde. Sie hatte zwar genug zu tun, und die Organisation einer Gruppe verursacht immer viel Wirbel, aber zur Zeit war sie allein und isoliert. In einer Gruppe könnten sich die Eltern aus der Nachbarschaft zusammentun und sich gegenseitig unterstützen. Außerdem kostete es nichts.

In nicht allzu ferner Zukunft wollte ich erreicht haben, daß Flora aus den Händen der Psychiatrie entlassen werden konnte. Schließlich hatten ihr all die Therapien nicht geholfen, ruhiger zu werden und sich zu entwickeln. Vielmehr hatte die Therapie sie mit Entschuldigungen für ihr Verhalten versorgt und ihr gleichzeitig das Gefühl gegeben, anders als die Kinder um sie herum zu sein. Flora konnte sicher geholfen werden, aber das erforderte Arbeit mit der Familie und der Schule.

Zwölfte Therapiestunde

Flora und Helen kamen seit drei Monaten zu mir, und allmählich zeichneten sich Verbesserungen ab. Ich hätte gern mehr davon für mich verbucht, aber vieles war das Verdienst von

Helens Eltern, also Floras Großeltern. Sie hatten an einigen unserer Diskussionen teilgenommen und sich bereit erklärt, ihrer Tochter und ihrer Enkeltochter über die Krise hinwegzuhelfen. Zum Beispiel übernahmen sie es, jedes zweite Wochenende Flora zu beaufsichtigen. Das war ein Himmelsgeschenk. Helen kam endlich dazu, einmal Luft zu holen, und Flora war bei Menschen, denen Helen vertrauen konnte und die sie unterstützten.

Floras Lehrerin trug das Ihre bei. Sie war streng mit Flora, aber auch positiv. Sie lobte ihr gutes Benehmen und ihr ehrliches Bemühen, und sie durchschaute ihre Tricks. Unter ihrer Führung wurde Flora ruhiger. Schließlich vertraute ihr die Lehrerin ein jüngeres Mädchen an, dem sie Nachhilfe im Lesen gab. Außerdem trieb Flora jetzt Sport, was einige überschüssige Energien kanalisierte.

Helen war immer noch ziemlich überfordert, doch mit meiner Hilfe und den freien Wochenenden erholte sie sich ein bißchen und faßte neuen Mut. Sie schlief jetzt auch besser und, wie die meisten von uns, arbeitete sie leichter, wenn sie nicht erschöpft war. Zweimal war auch Jack mit Helen gekommen, und sie hatten sich über einige Richtlinien für Flora geeinigt. Er war Alkoholiker und ein Mensch, der die Schuld immer bei anderen sucht. Aber er wußte inzwischen, wenn er Helen wieder zurechtstutzen wollte, würde das in der Therapie zur Sprache kommen. Das machte ihn vorsichtiger.

In der letzten Sitzung war es um Mißverständnisse zwischen Mutter und Tochter gegangen. Da gab es auf beiden Seiten viel Schmerz und Wut. Ich forderte sie auf, sich gegenseitig von ihrem Leben zu erzählen, von ihren Zielen und Anlässen zur Traurigkeit, was den Tag über passiert war, wie es ihnen ging, was ihre größten Kämpfe und ihre größten Erfolge waren. Wenn Flora sprach, hörte Helen zu; wenn Helen sprach, hörte Flora zu. Am Ende sagte Flora: »Ich hab ja gar nicht gewußt, daß du auch Probleme hast.« Und Helen sagte: »Wir sind uns ähnlicher, als ich dachte.«

Heute sollte es um ihr persönliches Heilungsritual gehen. Helen hatte sich den Tag bei der Bank freigenommen; in Jeans und Sweatshirt wirkte sie um Jahre jünger. Jetzt, da Flora kein Medikament mehr nahm, begann sie wieder zu wachsen. Im letzten Monat mußten es ein paar Zentimeter gewesen sein. Ihre alte Barbiepuppe hatte sie gegen eine Sport-Barbie ausgetauscht. Mutter und Tochter konnten es kaum erwarten, mir von dem Ritual zu berichten, das sie sich ausgedacht hatten.

»Erst ist uns eine ganze Weile gar nichts eingefallen«, berichtete Helen. »Aber dann kam Flora auf die Idee, für jedes Jahr eine Schuhschachtel herzurichten. Wir schrieben auf, was uns für jedes Jahr Gutes und Schlechtes einfiel, und warfen es in die betreffende Schachtel.«

Sie lächelte Flora an. »Ich war ganz überrascht, an wie viele gute Dinge wir uns beide erinnern konnten.«

»In die Schachtel vom letzten Jahr hat Mama alle Krankenhausrechnungen und Polizeiberichte geworfen«, erzählte Flora.

»Und du dein Zeugnis und die Mitteilung, daß du weggelaufen bist.« Helen seufzte. »Jedenfalls haben wir elf Schachteln mit allem möglichen Kram vollgestopft, meistens mieses Zeug, aber es war auch Erfreuliches dabei. Wir haben sie in den Nationalpark, wo wir unser Ritual abgehalten haben, mitgenommen. Dort haben wir auch übernachtet.«

»Das hat Spaß gemacht«, unterbrach Flora. »Wir haben ein Zelt gemietet, sind herumgewandert und dann zum Sonnenuntergang an den Fluß gegangen. Dort haben wir ein Feuer gemacht und Würstchen gebraten. Wir haben alle unsere Schachteln der Reihe nach aufgemacht und beim Licht einer Taschenlampe gelesen, was wir aufgeschrieben haben. Dann haben wir die Zettel mit den schlechten Erinnerungen verbrannt und die mit den guten zurück in die Schachteln getan.« Sie machte eine Pause und schaute mich fragend an. »Ich weiß nicht, ob eine Psychologin das gut findet, aber für uns war es gut und richtig so.«

Flora beendete die Schilderung ihres Rituals mit der Erklärung, daß sie danach gegrillt hatten. Sie fütterten sich gegenseitig mit den größten Leckerbissen, schauten dann nach oben in die Sterne und nach unten ins Feuer, bis sie zu müde waren, um noch länger aufzubleiben.

Helen sagte: »Flora ist in meinen Armen eingeschlafen. Seit sie zwei Jahre alt war, ist das nicht mehr vorgekommen.«

Ich sagte ihnen, daß ich ihr Ritual wunderbar fände, und bat um die Erlaubnis, diese Idee weitergeben zu dürfen.

Izella, Lloyd und Melanie (4)

Izella und Lloyd wurden bei mir von der Personalchefin der Hundefutterfabrik, in der die beiden arbeiteten, eingeführt. Izella litt unter Bluthochdruck und Rheuma, und die Personalchefin befürchtete, daß sie mit einem Vollzeitjob und der Fürsorge für ein kleines Mädchen gesundheitlich überfordert sein könnte. Außerdem befürchtete sie, daß Lloyd, der als Spieler und für seinen starken Hang zum Wetten bekannt war, sich wieder für Hunderennen interessieren könnte.

Um Izellas praktische Weltsicht zu illustrieren, erzählte mir die Personalchefin eine kleine Begebenheit. Eine Bekannte hatte sich bei Izella über ihre Langeweile und ihre Depressionen beklagt; sie schlafe schlecht, und außerdem wisse sie nicht, ob sie das Eßzimmer neu tapezieren sollte. Izella hatte höflich zugehört und dann geantwortet. »Sie haben Sorgen! Ich habe gerade festgestellt, daß meine Enkeltochter Läuse hat.« Die Personalchefin lachte. »Ich möchte, daß die beiden die nötige Unterstützung bekommen, damit sie Melanie großziehen können.«

An einem windigen Apriltag humpelte Izella in mein Sprechzimmer, eine Hand fest im Kreuz. Offenbar hatte sie starke Schmerzen. Sie war eine korpulente Frau mit dünnem, grauem Haar und einem offenen Gesicht. Sie trug Synthetikhosen und ein orangefarbenes Oberteil. Schwerfällig ging sie zur Couch und ließ sich mit einem Seufzer fallen.

Lloyd folgte ihr; offensichtlich fühlte er sich im Sprechzimmer einer Psychologin sehr unwohl. Er war ein drahtiger Mann mit schwarzem Haar und sah immer noch schnittig und sehr gut aus, wenn man einmal von seinen Falten und Tätowierungen absah. Er trug Jeans, Cowboystiefel und ein gestärktes weißes Hemd. Beim Lächeln entblößte er einen Goldzahn.

»Wir sind wegen unserer kleinen Enkeltochter hier«, sagte Izella. »Wir wollen nicht die gleichen Fehler machen wie bei unseren eigenen Kindern.«

Sie hatten Melanie vor einem halben Jahr bei sich aufgenommen, nachdem Izellas Tochter gestorben war. Deren langsames, schmerzgepeinigtes Sterben hatte sie furchtbar mitgenommen. Lana war ein zauberhaftes Mädchen gewesen, von allen ihren Kindern das liebevollste; aber sie hatte Probleme mit Drogen und mit Männern. »Wie ein Magnet«, sagte Izella, »zog sie die Nichtstuer an.« Lana hatte meist Männer, die Kokain schnupften, und mit den Jahren ging alles Geld »durch ihre Nase«. Ihr letzter Partner, Melanies Vater, hatte sie verlassen, als er merkte, daß sie HIV-positiv war. Damals war sie im sechsten Monat schwanger.

Izella wischte sich die Augen und sagte: »Zuzusehen, wie Lana an Aids zugrunde ging, war das Schlimmste, was wir in unserem Leben durchgemacht haben.«

Glücklicherweise war Melanie nicht HIV-positiv, aber sie war zu früh und mit einer Kokain-Abhängigkeit geboren worden. Als Baby litt sie unter Darmkoliken und entwickelte sich nur langsam. Jetzt hatte sie Sprechschwierigkeiten und konnte nicht stillsitzen. Ihre ersten Lebensjahre hatte sie mit einer kranken, drogenabhängigen Mutter verbracht. Zwar hatten Izella und Lloyd sie möglichst oft gehütet, aber meistens war sie eben doch bei Lana gewesen.

Als Lana gestorben war, kam Melanie zu ihnen. Melanie war klein, linkisch und in ihrer Entwicklung zurück. Die Fürsorge für ein kleines Kind gestaltete sich für Lloyd und Izella schwierig. Sie konnten sich nicht mehr so schnell bewegen und brauchten ihren Schlaf. Wegen ihrer Rückenschmerzen konnte Izella die Kleine kaum tragen. Aber sie sagte: »Lloyd und ich wollen alles für sie tun, was wir können. Wenn Sie meinen, daß sie zu einem Spezialisten sollte, können Sie uns dann einen empfehlen?«

Dieses Ehepaar hatte schon eine Menge durchgemacht. Izella sagte gleich zur Einführung: »Wahrscheinlich werden Sie meine Familiengeschichte kaum glauben.« Ihre Erinnerungen hatten viel mit Arbeit und Schmach zu tun. Ihr Vater war der Trunkenbold der Stadt, und ihre Mutter war verbittert. Als Baby war Izella wegen Unterernährung im Krankenhaus. Sie sagte: »Vielleicht habe ich deshalb heute meine Gewichtsprobleme. Als Kind habe ich nie genug zu essen gekriegt.«

Meistens gab es Kartoffeln. Sie sagte: »In den Südstaaten teilten sich die armen Leute auf in Kartoffel- oder Bohnenfamilien. Wir gehörten zu den Kartoffelfamilien. Wir Kinder wollten auf keinen Fall Bohnen essen, auch wenn es sonst nichts gab.« Ihre Mutter hatte den Kindern nie etwas Nettes gesagt, insbesondere

Izella nicht, die unscheinbar und dicklich war. Aber an ihre Großmutter hatte Izella glückliche Erinnerungen, vor allem weil sie köstliche Sirupplätzchen buk, und noch heute stopfte sie Sirupplätzchen in sich hinein, wenn sie traurig war.

Mit fünfzehn heiratete Izella zum ersten Mal, »nur um von zu Hause wegzukommen«. Als sie von den Jahren mit Raymond sprach, schüttelte sie den Kopf. »Er war gemein und falsch wie eine Schlange. Ich weiß nicht, wie ich das die ganzen Jahre mit ihm ausgehalten habe. Wahrscheinlich hatte er mich schon ganz klein gekriegt.«

Sie hatten drei Kinder zusammen, und eigentlich trennte sie sich wegen der Kinder von ihm. Schlimm genug, daß er sie selbst mißhandelte, aber die Kinder – das konnte sie nicht dulden. Eines Abends, als ihr Sohn beim Essen Saft verschüttet hatte, packte Raymond ihn, warf ihn auf den Fußboden und trat ihn mit den Füßen. Izella brachte es schließlich fertig, daß er von dem Jungen abließ, aber der hatte inzwischen zwei Rippen gebrochen und ein blutunterlaufenes Auge. Nachdem Raymond das Haus verlassen hatte, ging sie mit dem Kind zum Arzt, und dann packte sie ihre anderen Kinder zusammen. Raymond drohte ihr, sie umzubringen, wenn sie nicht zurückkehrte. »Aber«, sagte sie, »mit Raymond zusammenzuleben war schlimmer als der Tod.«

Sie und die Kinder litten oft Hunger. Sie sagte: »Einmal gab uns meine Mutter einen Korb Äpfel, und das war dann alles, was wir die Woche hatten. Eine andere Woche lebten wir von Spaghetti.« Izella fand Arbeit als Kellnerin. Sie sagte: »Ich war die ganze Zeit hundemüde, aber ich konnte meine Rechnungen bezahlen, das Haus war sauber, und an den Geburtstagen und zu Weihnachten bekamen die Kinder Geschenke.

Lloyd war auch arm aufgewachsen und kam ebenfalls aus dem Süden. Seine Mutter hatte vom Baumwollpflücken einen krummen Rücken. Als Lloyd elf Jahre alt war, starb sein Vater bei einem Unfall auf der Farm, und von da unterhielt er seine Mutter und die jüngeren Schwestern. Er sagte: »Als ich achtzehn war, hatte ich bereits mehr gearbeitet als viele Leute in ihrem ganzen Leben.« Zwischen zwanzig und dreißig arbeitete er auf den Ölfeldern und schickte Geld nach Hause. Mit dreißig heiratete er und wurde Vater von drei Kindern. Aber die Ehe währte nur sieben Jahre. »Das Problem war ich«, sagte er. »Ich war so rücksichtsvoll wie ein wilder Eber.« Fünfzehn Jahre lang schickte er seiner ersten Frau Geld für den Unterhalt der Kinder und blieb auch weiterhin mit seinen Kindern in Kontakt. Diese sind nun erwachsen und leben in Florida. Jedes zweite Jahr fahren er und Izella hin und gehen mit ihnen angeln.

Izella lernte Lloyd kennen, als sie an einem der Moorseen um Lincoln herum beim Angeln war. »Er kam zu mir herüber und half mir, die Angelruten herzurichten.«

Lloyd lachte. »Ich habe immer gewußt, daß ich einmal eine Frau heirate, die gern angelt.« Sie gingen einige Monate miteinander aus und flogen dann nach Las Vegas, um zu heiraten. Izella genoß die Shows und überhaupt die ganze Zeit, obwohl Lloyd das gesamte Geld für die Flitterwochen beim Kartenspiel verlor.

Lloyd war gut zu ihr und auch zu den Kindern. Er sorgte dafür, daß seine Arbeit nicht durch seine schlechten Gewohnheiten beeinträchtigt wurde. Er verdiente gutes Geld, konnte aber schlecht damit umgehen. Sie lebten in einem alten Wohnwagen im Süden der Stadt. Izella zog im Gärtchen Gemüse und hielt Hühner. Noch am Abend zuvor hatte sie Tomatenpflanzen gesetzt. Sie waren glücklich, bis es mit ihren Kindern Probleme gab.

Izellas Sohn kam mit neunzehn Jahren bei einem Autounfall ums Leben. Wie sein Vater hatte er Alkoholprobleme und war betrunken gefahren. Lana verließ vorzeitig die Schule und machte alle mit ihren Männergeschichten fast wahnsinnig. Nur die andere Tochter, Lora, hatte Erfolg. Sie heiratete den Manager eines Burger King und hatte selbst einen guten Job als Röntgenassistentin in einer Klinik. Lora und ihr Mann hatten zwei kleine Kinder und bauten jetzt ein Haus. Darauf waren Izella und Lloyd mächtig stolz. Izella drückte es so aus: »Sie hat als erste in unserer Familie Grundbesitz.«

Je älter Lloyd und Izella wurden, desto schwerer fiel ihnen die Arbeit. Izella hatte Herz- und Rückenprobleme. Lloyd hatte das Trinken aufgegeben. »Es wäre zuviel für Izella geworden – alle ihre Probleme und mich dazu noch betrunken, das hätte sie nicht mehr geschafft«, sagte er. Aber nach den vielen Jahren starken Alkoholkonsums war seine Leber »ziemlich angeschlagen«. »Eine Flasche Southern Comfort könnte mich heute umbringen«, sagte er.

Sie lebten immer noch in demselben Wohnwagen, und außer für die Reisen nach Florida kauften sie nur das Nötigste. Jahrelang hatte Lloyd regelmäßig sein ganzes verdientes Geld bei Hunderennen verloren und sich Geld von Izellas Kreditkarten »geborgt«. Er wettete zwar immer noch, aber nicht mehr soviel wie früher. Das Geld verwaltete jetzt Izella; sie gab ihm ein bißchen Geld für Billard und Lotto. Sein Traum war ein eigenes Haus und ein Cadillac. »Ein Haus bekommen wir nur, wenn er tatsächlich einmal genügend gewinnt«, sagte Izella. »Von fünf Dollar die Woche kann man schlecht einen Traum wahrmachen.«

Izella hatte von den Freuden des Lebens nicht viele erlebt, sondern fast ausschließlich die Beschwernisse kennengelernt. Ihr Leben hatte aus Armut, Vernachlässigung und Mißhandlung bestanden. Aber sie hatte nie den Mut verloren. Sie war eine Heldin im wahrsten Sinne des Wortes, eine Frau, die Widrigkeiten mit Würde ertragen konnte. Für mich war sie wie eine japanische Shibui-Tasse: außen dunkles Siena-Braun und innen ein funkelndes, glasiertes Blau von überraschender Schönheit.

Lloyd hatte gewiß seine Fehler, aber er war treu und liebevoll. Sein ganzes Leben hatte er hart gearbeitet und jetzt befanden sich nicht einmal 1000 Dollar auf dem Konto. Bestimmt hat er viel falsch gemacht, aber er hat auch einiges dazugelernt. Bei seinem geliebten Enkelkind wollte er vorsichtiger sein. Mit dem Älterwerden wurden Kinder für ihn immer kostbarer. Für Melanie tat er alles, ihretwegen ging er sogar zum Psychotherapeuten.

Inmitten aller Trümmer waren Izella und Lloyd zäh geworden. Wie viele Menschen, die Schweres erlitten haben, lernten sie zu schätzen, was sie heute hatten. Schon Kleinigkeiten konnten sie glücklich machen. Izella liebte die Messe in der Kirche. Lloyd prahlte damit, daß er beim Bingo-Spiel einen Truthahn zum Thanksgiving-Fest gewonnen hatte. Beiden machte es großen Spaß, für Melanie ein Kleid oder ein Spielzeug zu kaufen.

Früher hatte er reichlich alles Gift konsumiert, das unsere Gesellschaft bietet – Tabak, Glücksspiel, Schnaps. Aber als sie älter wurden, haben sie andere Prioritäten gesetzt und vernünftig die Dinge ausgewählt, die sie verbrauchen wollten. Sie verbrachten jetzt weniger Zeit bei den Hunderennen und dafür mehr Zeit am See, und er weniger Zeit beim Trinken, dafür mehr mit den Enkelkindern.

Izella holte Bilder von ihren Enkelkindern aus der Tasche. Vor kurzem waren sie alle zusammen beim Fotografen gewesen. Loras Mädchen waren blond und ernst. Melanie hatte rote Haare und Sommersprossen und lächelte verwegen. Wir sprachen über die Möglichkeit der Vorschulförderung für Melanie und einer Selbsthilfegruppe für Erziehende; außerdem könnten sie selbst für Melanies geistige Anregung etwas tun. Ich empfahl ihnen, ihr Geschichten vorzulesen und sie in die Bücherei mitzunehmen, damit sie sich selber Bücher aussuchen konnte. Auch ihre Aktivitäten im Freien – Gärtnern und Angeln – seien gut für Melanie, bestätigte ich ihnen und empfahl, sie so oft wie möglich mit Lora und ihrer Familie zusammenzubringen. Die anderen Kinder taten Melanie gut, und Lora offensichtlich den Großeltern.

Am Ende der Sitzung gratulierte ich ihnen zu ihrem Mut und ihrer Opferbereitschaft. Als ich sie fragte, ob sie einen weiteren Termin wünschten, meinte Izella: »Das könnte uns nicht schaden.« Lloyd war zurückhaltender. »Es war gar nicht so schlimm, wie ich gedacht hatte. Und was Sie über das Angeln gesagt haben, hat mich gefreut.«

Kapitel neun

WILLE

Den Willen definiere ich als die Fähigkeit, auf der Grundlage der eigenen Werte zu handeln. Oft ist der Wille ein Problem für die Generation, die in den siebziger und achtziger Jahren erwachsen wurde – nach dem Vietnamkrieg, dem Watergate-Skandal, dem folgenschweren Unfall im Kernkraftwerk von Tschernobyl und nach der durch das Auslaufen des Tankers Exxon-Valdez verursachten ökologischen Katastrophe in Alaska. Seit ihrer Geburt ist die heutige Generation der jungen Erwachsenen mit »junk food«, also nährstoffarmer Fertignahrung, und ebensolchen wertlosen Werten gefüttert worden. Sie ist einem Durcheinander zusammenhangloser Informationen ausgesetzt. Das macht die Welt für sie zu einem einzigen Wortsalat. Ihre Werte liefern die Werbung, die Talkshows, die Populärpsychologie, die Popmusik, die Comics und die Kinofilme.

Platon hat einmal gesagt: »Erziehung besteht darin, die Kinder zu lehren, wie sie an den richtigen Dingen Gefallen finden.« Diese Generation ist durch die Medien erzogen worden und hat gelernt, Gefallen an den falschen Dingen zu finden – an Alkohol, wechselnden Geschlechtspartnern, Gewalt und Konsum. Es lebe der Zynismus! Ideale werden trivialisiert, und das Heilige wird profan. In unserer Medienkultur wird alles zur Unterhaltung – Mord, Zerstückelung, Grausamkeit, Politik und Religion. So viel Information, und so wenig Sinn dahinter!

Während sich trotzdem viele unserer jungen Leute ganz normal auf ein verantwortungsvolles Erwachsenenleben zubewegen, sind viele in Schwierigkeiten. Die heutige Generation ist blasiert, allerweltsklug, zynisch und müde und steckt in einem Morast von Angst. Einige junge Leute sind des gesellschaftlichen Konsumzwangs überdrüssig. Sie steigen aus und gehen auf Trekking-Tour in Tibet oder arbeiten für Mindestlöhne und schreiben Gedichte. Andere verweigern sich der geistigen Entleerung durch die moderne Zeit, wieder andere rackern sich ab, um in die Mittelklasse aufzusteigen. Manche wenden sich auch der Religion oder einer Sekte zu, um mit dem Chaos um sich herum fertig zu werden.

Diese Generation liest wenig. Viele junge Leute wissen mehr über Seifenopern und Fernsehserien als über Shakespeare, mehr über Gangster als über die Regierung. Der Wunsch nach Sex kann genauso beiläufig erfüllt werden wie der Wunsch nach Unterhaltung durch einen Kinobesuch – und kann genauso wenig besagen. Viele junge Leute haben Dutzende von Sexualpartnern, aber keine einzige echte Beziehung. Sie leben in wilder Ehe und sammeln sexuelle Erfahrungen im Übermaß, aber viel erotisches Vergnügen erleben sie dabei nicht.

Diese Generation sagt: »Ich will.« Sie ist dazu erzogen worden, Ansprüche zu haben und unzufrieden zu sein. Die Werbung hat diese Generation gelehrt, materielle Erwartungen zu pflegen, die sie sich nicht erfüllen können. Geld zu haben bedeutet, moralisch überlegen zu sein, und Armut ist unmoralisch, Zeichen eines persönlichen Versagens. Armut bedeutet, daß jemand das nicht haben kann, worauf er programmiert worden ist. Armut bedeutet aber auch Gefahr – Stadtviertel mit hoher Kriminalität, Autos, die auf dunklen Straßen auseinandergenommen werden, und Jobs an Orten, wo Raubüberfälle gang und gäbe sind.

Heute sind viele junge Leute passiv und fühlen sich schwach. Das Leben ist aber hart, und Gewissen wird als Luxus angesehen. Dabei sind die meisten jungen Erwachsenen gutherzig; sie haben nur wenig Vertrauen, daß sich sozial etwas verändern läßt. Für sie sind Aktivisten nur naive Idealisten, und so beschränken sie ihre guten Taten auf ihre Freunde und ihre Familie. Arbeit wird nicht als Gelegenheit gesehen, hier auf Erden etwas Nützliches zu schaffen, sondern nur als ein Mittel zum Zweck des Geldverdienens. Die jungen Leute fühlen, daß die Dinge in unserer Gesellschaft schieflaufen, und versuchen, möglichst unbeschadet davonzukommen.

Diese Generation ist betrogen worden, und sie weiß es. Ihr Zynismus und ihr Zorn sind verständlich, aber tragisch. Zynismus ist nicht gerade ein Gefühlszustand, der viele Energien freisetzt. Es ist viel schwerer, sich um eine bessere Welt zu bemühen. Solche Bemühungen jedoch würden sie Hohn und Spott aussetzen und bergen obendrein das Risiko des Fehlschlags. Es ist sicherer, sich gar nicht erst zu bemühen.

Die Fallbeispiele in diesem Kapitel handeln von jungen Menschen, die Führung suchen. Gabriel und Verena sind auf ihre elterlichen Pflichten nur schlecht vorbereitet. Das Wertesystem, das sie kennengelernt haben, taugt für diese Aufgabe nicht recht. Andrea haßt die Schule und faßt den kühnen Entschluß, sich als Autodidaktin selbst weiterzubilden. Die letzten beiden Geschichten handeln von zwei Familien mit kleinen Kindern. Edward und Sabrina sind von ihrer ständigen Geldnot ausgelaugt und demoralisiert. Als es hart auf hart kommt, geben sie sich gegenseitig die Schuld. Und doch drängt es sie, das Beste für ihre Familie zu tun, wenn sie nur wüßten, was das Beste ist. Grace gibt ein gutes Beispiel dafür ab, wie eine Frau als alleinerziehende Mutter überlebt. Sie verfügt über ein großes moralisches Kapital.

Gabriel, Verena und Harold (2)

Ein Arzt von der Notfallambulanz eines Krankenhauses hatte Gabriel, Verena und Harold zu mir überwiesen. Am Abend vorher hatte Gabriel Harold am Arm gepackt und ihn dabei gebrochen. Da Harold vor Schmerzen wimmerte, brachten sie ihn ins Krankenhaus. Die Ärzte behandelten Harolds Arm und seinen Schock und zeigten die Eltern wegen Kindesmißhandlung an.

Harold war dünn und schmutzig, sein Gips am Arm blendend weiß. Das blonde Haar war fettig und ungekämmt, sein Gesicht zeigte Tränenspuren. Ich wunderte mich, warum ihn die Krankenschwester bei dieser Gelegenheit nicht gleich gewaschen hatte. Er war nur mit einem T-Shirt und einer dicken Windelhose bekleidet und hielt eine Babyflasche, die aussah, als enthielte sie künstliche Brause, in der Hand. Er kuschelte sich an Verena und schaute mich mit großen blauen Augen an. Als ich ihn anlächelte, bohrte er sich noch tiefer in Verenas Seite.

Verena war eine rundliche junge Frau mit dick aufgetragenem Make-up und schwerem Parfüm. Sie war von zu Hause weggelaufen, weil die Eltern sie mißhandelt hatten. Als sie schwanger wurde, verdiente sie sich gerade ihr Brot mit exotisch-erotischem Tanzen. Während sie davon erzählte, klopfte sie auf ihren Bauch und sagte: »Damals war ich nicht so fett wie heute.«

Gabriel war unrasiert und nervös, seine Haut von Wind und Wetter und vom vielen Tabak gegerbt. Wenn er Arbeit hatte, baute er am Missouri Staudämme oder jobbte am Bau. Sonst ging er stempeln. Als ein Mann, der nicht viele Worte machte, war er darauf angewiesen, daß Verena alles erklärte. Aber wenn sie sprach, verzog er voller Verachtung den Mund, als sei er über so banale Angelegenheiten wie eine Unterhaltung erhaben. Während er so unbeholfen in meinem Sprechzimmer saß, erinnerte er mich stark an die Zeile von Tennessee Williams über den »schrecklich halsstarrigen Stolz des Unterlegenen«.

Verena erläuterte, daß sie sich in ihrem Club kennengelernt hatten und nur ein paar Wochen miteinander gegangen waren, bevor sie schwanger wurde. Als sie Gabriel die Neuigkeit erzählte, reagierte er sehr ärgerlich. Schließlich zahlte er schon Alimente für zwei Kinder: eins in Alabama und ein anderes in Oklahoma. Gabriel ließ Verena bei sich einziehen, wollte aber erst einmal abwarten, wie sich die Dinge weiterentwickelten, bevor er sich »festnageln« ließ. Als er dies sagte, sah ihn Verena verlangend an. Daraufhin verschränkte er die Arme und interessierte sich nur noch für meinen Wandkalender.

Gabriel und Verena hatten keine Verwandten in der Nähe. Gabriel kannte ein paar Saufkumpane, und Verena mochte die Frau vom Laden an der Ecke sehr gern, aber sie unterhielt sich mit ihr nur, wenn sie dort Snacks oder Windeln kaufte. Tagsüber schaute sie sich Talkshows oder Familienserien im Fernsehen an; abends kaufte sie meist mit Gabriel eine Pizza und Zigaretten, und sie liehen sich Videos aus. Er war für Kriegsfilme, sie mehr für *Dirty Dancing* und *Pretty Woman*.

Auf meine Frage, wie es zu Harolds Verletzung gekommen war, sagte Verena: »Er ist herumgerannt wie ein aufgescheuchtes Huhn. Ich habe ihm wohl zu viele Süßigkeiten gegeben. Gabriel hielt ihn am Arm fest, damit er mit dem Herumrennen aufhörte. Da muß er wohl ein bißchen zu fest hingelangt haben, weil der Arm jetzt gebrochen ist.«

Zögernd erklärte Gabriel, daß er und seine Arbeitskollegen am Tag zuvor »vorübergehend« entlassen worden waren. Nachdem sie sich ihre Entlassungspapiere abgeholt hatten, kauften sie sich Whisky und fuhren an einen See. Er kam spät nach Hause und wollte, daß Verena ihm Rühreier machte, während er die Zehn-Uhr-Nachrichten anschaute. Er leugnete, daß er betrunken gewesen sei, als er Harold am Arm packte, gab aber zu, daß seine Stimmung durch den Alkohol nicht besser geworden war. Er sagte: »Verena hätte den Jungen schon viel früher ins Bett bringen müssen.«

Verena nickte zustimmend. Sie lebte in einer Umgebung, in der es von Versagern nur so wimmelte: Trinker und Eltern, die ihre Kinder schlugen. Niemals hatte man ihr viel Aufmerksamkeit geschenkt, nur damals während ihrer Zeit als Tänzerin. Gabriel hatte sie einige Male verprügelt. Das mochte sie zwar nicht, aber es war für sie irgendwie normal. Manchmal hatte sie sogar das Gefühl, es verdient zu haben. Jetzt war sie vor allem wegen des Berichts besorgt, den ich schreiben würde. Sie wollte nicht, daß Harold ihnen von »wohlmeinenden« Institutionen weggenommen wurde.

Gabriels Entlassung kam zu einem denkbar schlechten Zeitpunkt. Beide hatten ihr Bankkonto überzogen und außerdem jede Menge Kreditkarten-Schulden. Jeden Tag bekam Verena lästige Anrufe von Banken, die erst erpicht darauf gewesen waren, ihren Kredit zu erhöhen, jetzt aber brutal wurden, da die Abzahlungen nicht pünktlich erfolgten. Mit ihren Raten für das Auto waren sie zwei Monate im Rückstand, und sie erwarteten täglich, daß es wieder abgeholt wurde. Gabriel schloß diese Bilanz mit der Bemerkung: »Außerdem schulde ich noch jemandem zwei Eintrittskarten für ein Rockkonzert.«

Eines Abends, als Gabriel wieder einmal mit seinen Trinkkumpanen unterwegs war, hatte sich Verena beim Shopping-Kanal im Fernsehen Schmuck bestellt. Im Monat darauf waren die ersten Raten für die Couch fällig, die sie sich vor einem Jahr nach dem Prinzip »Jetzt kaufen, später zahlen« angeschafft hatten. Aber Harold und der Hund hatten diese Couch bereits ruiniert. Gabriel hatte Spielschulden, über die er sich nicht näher äußern wollte. Er rieb sich nur nervös das Kinn und sagte schließlich: »Eigentlich sollte ich mich erschießen, dann hätte ich es hinter mir.«

Gabriel hatte die Schule in der neunten Klasse vorzeitig verlassen und war ein leichtes Opfer für alle, die etwas zu verkaufen hatten – Alkohol, Nikotin oder Fernsehgeräte. Sie hatten weder eine Krankenversicherung noch Ersparnisse. Wenn ihm seine Situation auf die Nerven ging, betrank er sich oder prügelte sich mit jemandem. Verena kam mir so jung und unbedarft vor, daß ich an ein Lied von John Prine über »das älteste Baby der Welt« denken mußte. Sie stand Problemen gegenüber, die selbst einem guten Strategen zu schaffen machen würden – Schulden, Erziehungsprobleme und ein alkoholabhängiger, gewalttätiger Partner. Sie hatte kein Abschlußzeugnis, keinen erlernten Beruf, keine familiäre Unterstützung, und ihre Karriere als exotische Tänzerin war eindeutig vorbei. Eigentlich blieben ihr nur zwei Möglichkeiten: bei Gabriel zu bleiben oder anschaffen zu gehen. Sie hatte Schuldgefühle wegen ihres Gewichts, wegen ihrer Geldausgaben und ihrer Nörgelei; auch an Harolds gebrochenem Arm gab sie sich die Schuld.

Ich fragte Gabriel und Verena, was sie brauchten. Gabriel erwiderte: »Wir brauchen nichts. Es gibt uns ja sowieso niemand was.«

»Tausend Dollar könnten wir brauchen«, sagte Verena. Sie sah bedeutungsvoll zu Gabriel hinüber: »Und eine Hochzeit.«

Beide, Gabriel und Verena, brauchten eigentlich selbst noch elterliche Fürsorge. Verena brauchte eine Mutter, die ihr mit ihrem Sohn und bei ihrer Geldeinteilung half und ihr zudem Mut machte, sich auf die eigenen Füße zu stellen. Harold brauchte einen Vater, der nicht trank und seine Frau nicht verprügelte. Sie waren schlecht erzogen worden, und an jedem Ort der Welt hätten sie Hilfe von außen gebraucht. Aber leider sind in unserer Gesellschaft zu viele Profitgierige scharf darauf, aus ihrer Unwissenheit Kapital zu schlagen.

Gabriel und Verena hatten die falschen Lektionen gelernt. Jetzt hingen sie an dem Plunder, den unsere Gesellschaft als Köder am Angelhaken auswirft. Sie gaben Geld aus, das sie nicht hatten, für Dinge, die sie nicht brauchten. Das dringend Notwendige, wie Krankenversicherung und angemessener Lohn, blieb dabei auf der Strecke. Hilfe bei der Kindererziehung und Unterstützung durch die Gemeinschaft hatten sie auch nicht.

Ich wußte überhaupt nicht, wo ich bei ihnen anfangen sollte:

mit Partnerschaftsberatung, Schuldenberatung, Erziehungsberatung, für Harold mit Vorschulförderung und einem Besuch beim Zahnarzt. Verena könnte an einem Selbstbehauptungstraining teilnehmen und eventuell auf dem zweiten Bildungsweg ihren Schulabschluß nachholen. Gabriel brauchte eine Berufsausbildung und eine Alkoholentzugstherapie. Als ich daran dachte, wie wenig von all dem wahrscheinlich wegen der anfallenden Kosten zu realisieren war, bekam ich einen Zorn auf unsere Gesellschaft, die es Familien wie dieser so leicht macht, sich selbst zu ruinieren, und sie dann im Stich läßt.

Auf lange Sicht wollte ich ihnen bei ihrem Verhältnis zu Drogen und zum Konsum helfen. Diese beiden brauchten Beistand, um mit der Gesellschaft klarzukommen. Anstatt die Dinge einfach auf sich zukommen zu lassen, mußten sie lernen auszuwählen, was sie annehmen wollten und was nicht. Fürs erste empfahl ich Verena, Harold mehr mit nach draußen zu nehmen, in den Park oder ins Schwimmbad. Außerdem schlug ich ihnen vor, sich einen Sonnenuntergang anzusehen oder die Sterne zu betrachten und sich dabei zu überlegen, was für sie wirklich wichtig war. Dieser Ratschlag irritierte sie sichtlich, aber sie nickten eifrig. Allerdings bezweifelte ich, daß sie ihn befolgen würden. Gabriel wollte ich an eine Selbsthilfegruppe zur Kontrolle von Ärger und Zorn vermitteln. Das hörte er sich zähneknirschend an. Ob er auch wirklich dorthin gehen würde, stand allerdings in den Sternen.

Natürlich hatte Verena recht: Sie brauchten wirklich tausend Dollar. Gabriel würde acht Wochen Arbeitslosengeld bekommen, und dann würden sie Hunger leiden. Unsere Stadtverwaltung bietet einige Aushilfsarbeiten zu einem Mindestlohn an, aber davon kann eine Familie auch nicht existieren. Ich schob meine Befürchtungen für die Zukunft der beiden erst einmal beiseite.

Inzwischen döste Harold vor sich hin, und Gabriel nahm ihn vorsichtig auf. Vertrauensvoll hing der Junge an den mageren Schultern seines Vaters. Verena nahm die Babyflasche und tappte hinter den beiden hinaus. Nachdem sie gegangen waren, beobachtete ich vom Fenster aus, wie die Familie in das ihnen bald nicht mehr gehörende Auto stieg. Harold hatte einen schweren Start ins Leben vor sich.

Andrea (16)

An einem späten Oktobernachmittag lernte ich Andrea und ihre Eltern kennen. Andrea hatte lila gefärbte Haare und Piercing durch die Nasenscheidewand; ihre Kleidung war sehr ungewöhnlich zusammengestellt: Wanderstiefel, Leggings und ein Flanellhemd über einem seidigen rosafarbenen Unterhemd. Sie ließ sich in einen Sessel fallen und schaute sich herausfordernd im Raum um. Ihre Eltern machten einen weniger lebhaften Eindruck. George, der einen verknitterten Anzug trug, erklärte, daß er in einer Stunde eine Lehrerkonferenz in seiner Grundschule habe. Muriel sah erschöpft aus, denn sie hatte in ihrer fünften Klasse zu viele Schüler. Ich fragte die Familie, was sie zu mir führte.

»Andrea geht seit dem 10. Oktober nicht mehr zur Schule. Wenn sie morgen dort nicht erscheint, fliegt sie«, antwortete Muriel.

»Sei ruhig, mein Herz«, flötete Andrea sarkastisch.

»Andrea sagt, sie halte die Langeweile in der Schule nicht mehr aus. Aber das ist natürlich Quatsch. Ich halte das für eine faule Ausrede«, sagte George.

Andrea hob wieder an: »Für meine Gene kann ich nichts, aber ich bin dankbar, daß ich nicht die Neigung geerbt habe, das Wort ›Quatsch‹ zu gebrauchen.«

»Andrea redet gern so geschwollen«, sagte George müde.

»Was ist denn am 10. Oktober passiert?« fragte ich.

»Es war mein 16. Geburtstag, und ich war nicht mehr verpflichtet, zur Schule zu gehen. Ich saß gerade in der Geschichtsstunde, als mir plötzlich klar war, daß mich der Föderalismus oder was ich sonst noch heute zu hören bekommen würde, einen Dreck interessiert.« Sie gähnte ausgiebig. »Von Anfang an habe ich die High-School gehaßt. Ich werde sowieso Musikerin.«

Die Liste von Andreas Beschwerden über ihr Schuldasein war mir nur zu vertraut: jede Menge obszöner Beschimpfungen, Schikanen, Mädchen, die einander weh tun, Jungen, die sie sexuell belästigen, Vergewaltigung in einer der Schultoiletten und Waffen auf dem Parkplatz. Aber sie beschwerte sich auch über Dinge, die sie nicht einer allgemeinen Bestandsaufnahme hätte entnehmen können. Dazu gehörten zum Beispiel die

»Busengrapschtage«. Dazu gehörte auch, daß zwei Jungen, die in Englisch durchgefallen waren, Andreas Arbeit über kreatives Schreiben zerfetzt hatten. Außerdem hatte irgend jemand auf das Schließfach ihrer Freundin Emma ein Hakenkreuz gemalt. Andrea war wütend über das Leid, das der Rassismus ihrer Freundin antat. Sie und Emma hatten schon darüber gesprochen, daß sie gemeinsam die Schule verlassen wollten.

»Die Schule war der absolute Horror«, sagte sie. »Als ich mich noch so benahm, wie meine Eltern es mir beigebracht haben, hat niemand mit mir geredet.«

Sie lachte. »Aber als ich mich plötzlich verrückt anzog und zu rauchen anfing, sind meine Klassenkameraden prompt darauf abgefahren. Binnen weniger Wochen wurde ich zu allen Partys eingeladen. Aber was das für Partys waren, können Sie sich nicht vorstellen – die Kinder betranken sich, bis sie umfielen – lauter Bierleichen in den Toiletten. Scheiße.«

Sie lehnte sich vor und wedelte dramatisch mit den Armen. »Ich hatte gehofft, in den Oberklassen würde das aufhören. Aber es wurde alles nur noch schlimmer. Die Zustände in meiner Klasse stanken zum Himmel. Manche Lehrer waren in ja Ordnung, aber sie brauchten ihre ganze Zeit, um die Unruhestifter in Schach zu halten. Die Kinder gingen ständig aufeinander los. Lauter Arschlöcher.«

Wir sprachen über Drogen. Andrea fragte: »Kennen Sie den Spruch ›Die Realität ist nur für Menschen da, die nicht mit Drogen umgehen können‹? Das ist die Schule. Wer cool ist, kifft. Emma und ich nahmen LSD.«

»Wir haben immer gemeint, Andrea brauche die soziale Anpassung durch die Schule«, sagte Muriel. »Jetzt sind wir aber nicht mehr so sicher, ob wir diese Art von Anpassung wollen.«

George wandte sich zu mir. »Wir hatten schon lange den Verdacht, daß Andrea Drogen nimmt. Aber wir konnten das nicht kontrollieren. Schließlich sind wir beide berufstätig, und wir können ja nicht einen Aufpasser für einen Teenager engagieren. Aber die Drogen haben uns Angst gemacht.«

»Ach hört doch auf!« Andrea wischte die Bedenken ihres Vaters beiseite. »Ich hab' doch kaum welche genommen. Ich mach' mir Sorgen um meine Freundinnen.« Sie erzählte von Molly, die mit einem Dealer liiert war und Crack versucht hatte;

von Heide, die in einem Balkonkasten selbst Marihuana zog; und über Candice, die Pillen für einen Selbstmordversuch sammelte. Sogar Emma rauchte vor der Schule Marihuana. Andrea machte sich auch Sorgen wegen der Partys. »Jeder lernt, daß Drogen cool sind. Aber wenn man dabei erwischt wird, ist man dran.«

Kein Wunder, daß sie die Schule haßt, dachte ich mir. Die Schulräume waren ja Minenfelder für das Gemüt. Wer konnte sich da noch konzentrieren? Ich fragte, ob ihre Freundinnen nicht einmal mit den Schulpsychologen reden könnten? Sie schüttelte den Kopf und meinte: »Nein, so viel Zeit haben die nicht.«

»Wir haben ihr vorgeschlagen, sich andere Freunde zu suchen«, sagte George. »Aber Andrea behauptet, alle Gruppen hätten ähnliche Probleme.«

Andrea unterbrach ihn. »Ich bin der Schule einfach entwachsen.«

Als ich sie fragte, was sie statt dessen vorhätte, wußte sie schon, was sie wollte. »Reisen, vollzeitlich in einer Band mitspielen, ein Magazin herausgeben, nach San Francisco fahren.«

»Andrea heckt ständig irgendwelche Pläne aus. Ideen produziert sie am laufenden Band. Nur sind ihre Pläne meist nicht sehr praktikabel, und das schafft dann Spannungen zwischen uns.« Muriel schaute Andrea an, während sie fortfuhr. »Außerdem erzählt sie mir Sachen, die ich meiner Mutter niemals erzählt hätte. Manchmal bin ich so geschockt, daß ich dazu gar nichts sagen kann.«

»Es ist nicht leicht, mit anzusehen, wie sich Andrea ihr Leben verbaut«, sagte George. »Das Schwerste an der ganzen Erziehung ist, daß man die Kinder nicht vor sich selbst schützen kann.«

»Besonders dann, wenn sie keinen Schutz wollen«, sagte Andrea.

»Genau«, bestätigte George traurig.

George und Muriel wünschten, daß Andrea die Welt erkundet und dabei ungefährdet blieb, daß sie mit ihren Schulkameraden gut auskam, sich aber damit nicht schadete. Muriel sagte: »Schon in den unteren Klassen mußte Andrea Entscheidungen fällen, über die ich mir zu meiner Zeit im College Gedanken machen mußte.« George fügte hinzu: »Die Kinder haben einfach keinen Respekt mehr vor den Erwachsenen.«

Andrea sagte darauf: »Und die Erwachsenen haben nicht die leiseste Ahnung vom Leben der Jugendlichen.«

Ich lenkte das Gespräch auf die aktuelle Krisensituation zurück. »Was ist nun morgen mit der Schule?«

»Ich gehe nicht«, sagte Andrea. »Dazu können Sie mich nicht zwingen.«

»Niemand will dich zwingen«, sagte Muriel.

Ich mußte Andrea beipflichten, daß – zumindest in großen Schulen – die Kinder sich gegenseitig das Leben schwermachten. Die Lehrer und Psychologen gaben im allgemeinen ihr Bestes, aber bei solchen Schülermassen konnten sie gar nicht alles unter Kontrolle haben. Auf der anderen Seite sind nur wenige Jugendliche in der Lage, ihre Zeit gut einzuteilen und ohne Schule zu lernen. Ich fragte die Eltern, ob Andrea ihrer Meinung nach auf eigene Faust weiterlernen könnte.

»Sie lernt doch schon jetzt nicht viel«, sagte George.

»Gib mir eine Chance«, bat Andrea. »Ich werde dir beweisen, was ich leisten kann, wenn mir niemand vorschreibt, was ich tun soll.«

Muriel machte den Vorschlag, Andrea sollte versuchsweise für den Rest des Halbjahrs der Schule fernbleiben und ihre Zeit selbst einteilen. Währenddessen sollte sie mich regelmäßig zu Gesprächen aufsuchen. Im Januar könnten wir uns alle wieder treffen und zusammen über das zweite Halbjahr entscheiden. George stimmte nicht gerade begeistert zu, aber er merkte, daß ihm eigentlich gar nichts anderes übrigblieb. Seine größte Sorge war nämlich, daß Andrea dann nicht zu einem renommierten College zugelassen werden könnte. Aber Andrea gab klipp und klar zu verstehen: »Auf ein College gehe ich sowieso nicht.«

Ich empfahl einige Bücher über Jugendliche, die ihr eigenes Lernpensum organisierten, und schlug außerdem vor, Andrea sollte mindestens fünf Stunden in der Woche eine freiwillige Arbeit bei älteren Menschen übernehmen. Der Hintergedanke dabei war, daß Andrea Menschen kennenlernen sollte, die älter als ihre Schulkameraden waren, mehr erlebt hatten und sie vor allem mit einem anderen Wertesystem als dem in ihrer Schule bekannt machten. Für die nächste Woche vereinbarten wir einen Termin für die erste therapeutische Sitzung.

Nach der ersten Sitzung berichtete Andrea, daß sie viel glücklicher sei. Sie half in einem nahe gelegenen Altenwohnheim, und es gefiel ihr. Schon am ersten Tag hatte sie sich mit einem alten Mann angefreundet, dessen Gesicht von lauter Warzen so verunstaltet war, daß ihn die anderen freiwilligen Helfer mieden. Mit der Zeit war sie Oskar sehr zugetan und fand, daß die anderen eine Gelegenheit verpaßten, einen wirklich großartigen Menschen kennenzulernen. Auch Oskar mochte sie offenbar sehr und erzählte ihr viel von seinem Leben auf einer Farm im Staat South Dakota. Er hatte in einem Polka-Orchester mitgespielt und schwelgte in Reiseerinnerungen. Er suchte ihr sogar einige verblichene Notenblätter heraus, nach denen das Orchester seinerzeit gespielt hatte. Bald kam sie jeden Tag in dem Wohnheim vorbei, um nach Oskar zu schauen. Sie nahm für ihn die Brave Combo auf Kassetten auf; das ist eine Band, die Polka und Rock and Roll kombinierte. Diese Kassetten hörte er sich abends vor dem Einschlafen an.

In den ersten Wochen hing sie meistens nur herum und sah sich Talk-Shows an, bis ihr das zu langweilig wurde. Sie las Magazine und übte auf ihrem Schlagzeug. Dann gründete sie zusammen mit einigen Frauen, die sie bei einem Konzert kennengelernt hatte, eine Band, und sie kamen regelmäßig zu Proben zusammen.

Andrea bemühte sich, in einer chaotischen Welt ein guter Mensch zu sein. Ihre Ausdrucksweise war manchmal sehr amüsant. Gefiel ihr, was ich sagte, antwortete sie mit »Weiter, Mädchen.« In ihrer Wortwahl war sie großzügig und erfinderisch. Oft begann sie unsere Sitzung mit einer dramatischen Bemerkung wie: »Ich sehe vielleicht glücklich und zufrieden aus, bin es aber nicht.« Oder: »Ich verharre in Verantwortungslosigkeit.« Und dann schob sie meist eine wichtige Frage hinterher. Einmal lautete sie: »Ist es eigentlich falsch, daß ich meine Mutter so lieb habe?« Ein anderes Mal: »Soll ich versuchen, die Welt zu ändern, oder erst einmal an mir selbst arbeiten?«

In unserer zehnten Stunde ließ sich Andrea auf meine Couch fallen und verkündete: »Ich habe den Sex so satt, daß ich mich am liebsten auf eine einsame Insel zurückziehen würde.« Mir war schon aufgefallen, daß Andrea neuerdings ihre Schönheit, so gut sie konnte, unter extragroßen Overalls und riesigen Flanellhemden versteckte. Aber trotz der alten Klamotten, dem lila gefärbten Haar und dem Nasenring signalisierten ihre feinen Gesichtszüge und ihre Alabasterhaut bestechende Schönheit.

An diesem Tag erinnerte mich ihre Klage an das Lied eines russischen Mädchens, das von betrunkenen Männern belästigt wird: »Was soll ich mit meiner Schönheit, was mit meiner Liebe anfangen?«

Andrea seufzte, als sie mir von unzüchtigen Bemerkungen, Antatschen und schwangeren Freundinnen berichtete. Manche ihrer Freundinnen hatten Herpes und Genitalwarzen. Sie sagte: »Die meisten wissen doch alles Widerliche über Sex, und trotzdem tun sie es. Und nicht nur die Jungen! Ich kenne Mädchen, die über jeden Jungen herfallen, den sie erwischen. Aber vorher betrinken sie sich, um ihre Angst nicht mehr zu spüren.« Sie gestand mir, daß ein Junge, der ihr sehr gefiel, mit ihr ausgehen wollte und daß sie Angst gehabt hatte, die Einladung anzunehmen. »Wahrscheinlich will er ja doch nur mit mir schlafen«, sagte sie.

Andrea erläuterte mir, daß die Jungen sie seit der siebten Klasse verfolgten. Aber sobald sie mit ihnen ausging, wollten sie sie als Trophäe vorzeigen oder fest unter Kontrolle haben. Als sie in der achten Klasse war, brüstete sich ein Junge, den sie sehr gern mochte, vor seinen Freunden damit, was sie sexuell alles zusammen anstellten. Jetzt machte Andrea es sich auf der Couch bequem. »Damals war ich ganz schön viel unterwegs. Eigentlich waren das keine richtigen Freunde, nur Jungen, mit denen es Spaß machte oder die ich bei Konzerten kennenlernte. Ich habe gedacht, sie mögen mich. Gott, war ich naiv! Am Ende der achten Klasse hatte ich die Nase voll vom Sex.«

»Hast du nie eine ernstere Beziehung gehabt?«

Andrea holte tief Luft.

Ich wartete. »Was war denn los?«

»Zu Anfang des neunten Schuljahrs lernte ich Alex kennen. Er war Musiker, und ich fühlte mich sehr geschmeichelt, daß er mich mochte. Wir lernten uns bei einem Konzert im Dead Milkmen kennen und haben gleich am ersten Abend miteinander geschlafen.«

Andrea schaute in die Dämmerung des Spätnachmittags hinaus. »Während ich mit Alex ging, stand ich viel im Mittelpunkt. Aber von Anfang an war da irgend etwas nicht in Ordnung. Er war egozentrisch und ein Sexist. Und außerdem war er immer sexuell aufgeladen. Mit ihm auf Partys zu gehen hat Spaß gemacht, aber privat war es weniger lustig.«

Sie sah ziemlich ernüchtert aus, als sie sagte: »Ich glaube, er war irgendwie süchtig nach Sex, oder so. Er wollte immerzu. Irgendwie hat er es mir gründlich ausgetrieben.«

Ich erkundigte mich, ob sie versucht hat, die Beziehung zu beenden.

»Zuerst dachte ich, ich bin ja mit Alex zusammen, also muß es mir doch Spaß machen. Es hat eine ganze Weile gedauert, bis ich begriff, wie unglücklich ich war.«

Sie zuckte die Achseln. »Als ich mit ihm Schluß gemacht habe, hat er gedroht, sich umzubringen.«

Jetzt schaute sie mich mit großen Augen an. »Ich war richtig erleichtert, als ich hörte, daß er nach North Carolina zieht. Und ich hab' mir geschworen: Nie wieder will ich etwas mit ihm zu tun haben.« Andrea begann zu weinen. »Wenn ich doch nur lesbisch wäre. Die Männer können mir wirklich alle gestohlen bleiben!«

Zur Zeit war Andrea sexuell nicht aktiv, aber jedermann unterstellte ihr, daß sie bald wieder damit beginnen würde. Sogar ihr Arzt wollte ihr, solange sie die Pille nicht nahm, ein bestimmtes Medikament nicht verschreiben, weil es Mißbildungen beim Kind hervorrufen kann. Andrea fragte mich: »Woher will er wissen, daß ich bald wieder Geschlechtsverkehr haben werde?«

Andrea war erst sechzehn Jahre alt, aber sie hatte bereits mehr einschlägige Erfahrungen als die meisten Frauen meines Alters. Ich reichte ihr einige Taschentücher, und nachdem sie zu weinen aufgehört hatte, sprachen wir über die beiden unterschiedlichen Arten der sexuellen Erziehung, die Mädchen in Amerika erfahren. Zum einen hören sie Ratschläge von liebevollen Erwachsenen, die sagen: Warte, bis du dafür reif bist, bis du Verantwortung tragen kannst und in einer festen Partnerschaft lebst. Zum anderen suggerieren die Massenmedien: Sex ist cool, mach nur und kümmere dich nicht um die Folgen.

Andrea sagte: »Irgendwie will ich ja doch. Schließlich habe ich Hormone wie alle anderen auch, nicht wahr? Es ist wirklich schön. Ich schwebe dann richtig im siebten Himmel. Ich kann nur nicht zwischen dem unterscheiden, was ich selber wirklich will, und dem, was mir nur eingeredet wurde, was ich wollen soll.«

Wir sprachen über die Voraussetzungen, unter denen sich Andrea in einer sexuellen Beziehung wohl fühlen könnte. »Sie meinen, zuerst einmal miteinander reden, oder so?« lachte sie. Sie konnte immer nur kurze Zeit ernsthaft bleiben.

Wir gingen zur Gegenwart über. Sie hatte eine Menge neuer Musik gehört und empfahl mir Edward II, eine keltische Reggae-Band, Slow Down Virginia und Commander Venus. Sie berichtete, daß ihre Mädchen-Rock-and-Roll-Band nun endlich einen Namen habe, nämlich Hemlock. Sechs Stunden täglich übte sie auf ihrem Schlagzeug und komponierte selbst Musikstücke für ihre Band. Der erste Auftritt war für den nächsten Monat in einem Café in der Stadt geplant. Außerdem war sie Gründungsmitglied der Ortsgruppe von Riot Grrrl, einem Rock-and-Roll-Club, der von feministischen Punk-Musikerinnen ins Leben gerufen worden war. Andrea gab auch die lokale Ausgabe des *Riot Grrrl's Magazine* heraus.

Andrea rieb sich die Augenbrauen. »Letzte Woche habe ich mir *Betty und ihre Schwestern* dreimal angesehen. Ich habe Jo richtig beneidet. Damals hätte ich gern gelebt. Die Menschen waren so zivilisiert und irgendwie rund. Heute ist alles so mühsam!«

Ich mußte daran denken, als meine Freunde und ich in Andreas Alter waren. Wir lasen Cather und die Brontës, backten Plätzchen für Wohltätigkeitsveranstaltungen und bauten Podiumswagen für die Parade der siegreich heimkehrenden Baseballmannschaften. Wir kamen uns sehr kühn und geradezu aufsässig vor, wenn wir Elvis Presley oder Roy Orbison anhörten. Unser Ehrgeiz kreiste um die Schulzeugnisse, das Amt des Klassensprechers oder um die Aufnahme in den Schulchor.

Ich war sehr angetan von dem Fortschritt, den Andrea in zehn Therapiestunden gemacht hatte. In ihrer Beziehung zu ihren Eltern war sie sichtlich reifer geworden; ihr Zorn und ihr jugendlicher Narzißmus begannen sich abzumildern. Als sie zur Schule ging, war ihre Selbstbezogenheit durch ihre ebenso selbstbezogenen Klassenkameraden nur bestärkt worden. Zweifellos ist dem Umgang mit dem alten Oskar ein großer Anteil an dieser Veränderung zuzuschreiben, denn Andrea hatte nun die Möglichkeit, sich auch auf andere Weise als nur über den Sex zu definieren. Der Druck, sich vorwiegend als attraktives Sexualobjekt sehen zu müssen, hatte nachgelassen. Darüber hinaus hatte sie sich gegen Alkohol und Drogen entschieden. Zwar hatte sie sich mit der Frage herumgeschlagen, ob sie später einmal meinen würde, eine wichtige Erfahrung verpaßt zu haben; aber als sie die Folgen des Drogenkonsums bei Emma und ihren anderen Freunden und Freundinnen sah, beschloß sie, bis auf weiteres abstinent zu bleiben.

Wir sprachen darüber, wie wichtig es ist, eine moralische Mitte zu haben, eine Art inneren Kompaß für Entscheidungen. In der Schule konnte man diesen Kompaß leicht verlieren, denn dort kursierten zu viele verschiedene Meinungen über das, was nun wirklich richtig oder falsch war.

Ich schlug ihr vor, zum Thema »Wahrheit« einen Aufsatz zu schreiben, in dem sie festhielt, woran sie glaubte. Daraufhin verfaßte sie ihre eigenen Zehn Gebote und sagte: »Meine Religion ist Freundlichkeit.« Nachdem wir ihr Wertesystem durchgegangen waren, bat ich sie, mir ihre Erfolge aufzuschreiben, die sie errungen hatte, wenn sie gemäß ihren ureigenen Werten gehandelt hatte. Die Bilanz, die sie mir brachte, war erfreulich.

Andrea schien jetzt viel glücklicher als bei unserer ersten Zusammenkunft. Sie arbeitete hart an dem, was sie wirklich interessierte, und pflegte eine intensive Beziehung zu Oskar, der ihr viele Einsichten vermittelte. Sie war frei von Drogen und verkehrte mit Menschen, die ihre kreativen Interessen teilten. Sie blickte auch nicht mehr im Zorn auf die Eltern und die ganze Welt. Ob ich wohl ihre Freundin Emma auch zur Therapie annehmen würde, fragte sie mich. Dann erwähnte sie, daß sie für die Abschlußprüfung des zweiten Bildungswegs lernte und auf der Volkshochschule Kurse in Musiktheorie und kreativem Schreiben belegt habe.

Nächste Woche war es soweit, daß die ganze Familie zu unserer Bewertungssitzung zusammenkommen sollte. Ich war sehr gespannt, ob Andreas Eltern immer noch wollten, daß sie wieder zur Schule ging.

Sabrina und Edwardo, Ernesto und Jorge (Zwillinge, 3)

Sabrina hat glänzende schwarze Augen und eine gesunde, olivfarbene Haut, aber sie sah erschöpft aus. Edwardo, in eine graue Fabrikkluft gekleidet, sah ebenfalls müde aus. Er verrichtete Schichtarbeit – eine Woche arbeitete er tagsüber, die nächste Woche hatte er Spätschicht und dann eine Woche Nachtschicht. Er war fündundzwanzig Jahre alt, sah aber jünger aus, mehr wie ein Schüler, der Basketball spielt, und nicht wie ein Familienvater mit 60 Arbeitsstunden in der Woche.

Edwardo sagte: »Wir sind zu Ihnen gekommen, weil wir etwas für unsere Ehe tun wollen. Wir wollen uns nämlich nicht scheiden lassen.«

»Wir mögen uns nämlich«, fügte Sabrina hinzu, »seit dem Tag, an dem wir uns kennengelernt haben.«

Edwardo lächelte. »Das war auf einem Schulsportfest. Es hat mich angemacht, wie Sabrina da die Hürden nahm.«

Sabrina lachte. »Mein Körper hat dich angemacht. Gib es doch zu!«

Ein Jahr lang sind sie miteinander gegangen und haben dann sehr jung geheiratet. Die Zwillinge waren eine teure Überraschung, und mit ihrer Geburt wurde das Leben sehr hart. Edwardo und Sabrina mochten sich immer noch, aber die erste Liebe war dahin. Edwardo sagte: »Ich weiß, daß Sabrina nichts für meine Probleme bei der Arbeit kann, und trotzdem lasse ich manchmal meine Wut an ihr aus.« Und Sabrina: »Wir sehen uns fast nie, und wenn, dann streiten wir uns, wer den Abfall runterträgt oder die Zwillinge badet.«

»Wenn du es schaffen würdest, bis nach neun Uhr abends aufzubleiben, hätten wir mehr voneinander«, sagte Edwardo, und Sabrina nickte unglücklich dazu. Sie sei immer müde, erklärte sie. Sie hatte in einem großen Kaufhaus die Oberaufsicht und sechsundzwanzig Kontrolleure unter sich. Den ganzen Tag war sie auf den Beinen, beschwichtigte verärgerte Kunden, verhandelte wegen Reklamationen, gebrochenen Spulen und Antennen. Manchmal hatte sie mittags Zeit, ein belegtes Brot hinunterzuschlingen, aber oft arbeitete sie ohne Mittagspause durch. Um fünf Uhr abends sah sie zu, daß sie aus dem Kaufhaus herauskam, denn sie mußte sich in den Berufsverkehr stürzen, um die Jungen abzuholen, die müde und gereizt waren. Erst kürzlich hatte sich die Leiterin der Kindertagesstätte beklagt, daß Jorge hyperaktiv sei. Er schlug die anderen Kinder und trieb die Betreuerinnen zur Verzweiflung. Sabrina hatte Angst, daß die Zwillinge dort hinausfliegen könnten. Diese Kindertagesstätte war zwar nicht gerade großartig, aber sie konnten sie sich wenigstens leisten, und die Kinder waren dort sicher aufgehoben, wenn sie vielleicht auch nicht besonders gut beschäftigt oder gepflegt wurden. Alternativen hatte Sabrina ohnehin nicht.

Nach der Arbeit war Sabrinas Tagewerk noch nicht getan. Kaum zu Hause, schaltete sie die »Sesamstraße« ein, zog sich um, schaute die Post durch und rief ihre Mutter an, die an Brustkrebs litt. Ihre Mutter war zwar keine Frau, die gern klagte, aber sie war völlig entmutigt. Wenn Sabrina mit ihrer Mutter telefonierte, schmerzte es sie sehr, daß sie sie nicht in den Arm nehmen konnte. So sprach sie mit ihr, bis die Kinder irgend etwas brauchten, und legte dann mit schwerem Herzen und Tränen in den Augen den Hörer auf. Später machte sie das Essen; an guten Abenden gab es Eintopf oder Hackfleisch, an schlechten Abenden schob sie eine Pizza in die Mikrowelle.

Sabrina hatte immer eine zweite Schicht – Einkaufen, Besorgungen, Rechnungen, Haushalt. Hatte Edwardo seine späten Schichten, war sie alleinerziehende Mutter. Arbeitete er tagsüber, schaffte er es manchmal, um 19 Uhr zu Hause zu sein. Aber oft rief er an, daß er Überstunden machen mußte und vor 23 Uhr nicht nach Hause käme. An solchen Abenden aß sie mit den beiden Jungen, badete sie und las ihnen etwas vor. Sie fühlte sich sehr einsam, wenn sie todmüde ins Bett fiel.

In letzter Zeit war es zweimal vorgekommen, daß Edwardo bei der Heimfahrt von der Arbeit am Steuer eingenickt war. Die Firma sparte Angestellte ein und holte aus den Verbliebenen das Letzte heraus. Es war billiger, Überstunden zu bezahlen, als mehr Leute einzustellen. Außerdem fanden sich immer Möglichkeiten, sich um die Bezahlung der Überstunden zu drücken. Edwardo konnte seine Arbeitskollegen gut leiden, aber nicht seine Chefs. Es waren neue Manager, die man aus anderen Staaten der USA geholt hatte. »Die früheren Manager, die aus unserer Stadt waren«, sagte Edwardo, »brachten es nicht fertig, uns so zu schinden. Aber die neuen kennen uns ja nicht und erst recht nicht unsere Frauen. Für die sind wir nur Nummern.«

Das schlimmste war, daß die Familie keine Zeit für sich hatte. Er versäumte das Krippenspiel in der Kindertagesstätte von Jorge und Ernesto, und er versäumte die Marienmessen, die er und Sabrina früher so gern besucht hatten. Er hatte an Thanksgiving gearbeitet und auch am Abend von Sabrinas Geburtstag, für den sie extra einen Babysitter organisiert hatte. Er sagte: »Ich sitze in der Falle. Ich muß für meine Familie sorgen, aber zu diesem Zweck bin ich die ganze Zeit weg von ihr. Die Jungen kenne ich kaum.«

Sowohl Sabrina als auch Edwardo waren von ihren Arbeitgebern aufgefordert worden, an Streßmanagementkursen teilzunehmen. Dazu sagte Sabrina: »Ich brauche kein Streßmanagement, ich brauche mehr Zeit für *mi familia*.« Sie fuhr fort: »Am vergangenen Dienstag hatte Jorge fast 40 Grad Fieber, aber mehr als über seine Krankheit habe ich mir darüber Sorgen gemacht, daß ich nun nicht zur Arbeit gehen kann. Edwardo und ich haben miteinander gestritten, wer ihn zum Arzt bringen soll.«

Sabrina joggte gern, hatte es aber aufgegeben. Sie sagte: »Eine Zeitlang habe ich die Jungen in die Zwillingskarre gepackt und bin mit ihnen an der Durchgangsstraße in der Nähe unseres Hauses entlanggelaufen. Es war unmöglich.« Edwardo liebte seine Trommel. »Aber«, sagte er, »seit die Kinder da sind, kenne ich eine Trommel nur noch vom Autoradio her.«

Dieses Paar ging selten zusammen aus. Edwardo beklagte sich, daß sie überdies fast kaum mehr miteinander schliefen. Sabrina äußerte sich dazu: »Wie soll ich noch an Sex denken können, wenn sich unsere ganze Unterhaltung am Tag darauf beschränkt, ob Ernestos Durchfall ernst sein könnte und wer dafür zuständig ist, die Luftfilter in der Heizung auszuwechseln.«

Außer ihren Arbeitskollegen sahen Edwardo und Sabrina kaum jemanden. An den meisten Samstagen arbeitete Edwardo, so daß die Sonntage für die dringendsten Erledigungen draufgingen. Ein schöner Sonntag war für Edwardo, wenn er den Rasen mähte, Sabrina etwas Gutes zu essen kochte und er im Fernsehen Sport anschaute. Für Sabrina war es ein schöner Sonntag, wenn sie mit der Hausarbeit nachkam und noch Zeit hatte, mit den Jungen zu spielen.

Obwohl sie beide so viel und hart arbeiteten, hatten sie Geldprobleme. Die Kindertagesstätte war teuer, die Raten für das Haus hoch, und außerdem brauchten sie zwei Autos. Damit sie für die Kinder den Disney-Kanal empfangen konnten, zahlten sie extra für Kabelfernsehen, und außerdem sollten die Kinder genug Spielsachen und hübsche Kleidung haben. Den Jungen gefielen all die teuren Sachen, die sie im Werbefernsehen sahen, und da Sabrina und Edwardo nur selten zu Hause waren, hatten sie ein so schlechtes Gewissen, daß sie den Jungen manches kauften, was sie sich eigentlich gar nicht leisten konnten.

Besonders Sabrina litt darunter, daß sie so viel weg war. »Als die Kinder acht Wochen alt waren, bin ich wieder zur Arbeit gegangen. Ich habe das Gefühl, daß meine Kinder nicht von mir, sondern von anderen aufgezogen werden. Es waren die Kindergärtnerinnen, die ihre ersten Schritte gesehen und ihre ersten Worte gehört haben. Jorge hat lange Zeit geweint, wenn ich sie abends abgeholt habe. Er war dort mehr zu Hause als bei mir.«

Edwardo sagte: »Ich weiß nicht, ob uns eine Therapeutin helfen kann. Für uns müßte einfach ein Tag 72 Stunden haben.«

Bei diesem Paar mußte vorrangig die Zeiteinteilung behandelt werden. Das Problem hatte seinen Ursprung im Umfeld. Zunächst empfahl ich den beiden, daß sie die Sonntagabende nur für die Familie reservierten, und daß sich Sabrina und Edwardo jeden Tag ein Zeichen der Zuneigung gaben. Es mußte ja nicht immer Sex sein – ein Kuß, ein Streicheln oder einfach nur ein paar Worte der Anerkennung. Entsprechend ihrem Tagesablauf war es äußerst schwierig, einen gemeinsamen Termin für eine weitere therapeutische Sitzung auszumachen.

Dritte Therapiestunde

Das Thema dieser Sitzung war die Erkrankung von Sabrinas Mutter. Die Chemotherapie verursachte ihr Übelkeit und Erbrechen und nahm ihr jeden Lebensmut. Sabrina würde gern mehr bei ihr sein, aber das ging nun wirklich nicht. »Bin ich bei ihr, habe ich ein schlechtes Gewissen, bin ich nicht bei ihr, habe ich es auch«, klagte sie. Sabrinas Mutter ging zum ambulanten Krebstherapiezentrum, wo sie jedes Mal ein anderer Arzt behandelte. Manchmal mußte sie in überfüllten Wartezimmern lange warten. Sabrina wäre gern mit ihrer Mutter dorthin gegangen, auch um mit den Ärzten zu sprechen. Sie konnte sich besser als ihre Mutter behaupten und würde Fragen stellen. Sie dachte viel darüber nach, ob ihre Mutter nicht ihre mageren Ersparnisse für eine Privatbehandlung aufwenden sollte. Schließlich würde ihr das Geld im Grabe nichts mehr nützen. Andererseits brauchte sie aber jeden Pfennig zum Leben.

Edwardo sagte zu Sabrina: »Du sollst mit deiner Mutter zusammensein, wann immer es nötig ist. Wir werden das schon hinkriegen.« Andererseits war er beruflich mit Arbeit voll eingedeckt, und er haßte es, die Kinder den ganzen Tag Fremden zu überlassen. Die Jungen vermißten ihre Mutter, und Jorges Verhalten wurde immer kritischer. Traurig sagte Edwardo: »Ich weiß nicht, wie wir das noch länger durchhalten sollen.«

Nachdenklich schüttelte er den Kopf: »Bei meinen Leuten zu Hause haben sie alle sechs oder noch mehr Kinder. Wie machen das die Eltern nur?«

Die guten Nachrichten waren, daß die Familie mehr als vorher zusammen war. Edwardo hatte seinem Chef gesagt, daß er samstags nicht mehr arbeiten wolle, und das hat ihn bis jetzt seine Stellung noch nicht gekostet. An den Sonntagabenden unternahmen sie etwas oder spielten mit den Kindern, wovon die beiden Jungen begeistert waren. Für den Freitag abend hatten Edwardo und Sabrina regelmäßig eine Babysitterin engagiert, und sie gingen aus. Sie schafften es, sich Liebeserklärungen zu machen, und haben sich einige Male gegenseitig den Rücken massiert.

Ich gratulierte ihnen zu ihren Fortschritten und bat sie, auf diesem Weg weiterzugehen und ihre Erfolge daran zu messen, wieviel Zeit sie nach eigenem Gusto verbringen.

Fünfzehnte Therapiestunde (sechs Monate später)

Heute ließen wir die Veränderungen, die Edwardo und Sabrina geschafft hatten, Revue passieren. Sie konnten über manchen Erfolg berichten – Abende zusammen mit den Jungen im Park, Momente, in denen sie sich nur die Hände hielten, Abendessen mit Sabrinas Mutter. Die Zwillinge wurden nächste Woche vier Jahre alt, und Sabrina plante zu diesem Anlaß eine große Familienparty. Heute hatte ihre Mutter auf die Kinder aufgepaßt, damit Sabrina Ballons und andere Partyutensilien einkaufen konnte. Außerdem hatte sie den Jungen, wie sie sagte, ein paar praktische Geschenke gekauft.

Sabrina wirkte glücklicher als vor einem halben Jahr, als ich sie zum ersten Mal sah. Sie sah jünger aus, und um die Augen war etwas von ihrer Spannung gewichen. Sie hatte ihre Stellung aufgegeben und konnte nun bei ihren Söhnen bleiben. Sie und Edwardo hatten ihre Mutter gebeten, zu ihnen ins Haus zu ziehen. Sie hatte jetzt vor dem Krebs Ruhe, und alle genossen diese Zeit. Sie legten ihre Einkünfte zusammen, und so waren sie finanziell besser dran. Zwar verfügten sie über weniger Geld als in der Zeit, in der Sabrina berufstätig war, aber es reichte aus. Sabrinas Mutter bekam Hilfe von ihrer Tochter und war ihren geliebten Enkelsöhnen eine Oma wie aus dem Bilderbuch. Jorge und Ernesto genossen die Märchenstunden live. Unter der vereinten mütterlichen und großmütterlichen Pflege entwickelten sich die Jungen prächtig.

Endlich hatte Sabrina einen Terminplan, den ein menschliches Wesen auch einhalten konnte. Sie fuhr ihre Mutter zum Arzt und zur Krebsselbsthilfegruppe. Sie nahm einige der Geschichten ihrer Mutter auf Band auf und regte sie an, alte Fotos einzukleben und mit Unterschriften zu versehen. Sie war in vielen Projekten engagiert. Freitags traf sie sich mit ihrer besten Freundin zum Kaffeetrinken. Sie legte einen Garten an und baute für die Jungen einen Sandkasten; die Zwillinge halfen dabei. Wenn die Kinder mittags schliefen, ging sie wieder joggen und erfreute sich ihrer alten Fitneß. Sie sagte: »Ich weiß gar nicht, wie ich früher habe arbeiten gehen können.«

Edwardo haßte seine Arbeit noch immer, und sie fraß viel zu viel von seiner Zeit auf. Er hätte gern eine andere Stellung gefunden, die mehr Vorteile und ein angemessenes Gehalt bot, bei der er die Anforderungen erfüllen und trotzdem ein guter Familienvater sein konnte. »Aber es gibt hier draußen nicht viel Auswahl für jemanden wie mich, der als Ausbildung nur High-School und zehn Jahre Fabrikarbeit vorweisen kann«, sagte er traurig.

Aber zumindest war seine Zeit zu Hause jetzt sehr viel schöner. Abends kam er heim zu einer entspannten Frau und zu einer richtigen Mahlzeit. Die Jungen waren ruhiger, und er sah mit Stolz, was sie alles lernten. Es gefiel ihm, wenn Sabrina erzählte, daß sie und ihre Mutter mit den Jungen im Zoo gewesen waren oder in aller Ruhe mit ihnen Jacken eingekauft hatten. Jetzt, da sie nicht mehr alles in Hetze erledigen mußten, machten diese Ausgänge richtig Spaß. Und jetzt war es Sabrina, und nicht irgendwer, die ihm über seine Söhne berichtete.

Diese Eltern hatten einige schwere Entscheidungen hinter sich. Sie hatten begriffen, daß sie nicht beides haben konnten – mehr Zeit und mehr Geld. Sie haben sich für die Zeit entschieden. Edwardo hatte sich einer Fahrgemeinschaft angeschlossen, so daß sie nur noch ein Auto brauchten und Sabrina die Jungen und ihre Mutter durch die Stadt kutschieren konnte. Eingekauft wurde nur noch das Notwendigste, und sie aßen auch nicht mehr auswärts.

Die Ehe war wieder gefestigt, was Edwardo so ausdrückte: »Wir sind wieder verliebt.« In dem Maß, wie der Streßpegel sank, stritten sie weniger miteinander. Sabrina war dankbar, daß er arbeitete, so daß sie zu Hause bleiben konnte, und Edwardo war dankbar, daß sie für ihn und die Kinder sorgte. Sabrina berichtete sogar, daß sich ihr Interesse am Sex wieder regte. Das kommentierte Edwardo mit schiefem Lächeln: »Nach drei Jahren wird es ja auch langsam Zeit.«

Wir sprachen darüber, was die Therapie ihnen gebracht hatte. Sabrina sagte: »Ich habe begriffen, welche Belastung meine Berufstätigkeit für mich war. Ich hatte gedacht, Edwardo sei das Problem, aber das stimmte gar nicht. Wir haben gegeneinander gekämpft, aber das Problem war der Druck, der von außen kam. Irgendwann habe ich jedoch begriffen, daß ich ja von dem Karussell abspringen kann.«

»Bei der Arbeit haben sie mich davor gewarnt, meine Schwiegermutter ins Haus zu nehmen«, sagte Edwardo. »Aber es läuft prächtig. Mir gefällt es, wie sie den Jungen Geschichten erzählt, und die Jungen lieben ihre Großmutter. Ich habe begriffen, daß wir, wenn wir unzufrieden sind, unsere Entscheidungen überprüfen müssen, daß wir unsere Probleme in Angriff nehmen müssen, statt aufeinander loszugehen.«

Grace (21), Ivette (4) und Natascha (3)

Grace kam zur Therapie, weil sie unter Schlaflosigkeit und Angstattacken litt. Sie sagte: »Ich kann mich nicht entspannen. Ich mache mir immer Sorgen wegen der Arbeit. Ich mache mir Sorgen wegen des Geldes. Ich habe Schlimmes erlebt, und die Erinnerungen daran kommen nachts hoch.« Der Hausarzt hatte ihr Schlafmittel verschrieben, aber sie meinte: »Ich weiß nicht, ob das das Richtige für mich ist. Ich denke, ich muß meine Probleme lösen, statt mich mit Medikamenten vollzupumpen.«

Grace war Afroamerikanerin und im Armenviertel unserer Stadt aufgewachsen. In einem Alter, in dem die meisten jungen Frauen auf das College gingen oder ihre ersten Berufserfahrungen sammelten, hatte Grace bereits ihre vierte Stellung inne und mußte für zwei kleine Töchter sorgen. Sie verdiente etwas mehr als 700 Dollar im Monat und mußte davon Kindergarten, Miete, Autoversicherung und ihren Lebensunterhalt bestreiten. Glücklicherweise hatte sie eine Krankenversicherung, die für die Psychotherapie aufkam. Sie sagte: »Eins steht fest: Geld wächst nicht auf Bäumen, und man hat nie genug davon.«

Ihre Tage waren lang und hart. Grace berichtete: »Wenn morgens der Wecker um viertel vor sechs Uhr klingelt, stehe ich auf, dusche mich und überfliege die Zeitung. Dann wecke ich die Mädchen. Ivette ist ein Morgenmensch und hüpft sofort aus dem Bett, aber bei Natascha muß ich immer ein paar Tricks anwenden.« Sie lächelte. »Meistens kitzele ich sie an den Füßen oder massiere ihr den Rücken. Ich mache ihnen ein Müsli zurecht, und dann packen wir ihre kleinen Rucksäcke. Wir ziehen uns alle in meinem Schlafzimmer an, und ich zeige ihnen, wie es geht, kämme sie und binde Schleifen. Zur Zeit zieht Ivette ihre Socken so an, daß die Ferse oben ist.« Sie lachte aus vollem Hals. »Aber das kriegen wir auch noch hin.«

Grace fuhr fort. »Erst bringe ich sie in den Kindergarten, und dann fahre ich zur Arbeit. Die geht bis fünf Uhr nachmittags. Der schönste Augenblick für mich ist, wenn ich die Mädchen wieder abhole. Sie lachen und laufen auf mich zu, als hätten wir uns eine Woche lang nicht gesehen.« Grace verstaute eine Haarlocke in ihrem Pferdeschwanz und fuhr fort: »Dann kaufen wir ein und fahren nach Hause. Die Mädchen helfen mir abwechselnd beim Kochen. Ich mache immer mehrere Dinge auf einmal. Beim Salatmachen erkläre ich Natascha, wie sie mit einem frechen Kerl umgehen soll. Oder wenn ich Rechnungen überweise, gebe ich Ivette Druckbuchstaben zum Spielen.

Nach dem Essen lassen wir es langsam angehen. Wir sind alle drei viel zu müde, um noch groß etwas anzufangen. Die Mädchen dürfen ein bißchen fernsehen, nachdem ich mich vergewissert habe, daß dabei weder Gewalt noch Sex zu erwarten ist. Sie wissen, daß sie so etwas nicht ansehen sollen, und wenn sie doch da hineingeraten, schalten sie aus.«

Sie machte eine kleine Pause. »Ich hatte mir für das Wochenende das Video von *Hook* ausgeliehen. Ich hatte es für einen Kinderfilm gehalten, aber es bestand nur aus Fluchen und Gewalt. Wir haben mittendrin abbrechen müssen.«

Ich erkundigte mich nach ihren Vorlieben bei Musik, ob insbesondere Rap-Musik dazu gehörte, und Grace antwortete: »Ich höre keine Musik, von der ich nicht will, daß die Mädchen sie auch hören. Ich möchte ihnen ein gutes Beispiel sein. Sie denken, was ich tue, ist richtig, also muß ich ja wohl das Richtige tun.«

Ich sagte ihr, daß ich von ihrer Energie und hingebungsvollen Erziehung sehr beeindruckt war, und sie antwortete mir: »Es sind nur zwei Dinge wirklich wichtig für mich, meine beiden Mädchen und meine Arbeit.«

Auf meine Frage nach Earl, dem Vater der Kinder, antwortete sie: »Ich hätte schon vor Jahren, als ich ihn kennenlernte, zu Ihnen kommen sollen. Aber damals war ich jung und dumm.«

Ihr Gesicht wurde ernst. »Meine Mutter hatte mich gewarnt, mich mit Earl einzulassen. Von ihm war nichts Gutes zu erwarten. Aber damals habe ich ja auf niemanden gehört. Mit siebzehn bekam ich Ivette, und drei Monate nach ihrer Geburt merkte ich, daß ich schon wieder schwanger war.«

»Wie war das, mit siebzehn schon ein Baby zu haben?«

»Ich habe gedacht, jetzt ist mein Leben vorbei. Und gleich nach Ivettes Geburt hat mich Earl geradezu vergewaltigt, und dann war ich halt wieder schwanger.«

Jetzt wurde ihre Stimme dumpf. »Jenes Jahr war ein Albtraum. Bei meinen Eltern durfte ich nicht wohnen, also mußte ich bei

Earl bleiben. Einmal hat er mich bewußtlos geschlagen. Dann hat er meine Leute angerufen und ihnen gesagt, daß er mich wahrscheinlich umgebracht hat.« Sie schüttelte den Kopf. »Daraufhin haben sie mich endlich wieder bei sich wohnen lassen.

Während meiner Schwangerschaft hatte ich mit Ivette ein winziges Zimmer unter dem Dach. Papa sagte, dort könnte ich bleiben, vorausgesetzt, ich ging zur Schule. Das war hart, aber er hatte ja recht, ich brauchte doch den High-School-Abschluß.

Ich wollte Natascha abtreiben. Also fuhr ich ins Beratungszentrum und schaute mir ihre dämlichen Filme an. Dann untersuchte mich der Arzt und sagte, es sei zu spät. Das war der schwärzeste Nachmittag in meinem Leben.« Sie seufzte. »Ich meinte, jedes Kind, das unter solchen Umständen empfangen worden ist, müßte später Probleme haben. Als Natascha in meinem Bauch war, habe ich rein gar nichts für sie empfunden. Die Entbindung dauerte ewig. Und ich fand sie furchtbar häßlich. Sie war dürr, bleich und hatte eine Glatze. Ich habe ihr immer Häubchen aufgesetzt.«

Sie trank einen Schluck Tee und schaute aus dem Fenster in den grauen Himmel. »Ich war ihr keine gute Mutter. Ivette verhätschelte ich, aber Natascha ließ ich in ihrem Bettchen liegen. Ich versorgte sie, aber mehr nicht. Bis sie anderthalb Jahre alt war, konnte ich es nicht fassen, daß ich ihre Mutter war. Und dann sagte sie eines Tages ›Mama‹ zu mir, und der Bann war gebrochen.«

Ich fragte, wie sie über das erste Jahr gekommen sei. »Ich zog in ein kleines Appartement. Möbel hatten wir nicht«, antwortete sie. »Im Parterre wohnte ein Kerl, der sich mit Heroin schon fast zu Tode geschossen hatte. Wir lebten mehrere Monate lang auf dem Fußboden, bis den Hausherrn das Mitleid packte und er ein paar alte, gebrauchte Möbel reinstellte. Meine Mädchen brachte ich in die Kindertagesstätte meiner Schule, und im Frühjahr machte ich den Abschluß der High-School mit Unterstützung einer Stiftung für bedürftige Frauen mit Kindern und als Empfängerin von Lebensmittelmarken der Sozialhilfe.

Die ersten Jahre waren für mich der reinste Horror, vor allem wegen der vielen Windeln und Fläschchen für die beiden Mädchen. Ich erinnere mich an einen eiskalten Wintermorgen, als ich die Kinder zum Kindergarten bringen mußte. Auf jedem

Arm ein Baby, dazu eine Riesentasche mit Windeln – so schlitterte ich zum Auto. Ich packte sie hinein und kratzte das Eis von den Scheiben. Und dann sprang die Karre nicht an! Das war wirklich eine Wahnsinnszeit für mich. Ich war achtzehn und völlig pleite.«

Sie seufzte. »Dann tauchte auch noch Earl immer wieder auf, und ich dachte, irgendwann bringt der dich um. Das letzte Mal, als er gewaltsam bei mir eindrang, habe ich die Polizei gerufen. Die Nachbarn hatten mir versichert, daß sie als Zeugen auftreten würden. Earl hat es mir sehr schwer gemacht, Klage einzureichen, weil ich ihn damit der Bestrafung durch die Weißen auslieferte. Aber darum ging es ja gar nicht, es ging um meine Sicherheit.«

Sie machte eine kleine Pause. »Zur Zeit ist er für etwa ein Jahr im Knast. Ein Jahr Luft, um mein Leben besser in den Griff zu kriegen.«

Wieder seufzte sie. »Es hat so viel Kraft gekostet, ständig vor Earl davonzulaufen. Seit er von der Bildfläche verschwunden ist, bin ich richtig gewachsen. Ich mag meine Arbeit, obwohl sie wohl bald die Gehälter kürzen werden. Aber ich bin dabei, Fuß zu fassen.« Grace machte wieder eine Pause und schaute mich sehr ernst an. »Aber ich habe immer noch Ängste. Ich bin nicht sicher, daß die Sache mit Earl ausgestanden ist. Nachts kann ich oft nicht schlafen, weil ich an ihn denken muß, und dann bin ich am nächsten Tag zu müde für meine beiden Mädchen.«

Ich fragte, was sie sich für Hilfsquellen erschließen könnte – Familie, Freunde, die sie mit den Mädchen unterstützen könnten. Grace kam regelmäßig mit ihren Eltern zusammen, aber sie sagte, ihre Mutter hätte es abgelehnt, sich der Kinder anzunehmen. »Mamas Ansicht ist: Du hast es so gewollt und mußt jetzt die Konsequenzen tragen.«

Bei allem Verständnis für die Haltung der Mutter fand ich, daß Grace offensichtlich Hilfe brauchte. Ich bat sie zu überlegen, mit welchen weiteren Verwandten, Nachbarn oder Freunden sie über ihre Situation sprechen könnte. Grace erwähnte ihre ältere Schwester, die auch alleinerziehende Mutter war und einen Jungen hatte. Grace war zu stolz gewesen, ihr Hilfsangebot anzunehmen. Ich schlug ihr vor, diese Entscheidung noch einmal zu überdenken.

Schließlich, warnte ich sie, sind auch große Kraftreserven irgendwann einmal erschöpft, wenn man Raubbau mit ihnen treibt. Um ihrer Mädchen willen müßte sie besser auf sich aufpassen, denn wenn sie krank oder ernsthaft depressiv würde, wäre ihnen auch nicht geholfen. Ich empfahl ihr, sich in der Mittagspause etwas Bewegung zu verschaffen, Gymnastik oder einen Spaziergang zu machen, und sich auch sonst noch etwas auszudenken, womit sie sich verwöhnen könnte.

Als sie sich verabschiedete, huschte ein Lächeln über ihr Gesicht. »Das hat mir schon ein bißchen geholfen«, sagte sie. »Nächste Woche komme ich wieder.«

Zweite Therapiestunde

Grace sah heute besser aus. Sie erzählte mir, daß sie Gymnastik mache und ihre Schwester Tina angerufen habe. Sie hatten ausgemacht, daß sie samstags zusammen ihren Hausputz erledigen und die Kinder miteinander spielen lassen wollten, wenn sie abwechselnd ihre Besorgungen machten. Sie sagte: »Tina ist ein lustiges Haus. Wir brauchen uns.«

Heute hatte Grace ihre beiden Töchter dabei. Sie machte sich Sorgen, ob die frühkindlichen schlechten Erfahrungen ihnen irgendwie geschadet haben könnten. Diese Sitzung sollte dazu dienen, ihre seelische und geistige Verfassung abzuschätzen. Die Mädchen sahen gar nicht wie Schwestern aus. Ivette hatte Grübchen, schwarzes, krauses Haar und blitzende Augen. Natascha war sehr klein, sie hatte eine hellere Hautfarbe und hellbraunes Haar. Ivette war redselig und keck. Offensichtlich stand sie gern im Mittelpunkt, und oft unterbrach sie ihre Mutter mit Küßchen und Kommentaren. Zweimal krabbelte sie auf ihren Schoß, und einmal kam sie zu mir herüber und kuschelte sich an mich. Natascha saß, die Hände im Schoß, brav neben ihrer Mutter. Mit seelenvollen Augen beobachtete sie alles, besonders ihre Mutter.

Grace betrachtete ihre Töchter mit Stolz, berührte sie oft und lachte über das, was sie sagten oder taten. Beide Mädchen kannten das ABC, und Grace sagte dazu: »Das kommt daher, daß wir abends immer eine Geschichte lesen. Ich möchte, daß die Mädchen einmal einen guten Start in der Schule haben.«

Grace machte es sich auf der Couch bequem und sagte: »Sie müssen gute Manieren haben. Ich kann ja nicht die ganze Zeit bei ihnen sein. Und wenn ich nicht davon ausgehen kann, daß sie sich gut benehmen, kann ich sie nicht in den Kindergarten gehen lassen.«

Natascha sagte: »Wir sagen immer die Wahrheit.« Grace liebkoste sie an der Schulter. »Das weiß ich doch, meine Süße.«

Ich fragte verschiedene Merkmale ihres Entwicklungsstands ab. Die Mädchen zeigten sich in allen Punkten altersgemäß oder sogar ihrem Alter voraus. Auf meine Frage nach ihrem Schlaf oder nach Albträumen berichtete Grace: »Natascha schreckt immer noch im Schlaf hoch. Mindestens einmal in der Woche will sie mit in meinem Bett schlafen.«

»Was träumst du denn?« fragte ich Natascha.

Sie schaute mir direkt in die Augen. »Daß Mama totgemacht wird.«

»Habt ihr Angst, daß ihr etwas Schlimmes passiert?«

Ivette nickte.

Grace sagte: »Die Mädchen sprechen nicht gern über Earl. Ob das gut oder schlecht ist, weiß ich nicht.«

Ich forderte die Mädchen auf, ein paar Bilder zu zeichnen. Natascha kritzelte etwas hin, aber Ivette zeichnete den Frühling mit Tulpen, Bäumen und Vogelnestern. Ich fragte sie, was sie sich wünschen würden, wenn sie einen Wunsch frei hätten. Ivette wünschte sich 50 000 Dollar und eine Reise nach Disneyland. Natascha sagte: »Mami liebhaben.«

»Danke dir, meine Süße«, sagte Grace. Sie sah mich mit ängstlicher Erwartung an. »Meinen Sie, die Mädchen sind in Ordnung? Sie haben zusehen müssen, wie Earl mich zusammengeschlagen hat. Ihnen hat er, Gott sei Dank, nie etwas getan, aber sie haben Angst vor ihm.«

»Das wird sich erst noch herausstellen müssen«, sagte ich. »Was Ihre Mädchen erlebt haben, kann natürlich Wunden schlagen, aber die können auch gut verheilen. Was danach passiert, ist mindestens genauso wichtig.«

Ich empfahl, daß Grace einige Heilungsrituale erfinden sollte. Bei einigen sollte sie auch die Mädchen einbeziehen. Bei diesen Ritualen könnten sie ihre schlimmen Erinnerungen erzählen und dann ihre Wünsche für die Zukunft äußern. Sie könnte mit ihnen über Earls üble Handlungen sprechen und dann über die guten Dinge, die sie von anderen Männern erfahren haben.

Grace mußte sich ihrerseits erst erholen, bevor sie sich neu orientieren konnte. Ihre persönlichen Rituale müßten wahrscheinlich differenzierter sein. So mußte sie sich die ganzen Schäden, die Earl angerichtet hatte, erst einmal selbst eingestehen; sie mußte versuchen, seine Handlungen zu verstehen, und ihm dann vergeben, bevor sie überhaupt daran denken konnte, sich einem anderen Mann zuzuwenden. Nachdem ich ihr das erklärt hatte, fragte Grace: »Soll ich irgend etwas von seinen Sachen verbrennen?«

»Das könnte auch dazugehören«, sagte ich. Sie könnte auch ihre Erlebnisse mit Earl aufschreiben und dann das Papier verbrennen. Sie könnte sich ihre Jugendfehler selbst vergeben. Sie könnte auch eine Hoffnungszeremonie erfinden. Grace war ganz still, als ich über diese Rituale sprach, die ihr helfen sollten, über all das hinwegzukommen. Sie hielt ihre Mädchen fest an sich gedrückt und zwinkerte mit den Augen, um die Tränen zurückzuhalten.

Am Ende der Sitzung ermutigte ich sie, ihre Töchter mit netten und freundlichen Männern bekannt zu machen. »Ein guter Nachbar oder Onkel kann ein Heilmittel gegen die schlimmen Erfahrungen sein, die sie als Kleinstkinder mit einem Mann gemacht haben.«

Sie umarmte die Mädchen. »Ihr Opa ist gut zu ihnen.«

Wir machten einen weiteren Termin aus, und Grace versprach, sich Heilungsrituale auszudenken. Als sie gingen, sagte ich noch: »Den Mädchen scheint es doch jetzt gutzugehen. Sie sind gescheit, wohlerzogen und werden geliebt. Sie haben eine wunderbare Mutter, eine Überlebenskünstlerin.«

Kapitel zehn

Verpflichtung

Kürzlich hörte ich im Radio ein Interview mit einem gelähmten jungen Mann, der als Junge an Kinderlähmung erkrankt war. Seitdem konnte er Arme und Beine nicht mehr bewegen. Voller Liebe und Dankbarkeit sprach er von seinen Eltern, die ihn seit über zwanzig Jahren pflegten. Er war sich ihrer Opfer wohl bewußt. Aus irgendeinem Grunde wollte aber der Interviewer diese positive Haltung nicht akzeptieren und unterstellte, daß seine Eltern Fehler gemacht haben mußten. Immer wieder fragte er nach, ob der junge Mann ihnen nichts vorzuwerfen habe. Eine Frage lautete zum Beispiel: »Glauben Sie, daß sich Ihre Eltern nicht genug Mühe gegeben haben, Kinder zum Spielen zu einzuladen?« Der junge Mann erläuterte daraufhin, daß es damals noch keine Selbsthilfegruppen für Eltern gegeben habe, die sie in solchen Dingen hätten beraten können. Außerdem führte er an, daß seine Eltern sehr liebevoll mit ihm umgegangen seien, wohingegen Kinder oft sehr grausam sein könnten. Aber der Interviewer bestand darauf, daß die Eltern hätten mehr tun müssen. Ich dachte mir: Der Interviewer tut sich leicht, Eltern, die seit zwei Jahrzehnten einen vollständig gelähmten Sohn pflegen, nachträglich gute Ratschläge zu erteilen. Ich hätte auch gern gewußt, ob der junge Mann nach diesem Interview anders als bisher über seinen Vater und seine Mutter dachte.

Als ich Ende der sechziger Jahre in Berkeley auf das College ging, habe ich zum ersten Mal über die Einstellung von Jugendlichen zu ihren Eltern nachgedacht. Freunde von mir hatten erzählt, wie dominant, neurotisch und unbarmherzig ihre Eltern waren, und welche Kämpfe sie ausfechten mußten, um sich von den Fesseln ihrer Herrschaft zu befreien. In meiner

Vorstellung erstanden Väter wie Big Daddy in *Die Katze auf dem heißen Blechdach* von Tennessee Williams und Mütter wie aus dem Buch *Generation of Vipers* (Die Generation der Schlangen) von Philip Wylie. Dann erschienen die Eltern persönlich – und waren ganz anders. Langsam wurde mir klar, daß es sich für einen intellektuellen Amerikaner offenbar gehörte, seine Eltern herabzusetzen.

Amerikas unerschütterlicher Glaube an die Unabhängigkeit bringt es mit sich, daß wir dem Aufruhr unserer Kinder Verständnis und sogar Achtung entgegenbringen. Unsere Kultur ist geradezu extrem in ihrer Vorstellung, Erwachsenwerden hieße Ablehnung der Eltern. In dem Film *Der Wilde* von 1953 antwortet Marlon Brando auf die Frage: »Gegen was rebellieren Sie?« in seiner anmaßenden Art: »Was haben Sie denn zu bieten?« Das ist eine sehr amerikanische Antwort.

In unserem Kulturkreis werden Eltern gewöhnlich als Gepäck dargestellt, unverzichtbar, aber belastend wie ein zu schwerer Rucksack. Heranwachsende hören, daß ihre Familie sie auf dem Wege ihrer persönlichen Entwicklung nur behinderte, und wenn sie ihre Eltern lieben, kommen sie sich anomal vor. Das schafft natürlich Probleme. Gerade wenn die Jugendlichen am dringendsten der Führung durch ihre Eltern bedürfen, werden sie vom kulturellen Umfeld genötigt, sich von ihnen zu lösen. So müssen sie sich mit den Fragen über Sex, Drogen und Gewalttätigkeit ihrer Altersgenossen allein herumschlagen. Rebellen bitten nicht um Rat und Hilfe.

Ich muß gestehen, daß ich einmal selbst in diese Falle getappt bin. Ich besuchte eine Freundin und sah, wie deren achtjährige Tochter beim Kochen half. Die beiden arbeiteten ruhig und offensichtlich mit großem Vergnügen. Ich gratulierte der Tochter, daß sie ihrer Mutter eine solche Hilfe sei. Da antwortete sie verlegen: »Mama hat gesagt, daß ich ihr helfen soll.« Ich lachte und sagte mit gespieltem Erstaunen: »Ach wirklich? Du hattest wohl etwas Besseres vor, als den Nachmittag mit deiner Mutter zu arbeiten?« Hinterher habe ich mich über mich selbst geärgert. Die Bemerkung des Mädchens war bestimmt als Rechtfertigung gedacht, und mein Kommentar klang, als wenn es unnormal wäre, gern mit der Mutter zu kochen. Damit hatte ich den Versuch des Kindes, sich von seiner Mutter zu distanzieren, automatisch für richtig erklärt. Das nächste Mal werde ich es anders machen und sagen: »Toll, wie gut ihr zusammen arbeitet. Das sieht richtig nach Spaß aus.«

Unsere amerikanische Liebe zur Rebellion spricht der ganzen Idee von Verpflichtung und Verbundenheit Hohn. Wir wissen nicht genau, ob Loyalität gesund oder ungesund ist, gut oder schlecht. Aber zur Verbundenheit gehört noch mehr: zum Beispiel, daß man zur Stelle ist, auch wenn es einem einmal nicht so gut paßt. Dazu gehört auch Standhaftigkeit angesichts einer Veränderung oder Krise. Die folgenden Fallbeispiele kreisen alle um das Thema Verpflichtung. Billy ist ein Junge, dem sich niemand verpflichtet fühlt. Solche Menschen gibt es in Amerika zu Millionen. Die Familie Lu, die vietnamesischen Vorstellungen von Treue und Verpflichtung folgt, stößt in Amerika auf ihr völlig fremde Wertvorstellungen. Die Familie Rainwater zeigt, wie hilfreich in Notzeiten eine um die Verwandten erweiterte Familie sein kann. Eine solche »Großfamilie« vermag Situationen zu überleben, in denen eine Kleinfamilie untergehen würde. Die letzte Geschichte handelt von den Cohns, die sich zwar ihrer Familie verpflichtet fühlen, aber viele Stunden am Tag arbeiten, und deren Verwandte 1500 Kilometer weit weg wohnen.

Billy (11)

Nachdem Billy in das Schulhaus eingebrochen war und alle Siegerpokale zertrümmert hatte, wurde er in ein Erziehungsheim eingewiesen. Ein Richter hatte mich um eine Beurteilung von Billy gebeten, und so wühlte ich mich durch die Ermittlungsprotokolle. Billys Akte war sehr umfangreich und enthüllte eine traurige Lebensgeschichte. Als Billy ein Jahr alt war, zeigte ein Nachbar seine Mutter Isabella an, weil sie den Jungen während ihrer Sauftour allein gelassen hatte. Ich stieß auch auf Berichte über Kindesmißhandlung – gebrochenes Schlüsselbein, beide Schultern ausgerenkt, eine »unfallmäßige« Verbrennung. Seiner Mutter Isabella wurde vom Arzt eine Psychotherapie und die Teilnahme an einem Erziehungslehrgang für Eltern verordnet. Ihr Freund war wegen Kindesmißhandlung zu einer Gefängnisstrafe verurteilt worden. Bestimmte Vorgänge oder Ereignisse kehrten in den Berichten der Sozialarbeiter immer wieder: »Mutter nicht zu Hause, als ich sie zum vereinbarten Termin aufsuchen wollte« – »Mutter geht nicht ans Telefon« – »Krankenschwester der Schule ist um Billys Sicherheit besorgt« – »Mutter scheint unmotiviert, ist vielleicht eine Trinkerin«. Andere Ereignisse sprangen mir richtiggehend ins Auge: »Billy wurde im Fahrerhaus eines Lieferwagens vor der Skylane Bar gefunden. Er hatte Hunger, war durchgefroren und verdreckt« – »Nachdem sie Billy auf einem Parkplatz verprügelt hatte, wurde Isabella wegen ungebührlichen Betragens in betrunkenem Zustand festgenommen«. Noch bevor ich Billy überhaupt zu Gesicht bekommen hatte, fühlte ich mich schon auf verlorenem Posten. Er war ein schwieriger Junge, und er befand sich in Schwierigkeiten, aber ich kannte keinen Platz, den ich empfehlen konnte, wo er wenigstens eine, wenn auch noch so kleine, Chance gehabt hätte.

Billy saß an einem abgenutzten Tisch in einem erbsengrün gemalten Raum mit Gittern an den Fenstern und einem Kalender vom Vorjahr an der Wand. Der Raum war überheizt und roch nach Tabak, und der erstbeste Stuhl, auf den ich mich setzen wollte, war kaputt. Billy trug Anstaltskleidung und um den Hals ein Lederband mit einem Totenkopfamulett. Am linken Arm sah ich eine hausgemachte Tätowierung des Friedenszeichens. Er war klein für sein Alter, hatte rotes Haar und eisblaue Augen. Als ich hereinkam, hielt er in seinen Bemühungen, den Tisch mit Hilfe eines Kugelschreibers vollends zu ruinieren, inne und grinste mich an. Um ihn herum waren eine Menge aufgedröselter Büroklammern verstreut.

Ich fragte, wie es ihm gehe. Er zuckte die Achseln und sagte: »Geht schon. Hier gibt es einen Billardtisch, und Popcorn ist umsonst.« Doch dann kippte seine Stimme um, und er fragte kläglich: »Wann komme ich hier raus? Papa wollte mich doch auf den Rummelplatz mitnehmen.«

Diese Frage konnte ich ihm nicht beantworten. Bis seine Mutter Isabella von ihrem Lebensgefährten ermordet wurde, hatte er bei ihr gewohnt, danach bei seiner Großmutter, bis diese ins Altersheim kam. Seinen leiblichen Vater hatte er nur ein einziges Mal mit fünf Jahren gesehen, als dieser überraschend zu Weihnachten mit einem Fahrrad für ihn aufgetaucht war. Damals hatte der Vater versprochen, mit ihm in Verbindung zu bleiben und mit ihm die Freizeitparks zu besuchen. Aber er kam nie wieder. In den letzten drei Jahren war Billy in sechs verschiedenen Pflegefamilien gewesen. Ich fragte ihn, welcher Papa den Ausflug auf den Rummelplatz mit ihm geplant habe.

»Max natürlich«, sagte er entrüstet, »der Papa, bei dem ich lebe. An wen denken Sie denn?«

»Haben dich die Jensens hier einmal besucht?«

»Mama war hier und hat Erdnußplätzchen mitgebracht.« Er kramte nach einem Bild in seiner Hosentasche. »Hier, das sind sie.«

Das Gesicht der Mama Jensen war auf dem Foto ziemlich verwackelt und kaum zu erkennen. Sie war eine üppige Frau, hatte das kleinste Kind auf dem Arm und drei ältere um sich herum. Zu ihren Füßen lag ein großer schwarzer Hund. Papa Jensen lehnte an einem Schachbretttisch und rauchte; er war sehr mager und sah nicht gerade gesund aus. Billy zeigte mir stolz jedes Familienmitglied, den Hund eingeschlossen. »Das ist Coalie, der beste Jagdhund in der ganzen Gegend. Und das ist unser Haus, draußen an der Landstraße.« Als er so erzählte, kam es mir plötzlich, daß ihm offenbar noch niemand gesagt hatte, daß die Familie ihn nicht wieder nehmen wollte.

»Erzähle mir von den anderen Familien, bei denen du gelebt hast«, forderte ich ihn auf.

Billy hatte ein gutes Gedächtnis. Die erste Familie hatte eine Farm gehabt. Dort lernte er Kühe melken und Hühner schlachten. Obwohl er hart arbeiten mußte, hatte es ihm dort gefallen. Doch dann bekam die Mutter Zwillinge und hatte keine Zeit mehr für ihn. Die zweite Familie war sehr religiös. Als er von ihr sprach, zog er eine Grimasse: »Die beteten den ganzen Tag, und lustige Sachen machten sie überhaupt nicht. Abends mußten wir immer um acht Uhr ins Bett.« Dort war er nur zehn Tage geblieben. Die dritte Familie warf ihn raus, nachdem er die Tochter mit obszönen Worten, die er offensichtlich selbst nicht verstand, bedacht hatte. Kopfschüttelnd sagte er dazu: »Sie war das verwöhnteste Prinzeßchen, das Sie sich vorstellen können.«

Von der vierten Familie wollte Billy von sich aus wieder weg, weil ihn der Vater mißhandelt habe. Er habe zweimal seine Beherrschung verloren und Billy ein Ohrfeige gegeben. »Das erste Mal hatte ich es verdient«, meinte Billy, »aber das zweite

Mal hatte ich keine Schuld. Ich kenne meine Rechte.« In der fünften Familie hatte die Mutter Krebs und war während der Chemotherapie nicht mehr in der Lage, für ihn zu sorgen. Billy sagte: »Diese Mama habe ich sehr gemocht. Können Sie rauskriegen, ob sie noch lebt?«

Schließlich, als sechste Familie, kamen die Jensens, bei denen er immerhin sieben Monate lang gewesen war. Der Vater Max war Hausmeister, und die Mutter Lulu verdiente ein Zubrot als Tagesmutter. »Die anderen Kinder gingen mir furchtbar auf den Geist«, sagte Billy. »Ich möchte lieber ein Einzelkind sein.« Er mochte Lulu. »Sie hat mir eine Zudecke mit meinem Namen drauf gemacht. Die werde ich immer aufheben und einmal meinen Kindern geben. Aber«, räumte er ein, »sie hatte auch ihre miesen Tage. Wenn man klug war, ging man ihr dann aus dem Weg.«

Max, der ihn zweimal zum Jagen und einmal zum Angeln mitgenommen hatte, mochte er auch. Er lebte richtig auf, als er von diesen Ausflügen erzählte. Ich hörte von den vier Tauben, die sie mitgebracht hatten, und dem Fasan, den Max geschossen, der Hund Coalie aber nicht gefunden hatte, und von dem Kaninchen, das Billy selbst getötet, abgezogen und am nächsten Morgen zum späten Frühstück gebraten hatte. Er erzählte auch von den Barschen, die er und Max in einem See in der Nähe der Stadt gefangen hatten, und mit seinen schmutzigen Händen und den abgebissenen Nägeln deutete er mir deren Größe an.

Beim Zuhören fühlte ich Ärger und Wut in mir aufsteigen. Irgend jemand mußte ihm doch beibringen, was los war. Nicht unbedingt ich, aber jemand, der in irgendeiner Beziehung zu ihm stand, seine Sozialarbeiterin zum Beispiel. Aber Billy konnte sich nicht erinnern, wer seine Sozialarbeiterin war. Beim Sozialdienst hatte es dermaßen viele Wechsel gegeben! Ich fragte nach seiner Großmutter. Über die wollte er aber nicht sprechen.

Auf meine Frage, ob er sich an seine Mutter erinnerte, sah er mich zornig an. »Warum kramen Sie diese alte Geschichte wieder aus?«

»In Ordnung«, sagte ich, »reden wir nicht davon. Aber wir müssen uns darüber unterhalten, warum du die Sachen in der Schule kaputt gemacht hast.«

Billy nahm den Kugelschreiber und stach mit ihm auf die Tischplatte ein. In Null Komma nichts war der Stift zerbrochen. »Das habe ich doch schon hundertmal gesagt.« Dabei stöhnte er genervt auf, um diesem Punkt die angemessene Bedeutung zu verleihen.

»Bitte, sag es noch einmal.«

Er klang härter, ungeduldig. »Das weiß ich doch selbst nicht! Ich hasse den Direktor und die Jungen, die ständig auf mir herumhacken. Eigentlich wollte ich ja nur die Schließfächer mit Schuhcreme vollschmieren, aber als ich einmal im Haus drinnen war, habe ich nicht mehr gewußt, was ich tu.«

Billy sah unglaublich kindlich und traurig aus, als ich ihn fragte, wie die Schule sonst so sei. »Sport ödet mich an. Die anderen sind alle so zimperlich«, sagte er. »Und Lesen mag ich auch nicht.«

Schon vor diesem Zwischenfall war Billy polizeibekannt gewesen. Als er noch bei seiner Großmutter wohnte, hatte er einmal ein Fahrrad gestohlen; dann zweimal Vandalismus in Gebäuden und häufiger Ladendiebstahl, meistens Spielzeugfiguren der Helden aus Actionfilmen oder der Power Rangers. Erstaunlicherweise hatte er aber niemals jemanden verletzt.

Billy ist überall immer der Neue gewesen. Kaum hatten ihn Lehrer und Klassenkameraden ein bißchen näher kennengelernt, zog er schon wieder weg. In Rechnen war er unter Klassenniveau, und Lesen konnte er gar nicht. Noch schlimmer: Er war nie bei den Pfadfindern und hat auch nie richtig Fußball oder Basketball gespielt. Wenn Mannschaften aufgestellt wurden, war er immer letzte Wahl. Zwar behauptete er, daß er Sport haßte, aber ich glaubte ihm nicht. Warum hätte er sonst ausgerechnet die Sporttrophäen »zufällig« zerstört?

Ich forderte ihn auf, ein Bild von sich zu zeichnen. Er kritzelte einen Jungen mit einem Kreuz aus Kugeln auf der Brust, um dessen Hüfte ein Gürtel mit Pistolen hing und der in jeder Hand ein Messer hielt. Das Gesicht auf der Zeichnung war ganz anders als das sommersprossige Gesicht, das ich vor mir hatte. Jener Billy hatte große, spitze Zähne und zornige Augen. Im Hintergrund türmten sich Felsen, Schwerter und Maschinengewehre. Und damit ich auch die Aussage des Bilds bestimmt begriff, hatte er es noch mit einer Überschrift versehen: »Töten,

Töten«. Eine Weile schaute ich nur das Bild an, und dann sagte ich: »Der Junge auf dem Bild ist wirklich wahnsinnig.«

»Das ist ein Killer. Er arbeitet für den Geheimdienst«, sagte er. »Er tötet aber nur böse Menschen.«

Er mochte *Rambo*- und *Terminator*-Filme und setzte seinen Stolz darein, möglichst viel Blut, Horror und Spannung zu ertragen. Billy begann eine Beschreibung der abgeschnittenen Köpfe, die er im letzten Film gesehen hatte, vom Stapel zu lassen, aber ich bremste ihn. Es wurde mir schnell klar, daß er mir gern Gewaltszenen am laufenden Band erzählt hätte.

Bei Billy gingen Wut und Verletzlichkeit eine herzzerreißende Verbindung ein. Bei seinem Leben würde allerdings der verletzliche Teil seines Wesens wohl nicht mehr allzu viele Jahre zum Tragen kommen. Ich schaute in sein ernstes Gesicht. An der Art, wie er seinen Unterkiefer vorschob, sah ich, wie heftig er um seine Würde kämpfte. Seine ganze Körperhaltung signalisierte: »Respektiert mich.« Ich überlegte, was ich ihn fragen sollte, damit er mit ein wenig Stolz etwas aus seinem Leben erzählen konnte. Ich fragte ihn, was er sich für die Zukunft wünsche. Er wollte ein Motorrad, eine Million Dollar und ein großes Fernsehgerät. Ach ja, und eine Familie wollte er.

Billy und ich sammelten alle unbrauchbar gemachten Büroklammern zusammen und warfen sie weg. Dabei fragte mich Billy nach meiner Familie: ob ich Kinder hätte, wie sie hießen, und ob ich sie schon einmal in die Freizeitparks mitgenommen hätte. Er hätte ewig so weiterfragen können.

Beim Abschied mußte ich gegen meinen inneren Drang angehen, ihm über das Haar zu streichen. Er bedurfte einer zärtlichen Berührung so sehr. Aber es wäre nicht fair gewesen, ihm mehr persönliche Zuwendung zu versprechen, als ich ihm bieten konnte. So gab ich ihm nur die Hand. Ich versprach ihm, mich um eine gute Sozialarbeiterin für ihn zu kümmern, die nicht gleich wieder wechseln würde, und daß ich diese Sozialarbeiterin auch bitten würde, etwas über seine fünfte Mutter und deren Krebserkrankung herauszubekommen und es ihn dann wissen zu lassen. Außerdem würde ich sie bitten, mit seiner jetzigen Familie zu sprechen, ob sie ihn nicht wieder nehmen wollte.

Dafür bestanden allerdings wenig Aussichten. Die meisten Pflegekinder werden fallengelassen, wenn sie in derart vielfältige Schwierigkeiten geraten. Und um fair zu sein, Billy war ja wirklich eine Nervensäge – leicht erregbar, wütend, voller Kampfgeist, undiszipliniert und unanständig. Die Mutter hatte schon vier Kinder, und der Vater war wirklich freundlich gewesen. Die Ausflüge zum Jagen und Angeln waren das Schönste, was Billy jemals erlebt hatte. Um gegenüber der Familie fair zu sein – ich hätte ihn auch nicht nehmen wollen, obwohl ich wahrscheinlich mehr Zeit und Geld hatte als Lulu und Max.

Vielleicht würde der Staat die Kosten für eine Familienberatung übernehmen. Aber das war wegen der jüngsten Etatkürzungen unwahrscheinlich. Vielleicht konnte die Sozialarbeiterin an Mamas gutes Herz appellieren, denn sie hatte ihn ja immerhin besucht und ihm Plätzchen mitgebracht. Weiter als bis zur Familie Jensen wollte ich gar nicht denken. Sicher konnte auch eine siebte Pflegefamilie keine Wunder vollbringen, und ich verabscheute Erziehungsheime für Jungen. Nur zu oft nahmen sie Kinder wie Billy auf und entließen sie ein paar Jahre später als ausgebildete Verbrecheranwärter.

Das wirklich Frustrierende an dieser Geschichte war, daß ich wußte, daß Billy noch auf die rechte Bahn gebracht werden könnte. Er mochte es, wenn Erwachsene sich um ihn kümmerten, und er mochte die Familie. Er sehnte sich nach mütterlicher Fürsorge, und er konnte Menschen dazu motivieren. Binnen drei Minuten hatte er in mir mütterliche Gefühle geweckt. Gewiß hatte er eine heftige Natur, aber mit ein bißchen Hilfe würde er lernen, sie in den Griff zu bekommen. Es gab auch etwas, an dem er sich festhalten konnte – Tiere und das Angeln zum Beispiel. Wenn er erst einmal lesen konnte und vielleicht auch noch Basketball spielen würde, könnte er sogar in der Schule eine Chance haben. Mir schienen diese kleinen Förderungen nicht zuviel verlangt, um diesen Jungen zu retten.

Als ich in meine Praxis fuhr, hatte ich immer noch Billys Gesicht und seine kleinen Hände mit den abgebissenen Nägeln vor mir. Er stand auf der Kippe – ein angehender Psychopath oder ein noch zu rettendes Kind. Noch hungerte er nach Wärme und Nähe. Noch kamen in seinen Träumen Menschen vor.

Ich würde einige Anrufe erledigen und einen Bericht schreiben, in dem ich für mehr Unterstützung der Familie Jensen oder der nächsten Familie plädierte. Für den Fall, daß es eine nächste

Familie gab, sollte er das einzige Kind sein oder allenfalls ältere Brüder haben, die ihn in der Schule beschützen könnten. So könnte er davon profitieren, das Nesthäkchen der Familie zu sein. Aber was auch immer ich mir für Billy ausdachte, ich war mir doch ziemlich sicher, daß ich es für ihn nicht erreichen konnte. Im Grunde war ich doch nur eine Person mehr in der Reihe von Bürokraten, die sein Leben kreuzten und die die entstandenen Schäden aufzeichneten, zwar voller Sorge, aber doch ineffektiv.

Ich parkte meinen Wagen und nahm die Akten für die Praxis heraus. Es war später Morgen, und die Luft war klar und kalt. Ich gestattete mir ein Minute der Tagträumerei über Billys Leben. In meiner Vorstellung war er im Hause der Jensens und machte sich gerade für einen Ausflug fertig. Coalie war bei ihm. Lulu schmierte in der Küche Brote, und Max holte die Angelruten heraus. Die anderen Kinder saßen auf der Couch und sahen sich Bilderbücher an. Aus dem Radio kam Volksmusik. Die Sonne schien.

Die Familie Lu – Vu, Trinh, Lily (18) und Giang (16)

Die Familie Lu kam auf Veranlassung der Schulpsychologin zu mir. Der Sohn Giang war wegen Rauchens auf dem Schulgelände, Schwänzens und schlechter Leistungen in Schwierigkeiten. Die Woche zuvor war er in einen Kampf mit einigen kambodschanischen Schülern verwickelt gewesen, und die Schule hatte gedroht, ihn rauszuwerfen, wenn er sich nicht mäßigte.

Die Eltern waren mit Sachen aus der Kleidersammlung angezogen. Ehemann Vu hatte khakifarbene Hosen an, ein blaues Anzugjackett und ein T-Shirt mit einer Bierreklame. Ehefrau Trinh kam in einem lilafarbenen Hosenanzug mit einem voluminösen olivgrünen Pullover darüber und roten Lackschuhen. Die Kinder sahen aus, als ob sie nicht zu diesen Eltern gehörten. Lily trug teure Hosen, eine Seidenbluse, einen modischen Kurzhaarschnitt und Make-up wie ein Model. Giang erschien in Jeans, schwarzem Hemd und schwarzer Lederjacke. Seine brandneuen Motorradstiefel waren sicher sehr teuer gewesen.

Die Eltern saßen würdevoll, die Hände im Schoß, Seite an Seite auf der Couch. Trinh sprach ein bißchen Englisch und schien alles, was gesagt wurde, zu verstehen; aber Vu hing völlig von einer Übersetzung ab. Die Eltern schienen sich beide sehr unwohl zu fühlen und nicht so ganz zu wissen, was eine Therapeutin ist und macht. An einem für sie so befremdenden Ort übernahm es Lily, uns miteinander bekannt zu machen. Vu lächelte und entblößte dabei einen Mund voller Goldzähne. Giang gab mir die Hand. Er sprach gut Englisch und warf gelegentlich eine Bemerkung ein, wenn Lily für ihre Eltern übersetzte.

»Wir sind wegen Giang hier«, sagte Lily. »Bis vor einem Jahr war er ein guter Sohn und Bruder, aber jetzt benimmt er sich wie ein Gangster. Zu Hause in unserem Land würden wir mit ihm zu einem Kräuterdoktor gehen, aber hier in Amerika sagten uns die Lehrer, wie sollten zu einem Psychologen gehen.«

Ich erkundigte mich nach der Familiengeschichte. Lily berichtete sachlich, kurz und bündig, daß sie vor fünf Jahren, als Giang elf Jahre alt war, in dieses Land gekommen waren. Vorher waren sie auf den Philippinen in einem Flüchtlingslager gewesen, und davor hatten sie in Vietnam gelebt. Nach dem Ende des Vietnamkriegs waren Vu und Trinh in einem Umerziehungslager kaserniert worden. In dieser Zeit waren die Kinder bei Vus Eltern und verhungerten fast. Lily sagte: »An vielen Tagen gab es nur die Brühe von den Süßkartoffeln.«

Trinh beschrieb das Lagerleben, und Lily übersetzte. Es war eine Reisplantage, auf der die Gefangenen achtzehn Stunden am Tag arbeiten mußten. Die Wächter bestraften die Arbeiter gnadenlos, wenn sie ihr Soll nicht erfüllten. Einmal brach einer der Wächter einer alten Frau die Hüfte, um ihr eine Lehre zu erteilen. Ein Elternpaar mußte die Enthauptung ihres ältesten Sohns mitansehen; vorher war ihnen angedroht worden, sie würden erschossen, wenn sie dabei auch nur ein einziges Zeichen von Gemütsbewegung von sich gäben. Sogar Kinder wurden gezwungen, andere Kinder zu töten. Trinh sagte: »Oft war ich so verzweifelt, daß ich mich umbringen wollte. Nur um meiner Kinder willen lebte ich weiter.«

Vu sprach schnell und laut über seine Lage in Vietnam. Ich hatte den Eindruck, daß dies eine der wenigen Gelegenheiten war, bei denen er überhaupt darüber redete. Nach den langen, schweren Tagen auf den Reisfeldern wurden die Arbeiter mit marxistischen Vorlesungen bedacht. Einmal schlief Vu dabei ein; zur Strafe wurde er eingegraben und dem Sterben überlassen. In der zweiten Nacht grub ihn ein alter Bauer aus, gab ihm ein Huhn und sagte: »Vergiß mein Gesicht, damit ich dafür nicht umgebracht werde.« In den Nächten kroch Vu durch einen Dschungel voller Schlangen. Er sagte: »Ich hatte nur ein Ziel – wieder mit meiner Familie zusammenzusein. Wenn ich nicht felsenfest daran geglaubt hätte, wäre ich zugrunde gegangen.«

Nach mehreren Monaten schaffte er es, auf die Philippinen zu kommen und irgendwann die Flucht seiner Familie zu arrangieren. Für Trinh und die Kinder war die Überfahrt der reine Horror. Das Schiff war hoffnungslos überladen und leckte bedrohlich. Es gab nicht genügend Nahrungsmittel oder frisches Wasser, und die Menschen hatten Angst vor Piraten, die oft den Flüchtlingen das Letzte raubten, das sie noch besaßen. Außerdem war bekannt, daß sie junge Frauen entführten und vergewaltigten. Lily war darauf vorbereitet, über Bord zu springen, falls Piraten das Schiff enterten.

Glücklicherweise schafften sie es bis zu dem Flüchtlingslager, in dem Vu hauste. Sie bauten sich eine Hütte aus Pappkarton und lernten Englisch, während sie auf Visa und einen amerikanischen Sponsor warteten. Sie lebten lange in diesem Lager, schafften es aber dann irgendwann doch, nach Lincoln in Nebraska zu kommen. Zu Hause hatten sie noch weitere Verwandte, die sie auch herüberzubringen hofften, und sie schickten Vus Eltern und Trinhs Schwestern Geld.

Die Familie lebte in einer winzigen Wohnung. Sie hatten Schwierigkeiten mit der Sprache und den amerikanischen Sitten und vermißten ihre Verwandten. In Vietnam war Vu Rechtsanwalt gewesen, in Amerika arbeitete er jetzt in einer Fabrik für Wasserbetten. Trinh war als Schwesternhelferin in einem Altenheim angestellt.

Die Vereinigten Staaten sind in jeder Hinsicht anders als Vietnam. Die Werte unserer Konsumgesellschaft haben mit den asiatischen Werten nichts zu tun. Die Eltern hielten sich an ihre alten Werte, so gut sie konnten, aber die Kinder gerieten in die Zwickmühle. Um erfolgreiche Amerikaner zu werden, mußten sie anders handeln als ihre Eltern. Hier heiraten Männer und

Frauen aus Liebe und lassen sich scheiden, wenn die Beziehung nicht glücklich verläuft. In Vietnam wurden die Ehen arrangiert und für die Ewigkeit geschlossen. In Vietnam waren die Kinder respektvoll und gehorsam. In den Vereinigten Staaten gaben sie Widerworte. Wie Lily erklärte, wußten ihre Eltern nicht, wie sie mit Giang umgehen sollten, weil solche Probleme, wie er sie jetzt hatte, in Vietnam kaum entstanden. Weder Vu noch Trinh hatten jemals einen Sohn gekannt, der seine Eltern beleidigte oder ihren Anordnungen nicht Folge leistete.

Lily sagte, daß in Vietnam die Männer alles bestimmten und daß es in Amerika den Männern an Autorität gebricht. Jeder in der Familie sprach mehr Englisch als Vu, und so hing er immer von jemandem ab, der für ihn übersetzte. Giang konnte ihn anlügen, und er würde es noch nicht einmal merken. Zum Beispiel hatte Giang ihm gesagt, daß an Montagen keine Schule sei, und Vu hatte es geglaubt. Ein anderes Mal hatte er ihm erklärt, daß alle Jungen in der Schule schwarze Lederjacken tragen müßten. Bei der Aufzählung dieser Ereignisse schüttelte Lily tadelnd den Kopf.

Lily erklärte auch, daß in Vietnam nur ihr Vater Auto gefahren sei. Doch jetzt in Amerika bekam er keine Fahrerlaubnis. Hier konnte nur Lily fahren, weil sie es in der Schule gelernt hatte. Sie hatten ein gebrauchtes Auto gekauft, und mit dem chauffierte sie jeden herum.

Lily führte weiter aus, daß in der neuen Kultur die Männer die größten Probleme hatten. Die Kinder lernten schneller Englisch als ihre Eltern. Die Frauen konnten ihre traditionelle Rolle als Hausfrau und Familienmutter behalten, aber viele Männer waren ohne Arbeit und verfielen dem Alkohol. In dem Maße, in dem sie die Kontrolle über die Familie verloren, begannen viele Männer, Frau und Kinder zu schlagen. Sie seufzte. »Vater hat noch nicht zu trinken angefangen, aber er ist gekränkt, wütend und traurig.«

Ich fragte sie, wie die Familie über Amerika denke. Sie sagte, daß sie alle die Freiheit und Sicherheit liebten. Sie waren dankbar, Essen und ein Heim zu haben, aber sie konnten den Mangel an Respekt nicht verkraften. Sie kamen aus einer Gesellschaft, die die Älteren ehrte. In Amerika machten die Kinder, was sie wollten. Nach einer Pause sagte Lily: »Ich handle nach vietnamesischer Art, aber Giang handelt wie ein Amerikaner.«

Einige amerikanische Gewohnheiten mochten die Eltern gar nicht. Es stieß sie als geradezu beleidigend ab, daß hierzulande die Kinder am Kopf getätschelt werden. In Vietnam macht man das nur mit Tieren. Sie hatten auch etwas gegen das Trinken und den sexuellen Umgang der Jugendlichen. Zudem fanden sie es falsch, daß die Kinder von zu Hause ausziehen, wenn sie mit der Schule fertig sind. »Wer«, fragte Lily, »wird den Kindern bei ihren Problemen helfen, wenn sie weit weg sind? Und was wird, wenn die Eltern einmal Hilfe brauchen?«

Giang erklärte, er hasse die Schule. Er und Lily hatten Unterricht für Ausländer und hielten sich meist an die anderen vietnamesischen Schüler. Einige amerikanische Kinder beschimpften sie als »Hundefresser« und beschuldigten sie, keine Steuern zu zahlen und den Amerikanern die Arbeit wegzunehmen. Andere äußerten, sie sollten doch dort hingehen, wo sie hergekommen seien. Als Lily ihn daran erinnerte, daß immerhin einige Schüler und Lehrer sehr nett zu ihnen wären, wischte Giang ihren Kommentar mit einer großen Armbewegung ärgerlich beiseite.

Viele Probleme entstanden einfach dadurch, daß sie in Amerika zur Schule gingen, erläuterte Lily. In Vietnam wurden die Schüler gelobt, wenn sie sich einordneten. In Amerika hingegen wurde von ihnen erwartet, daß sie eigenständig dachten und sogar mit den Lehrern diskutierten. In der Schule wurden sie für kreative Selbständigkeit belohnt, zu Hause für Gehorsam. »So muß ich täglich mehrmals hin- und herwechseln«, sagte sie gedankenverloren. »Zugleich Amerikanerin und gute Tochter zu sein – das geht eigentlich gar nicht.«

Ich fragte Giang, worin seine Schwierigkeiten bestünden. Erst wollte er sich drücken, aber auf Drängen seiner Eltern versuchte er dann doch, es zu erklären. »Ich will per Anhalter nach Los Angeles, wo es mehr Vietnamesen gibt. Nicht, daß ich meine Eltern hasse, aber sie haben keine Ahnung von meinem Leben.« Er zeigte auf sie. »Die sind niemals in ihrem Leben in einem Kino gewesen. Die wissen nicht einmal, wer die Rolling Stones sind. Meine Eltern können mir bestimmt nicht sagen, was ich tun soll.«

Hier unterbrach Vu, und Lily übersetzte: »Mein Vater sagt, er und Mutter würden sich für uns aufopfern, aber sie erwarten, daß wir ihnen gehorchen. Giang steht unter dem Einfluß schlechter Kinder.«

»Ich tue, was meine Eltern wollen, aber es ist schwer genug«, sagte Lily. »Wenn sie etwas sagen, rede ich nicht dagegen und unterbreche sie auch nicht. Ich gehe noch nicht mit Jungen, weil das die Mädchen in Vietnam erst mit zwanzig oder noch später tun. Wenn ich mit Freunden ausgehen will, frage ich meine Eltern um Erlaubnis.« Ihre Mutter tätschelte ihr die Hand, Lily lächelte sie an und fuhr dann fort: »Ich will Jura studieren und meinen Eltern ein schönes Haus kaufen. Ich möchte meiner Familie Ehre machen.«

»Ich will Geld machen«, sagte Giang. »Ohne Geld bist du hier gar nichts.« Er zeigte auf Lilys Kleidung. »Das da habe ich ihr gekauft. Mit den alten Klamotten ist sie immer aufgezogen worden. Jetzt wird sie geachtet.« Lily seufzte: »Es ist hart, in Amerika genug Geld zu verdienen.«

Angesichts dieser Familie wurde ich ganz demütig. Ich wußte so wenig von ihrer Welt, und ich spürte, wie wenig moderne Psychotherapie bei vietnamesischer Tradition greifen konnte. Es war doch lachhaft, hier unsere westlichen Modelle zur Problemlösung anwenden zu wollen. Was sollten sie mit Schlagworten wie »inneres Kind«, »Über-Ich« oder »gestörte Familie«? In Vietnam wurde von den Menschen erwartet, daß sie Leid ertragen. Da gab es keine Tradition, lange über Gefühle zu sprechen. Die Treue zur Familie ging über alles. Und jetzt fragte ich sie auch noch über ihre internen Familienprobleme aus.

Doch war es sicher richtig, daß sie zur Therapie gekommen waren. Wahrscheinlich brauchten sie Hilfe, um das Trauma ihrer Vergangenheit zu verarbeiten – das furchtbare Zwangslager, der Hunger und die schrecklichen Erfahrung, lebendig begraben worden zu sein. Ich würde mit ihnen eine posttraumatische Therapie durchführen. Da die Familie Lu außerdem den Rückhalt einer Großfamilie, die für sie immer die Hauptstütze gewesen war, verloren hatte, konnte ich ihnen vielleicht helfen, neue Systeme gegenseitiger Unterstützung zu errichten.

Ich versuchte ihnen zu erklären, was eine Psychotherapie ist. »Hier kann eine Familie über die Vergangenheit sprechen und neue Wege zur Lösung von Problemen finden.« Alle schauten höflich, aber verständnislos drein. Vu erkundigte sich nach einer Medizin, und ich antwortete, ich hätte keine. Da fragte Lily: »Und wie wollen Sie Giang ohne Medizin heilen?«

Im Versuch, zuversichtlicher zu scheinen, als ich war, sagte ich: »Therapeuten helfen den Menschen, miteinander in Verbindung zu treten und Unstimmigkeiten zu bereinigen.«

Sie nickten höflich, und ich fuhr fort: »Die Art und Weise, wie Sie bisher Ihre Probleme gelöst haben, hat in Vietnam funktioniert. Dort bestimmten Ihre Traditionen, wie die Dinge zu laufen hatten, und Sie hatten eine große Familie hinter sich. Aber hier ist Ihre Familie allein, und Sie werden mit vielen neuen Dingen konfrontiert. Manchmal sind sich die Familienmitglieder nicht einig, wie diese Dinge gehandhabt werden sollen. Als Familie müssen Sie über alle diese Dinge sprechen.«

In ihrer eigenen Sprache unterhielten sie sich nun, ob sie wiederkommen sollten. Während ihres Gesprächs überdachte ich noch einmal ihre Situation. Bevor sie nach Amerika kamen, waren sie lange getrennt gewesen. Sie hatten sich nach einander gesehnt und ihr Leben riskiert, um beieinander zu sein. Diese Familie hatte enorme Drangsal von außen erlitten, aber innerlich war sie stark. In Amerika waren die äußeren Feinde für sie weniger deutlich. Diese Familie liebte die liberalere amerikanische Kultur und verachtete sie gleichzeitig. Innerhalb der Familie gab es mehr Unstimmigkeiten als je zuvor.

Insbesondere die Kinder sahen sich in einem ernsten Zwiespalt, denn um sich in die amerikanische Gesellschaft einordnen zu können, mußten sie weniger vietnamesisch sein. In einigen Punkten waren die beiden Kulturen diametral entgegengesetzt. Die vietnamesische Gesellschaft ist autoritär und erwachsenenbezogen. Respekt und Gehorsam gegenüber den Eltern stehen als Werte ganz obenan. Dagegen könnte die amerikanische, jugendbetonte Gesellschaft nicht konträrer sein. Um Erfolg zu haben, muß man unabhängig sein und selbständig handeln. Die Kinder waren zwischen zwei Weltanschauungen zerrissen. Ich hoffte, daß ihr buddhistischer Glaube ihrem Leben Halt geben und ihnen zu einer gesunden Haltung gegenüber unserer Talmi-Kultur der neunziger Jahre verhelfen konnte.

Sollte diese Familie wiederkommen, hatte ich vor allem zwei Ziele: ihnen zu helfen, ihr Trauma zu überwinden, und den

Zusammenstoß mit der amerikanischen Kultur abzumildern. Es ist schwer, sich sowohl der Konsummentalität als auch der traditionellen Familie verpflichtet zu fühlen. Ich wollte sie dabei unterstützen, sich in zwei sehr verschiedene Wertesysteme einzubinden, und zwar auf eine Weise, die für sie selbst annehmbar war. Sie würden manche Entscheidung treffen müssen, was sie aus unserem Lebensstil übernehmen und was sie als für sich unpassend aussortieren sollten. Es war für sie bestimmt nicht leicht, an dem festzuhalten, was aus ihrer vietnamesischen Tradition gut war, und herauszufinden, was bei uns gut ist.

Die Familie diskutierte einige Minuten lang sehr lebhaft. Schließlich wandte sich Lily an mich: »Wir werden wiederkommen. Wir haben Zutrauen zu amerikanischen Doktoren. Diese haben uns schon einmal geholfen, im letzten Jahr, als meine Mutter Lungenentzündung hatte. Wir bitten Sie, uns jetzt zu helfen.«

Ich konnte nur hoffen, daß es mir gelang, dieses Vertrauen nicht zu enttäuschen.

Die Familie Rainwater – Betty, Lilian und Randy (14)

Lilian und ihre Mutter Betty waren in meine Praxis gekommen, um über Lilians Sohn Randy zu sprechen. Lilian war Bibliothekarin und machte einen ruhigen und ernsten Eindruck. Betty, ihre Mutter, hatte lebhafte Augen, und ihr Lachen war voller Energie und Humor.

»Die Geschichte, um die es geht, hat vor zwei Jahren angefangen«, sagte Lilian. »Damals wohnten Randy und ich mit meinem Mann in Kansas City. Grant war ein guter Ehemann und Vater. Und er war sehr beliebt: Wohin er kam, unterhielt er die Leute. Aber er hatte Geldprobleme.« Sie machte eine Pause und schluckte. »Er hat sich erschossen.«

Lilian schluckte noch einmal schwer und fuhr dann fort: »Zuerst standen Randy und ich unter einem Schock. Dann begann ich auf Grant wütend zu werden. Wie konnte man nur so töricht und selbstsüchtig handeln! Aber gleichzeitig fragte ich mich auch, ob ich ihn wohl davor hätte bewahren können.«

»Nach Grants Tod mußten sie das Haus aufgeben«, sagte Betty. »Grant verdiente gut Geld, aber Lilian hatte nur eine Halbtagsstelle.«

»Es war eine harte Zeit«, ergänzte Lilian. »Wir mieteten eine Wohnung in einem heruntergekommenen Stadtviertel. Randy hatte Angst, daß auch ich sterben würde. Er benahm sich unmöglich, und ich hatte nicht die Energie, ihn zu bändigen.«

»Ich befürchtete, daß mein Enkelsohn in Schwierigkeiten kommen könnte«, sagte Betty, »denn ich hatte gehört, daß sie in den Schulen heutzutage Waffen und Drogen haben. Also lud ich sie ein, bei mir zu wohnen.«

Lilian und Randy zogen von Kansas City fort und zu Betty. Die Familie gehörte zum Stamm der Lakota-Sioux, die traditionell das Zusammenleben der Generationen kennen. Die Familie verfügte jetzt insgesamt über mehr Geld als vorher, als jeder für sich allein lebte. Randy kam in eine Baseballmannschaft; Lilian hatte jemanden, mit dem sie über ihren Schmerz sprechen konnte. Um Randy und Lilian bildete sich eine Tiospaye, ein Schutzschild, der sie in ihrer schwersten Zeit behütete.

»Diese Entscheidung war unsere Rettung«, sagte Lilian. Wie sie erläuterte, hatte sie nach dem Umzug zunächst nicht gearbeitet. In ihrem ersten Sommer in Nebraska suchte sie mit Randy alle die Plätze auf, die Grant immer so geliebt hatte; außerdem besuchten sie seine Verwandten. Die Alten erzählten Randy Geschichten aus dem Leben seines Vaters. Sie machten ihm Geschenke, gaben ihm magische Gegenstände, Talismane und Amulette. Die Onkel von Randy nahmen ihn zum Jagen mit. Die Verwandten sagten es zwar nicht direkt, aber sie vermittelten ihm durchaus, daß sie ihn alles lehren würden, was er als Mann wissen mußte.

Als der Sommer vorbei war, kehrte Lilian zu ihrer Mutter zurück. Manches Mal waren Betty und Lilian nicht einer Meinung, aber sie setzten sich darüber auseinander. Wie Betty sagte: »Wir sagen uns die Wahrheit, auch wenn wir wütend sind.« Lilian bekam eine Stellung in einer Bücherei. Betty hatte Teilzeitarbeit in einem Supermarkt. So verfügte sie über genügend Zeit, auf Randy aufzupassen. Beide Frauen gingen zu Randys Baseballspielen. Lächelnd erklärte Lilian, daß sie jeden Abend zusammen essen und jeder dabei berichtet, was er am Tag so alles erlebt hat. Nach dem Abendessen half Lilian ihrem Sohn bei den Hausaufgaben, und wenn er zu Bett gegangen war, sprach sie mit ihrer Mutter über Grant. So manche Nacht weinte sie sich in den Schlaf, aber sie versuchte, Randy die Last ihres Kummers zu ersparen.

Diese neue Familie machte eine schwere Zeit durch. Trotz allen Anstrengungen von Betty und Lilian bekam Randy in der Schule Schwierigkeiten. Er lieferte die Klassenarbeiten nicht ab und hing mit Problemkindern herum. Er wollte nicht über seinen Vater sprechen und zeitweise auch über sonst nichts. Er hatte Albträume. Wenn er zu Hause war, wollte er Betty und Lilian immer nahe bei sich haben, als hätte er Angst, es könnte ihnen etwas geschehen.

»Deshalb sind wir hier«, sagte Lilian. »Randy wird mit dem den Tod seines Vaters nicht fertig. Wir brauchen Rat, wie wir ihm helfen können.«

»Meinen Sie, daß er sich in Therapie begeben sollte?« fragte Betty.

Es ist zwar immer gefährlich, eine solche Frage mit nein zu beantworten; andererseits vermutete ich, daß Randy von einer Therapie nicht viel haben würde. Jungen seines Alters drücken gewöhnlich ihre Gefühle nicht sehr deutlich aus, und schon gar nicht gegenüber fremden Frauen mittleren Alters, die obendrein den Doktor der Philosophie haben. Eine psychotherapeutische Behandlung kann dazu führen, daß sie sich unnormal vorkommen. Häufig sind sie besser dran, wenn sie mit Familienangehörigen sprechen und ihren Schmerz körperlich abreagieren.

Außerdem vermutete ich, daß Betty und Lilian die besten Hilfsquellen für Randy bereits in ihrer Tiospaye hatten. Ich erwähnte seine Onkel. Einer von ihnen lebte in der Nähe; er war ein guter Jäger und konnte Randy sicher viel beibringen. Betty meinte, daß die Verbindung von Familie und Natur für ihn sehr heilsam sein könnte. Sie wollte, daß sie beide zu den Pow-Wows fuhren, um dort mehr über ihre indianische Tradition zu erfahren. Außerdem würde vielleicht ein Traumfänger über seinem Bett etwas gegen seine Albträume bewirken.

Auch ich empfahl einige Dinge. Vielleicht könnten Betty oder Lilian mit den Lehrern in der Schule Randys Situation besprechen. Er brauchte Nachhilfe, eventuell durch einen älteren Schüler, damit er auf den Wissensstand seiner Klasse kam.

Und Lilian könnte ihm sicher einige Bücher über den Tod von Eltern besorgen, damit er sich und seinen Zustand besser verstand.

Daß Randy schon im Baseballteam war, fand ich gut, und ich regte an, daß Lilian ihm ein oder zwei neue Hobbys erschließen sollte – eine kleine Nebentätigkeit, Zeichnen, Musik –, worin auch immer er Selbstbestätigung finden konnte. Er war jetzt in dem Alter, in dem sich die Persönlichkeit formt, und ich wollte, daß er sich mit positiven Dingen beschäftigte. Außerdem war ich der Ansicht, daß Randy mehr über den Tod seines Vaters sprechen sollte. Die Frauen wollten ihn schonen, indem sie ihren Kummer nur nachts zeigten und allein ausweinten. Vielleicht war das falsch. Er mußte wissen, daß auch sie um seinen Vater trauerten, damit er selber richtig trauern konnte. Mein Vorschlag war, daß sie vor und mit ihm über Grant sprachen, ihm eventuell Bilder und Briefe zeigten und ihn sanft ermutigten, darüber zu reden – und auch zu weinen.

Ich meinte auch, daß Heilungszeremonien ihm helfen könnten, den Tod seines Vaters zu akzeptieren. »Vermutlich brauche ich Ihnen keine Ratschläge zu geben, was Sie sich alles ausdenken könnten«, sagte ich. Da lächelte Betty: »Nein, dabei werden uns schon unsere Leute helfen.«

Ich beglückwünschte die Frauen der Familie Rainwater, die sich so nahe waren und sich so viele Gedanken und Mühe um Randy machten, und bat sie, in ein paar Wochen wiederzukommen und mir zu berichten, wie es Randy ergangen sei. Lilians Angebot, »Vielleicht laden wir Sie zu einer Zeremonie für Randy ein«, ehrte mich. Ich würde sicher daran teilnehmen.

Die Familie Cohn – Jonathan (50), Nancy (45) und Rachel (7)

Als ich in Chicago einen Vortrag hielt, wohnte ich bei der Familie Cohn. Sie kamen ursprünglich aus New Jersey und wohnten jetzt in einem Vorort mit gepflegten Altbauten im Tudor-Stil, BMWs in den Garagen und Swimmingpools in den Gärten. Wir unterhielten uns in ihrem Wohnzimmer. Jonathan, der zu Hause an seinem Computer arbeitete, tauchte um acht Uhr abends aus seinem Arbeitszimmer auf, »nachdem in Kalifornien die Büros geschlossen haben«. Er legte einige Tortillas, die eine

Arbeitskollegin von Nancy aus Albuquerque geschickt hatte, in die Mikrowelle. Während unserer Unterhaltung strickte Nancy, und Rachel zeichnete mir einige Bilder. Nach etwa einer halben Stunde machten wir eine Pause, damit Nancy ihrer Tochter eine Geschichte vorlesen und Jonathan mir seinen Computer zeigen konnte. Später überreichte mir Rachel ein Bild mit Schmetterlingen auf einer großen Wiese.

Jonathan übte eine hochdotierte Tätigkeit für eine internationale Organisation aus. Er verbrachte ungefähr zehn Stunden am Tag vor dem Bildschirm, meist mit Arbeit, aber teilweise auch zu seinem Vergnügen. Seine freundschaftlichen Beziehungen spielten sich im Internet ab, wie er sagte. Er beschrieb sich selbst als einen Menschen, der eine Menge Anregungen und Abwechslungen brauchte. Er war hochintelligent, und seine Fähigkeiten waren weltweit gefragt; er hatte Angebote von Stockholm bis Neu-Delhi.

Nancy hatte gerade eine Stellung bei einer in allen Staaten der USA vertretenen Werbeagentur als Designerin für Homepages im Internet angetreten. Sie hatte Kunstgeschichte studiert und sich selbst den Umgang mit dem Computer beigebracht, um »sich besser verkaufen zu können«, wie sie es ausdrückte. Es war eine angesehene und gutbezahlte Arbeit, aber, so jammerte sie, »nicht gerade das, was ich mir für mein Leben erträumt habe«.

Rachel war ein vertrauensvolles Mädchen und für ihre sieben Jahre etwas frühreif. Bis zu ihrem fünften Lebensjahr war sie zu Hause unter der Obhut von Kindermädchen gewesen; jetzt ging sie auf eine teure Privatschule. Ihre Eltern blühten förmlich auf, als sie die Maple Tree School näher beschrieben. Jeden Morgen fuhr Jonathan sie hin, obwohl ihm das von seiner Arbeitszeit abging. Die Schule war eine Farm mit Pferden, Schafen, Hasen, Wiesen, Gemüse- und Obstgarten und einem Vogelhaus. Alle Kinder mußten reihum verschiedene Arbeiten übernehmen. Zur Zeit war Rachel gerade mit Eiereinsammeln und Unkrautjäten dran. Rachel war, wie Jonathan sagte, die meiste Zeit des Tages an der frischen Luft, mit viel Sonne und körperlicher Bewegung. Nancy gefiel es, daß dort soviel Wert auf Teamarbeit gelegt wurde. Zusammen stellten Kinder und Lehrer Käse her, durchleuchteten die Eier und fütterten das Vieh. Am

Ende des Tages fuhr Nancy zum Hof und sah sich an, was Rachel den Tag über gemacht hatte. Mich verblüffte das alles: Dieses New-Age-Kind wohlhabender, intellektueller Eltern machte die gleichen Erfahrungen wie meine Mutter als Mädchen in Colorado.

»Solange Rachel auf ist, sehen wir nicht fern«, sagte Nancy. »Jonathan meint, das Fernsehen ist des Teufels. Meistens lesen wir ihr etwas vor oder spielen mit ihr. Wir kennen Eltern, die für die Wochenenden Aushilfen engagieren; so sehen sie ihre Kinder eigentlich nie. Wir sind viel mit Rachel zusammen, ansonsten unternehmen wir aber nicht viel. Wir gehen in die Synagoge, und Jonathan ist im Komitee des Symphonieorchesters. Sonst sind wir zu Hause.

»Als Eltern sind wir ja nicht gerade jung«, sagte Jonathan. »Das bedeutet, wir sind müde Eltern. Wir haben unsere wilden Jahre schon hinter uns. Auf den gesellschaftlichen Rummel können wir inzwischen gut verzichten.«

Ich fragte sie nach ihren Verwandten. Nancy war in New York aufgewachsen. Ihre Eltern waren beide tot, und ihre beiden Brüder sah sie nur selten. Das Familienleben zu Hause war nicht besonders glücklich gewesen. Ihre Mutter hatte immer gesagt: »Leider sind wir zu arm, als daß wir uns eine Scheidung leisten könnten.« Nancy hatte immer noch Tanten, Onkel und Cousins in New York und erinnerte sich an große Familienfeiern. Aber jetzt hatte sie kaum mehr Kontakt mit ihren Verwandten. Sie sagte: »Ich würde gern die Verbindungen aufrechterhalten. Aber das ist ein frommer Wunsch, denn die meiste Zeit bin ich zu müde dazu.«

Jonathans Vater war gestorben, seine Mutter lebte in Brooklyn in New York. Er hatte einen Bruder in Alaska; ihn bezeichnete er als seinen besten Freund. Zwar hatte er ihn seit drei Jahren nicht mehr gesehen, aber er wollte ihn vielleicht im nächsten Sommer besuchen. Weder Jonathan noch Nancy schienen ihre Familien zu vermissen, aber für Rachel tat es ihnen leid. Nancy sagte: »Ich hatte als Kind meine Brüder und Cousins zum Spielen. Rachel ist viel mehr allein.« Jonathan fügte hinzu: »Sie ist eben ein Einzelkind, daran wird sich nichts ändern. Ich bedaure, daß sie keinen Freund fürs Leben haben wird, so wie ich meinen Bruder.«

Dann erzählte er mir stolz, daß er seiner Mutter einen Computer gekauft und ihr gezeigt habe, wie sie mit E-Mail umgehen müsse. Davor sei sie ziemlich einsam gewesen, aber nun »chatte« sie mit Menschen aus der ganzen Welt, denn sie war dabei, einen Familienstammbaum zu erstellen. Rachel und seine Mutter kommunizierten jeden Tag per E-Mail miteinander. Er sagte, bevor es E-Mail gab, habe er seine Mutter pflichtschuldig jede Woche einmal angerufen, aber nun begegneten sie sich täglich im Internet. Dank den Computern seien sie sich jetzt näher als jemals zuvor. Außerdem sei die Korrespondenz nun billiger. Dazu bemerkte Nancy mit leicht gereizter Stimme: »Ja, solange du die Kosten für die Computer nicht mitrechnest.«

Damit waren wir beim Thema Geld angelangt. »Wir sind keine großartigen Konsumenten«, sagte Jonathan, »aber es gefällt uns, daß wir uns bestimmte Dinge leisten können.«

»Je mehr wir verdienen, desto mehr geben wir aus«, sagte Nancy. »Ich mache mir da wegen Rachel Sorgen. Wir kennen Familien, die geben 25 000 Dollar für die Bat-Mizwa aus. Sie möchte Reebok-Turnschuhe, die 85 Dollar kosten, außerdem Designerjeans.« Sie seufzte. »Die bekommt sie von uns nicht.«

Ich fragte nach Kindern in der Nachbarschaft. Nancy seufzte wieder. »Wir wohnen in einer richtiggehenden Schlafstadt. Wir kennen unsere Nachbarn kaum. Kinder sehen wir auf den Straßen so gut wie nie. Wenn es irgendwo Kinder gibt, dann spielen sie auf dem eingezäunten Privatgelände.«

»Wir lassen Rachel auch nicht allein nach draußen«, sagte Jonathan. »Im letzten Frühjahr wurde in dieser Gegend ein Mädchen entführt. Andere Kinder wurden von Fremden belästigt.«

»Draußen kann man wirklich nicht viel unternehmen«, sagte Nancy.

Rachel sah von ihrer Zeichnung auf und sagte: »Blackie mag ich gern.«

Die Eltern lachten und erklärten mir, daß Blackie der Kater sei, der immer komme, um sich Essensreste abzuholen. Nancy sagte: »Wir freuen uns schon immer auf seinen Besuch.«

Für Rachel wurde es Zeit, schlafen zu gehen. Sie überließ mir ihre Zeichnung und gab ihrem Papa einen Gutenachtkuß. Jonathan bot mir an, mit mir im Internet zu surfen. In seinem Arbeitszimmer standen mehrere Computer, und alle waren angeschaltet. Vor einem ließen wir uns nieder. Wir bewegten uns im France Net und im Pubhiker's Guide, sahen wunderschöne Bilder von Segeljachten und folgten einer Diskussionsgruppe älterer Eltern. Inzwischen konnte Jonathan seinen Bekehrungseifer nicht mehr bremsen: Er sprach von der unglaublichen Fülle an Informationen, die über das Internet verfügbar seien, über die Leichtigkeit, sich mit Kollegen in aller Welt zu unterhalten, und die Möglichkeiten, Menschen mit ähnlichen Interessen zu finden.

»Mit den Computern ist die Welt kleiner geworden«, sagte er. Er besuchte mit mir verschiedene Homepages und erklärte dabei, daß nun auch kleinere Firmen kostengünstig und gezielt bestimmte Märkte ansprechen könnten. Wir sahen Indianerschmuck aus dem Südwesten Amerikas und eine Werbung für Restaurants in Boston. Aber, wie er sagte, kaufte er über das Internet nie etwas, weil er sich scheute, die Nummer seiner Kreditkarte preiszugeben.

Er sprach vom Computer als einer Quelle neuen Familienzusammengehörigkeitsgefühls und erzählte von seinen Nachforschungen über Internet, denn er und sein Bruder erstellten einen Familienstammbaum mit Bildern. Er sagte: »Ohne diese Chattereien würde ich meine Nichten überhaupt nicht kennen.« Er hatte ein Verzeichnis von Rachels Kindheitssprüchen und -erlebnissen angelegt und zitierte einen Computerguru mit den Worten: »If you want to immortalize, digitalize« – Nur digitalisiert kannst du unsterblich werden.

Während wir im Internet surften, erzählte er mir lauter Geschichten – über den Erfinder von Hypertext, der an Gedächtnisstörungen litt und die Informationen so strukturieren wollte, daß sich niemand mehr etwas merken müsse; über einen Jungen in einer pornographischen Chatgruppe, dem Geld für einen Flug nach Los Angeles geschickt worden war und der, am Flughafen herumirrend, von der Polizei aufgegriffen wurde; über Rachels neue Künste, dank der Computerlektionen in fünf Sprachen »Guten Tag« sagen zu können.

In diesem Augenblick kam Nancy ins Studio und sagte: »Über Rachel und den Computer gibt es regelmäßig Streit zwischen uns. Ich hätte nämlich lieber, daß sie liest und Klavier spielt.«

Jonathan sagte dazu: »Wir beschränken es ohnehin auf zwei Stunden am Tag.«

»Aber sie ist doch erst sieben Jahre alt«, sagte Nancy. Dann wandte sich an mich: »Letztes Jahr hatten wir zu Rachels Geburtstag Kinder eingeladen. Es gab Pizza, und dann spielten sie am Computer *Magic Cards*, ein elektronisches Kartenspiel. Alle waren begeistert, aber ich fand es alles andere als aufregend. Ich mag es auch nicht, daß sie stundenlang auf den Monitor starrt. Das muß doch zu Konzentrationsstörungen führen! Meiner Ansicht nach braucht sie Bewegung und Gespräche mit einem realen Gegenüber.«

Nancy war im Umgang mit dem Computer durchaus sicher, aber keineswegs passioniert. Gespräche führte sie lieber am Telefon, und E-Mail nutzte sie nur geschäftlich. Sie hatte Angst, Jonathan könnte eines Tages nach seinen Computern süchtig sein. Sie empfahl mir, das Buch *Die Wüste im Internet* von Clifford Stoll zu lesen. Jonathan rümpfte die Nase: »Das ist doch hoffnungslos veraltet!«

Ich fragte sie, ob der Computer ihre Beziehung als Ehepaar tangiere. Nancy sah Jonathan an. »Sobald Rachel im Bett ist, chattet Jonathan mit allen möglichen Leuten in der ganzen Welt. Aber mir ist das egal. Hauptsache, ich kann meine Unterhaltungssendung sehen.« Sie lachte verlegen. »Ich bekenne mich schuldig.«

»Nancy beklagt sich, daß wir nicht genug Zeit für unsere Ehe haben«, sagte Jonathan, »und in gewissem Sinn hat sie recht. Wir essen nicht zusammen und haben keine gemeinsamen Freunde. Rachel einmal ausgenommen, leben wir zwei getrennte Leben.«

»Wir haben darüber gesprochen«, sagte Nancy, »ob wir nicht für die Freitagabende einen Babysitter engagieren sollen, damit wir zusammen ausgehen können. Aber die Woche ist ohnehin schon sehr vollgestopft, und Rachel verbringt bereits viel Zeit in Autositzgurten oder mit Babysittern. Da wollen wir wenigstens an den Wochenenden in unserem Nest sein.«

Wir gingen ins Wohnzimmer, zurück zu Kaffee und Käsekuchen. Ich bedankte mich bei Nancy und Jonathan, daß sie für mich Zeit gehabt hatten. Sie waren gute und fürsorgliche Menschen, aber sie schienen schrecklich allein zu sein in einer sich rasant verändernden Welt. Und obwohl sie mich nicht um Rat gebeten hatten, bot ich ihn an. Ich meinte, daß Rachel die Verbindung zur weiteren Verwandtschaft brauchte, vor allem zu den Cousins und Cousinen ihres Alters. Ich regte an, daß sie ihnen Flugtickets kaufen sollten, damit die Kinder den Sommer bei ihnen verbringen könnten. Jonathan und Nancy waren als Eltern nicht mehr ganz jung, und eines Tages würde Rachel allein sein. Sie brauchte Beziehungen, die ein Leben lang andauerten und auf die sie immer zurückgreifen konnte, gleichgültig, was aus ihr einmal werden würde.

Nachdenklich sagte Nancy: »Vielleicht sollten wir uns bemühen, daß aus unserer Reise nach Alaska wirklich etwas wird. Und vielleicht sollte ich doch wieder mehr Kontakt zu meinen Verwandten aufnehmen.«

Jonathan lachte. »Darf ich mir wenigstens aussuchen, welche deiner Verwandten dafür in Frage kommen?«

Teil drei
LÖSUNGEN: WAS VON UNS BLEIBEN WIRD, IST DIE LIEBE

Kinder gesund aufzuziehen ist anstrengend. Das meiste, was unsere Kinder brauchen, ist nicht käuflich zu erwerben, auch wenn die Medien uns anderes suggerieren wollen. Kinder brauchen Zeit und Raum, Aufmerksamkeit, Liebe, Führung und Gespräch. Sie müssen ungefährdet lernen können, was zum Überleben notwendig ist. Sie brauchen Spiel, Scherz und Berührung. Sie brauchen auch Geschichten – aber erzählt von Erwachsenen, die die Kinder kennen, sie in ihrer Besonderheit lieben und ein echtes Interesse an ihrer Entwicklung haben.

Angesichts der Kinderfeindlichkeit unserer Kultur muß die Familie auf zweierlei achten: sich vor den Gefahren schützen, die von außen ihre intakte Struktur bedrohen, und gleichzeitig die Beziehung nach draußen, vor allem mit dem, was draußen gut ist, aufrechterhalten. Beides erfordert Zeit und Kraft, und beides ist Mangelware in einer Epoche, in der viele Eltern tagelang weit weg von zu Hause arbeiten.

Wenn es uns gelingt, uns vor den schädlichen gesellschaftlichen Einflüssen zu schützen und gleichzeitig die Bindung zu anderen Menschen zu pflegen, wird das die Gesellschaft verändern. Die Familie kann nur dann wirklich gesund sein, wenn die Kinder wieder die Gemeinschaft real existierender und liebevoller Menschen erleben. Kapitel 11 beschreibt, wie man sich schützt und bewußte Konsumentscheidungen fällt. Es handelt davon, wie man Wände gegen die Unbilden von draußen errichtet – Wände, die Zeit und persönlichen Raum bewahren, Wände aus Ritualen, Zeremonien und Traditionen. Kapitel 12 handelt davon, wie man Bindungen herstellt und durch Freundschaften und Gemeinschaften Hilfsquellen in der erweiterten Familie erschließt, damit die Familie überleben und wachsen kann. Es handelt von unser aller Verantwortung, unsere Kultur zu stabilisieren und die Gesellschaft wieder gesunden zu lassen.

Kapitel elf

───────

Die Familie schützen

Meine Mutter starb 1992. Als ihr Leben zu Ende ging, rief ich sie jeden Tag an und fuhr einmal in der Woche die lange Strecke, um ihre Hand zu halten und ihr gut zuzureden, daß sie etwas aß. Am 4. Juli, dem amerikanischen Nationalfeiertag, mußte ich besonders an meine Mutter denken, als ich, gesund und kräftig, in einem rot-weißen Zelt an einem blauen See saß und einem Geiger zuhörte. In einem cremefarbenen Sommeranzug spielte er alte Schlager, »Musik zur Limonade im Schatten des Hauses«. Eine kühle Brise wehte vom See durch die Kiefern herüber. Meiner Mutter würde das gefallen, dachte ich mir, und sie würde ihre Lieblingslieder vielleicht leise mitsummen.

In jenem Sommer haben Mutter und ich viele wichtige Gespräche geführt. Sie sprach davon, was sie versäumt hatte – nie in Europa gewesen zu sein oder die Bücher gelesen zu haben, die sie sich für die Zeit ihres Ruhestands vorgenommen hatte. Wir sprachen auch über ihre Erfolge – sie war stolz auf ihren medizinischen Beruf, ihre Arbeit in Korea und ihre sieben Kinder. Ich bewunderte ihre Tapferkeit während ihres langen Klinikaufenthalts. Wie einst ihre Mutter ertrug sie stoisch das langsame Sterben. Ich fragte sie, was ihrer Meinung nach nach dem Tod komme. Sie hoffte auf eine Vereinigung mit meinem Vater und ihren geliebten Eltern. »Andererseits«, sagte sie, »wer weiß schon, wie die Konstruktion da oben ist?«

Sie grämte sich, daß sie ihr medizinisches Wissen vergaß, daß sie zum Beispiel nicht mehr wußte, was der Unterschied zwischen Alveolen und Kapillaren war. Um geistig beweglich zu bleiben, stellte sie sich in den schlaflosen Nächten selbst mathematische Aufgaben. Sie habe immer das Leben geliebt, sagte sie, aber nicht das Leben im Krankenhaus als Patientin. Sie mochte

Picknicks, Familienzusammenkünfte und Spaziergänge an klaren Flüssen und Seen.

Zur Mittagszeit an diesem 4. Juli, als meine Mutter krank und weit weg von mir war, fuhren mein Mann und ich auf einem Schleppkahn mit, der voll von Bluegrass-Musikern war. Das Sonnenlicht tanzte auf dem Wasser, und unsere Schultern röteten sich. Bei der Insel machten wir halt, tranken Cola und aßen heiße Würstchen. Ich ertappte mich dabei, wie ich andächtig einer Mutter im schwarzen Bikini beim Wasserplanschen mit ihrer kleinen Tochter zusah. Sie wirbelte sie herum, bespritzte sie und ließ sich von ihr tauchen. Sie schienen so innig verbunden und glücklich, daß ich ihnen wünschte, es möge für sie immer so bleiben. Am liebsten hätte ich ihnen zugerufen: »Habt euch lieb, solange ihr das noch könnt!«

Später, als über der Stadt das große Feuerwerk begann, lagen wir auf einer Decke im Gras. Die Luft roch nach dem Pulver der hinaufgeschossenen Raketen. Aus allen Himmelsrichtungen waren wir von Unwettern umgeben – im Norden und Osten Blitze und Hagel, im Süden eine Wolkenwand und im Westen Donnergrollen –, aber an diesem Abend wurden wir vom Regen verschont. Wir bewunderten das Schauspiel am Himmel – die goldenen Kaskaden, die sich langsam zu Boden senkten, die Herzen und die Sterne, die in Blau, Grün, Silber und Rot zerbarsten.

Ich dachte an meine Mutter, die so weit weg an ihr Beatmungsgerät angeschlossen war und an intravenösen Schläuchen hing. Ich wollte jedes Bild dieses wundervollen Tages bewahren und ihr ins Krankenzimmer hinüberschicken. Mein Mann sagte, bei einem Feuerwerk seien die blauen Farben am schwierigsten herzustellen und zu halten. Er hatte recht: Blaue Feuerwerke sind wirklich selten und dauern nur einen kurzen Augenblick.

DIE AUFGABEN EINER FAMILIE

Familien sind dazu da, für Menschen zu sorgen, die Jungen, Alten und Hilfsbedürftigen zu ernähren und zu pflegen. Außerdem hat eine Familie noch zwei weitere Aufgaben: Schutz zu gewähren und auf das Leben in der Gesellschaft vorzubereiten. Heute fügen sich diese beiden Rollen nicht mehr ineinander, im Gegenteil, sie schließen sich gegenseitig nahezu aus. Die Eltern müssen einerseits für sich selbst herausfinden, wie sie ihre Kinder vor schädlichen Einflüssen aus deren Umfeld bewahren, und andererseits dafür sorgen, daß die Kinder sich außerhalb der Familie in den gesellschaftlichen Rahmen eingliedern. Der Anpassungsprozeß wird mit dem Begriff »Sozialisation« umrissen.

Wir leben in einer ungewöhnlichen Zeit. In der ganzen Geschichte der Zivilisation waren Eltern bisher nicht in der Lage, ihren Kindern genügend Informationen mitzugeben. Heute haben die Eltern dagegen das Problem, daß es zuviel Information gibt, die überdies chaotisch über alle hereinbricht, und sehen sich vor der Aufgabe, wie sie unter einer Flut von Unrat noch das wirklich Wichtige hervorholen können.

Heute haben Eltern weniger Möglichkeiten der Kontrolle, aber mehr Verantwortung. In einer kinderfeindlichen Gesellschaft, in der die Gemeinschaft wenig Unterstützung bietet, muß die Familie in der Kindererziehung mehr leisten. Leider glauben die Eltern seit einigen Jahren, für die Schwierigkeiten ihrer Kinder seien nur sie selbst verantwortlich, statt die zerstörerischen Kräfte wahrzunehmen, die von außen auf die Familie einwirken.

In der Familie lernen die Kinder ihre ersten Lektionen – sich zu waschen, mit Messer und Gabel zu essen, die Schuhe zuzubinden, sich der Muttersprache zu bedienen. Die Familie gibt die Lebensführung ihrer Mitglieder vor, sie lehrt Tugenden und regt an, auf eine bestimmte Weise zu handeln. Im Idealfall wird die Erziehung des Herzens in der Familie geleistet. Im Idealfall lernen die Kinder in der Familie, was sie lieben und wertschätzen sollen. Heute meinen viele Eltern, sie dürften ihren Kindern ihre eigenen Wertvorstellungen nicht aufdrängen. Aber wenn nicht die Eltern den Kindern die Werte vermitteln, wird es die Gesellschaft tun! Heute müssen gute Eltern die Gesellschaft konterkarieren, wie Ellen Goodman sagt, das heißt, der Gesellschaft mit gehaltvollen, tieferen Werten begegnen.

Die Familie erstattet ihren Mitgliedern ständig Rückmeldung. Sie reagiert prompt auf schlechte Gewohnheiten, anstößiges Verhalten und falsche Entscheidungen. Zur Zeit wird diese Form der Rückmeldung oft verachtet, aber ich behaupte, daß gerade die ehrlichen Reaktionen uns sensibel erhalten. Menschen, die solche direkten Rückmeldungen nicht bekommen, werden häufig problematisch. Berühmte Persönlichkeiten sind zum Beispiel oft abgehoben vom normalen Wechselspiel von Reaktion und Gegenreaktion und damit anfällig für bestimmte psychische Auffälligkeiten wie Arroganz und Größenwahn.

Wie ich schon früher erörtert habe, ist eine der größten Segnungen der Familie, daß ihre Mitglieder in sie hineingeboren werden. Um dazuzugehören, brauchen sie nichts zu tun oder zu haben; sie brauchen weder schön noch geistreich, noch reich zu sein. Deshalb ist eine Familie oft ein Sicherheitsnetz, selbst wenn sich ihre Angehörigen übereinander ärgern. Shirley Abbott beschreibt die Liebe in der Familie in ihrem Buch *The Bookmaker's Daughter* (Die Tochter des Buchmachers): »Liebe war, was du für Vater und Mutter empfunden hast – diese Mischung aus Bedürftigkeit, Furcht, Verlangen, Vertrauen, Zorn und friedlichem Wohlgefühl.«

Ob nun eine Familie nur aus leiblichen Verwandten besteht oder nicht, sie prägt das Leben ihrer Mitglieder. Sie löst bei ihnen Schmerz und Freude und alle Gefühle dazwischen aus, und viele unserer glücklichsten und traurigsten Erlebnisse hängen irgendwie mit der Familie zusammen. Familien sind fehlerhafte, komplizierte und leidenschaftliche Organismen; ihre Mitglieder verstehen sich manchmal in wichtigen Punkten nicht, doch eine familiäre Zuneigung kittet sie zusammen. Der Dichter John Neihardt hat einmal über seine Frau, die nach fünfzig Ehejahren starb, gesagt: »Sie war der Schutzwall meiner Welt.« Auch mit folgenden Zeilen von Leonard Cohen ist die Familie gemeint: »Ist dein Leben wie ein Blatt, das die Jahreszeiten am Ende verwerfen, hüllt sie dich in Liebe, so kraftvoll und würdig wie der Baumstamm.«

Ich will nicht behaupten, daß Familien großartig sind – nur, daß sie menschlich sind. Aber ich behaupte, daß sich Kinder in Familien – ob nun blutsverwandt oder angenommen – besser als sonst irgendwo entwickeln. Sie gedeihen am besten auf dem Mutterboden enger Beziehungen, den eine Welt von Fremden und sprechenden Apparaten nicht bieten kann. Von wenigen Ausnahmen abgesehen, ist eine Familie besser als irgendeine andere Institution geeignet, Kinder zu erziehen. Solange nichts Besseres erfunden wird, bin ich für die Familie.

FAMILIENTUGENDEN

Wenn ich über Familientugenden schreibe, fällt mir sofort die Familie Johnson ein. Auch sie ist nicht ohne Probleme. So war der Vater von Mrs. Johnson Alkoholiker und machte der Familie Schande. Mr. Johnson war aus dem College geflogen und verdient sich jetzt sein Brot mit einer Firma für Rasenpflege und einem Schneeräumdienst. Piet ist sechzehn Jahre und Stella vierzehn Jahre alt. Während Piet gern auf die Jagd geht und Basketball spielt, ist Stella Vegetarierin und volontiert bei der Lebensrettungsgesellschaft. Die beiden liegen ständig im Streit über ethische Themen und Ernährungsfragen. Sie besuchen unsere größte, aber auch die von den meisten Banden und Drogenabhängigen beherrschte Schule. Beide Eltern arbeiten ganztags und sind abends müde und abgespannt. Trotzdem denke ich hier an diese Familie, weil sie »zur Liebe begabt ist«.

Die Johnsons haben unzählige Familienfreunde; und sie pflegen bestimmte rituelle Gewohnheiten und feiern mit Dutzenden von anderen Familien – an einem Wochenende fahren sie in aufgeblasenen Autoschläuchen auf dem Fluß oder zelten in einem Nationalpark, im Oktober wird ein Kürbisfest gefeiert und zu Weihnachten eine Party, zu der alle Freunde geladen sind und ein Gericht mitbringen. Sie organisieren Wander- und Radtouren, Jubiläumsfeste und Partys zur Reifezeit der Tomaten. Einmal, als einer ihrer Freunde an Krebs erkrankt war, besuchten sie ihn jeden Tag und machten ihm ein kleines Geschenk – Blumen aus dem Garten, selbstgekochte Suppe oder eine Rückenmassage. Da Mrs. Johnson so schlechte Erinnerungen an die Weihnachten ihrer Kindheit hat, besuchen sie jedes Jahr eine Familie und bringen ihr Geschenke sowie einen Truthahn mit.

Als die Kinder heranwuchsen, waren die Eltern in der Lage, mit den typischen Jugendproblemen fertig zu werden. Zum Beispiel war Stella mit einigen Mädchen befreundet, die Drogen nahmen. Die Eltern sagten ihr, daß sie sich natürlich ihre Freunde selbst aussuchen sollte, und daß diese Freunde ihnen willkommen wären, wenn sie – die Eltern – zu Hause waren, um sie unter Aufsicht zu haben: »Deine Freundinnen können anscheinend nicht beurteilen, was sie da machen, und wir wollen nicht, daß du dich mit ihnen in Gefahr begibst.« Stella lud die Mädchen zu sich ein, und bald waren sie mehr bei den Johnsons als zu Hause. Irgendwann fingen sich die Mädchen wieder, und Stella behielt ihre Freundinnen.

Piet ist ein hübscher und liebenswerter Junge. Als er in die siebte Klasse ging, begannen die Mädchen, ihn anzurufen und sich als feste Freundin mit Sex und allem Drum und Dran anzubieten. Piet war allerdings mehr am Fahrradfahren und am Basketball interessiert, und er wußte nicht, wie er mit diesen Angeboten umgehen sollte. Seine Eltern vermieden es tunlichst, ihn deswegen zu hänseln. Statt dessen erklärten sie ihm: »Du bist noch zu jung dafür. Lade doch die Mädchen ein, etwas mit unserer Familie zu unternehmen.«

Piet befolgte ihren Rat, und als die Mädchen kamen, versuchten die Eltern, die Angelegenheit zu entsexualisieren. Die ganze Familie spielte mit ihnen Gesellschaftsspiele, und die Mädchen wurden zu Picknicks und Familienpartys eingeladen. Bestand trotzdem eines der Mädchen auf einer sexuellen Beziehung, erklärte ihr Mrs. Johnson sanft, aber nachdrücklich: »Wir meinen, Piet ist noch zu jung dafür. Aber wir hätten dich gern als Freundin der Familie.« Jetzt hat Piet eine feste Freundin und außerdem viele gute Freundinnen aus dieser Zeit.

Mr. und Mrs. Johnson finden immer Zeit für Menschen und für Feste. Ihr Leben ist voller einfacher Vergnügungen. So hat jedes Mitglied nicht nur seinen Geburtstag, sondern einen ganzen Geburtsmonat, in dem die anderen es besonders ehren. Die Eltern wissen, wie aus gewöhnlichen Vorkommnissen besondere Ereignisse werden – die Brote auf besondere Art zu belegen und dann zu genießen, sich in Telefonanrufen bei Freunden nach deren Ergehen zu erkundigen, aus dem Bau eines Vordachs oder dem Ausmalen der Garage ein Familienprojekt zu machen. Menschen, die sie kennen, beschenken sie mit ihrer Aufmerksamkeit und Kraft. Der Sohn und die Tochter dieser Familie benehmen sich anständig, ruhig und freundlich wie Erwachsene. Beide mögen Menschen, und beide gehen davon aus, daß alles, was sie tun, für sie ein Vergnügen ist.

Im großen und ganzen kommen auf diese Familie genauso viele Probleme zu wie auf andere. Sie ringen um Geld und um Zeit. Ihre Kinder befinden sich in einem überforderten Schulsystem. Die Großeltern werden alt und hilfsbedürftig. Aber sie schöpfen aus Kraftquellen, die sie sich selbst erschlossen haben – Freundschaften, Rituale, Ferien, Aktivitäten und schöne Plätze, an denen sie sich erfreuen.

Die Johnsons verfügen über Qualitäten, die Nick Stinett und John De Frain in ihrem Buch *The Secrets of Strong Families* (Die Kunst, eine starke Familie zu haben) aufzeigen. Die Autoren sehen bei starken Familien mehrere Gemeinsamkeiten – Anerkennung, offene Kommunikation, gemeinsam verbrachte Zeit, das innere Gebot, Glück und Wohlergehen zu fördern, psychische Gesundheit und gute Strategien im Umgang mit Streß. De Frain spricht von einem Verhältnis zwanzig zu eins, das heißt, starke Familien geben ungefähr zwanzig positive bei einem negativen Kommentar ab.

Für meine eigene Liste der Familientugenden habe ich außer den Johnsons noch andere Familien vor Augen. Gute Familien akzeptieren sich selbst und haben ein festes Wertesystem. Irgendwie schaffen es die Mitglieder, die Balance zwischen individueller Freiheit und Verbundenheit gegenüber der Familie zu halten. Sie dürfen Individuen sein, und gleichzeitig wird von ihnen erwartet, daß sie ihren Teil zum Wohl der Gemeinschaft beitragen. Gegenseitige Hilfestellung wird nicht als pathologisch, sondern als wichtig angesehen. Für alle gilt, daß sich jedes Familienmitglied tüchtig ins Zeug legen muß. Jeder erledigt die Arbeit, die getan werden muß.

In einer gesunden Familie wird Selbstbestimmung gefördert, aber es wird kein Kult daraus gemacht. Unterschiedliche Ansichten werden akzeptiert, sogar geschätzt. Meinungsverschiedenheiten werden offen diskutiert und nicht als Verrat gebrandmarkt. So gibt es bei den Johnsons hitzige Debatten über das Essen von Fleisch und das Jagen; andererseits wird vorausgesetzt, daß jeder zur Familie hält. Hier denke ich an meine eigenen Verwandten, Tante Margaret und Onkel Fred zum

Beispiel, die zur Zeit der Wirtschaftskrise immer Familienangehörige bei sich in Los Angeles wohnen hatten. Oder Tante Grace und Onkel Otis, die in ihrem winzigen Haus immer Verwandte aufgenommen hatten und sie durchfütterten. Oder mein wohlhabender Cousin, der vielen Familienmitgliedern durch das College geholfen hatte, indem er ihre Rechnungen bezahlte. Solche Art von Familienloyalität ist heute aus der Mode, aber ich möchte behaupten, daß sich diese Menschen in ihrer Haut wohler fühlten als diejenigen, die viel Geld für Unterhaltung ausgeben und dabei zusehen, wie ihre Verwandten leiden.

Familien brauchen Eckwerte, die den Mitgliedern für die Reise durch unsere komplizierte Welt einen Sinn und eine Richtung geben. Die Familie Delany, die in *Having Our Say* (Das Wort haben) beschrieben wird, hat einen starken Glauben an Gott. Ihr Glaubensbekenntnis heißt Vervollkommnung durch Erziehung, staatsbürgerliche Gesinnung und moralische Lebensführung. So kann Hap Delany sagen: »Ich habe ein gutes Leben geführt, ich habe alles getan, was ich tun wollte, und mit Hilfe anderer Menschen richtig getan. Wir Delanys können gewöhnlich sagen, wann unsere Zeit gekommen ist.« Der Vater lehrte die Kinder: »Eure Aufgabe ist es, anderen zu helfen.«

Gute Eltern versuchen, zur Verfügung zu stehen, ohne im Leben ihrer Kinder allgegenwärtig zu sein. Das bedeutet ein ständiges Bemühen um die rechte Mischung von Nähe und Distanz. Eltern sollten helfen, wenn es nötig ist, und auf das Helfen verzichten, wenn es nicht nötig ist. Die Erlaubnis für die Kinder, selbst zu entscheiden, müssen die Eltern sorgfältig auf deren Entwicklungsstufe abstimmen. Zuviel Herausforderung überfordert die Kinder, zuwenig verhindert ihre Reifung. Kinder brauchen das Gefühl, geliebt zu werden und eine gewisse Verantwortung zu tragen. Die beste Haltung, die Eltern den Kindern gegenüber einnehmen können, ist: »Du weißt, ich liebe dich, aber ich erwarte von dir, daß du dich anständig benimmst.«

Starke Familien strahlen Optimismus aus und haben das große Ganze im Blick. Hoffnung ist nicht gleichbedeutend mit Verleugnung der Realität. Eine realistische Familie erkennt Probleme und befaßt sich damit. Eine Familie, die so tut, als ob es keine Probleme gäbe, verleugnet die Realität. Verheimlichung hält sie davon ab, ein Problem zu lösen, und führt zu Schamgefühlen. Alle Familien haben Meinungsverschiedenheiten zu bewältigen, und es ist sicher besser, diese schnell in Angriff zu nehmen und mit Freundlichkeit hinter sich zu bringen, damit nachher wieder ein ruhiger, friedvoller Zustand herrscht. Aber manche Familien tun genau das Gegenteil und wundern sich dann, daß sie so unglücklich sind. Sie hegen und pflegen ihren Schmerz und plustern kleine Unstimmigkeiten zu Kämpfen auf.

In der Familie lernt man, mit Kummer und Leid umzugehen. Mancher Wahnsinn in der Welt rührt daher, daß die Menschen ihrem Schmerz davonlaufen wollen. Nur um ihn nicht wahrnehmen zu müssen, trinken viele, verfallen den Drogen oder lassen sich auf ein anderes selbstzerstörerisches Verhalten ein. Gesunde Menschen wissen um ihren Schmerz, akzeptieren ihn und sprechen darüber. Durch Weglaufen wird nichts gelernt.

Gute Familien ziehen aus ihren Erfahrungen eine Lehre. Dem Leiden einen Sinn abzugewinnen adelt und heilt. Wird ein Schmerz angemessen verarbeitet, macht er den Menschen toleranter, einfühlsamer und bereichert die Palette seiner Gefühle. Am Schmerz können Familienmitglieder wachsen und menschlicher werden. Mit der Überwindung des Schmerzes gehen Vergebung, Mitleid und das Wissen um die Fehlbarkeit aller Menschen einher. Heilung erfordert Vergebung, nicht um des Verursachers, sondern um des Leidenden willen. Sonst bleiben nur Wut und Ärger, die eine Persönlichkeit von innen heraus zerfressen können.

Angehörige starker Familien erfahren, daß auch das Schlimmste, das ihnen passiert, seine guten Seiten hat – und umgekehrt. Denn nichts ist nur gut oder nur schlecht.

Jemand, der im Lotto gewonnen hat, verliert möglicherweise den Impetus zu arbeiten und verfällt dem Alkohol. Ein anderer, der seine Stellung verloren hat, findet womöglich eine bessere. Nach meiner eigenen Erfahrung hat mich alles, was mir zugestoßen ist, zu der Person geformt, die ich jetzt bin. Wenn ich bestimmte Dinge ungeschehen machen wollte, hieße das, ich würde nicht ich selbst sein wollen.

Was uns nicht umbringt, macht uns stärker. Das bedeutet, daß ein Mensch, der nicht unterzukriegen ist, auch unangenehme Erfahrungen realistisch verarbeitet. In starken Familien wachsen Kinder heran, die unangenehme Erfahrungen weder ignorieren, noch zur Katastrophe werden lassen. Sie ändern, was sie ändern können, und finden sich mit dem ab, was sie nicht ändern können. Sie wissen, daß sie bis zu einem bestimmten Punkt selbst bestimmen können, was für sie stressig ist. So sagte eine Freundin von mir über die Alzheimer-Krankheit ihres Vaters: »Wir könnten darüber genauso gut lachen wie weinen.« Und meine Tante Henriette pflegte die Armut in ihrer Kindheit mit den Worten zu kommentieren: »Wenn wir auch kein Geld hatten, wir hatten uns. Wir waren alle zusammen. Und Kartoffelsuppe war unser Leibgericht.«

In einer guten Familie gibt es viel Freude. Sie findet immer Mittel und Wege, sich im Alltag etwas Besonderes zu gönnen. Die Angehörigen essen zusammen, singen, spielen Baseball oder Geige. Sie scherzen miteinander und umarmen sich, lächeln bei dem Gedanken, bald wieder zusammenzusein. Starke Familien finden an jedem Tag etwas Begrüßenswertes, und ihre Mitglieder erfahren, daß der schmutzigen Realität immer auch etwas Positives abzugewinnen ist.

STRATEGIEN ZUM SCHUTZ DER FAMILIE

Heute leben Familienangehörige, auch wenn sie unter einem Dach wohnen, oft nebeneinander her statt miteinander. Druck und Störungen von außen halten sie davon ab, zusammenzusein oder gar, sich näher zu kennen. Die Welt draußen dringt in Wohnzimmer, Küche und Schlafzimmer ein. Die Menschen definieren sich über ihren Besitz und vergessen darüber, worauf es eigentlich ankommt.

Damit eine Familie stark sein kann, muß sie sich einen Schutzwall bauen – Wände, innerhalb derer sie sich abgrenzen, eine Identität als Familie finden und Kraft schöpfen kann. Das Baumaterial für diese Wände bildet die sorgfältige Auswahl dessen, was von den Angeboten angenommen und was zurückgewiesen wird. Die Bindemittel sind Zeit, Raum, Feiern, Geschichten, Traditionen und Rituale.

Schützende Wände bauen sich die Familienmitglieder auch,

wenn sie die Auswirkungen technischer Geräte, die sie in ihrem Haushalt zulassen, auf ihr Zusammenleben hinterfragen. Meist wird gefragt: Können wir uns dieses oder jenes leisten? Meines Erachtens aber müßte die Frage lauten: Sind die Vorteile dieses Geräts die Arbeitsstunden wert, die in den Kaufpreis investiert werden müßten? Wird ein Fernsehgerät im Kinderschlafzimmer das Kind nicht von der Familie fernhalten? Wird ein Computer einen ruhelosen, nervösen Menschen nicht nur noch gereizter machen? Wird ein Autotelefon die Entspannung und Nachdenklichkeit auf der Heimfahrt von der Arbeit nicht stören?

1. Zeit für die Familie

Gut Ding will Weile haben. Wie Umfragen in Amerika ergeben haben, verbringt das durchschnittliche Ehepaar täglich ungefähr zwanzig Minuten zusammen. Die Eltern haben um 40 Prozent weniger Zeit für ihre Kinder als die Eltern der fünfziger Jahre. Insbesondere Väter stehen kaum mehr zu Verfügung: Durchschnittlich spricht ein Vater heute weniger als eine halbe Stunde mit seinen Kindern – wöchentlich! Die Ironie des Schicksals will aber, daß die Kinder heutzutage mehr Zeit von ihren Eltern brauchen als früher, weil sie weniger Erwachsene um sich haben und ihre Welt viel komplizierter ist. Meistens brauchen die Kinder von den Erwachsenen mehr Zeit statt mehr Geld.

Eine Mutter sagte einmal über den Terminkalender ihrer Familie: »Wir verpassen die Jahreszeiten, die Sonnenuntergänge und die Sterne. Wir schneiden die Zeit in immer dünnere Scheiben, und statt daß unser Terminkalender uns ein Gerüst für das Leben gibt, stiehlt er uns das Leben.«

Es gibt verschiedene Wege, Zeit für die Familie zu sichern: die Aktivitäten beschränken; einen Tag in der Woche zum Familientag erklären, an dem niemand etwas anderes vorhat; eine bestimmte Stunde für ein gemeinsames Mahl festlegen, in der niemand ans Telefon geht. Ich empfehle einer Familie gern, daß sie versuchsweise einen Zeit-für-uns-Entwurf erstellt, um herauszufinden, was für sie am besten funktioniert. Nach einem Monat wird dieser Entwurf überprüft und eventuell angepaßt.

Zum Beispiel mögen manche Familien Spiele am Abend, andere wandern lieber oder gehen zum Essen aus. Bei manchen Familien, aber nicht bei allen, sind solche gemeinsamen Familienaktivitäten ein voller Erfolg.

Rituale stellen Zeit für die Familie sicher. So reihen sich die kleinen Kinder unseres Nachbarn jeden Morgen am Fenster auf und winken ihrem Vater nach, wenn er zur Arbeit fährt. Wahrscheinlich meinen sie, er brauche dieses Ritual zu seinem Wohlbefinden, und vermutlich ist es auch so. Zeit für die Kinder stellen Bettgespräche sicher. Ein »Bettgespräch« bedeutet, daß Vater oder Mutter am Bettrand sitzt, wenn das Kind einschläft, ihm den Kopf streichelt oder die Hand hält. Er oder sie kann zuhören, was das Kind als letzte Gedanken zum Tage äußert, denn Kinder sprechen oft freier, wenn sie entspannt und am Einschlafen sind. Oder die Eltern sprechen noch Dinge an, die gesagt werden sollen. Sie können das Kind loben: »Du warst sehr tapfer, als du die Spritze bekommen hast.« Sie können auch beruhigen: »Niemand ist vollkommen. Jeder macht einmal Fehler. Morgen sieht alles wieder ganz anders aus.« Jeden Abend ein Bettgespräch mit den Kindern ist eine kleine Zeremonie zum Tagesende.

Auch Mahlzeiten, Berührungen und Unterhaltungen können den Charakter von Ritualen annehmen. Kinder lieben Unterhaltungen und Geschichtenerzählen. Sie lieben Kuschelzeiten und Abschiedsküsse – wenigstens solange sie nicht außerhalb der Familie darauf trainiert worden sind, diese Dinge als nicht »cool« anzusehen. Ich kenne einen Großvater, der jeden Abend mit seinem Enkel zur Eisdiele geht. Ich kenne eine Familie, die die Sonntagnachmittage im Park verbringt. Ich kenne eine familienähnliche Gemeinschaft von Freunden, die sich jeden Abend trifft und gemeinsam ein Abendessen zubereitet.

Jede Handlung, die mit einer gewissen Andacht ausgeführt wird, kann zum Ritual werden – Pausenbrote herrichten, Schuhe zubinden, mit dem Hund Gassi gehen, das Geschirr spülen, den Kindern beim Spielen im Garten zusehen. Am Abend des ersten Schneefalls im Jahr bei einem Kakao gregorianische Gesänge zu hören ist ein Ritual; nach Versteinerungen zu suchen ist ein Ritual. Jede Autofahrt mit einem besonderen Lied zu beginnen ist ein Ritual, genauso wie ein Dankgebet, ein ausgedehntes

Frühstück am Sonntag, Trinksprüche und Abschiedsküsse. Im Familienkreis vorzulesen ist ein wunderbarer Brauch, der – einst üblich – leider in Vergessenheit geraten ist. Alles kann zum Ritual werden, wenn die Familie ein wenig Energie hineinsteckt, um einer Sache Bedeutung zu verleihen. Ein Ritual gibt der Zeit ein Gewicht.

Eine Umfrage ergab, daß die amerikanische Durchschnittsfamilie sieben bis acht Stunden täglich, das heißt 40 Prozent ihrer privaten Zeit, mit Fernsehen zubringt. Es ist wirklich erstaunlich, wieviel Zeit die Familien haben, sobald sie ihre Fernsehgeräte, Radios, Videorecorder und Computer einmal abschalten! Ich empfehle vielen Familien, die zu mir zur Therapie kommen, versuchsweise diese Geräte einen Monat lang ausgeschaltet zu lassen und aufzuschreiben, was sie mit der neugewonnenen Zeit gemacht haben. Danach sollen sie entscheiden, welche Rolle diese Geräte künftig in ihrem Leben spielen sollen.

Noch ein Weg zu mehr Zeit ist gemeinsame Arbeit. Besser als die Hausarbeit aufzuteilen, ist es, wenn alle zusammen helfen, ob beim Geschirr, der Gartenarbeit, bei der Wäsche oder bei Hausreparaturen. Kinder lieben Gemeinschaftsarbeit, die wirklich nützlich ist. Dabei lernen sie etwas, und wenn sie arbeiten, kommen sie mit Erwachsenen ins Gespräch. Viele meiner Klienten sind auf einer Farm großgeworden und erzählen von der gemeinschaftlichen Arbeit der Familien auf den Feldern. Oft schwingt in ihren Schilderungen, wie sie gepflanzt und geerntet haben, Stolz und Gemeinschaftssinn mit; schließlich hing von ihrer Mitarbeit das Überleben der Familie ab.

Auch Gewohnheiten stellen Zeit sicher. Als Mädchen besuchte ich gern meine Großeltern. Ich wußte, daß um fünf Uhr gegessen und um sieben Uhr von allen gemeinsam das Geschirr gespült wurde. Danach pflegte mein Großvater den Kartentisch auszuziehen, und wir spielten Domino oder Sechsundsechzig. Vor dem Zubettgehen brachte Großmutter Limonade und Ingwerplätzchen. Der Wiederholungscharakter dieser Abende gab mir Geborgenheit. Kinder mögen es, wenn sie wissen, was auf sie zukommt. Das gibt ihnen das Gefühl, das Geschehen unter Kontrolle zu haben.

Gehaltvolle Zeit stellt sich nicht als durchgehende Episode dar; vielmehr besteht sie aus einer Reihe bewußter Augenblicke.

Manchmal benehmen wir uns ja wie von einem Automaten gesteuert und verschlafen unsere Erfahrungen. Und dann gibt es bestimmte Augenblicke, in denen wir plötzlich hellwach sind und wahrnehmen, was vor sich geht. In solchen Augenblicken leben wir wirklich. Der Trick dabei ist, solche Augenblicke herbeizuführen und auch jene Augenblicke zu erfassen, in denen wir durch Zufall einen glücklichen Einfall haben. Dafür haben wir in unserer Familie eine scherzhafte Redewendung; irgend jemand sagt dann: »Wir haben einen Augenblick.« Eigentlich haben in unserer Familie viele Augenblicke mit Scherz und Spaß zu tun. Wir erinnern uns an bestimmte Momente in den Ferien, bei Picknicks, Radtouren und Angelausflügen. Gute Scherze, ja sogar schlechte Witze halten sich jahrelang.

Einen bemerkenswerten Augenblick hat zum Beispiel Marsha herbeigeführt. Sie ist eine überlastete alleinerziehende Mutter, die viele Stunden mit einer entsetzlichen Arbeit zubringt. Als sie eines Abends ihren Sohn von der Tagesstätte abholte, fuhr sie nicht nach Hause, wo nur Hausarbeit und Rechnungen auf sie warteten, sondern in einen kleinen Park. Die beiden setzten sich an einen Picknicktisch. Eine Weile lang sagte keiner von ihnen ein Wort, sie atmeten nur die kühle, frische Luft. Dann sagte die Mutter: »Ist das ruhig hier, nicht wie in der Fabrik, wo mir der Lärm Ohrenschmerzen verursacht.« Darauf der Sohn: »Und nicht wie in der Tagesstätte, wo die ganze Zeit Babys schreien.« Als die Dämmerung hereinbrach, beobachteten sie die Rotkehlchen und Spatzen, wie sie durch das Gras hüpften, und die Eichhörnchen, die sich in den Bäumen jagten.

2. Raum für die Familie

Als eine Freundin von mir aus Bulgarien zurückkam, schilderte sie mir die dortige Wohnungssituation. In Bulgarien wohnten häufig drei oder gar vier Generationen unter einem Dach; jede Familie hatte eine winzige Wohnung für sich. Die Großeltern hüteten die Kinder, während deren Eltern zum Arbeiten außer Hause waren. Abends spielten die Cousins und Cousinen miteinander. Wenn die Erwachsenen kochten oder Karten spielten, krabbelten die Kinder zwischen ihnen herum. Meine Freundin sagte: »So umgeben von Erwachsenen, die sich um sie kümmerten, waren die Kinder glücklich.« Diese Erzählung erinnerte mich an eine Bemerkung, die mein Sohn nach unserem Umzug aus einem kleinen in ein größeres Haus machte: »In unserem kleinen Haus war es viel schöner. Da konnte ich beim Einschlafen hören, wie du und Papa euch unterhalten habt. Und wenn du in der Küche warst, konnte ich dich etwas zu meinen Hausaufgaben fragen. Jetzt, in dem neuen Haus, sind wir alle so weit auseinander.«

Die kindlichen Bedürfnisse sind manchmal ganz anders, als wir denken. Kinder lieben es gemütlich – mit Erwachsenen in der Nähe –, und sie lieben Verstecke, von denen aus sie sehen können, was vor sich geht. Routine, Vorhersehbarkeit und eine vertraute Umgebung geben ihnen ein Gefühl der Geborgenheit. Sie mögen verwinkelte Häuser, enge Gäßchen und Plätze unter der Treppe. Oft sind kleine Häuser für Kinder besser, weil sie übersichtlicher sind und mehr Nähe bieten. In den großen Räumen, die wir für sie konstruieren und ihnen dann allein überlassen, fühlen sie sich oft verloren.

Auch Stammplätze können dem Zusammenhalt der Familie dienen, wenn alle dort gern zusammenkommen – das Lieblingsrestaurant, ein Park, ein Museum, die Veranda oder die Straßenecke. Eine mir bekannte Familie trifft sich jeden sternenklaren Freitagabend in der Sternwarte und schaut durch die riesigen Teleskope die Sternenbilder an. Einer anderen Familie würde etwas fehlen, wenn sie nicht Sonntag abends in ihre Pizzeria gehen könnte. Tritt sie dort ein, weiß die Besitzerin schon, was sie zubereiten soll.

Als Stammplatz ist alles geeignet – die Küche, der Sportplatz, der Park oder die Kegelbahn. Meiner Ansicht nach bietet allerdings die Natur dafür die am besten geeigneten Flecken. Eines der größten Geschenke, das Eltern ihren Kindern machen können, ist, sie die Liebe zur Natur zu lehren. Wer ein Haus auf dem Lande besitzt, darf sich glücklich schätzen. Freunde von mir haben eine große Holzhütte nahe dem Rocky Mountains Nationalpark gebaut. Sie haben sich mit den Forellen in dem Bach, der durch ihr Gelände fließt, angefreundet und ihnen Namen gegeben. Im Sommer kommen die Kinder über das Wochenende, und deren Freunde reisen durch den halben Kontinent, um auf der Veranda bei Sonnenaufgang zu frühstücken.

Eine andere Familie, die ich kenne, besitzt ein Holzhaus am Missouri. Am Freitag lassen die Eltern und ihre vier Kinder das Stadtleben hinter sich und machen sich auf den Weg dorthin. Im Winter laufen sie Schlittschuh oder sind mit den Langlaufskiern unterwegs; abends zünden sie im Kamin ein großes Feuer an und lesen. Im Frühling wandern sie und suchen Morcheln; im Sommer gehen sie schwimmen, und im Herbst schauen sie den Gänsen nach, die über die goldenen Bäume südwärts fliegen. In der Nähe ist ein Teich mit Barschen. Sie verfügen über eine riesige Veranda mit Schlafplätzen und eine Plattform für Sterngucker. Es ist fast unmöglich, sich in ihrer Hütte nicht heiter, gelassen und geborgen zu fühlen.

Andere Familien pflegen die Tradition, sich im Gebirge, am Meer oder an einem See eine Hütte zu mieten. Mein Vater nahm uns immer zum Zelten in die Ozarks mit. Wir Geschwister kennen noch heute Hunderte von Geschichten von schnappenden Schildkröten, riesigen Welsfischen, Gummistiefeln, Unwettern und Krebsen in klaren, steinigen Bächen. Solche Geschichten bilden die Wände unserer Familienschutzhütte und halten unser Zusammengehörigkeitsgefühl aufrecht.

Ich kenne auch eine Familie, die jeden Sommer zum Klettern in den Garden of Gods fährt. Ich weiß von einer Mutter und ihrer Tochter, daß sie jeden Sommer in ein Feldlager für Mütter und Töchter in einem Naturpark in Minnesota fahren. Kürzlich berichtete mir eine Klientin, daß ihr Sohn sich in einer Krise befand und sie anrief, ob sie nicht mit ihm zusammen in das Ferienlager Wind River Range fahren wollte, wo sie in seiner Kindheit so oft gewesen waren. »Diesen Ort brauche ich, um alles einmal zu überdenken«, habe er gesagt.

Aber solche Schutzhütten müssen nicht unbedingt im Freien stehen, wie das Beispiel einer Bekannten von mir zeigt. Einst führten ihre Eltern ein Café in einer Kleinstadt in Iowa. Sie verbrachte ihre Kindheit damit, Kaffee auszuschenken, Kuchen zu servieren und den Witzen und Geschichten der Gäste zuzuhören. Jetzt geht sie, wenn sie Sorgen hat, in ein Café, weil sie das tröstet. Eine Klientin von mir hatte mit ihrer Familie die Stadtbücherei als Zufluchtsort entdeckt. Jeden Mittwochabend gingen sie alle zusammen dorthin und suchten sich gemeinsam Bücher aus. Andere Familien finden in ihrer Kirche oder Synagoge Schutz. Viele Klienten von mir haben Erinnerungen an bestimmte Zufluchtsorte, Häuser, die sie aufsuchen konnten, um Frieden zu finden. Als sie mir davon berichteten, bemerkte ich, wie sich ihre Atmung veränderte und ihre Gesichtsmuskeln sich entspannten.

3. *Gemeinsame Interessen finden*

Zu diesem Thema fallen mir drei Männer ein, die seit ihrer Jugendzeit befreundet und einander Familie sind. Als Jungen haben sie in den Garagen ihrer Eltern mit dem Schlagzeug Musik gemacht. Heute, als Erwachsene, kommen sie noch immer zusammen, unterhalten sich über Schlagzeuger oder hören sich in Bars bis spät in die Nacht Darbietungen an. Gibt einer von ihnen eine Vorstellung, gehen die anderen hin und nehmen seine Soli auf. Sie schicken sich gegenseitig Artikel und Informationen aus ihrem Fach. Jetzt sparen sie auf eine Reise zu einer berühmten Herstellungsfirma von Schlagzeugen.

Oft verbindet die Jagd Väter und Söhne. Ich bin davon überzeugt, daß nur deshalb so viele Männer das Jagen so lieben, weil es in ihrer Kindheit die einzige Gelegenheit war, einen ganzen Tag lang mit ihrem Vater zusammenzusein. So mancher Mann aus dem Mittelwesten Amerikas hat Erinnerungen an einen Vater, der ihn noch vor dem Morgengrauen weckte und nach einem kräftigen Frühstück mit ihm in die Verstecke zur Entenjagd fuhr oder auf der Suche nach Fasanen über verschneite Felder stapfte. Einen ganzen Tag lang wanderten Väter und Söhne, warteten im Aussitz auf Wild, suchten den Himmel ab, teilten sich den Kaffee oder den Whiskey und redeten. Den Glanz dieser Tage, in der Erinnerung oft noch vergoldet, machte weniger das Jagen an sich aus als vielmehr das Glück, den Vater für sich zu haben.

Bei vielen Familien kreist alles um das Ballspiel. Ich kenne eine Familie, in der drei Generationen Baseball spielen. Sie führen über die Spielpläne der anderen Familienmitglieder Buch, damit sie ja kein Spiel versäumen. Den Höhepunkt des Jahres bilden die Reise nach Kansas City zum Eröffnungsspiel der Saison und ein gemeinsames Festmahl im Restaurant. Eine andere Familie, die ich kenne, lebt und stirbt für den Fußball.

Beide, Vater und Mutter, trainieren Mannschaften, und alle Kinder spielen Fußball. Für die Siegerpokale haben sie sogar einen besonderen Raum. Alle Trikots werden aufgehoben, und jeder sammelt Andenken und Fanartikel. Das größte Ereignis für sie ist alle vier Jahre die Weltmeisterschaft. Sie haben zwar nicht das Geld, um sie besuchen zu können, aber sie schauen sich die Spiele alle im Fernsehen an.

Auch Gärtnern ist eine familienverbindende Tätigkeit. Da fällt mir eine Dichterin ein, die extra nach North Carolina fuhr, um bei ihrer Großmutter Lilienzwiebeln zu holen. Viele Familien züchten Blumen und Gemüse, um sie nachher unter ihren Freunde zu verteilen. In Nebraska ist es zum Beispiel gefährlich, im Juli Familien zu besuchen, die einen Garten haben. Es kann leicht sein, daß man sich anschließend in der Küche vor lauter Zucchini und Tomaten nicht mehr rühren kann. Hier fallen mir auch meine Tanten ein, die mühevoll Stachelbeeren pflücken, putzen und einmachen.

In manchen Familien dreht sich alles um die Haustiere. Als ich noch ein Kind war, hatten wir eine Chihuahua-Hündin. Coco Rosarita nahmen wir überall mit hin – auf Ausflüge, an den See zum Wasserskifahren und in unserem Kinderwagen auf den Jahrmarkt. Und wenn sich unsere Familie auf gar nichts anderes hätte einigen können – aber daß wir alle Coco liebten, war klar. Hier denke ich auch an den einäugigen Spürhund einer befreundeten Familie von Hundenarren; er wird geliebt, fotografiert, herumgetragen und gestreichelt. Manchmal scheint mir ein verhätscheltes Tier nur der körperhafte Ausdruck für die Liebe der Angehörigen zueinander zu sein.

4. Feste für den Zusammenhalt

An einem kühlen Septemberabend war ich zur Goldenen Hochzeit eines Farmerehepaars eingeladen. Die Tische vor dem Haus waren mit Blumen und Kerzen geschmückt, und etwa zweihundert Gäste plauderten bei Spanferkel und Kuchen. Das Jubelpaar umarmte sich immer wieder und schaute mit stolzem Lächeln auf die vielen Kinder und Enkel.

In der Ferne funkelten die Lichter der Stadt wie Glühwürmchen. Der Mais stand hoch, die Grillen zirpten, und in der kühlen Abenddämmerung öffneten sich langsam die Mondwinden. Die Kinder spielten im Licht des aufgehenden Halbmonds Fangen. Eine Kapelle spielte auf, und Erwachsene und Kinder tanzten die Pennsylvania-Polka. Ich freute mich für dieses Ehepaar, das so viel Schönes geschaffen hatte.

Wenn Menschen fünfzig Jahre miteinander verheiratet sind, durchlaufen sie eigentlich mehrere Ehen: zuerst eine romantische Liebesbeziehung, dann die Erziehung der Kinder und dann eine starke Beziehung in Kameradschaft und gegenseitiger Fürsorge. Um eine so lange Ehegemeinschaft aufrechtzuerhalten, ist eine einzige Hochzeitszeremonie am Anfang nicht genug. Ehepaare brauchen zwischendurch neue Zeremonien, zweite oder sogar dritte und vierte Flitterwochen. Es ist wichtig, die Gelübde zu erneuern, ja, alle paar Jahre neue Gelübde abzulegen.

Auch die Beziehungen zwischen Geschwistern brauchen viel mehr Unterstützung und Feste. Als Erwachsene spüren wir oft, daß unsere Geschwister die Menschen sind, die uns am längsten kennen, am meisten von uns wissen und viele wichtige Ereignisse mit uns gemeinsam erlebt haben. Insbesondere in unserer mobilen Gesellschaft geben uns geschwisterliche Beziehungen einen Rückhalt, den nur wenige andere Beziehungen bieten können. Wenn wir Glück haben, sind unsere Geschwister angeborene Freunde fürs Leben. Und doch kennt unsere Kultur keine Gelegenheiten, diese ursprünglichen und frühesten Beziehungen zu feiern. Im Gegenteil, wir haben eher eine Witzetradition, die vorgibt, Besuche von Verwandten – zumindest der angeheirateten – seien eine Strafe.

Geschwisterliche Beziehungen lassen sich auf vielerlei Arten aufrechterhalten und vertiefen – durch regelmäßige Anrufe, Besuche und Briefe, durch Familientreffen und Teilnahme an Festen. Ich weiß von einigen Brüdern, die jeden Sommer auch die Kinder der anderen auf Ausflüge mit der Dampfeisenbahn mitnehmen. Und von einigen Schwestern, die jetzt über siebzig Jahre alt sind, weiß ich, daß sie sich jede Woche Kettenbriefe schicken. Bevor eine Schwester den Brief weitersendet, fügt sie einen Abschnitt hinzu. Diese Schwestern schreiben ihre Lebensgeschichten und wollen daraus für ihre Enkel, Nichten und Neffen eine Familiengeschichte zusammenstellen.

Obwohl den Geschwistern eine Unterstützung durch unsere Kultur fehlt, finden sie Mittel und Wege, zusammen zu arbeiten. Ich kenne auch Schwestern, die zum Einkochen von Pfirsichen und Bohnen zusammenkommen. Ende August fahren sie immer gemeinsam nach Kansas City, um die Schulkleidung ihrer Kinder einzukaufen. Daß viele Geschwister bei ihren Nichten und Neffen Pate stehen, ist eine schöne Tradition in diesen schwierigen Zeiten.

Feiern bauen Wände um Familien – ob sie nun an gewöhnlichen Feiertagen oder zum Examen, zur Hochzeit oder zu einem Jubiläum stattfinden. Es ist wichtig, daß eine Familie Festtage auf ihre eigene Weise begeht. Zu oft bedeuten Feiertage nur, daß Karten verschickt und Süßigkeiten gekauft werden. Daran ist nichts Unrechtes, aber je mehr Energie eine Familie in die persönliche Ausgestaltung eines solchen Festtags steckt, desto wirkungsvoller wird er als Familienereignis. In einer mir bekannten Familie besteht die Tradition, zu Neujahr Videoaufnahmen zu machen. Jedes Familienmitglied zieht eine Bilanz des vergangenen Jahres, spricht über Höhepunkte und Tiefpunkte, was erreicht und was auf das nächste Jahr verschoben wurde. Dann spricht es über die Vorsätze für das nächste Jahr. Jedes Jahr spielen die Kinder dasselbe Lied auf ihren Instrumenten, und jedes Jahr klingt es schöner.

Familienfotos halten die Zeit fest und unterstreichen die Bedeutung besonderer Augenblicke. Mit den Jahren werden solche Fotoalben zum größten Familienschatz und zum Bindeglied der Generationen. Von solchen Bildern geht eine große Kraft aus, vor allem, wenn man bemerkt, daß der Soldat mit Pickelhaube die gleichen Augen wie der eigene Sohn hat, oder die Konfirmandin mit der Frisur der Nachkriegszeit der eigenen Tochter ähnelt. Solche Bilder wecken den Sinn für die Kontinuität der Familie über die Zeiten hinweg. Viele, die ihre Habe im Krieg oder auf der Flucht verloren haben, sagen, daß sie den Verlust der Familienfotos am schwersten verschmerzen können.

Für jüdische Bürger scheinen Familienfeste einen ganz besonderen Wert zu haben. Zu den Feiern zur Einführung der jungen Mädchen (Bat-Mizwa) und Knaben (Bar-Mizwa) in die jüdische Glaubensgemeinschaft kommen die Familien und Freunde zusammen, um den Übergang eines Kindes in das

Erwachsenenalter zu feiern. Als ich kürzlich auf einem solchen Fest war, spielte eine große Kapelle auf, und die Kinder tanzten mit den Großeltern, Tanten und Onkeln. Ein alter Mann mit langem Bart brachte einer neuen Generation einen traditionellen Tanz bei. Als die Kapelle einen Limbo spielte, führte ein Mann, dessen Haar sich bereits lichtete, die Kinder in ihrer Festkleidung unter der niedrigen Querstange hindurch. Auch das Mahl zum Sabbat mit Gebeten, Kerzen, Brot, Wein und Gesängen stellt ein familienverbindendes Ritual dar. Wie mir ein Freund erklärte, ist ein wesentliches Element der jüdischen Religion die Heiligkeit der Zeit, und in der Tat feiern viele jüdische Rituale die Zeit und segnen gewöhnliche Zeitpunkte.

Familien brauchen Feiern, die Übergängen Gewicht verleihen. Sonst gerinnt die Zeit zu einem diffusen Brei, und die Bedeutsamkeit bestimmter Ereignisse geht unbemerkt verloren. Geburtstage werden von den meisten Familien gefeiert, aber oft wird versäumt, ihnen einen besonderen Sinn zu geben. An einem Geburtstag kann man mehr vollbringen, als nur einen Kuchen zu backen und Geschenke zu machen. So können zu Ehren dieses Tages Gedichte und Dankesbriefe vorgelesen werden, Fotos gemacht, Blumen oder ein Baum gepflanzt werden. Eine mir bekannte Familie überträgt zum Beispiel jedes Jahr jedem Kind an seinem Geburtstag ein neues Recht und eine neue Pflicht.

Hochzeiten und Jahrestage verbinden die Familien auch immer wieder neu, vor allem, wenn die Festlichkeiten nicht zu förmlich gestaltet werden. Je mehr Zeit die Menschen in Galakleidung verbringen müssen, desto weniger Spaß macht ihnen das Fest. Eine einfachere Ausgestaltung kann viel eindrucksvoller sein. Eine Hochzeit, an die ich mich besonders gern erinnere, fand in einem Stadtpark statt. Hier hatten die Freunde und Familien des Brautpaars für alles gesorgt – für Blumen, Musik, Fotografen, belegte Brötchen, Kuchen und Getränke.

Auch Jubiläumsfeiern sind wichtig. Es ist großartig, wenn Familien ein offenes Haus haben, für das Hochzeitsjubelpaar Empfänge geben und Feiern abhalten. Die Goldene Hochzeit von Tante Agnes und Onkel Clair werde ich wohl nie vergessen. Von nah und fern kamen Freunde und Verwandte nach Colorado in die kleine Stadt, wohnten bei Freunden der Familie oder kampierten im Park. Mehrere Tage lang saßen wir im Garten unter den Eschen oder besuchten Verwandte, die wir seit Jahren nicht mehr gesehen hatten. Die Kinder spielten miteinander, die Älteren hatten Fotos mitgebracht und erzählten viele Geschichten. Wir aßen Hackbraten, gebratene Hähnchen, Blaubeerkuchen und selbstgemachtes Eis. Am Sonntag gingen wir alle in die Kirche zum Gottesdienst anläßlich der Goldenen Hochzeit, und danach gab es für alle Freunde aus der Stadt einen Empfang. Tante Agnes und Onkel Clair stellten sich für das Familienfoto in Positur.

Auch Begräbnisse können Familienmitglieder einander näherbringen. Als ich zur Beerdigung meines Großvaters fuhr, war die Kirche voll von Menschen, die ihn, seine Familie und sich untereinander kannten. Die Masons, die Familien vom Country Club, Nachbarn und die Kinder, die er in der Sonntagsschule unterrichtet hatte, füllten die Kirchenbänke. Nach der Trauerfeier saßen wir beim Leichenschmaus zusammen und sprachen von meinem Großvater Fred. Als wir in sein Haus zurückkehrten, war der Tisch gedeckt mit Landschinken, Obstsalaten und Gebäck – alles von den Nachbarn gestiftet. Die ganze Familie blieb einige Tage, machte Musik, spielte Karten und redete – ganz im Sinne meines Großvaters.

Wir kennen Familienfeiern zur Geburt, zur Hochzeit und zum Tod, aber für die Gelegenheiten dazwischen sind nur wenige vorgesehen. Dabei müßten wir es feiern, wenn Tante Betty in den Ruhestand tritt, Christian eine neue Stellung antritt, Stephanie den Führerschein bekommen hat, Melanie auf die Universität geht. Diesen Mangel an Traditionen dieser Art finde ich sehr traurig. Dadurch werden viele Ereignisse entweder kaum registriert oder lediglich mit einer Grußkarte oder einer Schachtel Pralinen, dem Allerweltsgeschenk, abgetan. Aber dieser Mangel hat einen Vorteil: Gerade weil jegliche Vorgabe durch eine allgemeine Tradition fehlt, kann jede Familie ihre eigene Tradition schaffen. Ihrer Kreativität sind da keine Grenzen gesetzt.

Schließlich können Familien auch ihre eigenen Festtage erfinden. Eine Familie reist zum Beispiel jeden Herbst zu ihrem besonderen Apfelfest. Dort fährt sie von einem Obstgarten zum anderen, probiert die Früchte, kauft die schönsten, um sie für den langen Winter in Nebraska zu trocknen, einzufrieren und einzukochen. Eine andere Familie verpaßt kein Schachturnier, und eine dritte besucht alle Volksmusikfeste im Mittelwesten. Alle Familienmitglieder machen bei Wettbewerben mit und singen beim Lagerfeuer bis spät in die Nacht mit Freunden, die sie von Jahr zu Jahr auf den Festivals wiedertreffen. Familien der Lakota-Indianer reisen über Land zu ihren rituellen Festen, den Pow-Wows. Dort zelten, tanzen und feiern sie mit den anderen Familien und führen die Kinder in die Traditionen ihres Volksstammes ein.

Eine Familie aus St. Louis begeht jedes Jahr im Juli ihr Maisfest, bei dem das Festmahl nur aus vier Dutzend frisch geernteten, gekochten und gerösteten Maiskolben besteht. Eine andere Familie veranstaltet regelmäßig im Herbst zu Beginn des neuen Schuljahrs ein Grillfest. Ein Kind, das zum ersten Mal in die Schule geht, bekommt einen Grillspieß mit seinem eingravierten Namen. Dieser Spieß wird von Jahr zu Jahr in Ehren für das nächste Grillfest aufbewahrt. Viele junge Familien begehen die ersten und letzten Schultage mit eigenen Ritualen, und für alle Gelegenheiten ist es gut, kleine Ansprachen, Spiele, Lieder oder etwas zum Vorlesen parat zu haben; Auszeichnungen, Trinksprüche und andere kleine Rituale machen jeden Anlaß zu etwas Besonderem und Denkwürdigem. Ich glaube nicht, daß eine Familie mit Festen zuviel des Guten tun könnte.

5. Verbindende Rituale

Solche Rituale binden die Angehörigen einer Familie enger aneinander und stärken die Beziehungen zu Verwandten, Freunden und der Gemeinde. Sie können alt und jung, reich und arm, ethnische Mehrheiten und Minderheiten einander näherbringen. Ein kleines Ritual, wie ein Trinkspruch auf entfernte Angehörige oder auf einen geliebten Verstorbenen, verbindet über Raum und Zeit hinaus. Dazu trägt auch bei, wenn Gedichte, Briefe, Geschichten oder Tagebücher der Vorfahren vorgelesen werden.

Neue Verbindungen können entstehen, wenn Angehörige nach ihrem Leben näher befragt werden. Ein Beispiel dafür ist ein Mann, der als Jugendlicher alle seine Tanten und Onkel, die aus Europa nach Amerika eingewandert waren, interviewt hatte. Durch diese Interviews entwickelte er ein starkes Gefühl für seine eigene Herkunft und ein Interesse für Familiengeschichte überhaupt, das sogar seine Berufswahl bestimmte; heute ist er Historiker. Ein anderer Mann, den ich kenne, stieß zufällig auf das Bild eines Großonkels in Soldatenuniform aus dem Bürgerkrieg. Er ging dessen Biographie nach und beschäftigt sich jetzt mit der Geschichte des amerikanischen Bürgerkriegs. Er sammelt Erinnerungsstücke, besichtigt die ehemaligen Schlachtfelder und spielt bei Theateraufführungen zu diesem Thema mit. Inzwischen weiß er eine ganze Menge über seinen Großonkel Zeke, der vor langer Zeit im Bürgerkrieg gekämpft hatte.

Oftmals fordere ich die Mitglieder einer Familie dazu auf, ihre Autobiographien niederzuschreiben und sich mit ihren Angehörigen darüber auszutauschen. Oder ich empfehle ihnen, die Orte aufzusuchen, wo die Eltern als Kinder gelebt haben. Umgekehrt könnten Eltern die Orte besuchen, an denen ihre Kinder den Hauptteil ihrer Zeit verbringen, um deren Welt kennenzulernen. Zum Beispiel könnten Eltern einmal den Studienort ihrer Tochter aufsuchen und ihren Tagesablauf verfolgen. Eine mir bekannte Therapeutin hat einmal Mutter und Tochter geholfen, ihre Gedichte zusammen in einem Auswahlband zu veröffentlichen. Ein anderer Kollege fordert die Eltern auf, die Jahrbücher aus ihrer Schulzeit mitzubringen und ihren Kindern von ihren eigenen Schulerlebnissen zu erzählen. Dann ergibt es sich meist von allein, daß die Eltern auch über ihr Verhältnis als Jugendliche zu ihren eigenen Eltern sprechen.

Familienbande lassen sich auch dadurch enger knüpfen, daß die Kinder längere Zeit bei Verwandten zu Besuch sind. So schicken Klienten von mir ihre Kinder in den Sommerferien zu den Großeltern. Wenn Verwandte auch noch in einem anderen Landesteil wohnen, können die Kinder dort viel Neues lernen. Ich kenne eine Großtante, deren Neffen und Nichten ihr bei der Anlage eines Wanderwegs durch ihr weites, urwüchsiges Gelände in North Carolina helfen. Danach werden Wegeabschnitte nach den freundlichen Helfern und Helferinnen des Wegebaus benannt.

Menschen in Trauer rate ich, sich etwas in der Natur zu

suchen, das sie gewissermaßen ihrem geliebten Verstorbenen widmen. Wenn sie dann dieses Objekt wiedersehen – den Mond, eine bestimmte Sternenkonstellation, eine Wildblume oder was auch immer –, haben sie einen Anlaß zum verbindenden Gedenken. Dieser Gedanke kam mir, als ich auf dem Weg zum Begräbnis meines Vaters am Himmel eine Schar Gänse nach Norden in ihren Sommer fliegen sah. Seitdem erinnert mich die typische V-Form des Vogelflugs am Aprilhimmel an meinen Vater. Ich habe noch ein Ritual, das mich mit meinem Vater verbindet. Wir sind immer zusammen zum Angeln gegangen, und wenn ich jetzt einen schönen Fisch fange, hebe ich ihn im Andenken an meinen Vater gen Himmel.

Nachdem meine Mutter gestorben war, ging ich auf eine Kanufahrt den Niobrara hinab. Ich hätte nichts Besseres zur Besänftigung meiner Trauer tun können – das Wasser, die sandigen Ufersteilhänge, die Habichte und die Zitterpappeln, all dies wirkte tröstend zusammen. Wann immer ich jetzt zum Niobrara komme, denke ich an meine Mutter. Für mich ist sie Teil des Cañons und der Wasserfälle geworden.

Die Großmutter meines Mannes war ein sprudelnder Quell der Familiengeschichte. Sie hatte sieben Generationen gekannt: die Generation ihrer Urgroßeltern, ihrer Großeltern und Eltern, dazu ihre eigene Generation und die ihrer Kinder, Enkel und Großenkel. Sie selbst war eine von sieben Töchtern. In der Nacht nach ihrer Beerdigung fiel mir auf, wie hell das Sternbild der Sieben Schwestern am Winterhimmel strahlte. Für mich ist sie jetzt für immer mit den Plejaden verbunden.

Die Liebe zwischen Großeltern und Enkeln ist oft unglaublich innig und stark. Ich habe festgestellt, daß die meisten Kinder, die ihre Großeltern gekannt haben, auch weiterhin ältere Menschen mögen. Sie sind wie kleine Kätzchen, die schon früh an Menschen gewöhnt wurden und sie lieben gelernt haben. Kinder, die jedoch nicht das Privileg hatten, ihre Großeltern näher zu kennen, betrachten ältere Menschen oft als abstoßend, bestenfalls als unerheblich. Sie können sich gar nicht vorstellen, was sie damit verpassen. Leider wirken sich viele Umstände, wie Scheidung, weite Entfernung und Zeitmangel, ungünstig auf dieses wichtige und schöne Band zwischen den Generationen aus.

Familienzusammenkünfte sind wunderbare Rituale. Seltsam, daß in unserer Kultur so viele Leute über Familientreffen spotten. Wie viele Witze gibt es doch über die Langweiligkeit oder Unerträglichkeit von Familientreffen, Familienferien, Familienvideos! Dabei machen die Menschen auf solchen Treffen oft ganz erstaunliche Erfahrungen oder sprechen aus, was schon längst einmal gesagt werden mußte. Ich sehe einen Schnappschuß vor mir, der uns anläßlich eines Familientreffens am Table-Rock-See in den Ozarks zeigt. Das Bild stammt von einem sonnigen Mainachmittag, an dem wir ein Motorboot gemietet hatten. Wir faulenzten herum. Gelegentlich schauten wir den Schmetterlingen zu, wie sie unsere Angelschnüre umflatterten. Wir zogen uns gegenseitig damit auf, wie zimperlich wir waren, weil uns das Wasser zu kalt zum Baden war. Aber dann wurden wir doch naß. Mein Vetter Paul sprang als erster hinein, dann mein Bruder John, dann seine Frau Joy, dann mein Tochter Sara, dann die Tochter meines Cousins, Melanie, und schließlich auch ich. Zuerst blieb uns fast der Atem weg, aber dann spritzten wir uns gegenseitig an und lachten über unsere Tapferkeit und Torheit. Vom Boot aus machte Karlene ein Foto von uns, wie wir ihr aus dem dunklen, grünen Wasser im Stile Mao Tse-tungs zuwinkten. Wir haben zusammen etwas veranstaltet, das keiner von uns je allein gemacht hätte.

Als kleines Mädchen war ich fasziniert, wie verschieden und hintergründig meine Verwandten waren, denen ich auf den Familientreffen begegnete. Wenn die Frauen kochten, war ich in der Küche dabei und hörte zu, wie sie sich über ihre Männer und Kinder unterhielten. Mit den Männern fuhr ich hinaus auf die Felder und hörte zu, wie sie sich gegenseitig mit den lustigsten Geschichten übertrumpften. Beim Essen pflegten die Erwachsenen zu politisieren oder Familiengeschichten aufzutischen, nach dem Essen spielten sie Karten oder Hufeisenwerfen. Es war zu schön, beim Einschlafen aus dem Nebenzimmer die Stimmen der Unterhaltung zu hören.

Mir tun die Kinder heute leid, wenn sie beim Besuch ihrer Tanten und Onkel mit einem Disney-Video in den Hobbyraum geschickt werden. Kinder lernen doch von den Erwachsenen, wenn sie ihre Geschichten und ihre Scherze hören, von ihrem Kampf ums Dasein erfahren. Sie lernen den familienspezifischen Gebrauch der Sprache kennen, der sich von dem anderer Familien unterscheidet. Sie bekommen ganz selbstverständlich mit, wie man etwas richtig oder falsch macht. So stellte einmal meine Tochter nach einem Familientreffen fest: »Jeder will mit Tante Pamela sprechen. Sie fragt aber auch alle immer genau das, worüber diese anscheinend sprechen möchten. Und sie kann toll zuhören.«

Familientreffen zeigen den Kindern, daß es außer ihren Eltern noch andere Menschen gibt, die sie mögen. Familientreffen geben ein Gemeinschaftsgefühl, das Empfinden einer Tiospaye – auch ohne einer Lakota-Familie anzugehören. Kommen Kinder mit ihren eigenen Eltern nicht zurecht, finden sie auf Familientreffen andere Erwachsene, die sie verstehen. Sind Kinder ganz anders als der Rest ihrer engeren Familie, begegnen sie auf einem Familientreffen vielleicht einem seelenverwandten Wesen.

Solche Zusammenkünfte knüpfen Bande zwischen der eigenen kleinen Familie zur großen Familie der weiteren Verwandten und zur natürlichen Welt, und sie entkoppeln von der Welt der anonymen Verwaltungen. Verglichen mit der Zeit der Computer, läuft alles im Zeitlupentempo ab. In Familien wird darüber gesprochen, wer wem ähnlich sieht, wer ähnliche Bewegungen oder eine ähnliche Sprechweise hat, wer ähnlich denkt. Es werden Rezepte ausgetauscht und Methoden diskutiert, wie Kleinkinder sauber werden. Auch Vorfälle, die für anwesende Erwachsene peinlich sind, kommen zur Sprache. All das kittet die Familienmitglieder zusammen.

6. *Geschichten und Sinnbilder*

In allen Familien gibt es Geschichten, die immer wieder erzählt werden: »Weißt du noch, wie uns damals beim Zelten die Ameisen fast aufgefressen haben?« – »Wißt ihr noch, wie wir bei der Mondfinsternis die ganze Nacht gesegelt sind und die Meteoritenschwärme gesehen haben?« – »Weißt du noch, wie uns der Schneesturm eine ganze Woche lang in Chicago festgehalten hat?« – »Könnt ihr euch noch an die langen Besuche bei Tante Minnie und ihr Pflaumenmus jeden Morgen erinnern?« – »Erinnert ihr euch noch daran, wie Zeke im Zoo den Alligator aufgeweckt hat?« – »Weißt du noch, wie wir die ganze Nacht geangelt haben und zweiundfünfzig Weißbarsche herausgeholt haben?«

Für solche Geschichten gibt auf einem Familientreffen einer dem anderen das Stichwort. Manchmal fordern andere zum Erzählen auf, und manchmal verdrehen sie die Augen in stummer Verzweiflung. Gelegentlich ist auch jemand so gemein und spricht aus, was alle denken – daß sie diese Geschichte schon sechsundzwanzigmal gehört haben. Aber das geht an der Sache vorbei, und entsprechend ignoriert der Geschichtenerzähler diesen Einwurf. Nach vielen Jahren kennen alle den Wortlaut genau und springen ein, wenn der Erzähler sich verspricht oder eine Nuance ändert. Warum sind eigentlich solche Geschichten so wichtig? Warum werden sie von Jahr zu Jahr neu aufpoliert und wie Kieselsteine in einem Bach abgeschliffen, bis sie zu glatten, runden, unzerbrechlichen Metaphern werden?

Geschichten enthüllen, was eine Familie von sich selbst glauben möchte. Sie sagen etwas über die Familie aus – über ihren Charakter, ihre Geschichte und ihre Tugenden. Zum Beispiel die Geschichten von Ferienkatastrophen, die immer wieder und mit viel größerem Eifer als die katastrophenfreien Geschichten erzählt werden. Besonderer Beliebtheit erfreuen sich solche Geschichten: Wie das Auto mitten in der Wüste streikte, auf einer engen Gebirgsstraße der Reifen platzte, im Hotel – wie im Film *Psycho* – das Bett voller Schaben war, der Blitz beinahe in das Zelt eingeschlagen hätte, oder wie der Liebling der Familie, der Hase, auf dem Parkplatz des Ferieneinkaufszentrums verlorenging. Diese Geschichten sind wichtig, weil sie aussagen, daß diese Familie nicht nur Widrigkeiten überleben, sondern auch darüber lachen und sich gegenseitig weiter lieben kann.

Geschichten von Abenteuern, Auszeichnungen und guten Taten künden davon, wie bedeutend diese Familie ist oder wie klug oder großartig. Geschichten über die Helden der Familie zeigen, was in dieser Familie als heldenhaft gilt. In manchen Familien sind die Helden Künstler oder Schriftsteller; in anderen ist es der Onkel, der eine Million Dollar gemacht hat, oder die Großtante, die aufopferungsvoll ihren senilen Mann pflegt. Es gibt auch Geschichten über die Gründer der Familie – über den Großvater, der aus Irland eingewandert ist; über die Urgroßmutter, die noch eine Sklavin war; über den Tüftler, der mit seiner Erfindung den Grundstein für das Familienvermögen gelegt hatte; oder über den geliebten Großvater, dessen Eltern an der Cholera gestorben sind und ihn schon früh als Waise zurückließen.

Viele Erzählungen dienen auch zur Warnung. Sie berichten von dem Cousin, der wegen seiner Spielsucht sein Haus verloren hatte; von dem Onkel, der eine gute Stellung aufgegeben hatte und dann keine andere mehr finden konnte; von der Tochter, die zu früh geheiratet hatte und in ihrer Ehe nie glücklich war. Familien kennen Geschichten aus Notzeiten, die unterstreichen, wie hart für sie der Überlebenskampf war. Oft handeln diese von der Einwanderung, aber auch von Flucht und Rettung vor Flutkatastrophen, von der Wirtschaftskrise oder dem schweren Farmerleben in einer unwirtlichen Gegend. Ältere Familienmitglieder erzählen diese Geschichten gern, damit die Jungen erfahren, daß eine Familie ohne harte Arbeit nicht überleben kann; daß die Geschlossenheit einer Familie nicht einfach von selbst entsteht, sondern errungen werden muß und deshalb besonders schätzenswert ist.

Familien haben auch Sinnbilder oder Symbole, die dafür stehen, was die spezielle Familie liebt oder besonders wertschätzt. Manchmal stellt ein Mensch, der von allen geliebt wird, ein solches Symbol dar. Er verkörpert die Eigenschaften, die die Familie bewundert. Oft sind Großväter oder Großmütter solche Familienheilige, um die sich dann alles dreht. Nach ihrem Tod wird ehrfurchtsvoll von ihnen gesprochen, und das Andenken und die Liebe zu ihnen verbindet die Hinterbliebenen enger.

Manchmal besteht ein Familiensymbol aus einer Aktivität. Für die Familie des Präsidenten Kennedy war es Football, für die Familie des Präsidenten Bush das Segeln. Für eine ganz unprominente Familie, die ich besonders mag, ist es das Kochen. Für sie ist es ein Festtag, wenn alle zusammenkommen und Kuchen backen, Truthähne und Schinken räuchern, Mais- und Kartoffelaufläufe zubereiten und mit großem Eifer Rezepte für Preiselbeermarmelade und eingelegte Wassermelonen vergleichen. Und alle tragen sie zu einem Kochbuch bei, das die Mutter für ihre weit entfernt wohnende schwangere Tochter zusammenstellt – natürlich mit Rezepten für eine gesunde Schwangerschaft. Liebe kann sich auch im gemeinsamen Zelten, Backen, Musizieren, Nähen oder Grillen ausdrücken.

Auch ein Ort kann zum Familiensymbol werden – die Küche oder Onkel Lloyds Veranda – oder ein Gegenstand – wie der runde Eßtisch, der alte Mercedes, die Esche im Vorgarten, die blaue Steppdecke oder Mutters Verlobungsring. Diese Gegenstände verkörpern die Liebe und die Stärke der Familie, und oft wird bei Beerdigungen hart um sie gekämpft. Wer aber meint, hier ginge es um den finanziellen Wert des Besitzes, der irrt gewaltig.

Auch bestimmte Gerichte können ein Familiensymbol verkörpern. In unserer Familie ist es die Obsttorte. Jeder kennt die Lieblingstorten der anderen, und die Gründe für diese Vorlieben werden heiß diskutiert. Eine Obsttorte bedeutet für uns: Wir sind alle zusammen und feiern aus einem besonderen Anlaß. In anderen Familien stehen Großmutters Nudeln für Großmutter überhaupt. Die frischgefangenen Forellen, die früher beim Zelten gegessen wurden, werden zum Sinnbild für die Zeit, in der die Familie jung und glücklich war. Ähnlich sehnsuchtsvoll sprechen manche von Mutters Biskuits oder Vaters selbstgezüchteten Hühnern. Daß es ihnen dabei nicht um das Essen geht, sondern um die Gefühle, die damit verbunden sind, ist klar.

Ein Freund von mir hat ein Buch über die gesundheitsfördernde Wirkung wertvoller Nahrung verfaßt. Darin heißt es: »Als Familie haben wir eine ganze Menge falsch gemacht, aber in einem haben wir richtig gehandelt, als wir nämlich darauf bestanden, daß die Abendmahlzeiten zum Familienprogramm gehören. Ich koche diese Mahlzeiten selbst und gebe mir große Mühe damit. Ich verwende nur gute Nahrungsmittel, und wir essen sie alle zusammen. Meine Kinder, die gelegentlich sehr undankbar sein können, haben mir oft gesagt, wie sehr sie diese Mühe anerkennen, und meine Tochter, die jetzt aus dem Haus ist und aufs College geht, sagt mir immer wieder, wie sehr sie diese Familienmahlzeiten vermißt. Diese Abendmahlzeit ist als Ritual so etabliert, daß sie sogar unsere Ferien bestimmt. Wenn wir verreisen, mieten wir uns lieber eine Ferienwohnung, als daß wir in ein Hotel gehen, damit ich jeden Abend kochen kann. Wir haben entdeckt, daß die Gänge zu den Märkten einen wesentlichen Teil unseres Ferienvergnügens ausmachen; sie sind zum Ritual innerhalb des Rituals geworden. Auf unserer jährlichen Reise nach Mexiko reservieren wir bestimmt einen Tag für einen Ausflug ans Meer, um einen Thunfisch für das Abendessen zu fangen. Die Rituale rund um das Essen gehören zu unserem Familienleben.«

In gewisser Weise sind Symbole die wichtigsten Schutzpatrone der Familien. Wenn alles andere mißlingt, bleiben immer noch Erinnerungen, Geschichten und familienspezifische Gewohnheiten oder Gegenstände. Die Sinnbilder, die sich an Gerichte, Orte, Reisen, geliebte Gegenstände und verehrte Menschen knüpfen, werden zum einigenden Band um die Angehörigen. Diese Symbole geben dem Leben der Familienmitglieder Zusammenhang und Bedeutung, Geschichte und Philosophie. Das Material der Schutzmauern einer Familie ist nicht Stein, sondern Liebe.

Kapitel zwölf

Familien verbinden – eine Tiospaye schaffen

DAS PFLEGEHEIM

Als ich bei Sonnenuntergang in das Pflegeheim kam, war ich müde von der Arbeit eines langen Tages und außerdem schlecht gelaunt, weil zu Hause der Wasserboiler defekt war. Die Bewohner des Hauses, von denen die meisten in Rollstühlen saßen, hatten sich im Aufenthaltsraum versammelt. Lois, die bestimmt viel jünger war als ich, winkte mir von ihrem Rollstuhl aus zu. Doris, eine große, sehr vollschlanke Frau in rosafarbener Bluse und gelben Stretchhosen, begrüßte ihre Freundinnen. Conrad, dünn und in würdigem Schwarz, winkte mich zu sich. Er hatte einen Schlaganfall hinter sich und war kaum zu verstehen, aber ich merkte, daß er sich auf die Musik freute.

Crystal rollte Ina herein, umarmte sie und sagte: »Sie hat sich das Bein gebrochen und sitzt zum ersten Mal in einem Rollstuhl. Musik ist jetzt genau das Richtige für sie.« Ray, der mit seinem schneeweißen Bart und den roten Hosenträgern recht flott aussah, unterhielt sich mit den Musikern.

Die Musiker, drei Männer mit Geige, Gitarre und Kontrabaß, spielten hier jeden ersten Dienstag im Monat. Sie begannen mit dem Lied des Hauses, »Whisky Before Breakfast«, und Dave, der Geiger, gab seinen monatlichen Scherz von sich: »Irgendwo auf der Welt ist immer Frühstückszeit.«

Mit der Musik veränderte sich die Szenerie im Nu. Die Heimbewohner sahen alle plötzlich jünger und munterer aus. Müde Körper reckten sich, Köpfe gingen hin und her, Hände klatschten, nüchterne Gesichter lächelten, und Zehen in Filzpantoffeln wippten im Takt mit. Bekannte Lieder sangen sie mit, und von

Strophe zu Strophe wurden die Stimmen kräftiger. Ihr Gedächtnis für die Liedtexte war erstaunlich. Sie klopften sich auf die Schultern, hielten sich an den Händen, wischten sich die Augen. Lois wünschte sich einen Dixie und Doris »Don't Fence Me In«. Als Ina zur »Klarinetten-Polka« einen Rollstuhltanz aufführte, bekam ich richtig Angst, daß sie aus dem Rollstuhl fallen könnte.

Während alle bei einer Jazzversion von »What a Friend We Have in Jesus« mitsangen, half ich Punsch und Plätzchen zu verteilen. Inzwischen ging der Chor weiter, und ich hörte wie Ina laut mitsang: »Bist du schwach und schwerbeladen, drücken viele Sorgen dich? Unser Heiland, unsre Zuflucht, nimmt dein Kreuz, dein Leid auf sich.«

Während die Zuhörer mit ihren Plastikbechern und Plätzchen kämpften, trat bei den Musikwünschen eine Pause ein. Der Mann am Kontrabaß sagte: »Im Zweifelsfall ist ein Stück von Hank Williams richtig.« Den Abend beendete die Kapelle mit »Your Cheatin' Heart«. Danach gingen wir zu den einzelnen Zuhörern, streichelten ihnen die Hände, machten alberne Scherze und fragten sie nach ihren Verwandten.

Beim Gute-Nacht-Sagen war mein Herz leicht. Das ganze Selbstmitleid, mit dem ich hergekommen war, hatte sich in dem Aufenthaltsraum dieses Pflegeheims in Nichts aufgelöst. Ich bewunderte den Mut und die Kraft von Ray mit seinen roten Hosenträgern, von Lois, deren Geschichte bedrückender war, als ich vertragen konnte, oder von Conrad und Ina. Ich war nur dankbar, mit meinen achtundvierzig Jahren gesund zu sein. Daß ich laufen konnte, schien mir plötzlich wie ein Wunder. Als ich ging, war die Luft kühl; die Grillen zirpten, und schwarzgraue Wolken zogen vor einem blauen Mond vorbei.

DIE RADTOUR ZUM SCHWEDENFEST

Für Samstag war die dritte Radtour zum Schwedenfest angesagt. Das war für die Bewohner von Lincoln eine beliebte Gelegenheit, in den Norden Nebraskas, in das »Mutterland« von Oakland, zu radeln. Viele der Teilnehmer waren seit Kindertagen miteinander befreundet. Fünfzig Radfahrer trafen sich um halb sieben frühmorgens auf einem Parkplatz und umringten den Begleitwagen, um sich mit Getränken und letzten Informationen zu versorgen. Dieses Jahr wurde der Wagen von zwei Wikinger-Mädchen gefahren. Die eine hatte schwarze Motorradstiefel, Jeans und einen selbstgeschneiderten Brustpanzer an. Die andere, mit blau-gold durchflochtenen Zöpfen, trug eine silberne Tunika, die zu ihrem Kriegshelm mit Hörnern paßte, dazu einen erstaunlichen Seidenmantel in Purpur und Gold, und schmetterte schwedische Arien. Als eine Art Startschuß schwangen die beiden Frauen Speere sowie Pfeil und Bogen.

Wir fuhren nordwärts durch Wiesen und an alten Farmen vorbei. Nach wochenlanger grauer Nässe schien heute endlich die Sonne. Der Hafer blitzte im Tau. Über kleinen Teichen waberten noch restliche Nebelschwaden. Die Vögel zwitscherten, und wir sahen Schwarzdrosseln mit roten Flügeln, Feldlerchen und Trauertauben. Fast hätten wir Wühlnattern überfahren, die sich am Straßenrand sonnten.

Frohgemut zogen wir in Wahoo, Nebraska, ein, um uns im Café Wigwam ein Frühstück zu gönnen. Das ist ein altes Café mit Holzschnitzwerk an den Wänden und einem Fetisch über der Küchentür. Wir aßen Pfannkuchen oder das Spezialfrühstück mit Würstchen, Eiern und Toast. Den Kaffee tranken wir literweise und bestellten zum Nachtisch Rosinentorte. Die anderen Gäste schauten etwas verblüfft diesen Menschen mittleren Alters zu, wie sie in ihren Radlerhosen um neun Uhr morgens Torte aßen.

Wir radelten weiter, vorbei an Ziegen und Schafen, vorbei an der heiligen Stätte der Pawnee-Indianer beim Highway 109 und auch an unserem Begleit- und Proviantwagen, aus dem die Wikinger-Frauen Plätzchen, Bananen und Wasser reichten. Wir winkten ihnen zu. Daumen nach oben hieß: »Alles in Ordnung«, Daumen nach unten hieß: »Bitte Halt! Ich brauche etwas zu trinken.« Die Sonne wurde heißer. Um die Mittagszeit nahm der Verkehr zu, schienen die Hügel steiler, und es kam Gegenwind auf. Die Knie brannten, und der Rücken schmerzte. Die Karawane zog sich auseinander; die tapfersten Radler waren weit vorn, die Bummler weit hinten. Einige machten schlapp.

In Uehling waren wir alle wieder beieinander und verstopften mit unseren Fahrrädern die Hauptstraße. Hier stießen fünfzig andere Radler mit ihren Kindern zu uns. Jules, ein Junge von zehn Jahren, zeigte uns seine hausgemachte Tätowierung »Radelnde Wikinger«. Seit der letzten Tour sind auch drei nette kleine Kinder neu mit von der Partie; sie wurden herumgereicht und gebührend bewundert. Wir zogen alle unser offizielles grünes T-Shirt an und stellten uns zum Gruppenfoto auf.

Am späten Nachmittag trafen wir in Oakland ein. Wir fuhren an dem Schild vorbei mit der Aufschrift »Velcommen to Oakland«, der »schwedischen Hauptstadt von Nebraska«. Mit dem Speer in der Hand tanzten die Wikinger-Mädchen vor uns her und sangen. Einhundertundfünfzig verschwitzte Radfahrer strebten der Hauptstraße zu. Nach fast 140 Kilometern strammen Radfahrens waren wir bereit zu allem – zu kalten Getränken, Musik von Champaign Jerry und den Vegetarians und für das Smör-gås-bord, das schwedische Buffet mit seinen Heringen und Käsekuchen. Wir alle waren eine Gemeinschaft, waren Freunde – erhitzt, mit schmerzenden Gliedern und wundgefahrenem Po, hungrig, aber glücklich. Was heißt »carpe diem« eigentlich auf Schwedisch?

BINDUNGEN KNÜPFEN

»Liebe die Erde und die Tiere, verschmähe Reichtümer, gib jedem, der dich darum bittet, ein Almosen, stehe für die Einfältigen und die Wahnsinnigen ein, widme deine Arbeit und dein Einkommen den anderen, hasse die Tyrannen und streite nicht über Gott.« – Walt Whitman

Die beiden vorangegangenen Episoden handelten von der Gemeinschaft, von Menschen, die sich gegenseitig Halt geben und daraus Kraft beziehen. Es sind Geschichten der Hoffnung, die in der heutigen Zeit sehr rar geworden ist. Verzweiflung hingegen läßt sich überall ausmachen. Als Volk sind wir von einer Opferhaltung und einem kollektiven Gefühl von Hilflosigkeit und Resignation beherrscht. Unsere Institutionen lassen uns im Stich, und unsere Kultur ist dem Zusammenbruch nahe. Wir mißtrauen einander und suchen nach einem Sündenbock für den Zerfall der Ordnung. In einer solchen Situation ist es leichter, ein zynischer Außenseiter zu sein, als sich einzumischen und von innen heraus zu versuchen, wieder Ordnung zu schaffen. Die allgemeine Frage lautet, wie Greg Brown es formulierte: »Wenn sich die Veränderung zum Schlechten so rasant vollzieht, warum braucht dann ein Wandel zum Guten so lange?«

In ihrem Buch *Der ferne Spiegel* vergleicht Barbara Tuchman unsere Zeit mit der des ausgehenden Mittelalters. Das 14. Jahrhundert war gekennzeichnet von wirtschaftlichem Chaos, ekstatischen Vergnügungen, Ausschweifung, sozialer und religiöser Hysterie, von Gier und einem Verfall der Sitten. Auch im Mittelalter waren die Menschen eigentlich besser als ihre Institutionen. In diesen Zeiten herrschten Gewalt, Aufruhr und Auflösung. Aber nach diesem dramatischen Jahrhundert kam die Renaissance, die »Wiedergeburt«.

Der irische Dichter Yeats schrieb in seinem Gedicht »Der jüngste Tag«:

Alles fällt auseinander, die Mitte hält nicht mehr;
Bare Anarchie bricht aus über die Welt.
Blutgeblendete Strömungen sind losgelassen. Allenthalben
Wird der heilige Vorgang der Unschuld überschwemmt.
Den Besten erlahmt der Glaube, und die Schlimmsten
Sind voll von leidenschaftlicher Heftigkeit.

In den achtziger Jahren haben sich viele Menschen den Luxus geleistet, sich ins Privatleben zurückzuziehen. Aber das funktioniert auf Dauer nicht, bedeutet es doch nur, daß man auf der zum Sinken verurteilten Titanic erster Klasse reist. Heute ist indessen klargeworden, daß bei der Gesellschaft angesetzt werden muß, denn – wie Hillman es ausgedrückt hat – das Selbst ist die verinnerlichte Gemeinschaft. In einer krankenden Gesellschaft können wir nicht gesund bleiben. Wir sitzen tatsächlich alle in einem Boot – in welcher Klasse auch immer.

Manche Menschen dünken sich klug, wenn sie sich auf Details konzentrieren. Sie genießen die kleinen Freuden und verzichten absichtlich darauf, diese Kleinigkeiten in einen größeren Zusammenhang zu stellen und daraus eine Bedeutung für ihr Leben abzuleiten. Die Details zu einem großen Ganzen zu verbinden käme ihnen übertrieben vor. Statt dessen diskutieren sie leidenschaftlich über den Schwimmunterricht ihrer Kinder, preisen die Vorzüge ihrer Fahrradschuhe oder der neuen Espressomaschine und schildern genauestens die Verbesserungen, die sie an ihrem Haus vorgenommen haben. Dabei ist es aber sehr wichtig, das eigene Leben in ein größeres Ganzes einzuordnen. Ohne Einbindung kein Sinn; ohne Sinn nur Verzweiflung.

Manchmal sind Menschen, die sich Sorgen um das große Ganze machen, so entmutigt, daß sie nicht mehr handeln können. So sagte mir kürzlich eine Klientin: »Ich rege mich schrecklich über Bosnien auf. Ich träume von der Umweltverschmutzung und von Mord und Totschlag. Ist die ganze Welt verrückt, oder bin ich es nur? Ich habe den Eindruck, alles wird immer nur schlimmer.« Noch vor zwei Jahren hätte ich ihre Verzweiflung an der Welt als Ausdruck ihrer Depression gedeutet. Ich hätte ihre Bemerkungen als sinnbildlichen Ausdruck für ihr eigenes Leben gesehen und sie ermutigt, ihre Trauer über den allgemeinen Zustand zu personalisieren. Aber jetzt nahm ich ihre Worte für bare Münze, als Ausdruck konkreter Besorgnisse. Wir sprachen darüber, was sie selbst tun könnte, um ihren Teil zur Veränderung der Welt beizutragen.

Viele glauben, man könne ohnehin nichts tun, und manche sind sogar stolz auf diese Meinung. Aber tiefe Hoffnungslosigkeit wird zu einer sich selbst erfüllenden Prophezeiung, das heißt, sie sorgt selbst dafür, daß sie recht behält. Wir können handeln, wenn wir daran glauben, daß wir handeln können. Wir können Neues und Gutes schaffen. Das Heilmittel für Zynismus, Depression und Narzißmus heißt soziales Handeln. Handeln löst zwei Probleme auf einmal: Es schafft Verbesserungen in den Gemeinden, und es gibt den Menschen das Gefühl, daß ihr Leben einen Sinn hat.

Als meine Tochter dreizehn Jahre alt war, fuhren wir einmal nach San Francisco. Sie hatte noch nie Obdachlose gesehen und konnte ihren Anblick nicht verwinden. Jedes Mal, wenn wir an einem Bettler vorbeikamen, bestand sie darauf, daß ich ihm Geld gäbe, bis ich mich schließlich weigerte, weil wir den Rest des Geldes selbst brauchten. Aber das Problem hat ihr keine Ruhe gelassen, und ich versprach ihr, daß wir nach unserer Heimkehr zusammen in einer Suppenküche arbeiten würden.

Dies taten wir dann ein Jahr lang. Früh am Morgen erschienen wir im Obdachlosenasyl, kochten Kaffee und gaben Brot und Obst aus. Das war das Beste, was Sara in diesem kritischen Alter tun konnte. Die Erfahrungen, die sie dort machte, waren in vielerlei Hinsicht äußerst wertvoll für sie. Erstens holte diese Tätigkeit Sara aus der oberflächlichen und schalen Ideenwelt ihrer Klassenkameraden heraus und brachte sie mit Menschen jeden Alters zusammen. Zweitens lernte sie einiges über Drogen und Alkohol. Die Menschen im Obdachlosenasyl, die Drogen nahmen, sahen nämlich gar nicht cool oder kultiviert aus, sondern krank und elend. Drittens traf sie dort auf Erwachsene, die nicht in Eile waren. Mit den Obdachlosen begegnete sie zum ersten Mal in ihrem Leben Menschen, die jede Menge Zeit für Kinder hatten. Dort schaute niemand ständig auf die Uhr. Eine Frau zeigte ihr, wie man Pferde zeichnet. Alte Männer lehrten sie Kartentricks oder erzählten ihr Geschichten aus dem Farmleben der zwanziger Jahre. Diese Menschen hatten Zeit, Domino und Karten zu spielen. Und viertens erfuhr Sara, daß sie sehr wohl etwas bewirken konnte. Sie konnte Hungrigen zu essen geben und Einsamen Gesellschaft leisten. Das bewahrte sie vor dem Zynismus.

Freiwillige oder ehrenamtliche Mitarbeiter sind glücklich dran. Wer das Tagesprogramm des Fernsehens abschaltet und einen Ausländer lesen lehrt, fühlt sich eher ausgefüllt. Ob sich nun Freiwillige gegen einen gemeinsamen Feind zusammenschließen – gegen Wirbelstürme, Fluten oder Feuer –, oder ob sie sich vereinen, um ein gutes Werk zu vollbringen – einen Wanderpfad anzulegen, ein Haus zu streichen oder bei einer medizinischen Reihenuntersuchung von Kindern zu helfen –, ist im Prinzip gleich. Die Arbeit mit anderen zusammen kann den Idealismus wieder entfachen und den Gemeinschaftssinn wiederbeleben. Arbeit ist ein gutes Heilmittel gegen das verzweifelte Gefühl von Sinnlosigkeit.

Joy Harjo schrieb einmal: »Sich abzusondern ist von Übel, denn wir stammen alle aus einer Wurzel.« In ihrem indianischen Volksstamm wurden Menschen, die für die Gemeinschaft arbeiteten, hochgeschätzt. Seher und Künstler waren angesehene Leute, weil sie das Wesen und die Befindlichkeit der Gemeinschaft zum Ausdruck brachten. Joy Harjo schreibt weiter: »Solange die Beziehungen zwischen Menschen geachtet werden, geht alles seinen Gang. Sterben die zwischenmenschlichen Beziehungen, sterben wir alle.«

Dieses Jahrhundert krankt daran, daß wir uns voneinander und von der natürlichen Welt absondern. Schon Nietzsche sagte, daß die Absonderung Sünde sei. Aber wir können uns wieder in die Welt einbinden und uns mit einem Mantel der Sinngebung gegen die Unbilden der Elemente schützen. Unsere Aufgabe besteht darin, daß wir verbinden, wiederherstellen, Menschen zusammenbringen – die Reichen und die Armen, die Jungen und die Alten, die Schwarzen und die Weißen, die Liberalen und die Konservativen. Wir haben mehr gemeinsam, als gewöhnlich angenommen wird.

Wenn Sie mit einem Rucksack in der Wildnis unterwegs sind, ist angesichts einer kritischen Situation die wichtigste Regel: »Keine Panik!« Panik verhindert geordnetes Denken und führt dazu, daß man die Niederlage selbst einleitet. Als Rucksacktouristin reise ich nie allein. Es ist immer gut, jemanden dabeizuhaben, der helfend einspringen kann. Diese Richtlinien müssen aber auch für unsere gegenwärtig so verzweifelte gesellschaftliche Situation gelten. Sind wir in Panik, handeln wir überstürzt, machen Fehler und bringen uns selbst in noch größere Schwierigkeiten. Nur wenn wir in Ruhe überlegen, miteinander sprechen und zusammenarbeiten, können wir den Weg aus dem finsteren Wald finden.

Die längste Zeit seiner Geschichte hat Amerika über das Geld hinaus noch andere Ideale gehabt. Die Werte des frühen Amerika – Selbstbeschränkung, Selbstbeherrschung, Arbeit und Genügsamkeit – waren sehr verschieden von unserem heutigen profitorientierten Denken. Als die ersten Einwanderer, die Pilgerväter, ihr erstes Thanksgiving feierten, verlangten sie keine Eintrittsgelder. In der Verfassung steht nichts von Soll und Haben. Sie spricht von grundlegenden Ideen wie Gleichheit, Gerechtigkeit und Gemeinwohl.

Auch unsere heutige Gesellschaft ist zu vernünftigem Handeln und Großmut fähig. Das zeigt der Marshallplan, mit dem die USA nach dem Zweiten Weltkrieg ihrem besiegten Feind Deutschland finanziell unter die Arme griffen; das zeigt der Erlaß, der Kriegsversehrten Unterstützung gewährt; das zeigt das Sozialsystem, das allen Bürgern Abgaben für alle Bürger abverlangt. Amerika hatte immer auch Veränderungen zum Positiven vollzogen, etwa indem es die Kinderarbeit verbot oder Frauen und Minderheiten das Wahlrecht zugestand. Fast überall in Amerika sind jetzt Rassismus und Antisemitismus gesellschaftlich nicht mehr akzeptiert. Wir lassen im Fernsehen keine Zigarettenreklame mehr zu und spritzen kein DDT mehr auf unsere Weizenfelder oder Obstplantagen.

Ideen haben auch in unserer Kultur eine ungeheure Macht. Die Gedanken von Rachel Carson, einer Zoologin, die die Gefährdung der Umwelt und der Tierwelt durch die Anwendung wissenschaftlicher Neuerungen beschrieb, und Harriet Beecher Stowe, die sich für die Abschaffung der Sklaverei *(Onkel Toms Hütte)* und für die Emanzipation der Frauen einsetzte, um nur zwei von meinen Lieblingsautorinnen zu nennen, haben unser Leben verändert. Die Amerikaner haben immer geglaubt, daß wir unsere Nation nur dadurch stärken können, daß wir sie besser machen. Aber als wir aufhörten, in Gruppen zusammenzuarbeiten, setzte der Zerfall ein. Wir müssen wieder darangehen – Gemeinschaft für Gemeinschaft –, unser Land als ein Ganzes zu festigen. Das ist harte Arbeit, aber schließlich haben wir früher auch schon oft harte Arbeit geleistet.

GEMEINSCHAFTEN BILDEN

»Solange es noch einen aufrechten Mann gibt, solange es noch eine mitfühlende Frau gibt, verödet das Land trotz Ausbreitung der Seuche nicht. Hoffnung ist das einzige, was uns in schlechten Zeiten bleibt.« – E. B. White

Eine mir bekannte Familie verbrachte ein Jahr im brasilianischen Regenwald. Sie lebte in einem geradezu steinzeitlichen Dorf mit achtzig Einwohnern am Ufer eines trüben Flusses. Die Mutter erzählte mir später, wie schnell sich ihre Kinder an die neue Situation angepaßt hatten. In den Vereinigten Staaten waren sie – wie andere amerikanische Kinder auch – schnell gelangweilt, besitzgierig, zögerlich, wenn es um Arbeit ging. Zunächst verhielten sie sich in Brasilien genauso, aber dann merkten sie, was es heißt, an einem neuen Ort zu leben – einem Ort, an dem die Erwachsenen andächtig eine Papaya in ein Dutzend Stücke schnitten und jedem im Raum seinen Teil reichten; einem Ort, an dem die Familien sich um die Feuerstellen versammelten und bis spät in die Nacht Geschichten erzählten: vom König der Affen und von den Hasen, die zum Mond sprangen; einem Ort, an dem jemand aufwachsen und heiraten konnte, ohne jemals in einem motorgetriebenen Fahrzeug gesessen zu haben.

Bald kannten die Kinder alle Dorfbewohner. Sie halfen ihnen beim Bau ihrer Hütten, beim Auslegen der Fischernetze und beim Einsammeln von Feuerholz und Früchten. Die Arbeitsgruppen umfaßten Menschen aller Altersklassen, die bei der Arbeit sangen und scherzten. Immer waren Erwachsene in der Nähe, die die Kinder beschützten und ihr Wissen an sie weitergaben. Niemand war in Eile.

Gemessen an amerikanischen Standards waren diese Menschen arm. Aber das wußten sie nicht, und obwohl ihnen unsere Güter fehlten, freuten sie sich ihres Lebens. Zum Beispiel mahlte das Ehepaar im Nachbarhaus jeden Abend genau die Menge Kaffeebohnen, die für zwei Tassen starken Kaffee nötig waren, bereitete den Kaffee auf einem kleinen Feuer und ging dann auf den Hügel, um den Sonnenuntergang anzuschauen. Die Kinder im Dorf spielten mit Steinen, Stöcken, Blättern und Wasser. Was sie hatten, teilten die Menschen miteinander.

Bald boten auch die amerikanischen Kinder jedem Besucher ihrer Hütte von ihren Schätzen an. Sie hörten auf, miteinander zu streiten und um die Aufmerksamkeit der Eltern zu buhlen. Weil es keine Kataloge, Werbesendungen oder sonstigen Anzeigen gab, verloren sie das Interesse an Verbrauchsgütern. Sie wandten sich den Menschen und Aktivitäten zu. Sie waren mit ihren Freunden immer draußen und hatten niemals Langeweile. Das Leben in diesem Dorf am Ende der Welt war viel interessanter als das im Vorort von Kansas City. Nach einem Jahr kehrte die Familie in die Vereinigten Staaten zurück, und die Mutter hatte schnell wieder Grund zum Klagen: »Keine Woche hat es gedauert, da waren sie wieder die alten Amerikaner. Sie stritten sich, wer am Computer sitzen durfte, wer den Abfall hinausbringt und wer den letzten Schokoriegel bekommt.«

Eine Freundin von mir, alleinerziehende Mutter, hatte vor, zum 13. Geburtstag ihrer Tochter eine Party zu feiern, um den Abschied von der Kindheit festlich zu begehen. Im Frühjahr schickte sie allen Freundinnen und Frauen, die ihre Tochter kannten, Stoffteile für eine Patchwork-Decke und bat sie, darauf etwas zu malen oder zu zeichnen. Das Bild sollte sich auf ein Erlebnis beziehen, das die betreffende Frau mit ihrer Tochter gehabt hatte. Im Sommer trafen sich alle diese Frauen mit Mutter und Tochter zu einem Wochenende mit Zelten, Radfahren und Feiern.

Am Samstag fand abends am Feuer eine Feier mit einer kleinen Zeremonie statt. Jede Frau zeigte und erklärte ihr Bild und machte dann dem Mädchen ein Geschenk in Form eines Versprechens, wie sie ihm helfen wollte. Eine Frau sagte zum Beispiel, sie wolle die Tochter das Gärtnern lehren, eine andere bot an, ihr bei schriftlichen Dingen und beim Abfassen von Bewerbungen zu helfen, eine dritte wollte sie in Französisch unterrichten und wieder eine andere ihr das Segeln beibringen. Das Mädchen saß mitten im Kreis neben dem Feuer und hörte aufmerksam zu. Die Frauen umarmten es und gratulierten ihm zum Geburtstag. Am nächsten Morgen nähten sie alle die Decke zusammen.

Eine Gemeinde ist ein realer Ort in einer realen Landschaft mit Geräuschen und Gerüchen. Dort leben wirkliche Menschen. Vielleicht mag man sich nicht immer, aber man versteht sich. In kleineren Gemeinden kann man auf die anderen zählen, jeder schuldet den anderen etwas und bekommt etwas von ihnen zurück.

Heutzutage verlassen viele Menschen ihre alte Nachbarschaft und beziehen einen Altersruhesitz in einer schöneren Gegend. Wenn sie dann dort sind, sind sie allein. Greg Brown drückt dies sehr bildhaft aus: »Mit der Landschaft kann man nicht Kaffee trinken.« Auch von den jungen Leuten ziehen viele aus ihrer Heimat in die großen Städte oder deren Vororte. Dort gibt es zwar mehr Arbeit, aber sie finden sich all ihrer bisherigen Stützen beraubt. Würde Wohlstand an der Qualität menschlicher Beziehungen gemessen, blieben wohl mehr junge Erwachsene in der Nähe ihres alten Zuhauses.

Um ein Leben in der Realität zu führen, müssen die Menschen an realen Gemeinschaften teilhaben. Wer in einer »virtuellen«, das heißt künstlichen Gemeinschaft lebt, führt ein künstliches Leben. Einmal sprach Schwarzer Elch mit Neihardt über die Zeit, in der es noch eine Tiospaye gab, als von einer Epoche, »in der die Menschen noch gut waren«. In dieser Zeit wuchsen die Kinder in der Obhut von Erwachsenen auf, die sie mochten und beschützten. Auch von den Tanten und Onkeln lernten sie richtiges Verhalten. Mit dem Verschwinden der Tiospaye lernten die Kinder auch nicht mehr, auf natürliche Weise gut zu sein. Wie können wir heute den Kindern ein Tiospaye schaffen?

Einmal war ich in einem sehr gepflegten Wohnviertel in Connecticut zu Besuch. Dort lagen große Häuser in weitläufigen Gärten an geschwungenen, von alten Bäumen gesäumten Alleen. Aber meine Gastgeber kannten keinen ihrer Nachbarn, und ihre Kinder keines der Nachbarskinder. Nicht ein Kind spielte draußen. Es war eine typische »Schlafstadt«, in der die Bewohner den ganzen Tag fort waren und erst abends zu ihren Fernsehgeräten, Computern und Stereoanlagen zurückkehrten. Aber jeder war sehr geschäftig; sie lebten alle in ihrer eigenen kleinen Welt, aber jede Familie für sich allein.

Und natürlich waren viele Eltern müde. Sie arbeiteten den ganzen Tag und kamen erst spät nach Hause. Das bißchen Zeit, das ihnen blieb, wollten sie für ihre Kinder haben. Anstatt auf eine Veranstaltung oder zu einem Treffen zu gehen, überwachten sie die Hausaufgaben oder kochten. Es gibt immer bestimmte Phasen, in denen es kaum möglich ist, sich in staatsbürgerlichen Angelegenheiten groß zu engagieren und viel für die Gemeinde zu tun; und die Phase der Betreuung kleiner Kinder gehört sicher dazu. Aber selbst die Vielbeschäftigten können doch immer noch ein bißchen mehr für die Gemeinschaft tun. Zum Beispiel können sie die Namen der Familien in ihrem Wohnblock in Erfahrung bringen und den Kindern und Alten zuwinken. Sie könnten zum Beispiel den Nachbarskindern beim Einsammeln von Holzstücken für den Bau ihrer Burg helfen oder einer alten Nachbarin die Einkäufe in ihre Wohnung tragen. Für solche Handlungen, die Gemeinschaft schaffen, gibt es ungezählte Möglichkeiten. So können Erwachsene ein paar

Minuten mit den Kindern sprechen, die Zeitungen oder Prospekte austragen. Eltern von Jugendlichen können sich einmal im Monat treffen und Erfahrungen austauschen. Die Familien können auch ihre Gartenstühle von der Terrasse hinter dem Haus holen und in den Vorgarten stellen. Sie können Straßenfeste organisieren, zu denen jeder ein Gericht mitbringt, sich zu Spaziergängen oder Sternguckerstunden verabreden. Kurz – sie können viele Dinge gemeinsam tun, die sie sonst für sich allein unternehmen. Sie können sich auch gegenseitig aus dem Garten Zucchinis oder Blumen bringen oder wechselweise die Kinder beaufsichtigen und mit ihnen spielen oder sie etwas lehren; sie können sich gegenseitig beim Renovieren ihrer Wohnungen helfen oder sich Notizen über Neuigkeiten und Zeichen der Anteilnahme oder Glückwünsche übermitteln. Kinder können einen Limonadestand errichten, an dem die Erwachsenen eine kleine Pause einlegen.

Es sind oft ganz einfache Dinge, die die Menschen miteinander bekannt machen. Als wir zum Beispiel in unser jetziges Haus einzogen, zeichnete uns der Mann von nebenan einen Plan unserer Straße. Zu jedem Haus schrieb er Namen und Beruf der Eltern auf, Namen und Alter der Kinder und die Telefonnummern. Er wußte, welche Eltern tagsüber zu Hause waren und wer Haustiere hatte. Später gab er uns eine Liste von außergewöhnlichen oder teuren Gegenständen, die Nachbarn auszuleihen bereit waren. Im Laufe der Jahre teilten wir Leitern, Mikrophone, Videokameras, Schneefräsen, Faschingskostüme, Plattenspieler und Schubkarren. Diese Kleinigkeiten halfen uns enorm. Als wir erst einmal die Namen unserer Nachbarn kannten, hatten wir schnell einen Anknüpfungspunkt gefunden. Daß wir uns gegenseitig Sachen ausliehen, sparte uns allen Geld und gab uns ein Gefühl von Gemeinsamkeit und Verbindung.

»Liebe ist nicht einfach da, wie Steine da sind; wie Brot muß sie immer wieder neu geschaffen werden«, hat Ursula K. Le Guin einmal gesagt. Viele Dinge, die die Qualität unserer Nachbarschaft verbessern würden, sind eigentlich ganz einfach, aber sie müssen hergestellt werden, und das ist oft schwierig. Das beginnt schon mit der Konstruktion unserer Häuser. Warum bauen die Architekten nicht Häuser, die in die Gemeinde hineinreichen, Häuser mit der Veranda vor dem Haus statt hinten,

Häuser um einen gemeinsamen Hof herum, in dem die Kinder ungefährdet spielen können? Die Stadtplaner sollten naturbelassene Flächen für die Kinder reservieren und gemeinsame Flächen als Gelegenheiten der Begegnung für die Erwachsenen schaffen. Der entscheidende Schritt erfolgt allerdings erst mit einer Veränderung der Einstellung. Werden erst einmal Wünsche nach mehr Verbindung laut, wird die Architektur folgen.

Der berühmte Religionsphilosoph und Kulturkritiker Martin Buber sprach von der Ich-Es-Haltung, die die Menschen lediglich für bestimmte Ziele benutzt. Dagegen setzte er die Ich-Du-Beziehungen, in denen der andere als eine wirkliche Person mit einem eigenen Leben wahrgenommen wird. Nach Bubers Ansicht bemißt sich der Reichtum eines Lebens nach der Anzahl seiner Ich-Du-Beziehungen. Das kann auf die Kulturen übertragen werden. Eine Kultur, in der die meisten Menschen nur in Ich-Es-Beziehungen leben, ist verarmt. Ob es sich nun um die Kultur des ländlichen Colorado handelt oder um die Kultur der Pygmäen – bestehen viele Ich-Du-Beziehungen, ist sie eine reiche Kultur. So darf sich auch eine neue Definition von Kultur nicht nach dem Bruttosozialprodukt richten, sondern muß danach fragen, wie viele Menschen sich gegenseitig wirklich kennen und um einander kümmern.

Diese Definition von kulturellem Reichtum kommt der Definition einer idealen Kultur von Margaret Mead sehr nahe, die Raum für jede menschliche Begabung läßt. Nun lassen sich die Begabungen von Menschen, die man nicht kennt, kaum erkennen. Aber in einer idealen Kultur kennen sich alle Menschen so weit, daß sie sich gegenseitig anerkennen und in der Entwicklung ihrer persönlichen Anlagen unterstützen können. Von dieser Sichtweise läßt sich eine direkte Linie zu Hillmans Ansatz ziehen, demzufolge das Selbst die verinnerlichte Gesellschaft ist. Wir haben mehr Fülle und Vielfalt zu verinnerlichen, wenn wir unsere Nachbarn kennen.

Diese Überlegungen führen mich direkt zu einigen Vorschlägen, wie das Leben in Amerika lebenswerter gemacht werden kann, ohne daß es etwas kostet. Schalten Sie Ihre Geräte ab, gehen Sie hinaus und unterhalten Sie sich mit einem Menschen, der Ihren Weg kreuzt. Sprechen Sie mit den Kindern aus Ihrer Nachbarschaft. Fragen Sie die Bedienung in Ihrem

Stammcafé nach ihrem Namen, nach ihrer Familie. Fragen Sie die Menschen, denen Sie begegnen, nach ihren Erlebnissen oder Meinungen. Besuchen Sie die Elternabende in der Schule, freunden Sie sich mit den älteren Menschen in Ihrem Wohnblock an, betreuen Sie ein Sportteam, helfen sie jedem, der Hilfe braucht.

Es gibt viele Geschichten von Menschen, die in ihrem Umfeld etwas bewegt haben. Dazu muß man weder reich noch mächtig sein, nur interessiert und bereit, etwas zu tun. Dafür gibt Bill ein hervorragendes Beispiel ab. Seine Nachbarin hat mir über ihn folgende bewegende Geschichte erzählt: Vor drei Jahre, kurz nachdem sie in die Nachbarwohnung von Bill und dessen Frau gezogen waren, verließ sie ihr Mann. »Da saß ich nun mit meinen zwei kleinen Kindern, ohne einen Pfennig Geld, wieder schwanger und total deprimiert«, sagte sie.

Plötzlich klingelte es an der Tür, und draußen stand Bill mit einer Tüte voller Lebensmittel. Er stellte sich vor und sagte einfach: »Vermutlich haben Sie Schwierigkeiten. Was brauchen Sie?« Sprachlos vor Überraschung stand sie an der Tür und hörte sich an, was er ihr anbot: Schneeschaufeln, Hilfe bei den Kindern, Geld. Sie sagte: »Das war umwerfend, aber mißtrauisch war ich doch. So nett kann doch niemand sein! Ob er wohl gefährlich war? Oder verrückt? Sollte das eine Anmache sein?« Sie schmunzelte. »Heute bin ich mit Bill und seiner Frau befreundet.«

Es gibt die Redensart: »Man braucht ein Dorf, um Kinder großzuziehen.« Unser elektronisches Dorf wird dieser Aufgabe allerdings nicht gerecht. Für mich beinhaltet der Begriff »Dorf« die Tatsache, daß viele Erwachsene zur Erziehung der Kinder beitragen. Zur Zeit bilden sich viele »Dörfer« heraus, das heißt, Gruppen, in denen sich die Teilnehmer über diese Aufgabe Gedanken machen. Sie lesen einschlägige Bücher, treffen sich und erörtern, was sich an unserer Kultur verändern läßt. Schulen halten ihre Türen den ganzen Tag für die Kinder offen, und Kirchen mobilisieren ihre Mitglieder, für die Belange der Kinder zu arbeiten. Im ganzen Land treffen sich Eltern und diskutieren darüber, was ihre Kinder brauchen.

An dieser Stelle möchte ich einige Projekte vorstellen, die Menschen verbinden. Es handelt sich dabei nicht unbedingt um die besten Projekte, und sie sind wahrscheinlich auch nicht repräsentativ für andere Aktivitäten in unserem Land. Ohnehin sind die meisten Projekte, von denen ich erfahre, ortsgebunden. Ich wohne in einer Stadt, die von landwirtschaftlichem Gebiet umgeben ist. Die Einwohner gehören überwiegend der Mittelschicht an, und die Stadt ist verhältnismäßig wohlhabend. Wenn ich zurückrechne, ist hier der letzte Mord vor anderthalb Jahren geschehen. Unser Wohnort ist also sicherer, ländlicher und finanziell besser gestellt als viele andere Wohnorte. Selbstverständlich haben andere Gebiete auch andere Bedürfnisse, aber ich beschreibe diese Projekte, weil ich zeigen will, was Menschen bewirken können. So wird manches Projekt, wie zum Beispiel Ferien im Gebirge, in bestimmten Gegenden schwer zu verwirklichen sein und manches andere durch Mangel an Zeit und Geld scheitern. Aber ich hege die Hoffnung, daß die Beschreibungen den Leserinnen und Lesern Denkanstöße geben und sie über ihrer eigenes Vermögen, etwas zu ändern, optimistischer denken läßt.

Vor sechs Jahren organisierte Joe Ballard, ein Schulbusfahrer, Sportteams für Kinder, denen das Geld fehlte, um in andere Teams einzutreten. Heute spielen in seiner Softball-Jugendliga über sechshundert Kinder in 48 Mannschaften. Er gründete auch eine Jugendorganisation gegen Rassismus und Vorurteile, die inzwischen über tausend Mitglieder zählt. Erst kürzlich hat ein begütertes Ehepaar in Aussicht gestellt, ihm ein Gehalt zu zahlen, das es ihm erlaubt, sich vollzeitlich dem Jugendsport zu widmen. Das versetzte ihn, so wird berichtet, in Erstaunen und dankbare Verwunderung.

An der High-School von Topeka, der Hauptstadt von Kansas, hielt ich einmal vor jungen Mädchen einen Vortrag. Sie hatten eine Vereinigung mit den Namen »Fearless« (Furchtlos) gegründet, um gemeinsam gegen die Gewalt in ihrer Schule und Stadt und gegen frauenfeindliche Tendenzen in der Gesellschaft zu kämpfen. Sie lernen Selbstverteidigung, besuchen Kurse in Selbstbehauptung und verfolgen in den Medien Sendungen und Werbung. Wenn ihnen frauenfeindliche Anzeigen auffallen, protestieren sie schriftlich dagegen. Außerdem wollen sie den anderen Schülern und Schülerinnen die Probleme bewußtmachen, die junge Frauen heute haben – Gewalt, Drogenabhängigkeit, Eßstörungen und sexuelle Belästigungen. Die Stunden, die ich mit diesen idealistischen, energiegeladenen und sich gegenseitig unterstützenden jungen Mädchen verbrachte, waren für mich ein einzigartiges Erlebnis.

Eine meiner Lieblingsgeschichten ist die von den hundert Jugendlichen in einer kleinen Provinzstadt, die es leid waren, in ihrer Stadt nichts Sinnvolles unternehmen zu können. Sie trafen sich in einem Café und bildeten einen Stab, der sich um die Organisation eines Freizeitzentrums kümmern sollte. Sie suchten einen Ort, der sowohl Platz zum Ballspielen als auch Räume, in denen zum Beispiel Gedichte oder Dramen vorgelesen werden konnten, bot. Einen Architekten haben sie schon, und nun sind sie mitten in den Aktivitäten zur Geldbeschaffung.

Viele Gemeinden schaffen öffentliche Anlagen für Menschen aller Altersklassen – zum Ballspielen, Spazierengehen, zum Hufeisenwerfen und Bocciaspielen, für Schach und Unterhaltungen. Oft genug nimmt die Gefährlichkeit in der Umgebung solcher Anlagen dramatisch ab, wenn auf den Bänken rundherum ältere Menschen sitzen und reden, Zeitung lesen oder stricken. Es kursieren köstliche Geschichten von Großmüttern, die in die Parks voller Rauschgifthändler zogen und durch ihre bloße Gegenwart den Charakter dieser Parks veränderten.

In Cambridge, im Staat Massachusetts, organisierten Eltern ein Forum für gegenseitige Unterstützung. Dort können die Eltern Spielsachen, Bücher, Videos und Informationen austauschen. Sie bieten auch Gesprächspartnerschaften an, zu denen sich Eltern und Jugendliche regelmäßig treffen. (Diese sind viel billiger als eine Therapie.) Sie bringen einen Rundbrief heraus und fördern drogenfreie Freizeitaktivitäten für Jugendliche. Sie initiieren auch Workshops für Eltern, Briefkampagnen an die Gemeinde und den Boykott von kinderschädlichen Produkten.

Jugendliche brauchen positive Zeichen dafür, daß ihnen Respekt gezollt wird. Deshalb werden als ein Anfang in vielen Gemeinden Amerikas Rituale zum Übergang ins Erwachsenenalter geschaffen. Die altmodische Idee, ein Gelübde abzulegen, was in den Jugendgruppen meiner Zeit einmal populär war, kommt wieder. Da geloben die Jugendlichen, keine Drogen zu nehmen, sich vom Alkohol fernzuhalten und mit dem Sex zu warten, bis sie älter sind. In vielen Städten existieren jetzt Beratungsprogramme, in denen Jugendliche mit Erwachsenen zusammenkommen, die ihnen in ihren kritischen Jahren beistehen. Einige Schulen haben Programme eingerichtet, bei denen Geschäftsleute in ihrer Mittagspause vor den Schulkindern reden.

Die Japaner feiern die Mündigkeitserklärung, wenn die Jugendlichen einundzwanzig werden. In jeder Gemeinde gibt es dafür einen besonderen Tag mit einem Vortrag über die Rechte und Pflichten der Erwachsenen in der japanischen Gesellschaft. Aus diesem Anlaß finden auch sportliche Wettkämpfe und Partys statt, es gibt Preise und Pokale, und die jungen Erwachsenen werden besonders geehrt.

Einige Gemeinden in den USA würdigen Jugendliche für gute Leistungen. Wenn sie sich ehrenamtlich engagieren, besonders gute schulische Ergebnisse erbringen oder in irgendeiner Weise kreativ sind, wird über sie in den Lokalnachrichten berichtet. In die Medien kommen dort also Jugendliche, die Gutes vollbringen, und nicht diejenigen, die durch Kriminalität auffallen. Unsere Radiostation zum Beispiel fordert die Jugendlichen auf, Aufnahmen ihrer eigenen Musik einzusenden. Die zehn Besten erhalten dann Sendezeit, in der sie ihre Musik ausstrahlen dürfen.

Viele Gemeinden erkennen den Wert von Projekten, die die Jüngeren mit den Älteren zusammenbringen. Ältere Menschen sind oft weiser und weniger gefordert als wir und haben mehr Zeit und mehr Geduld. Einige Gemeinden im Mittelwesten Amerikas richten Erzählstunden ein, in denen ältere Menschen den Kindern von den Zeiten der Wirtschaftskrise, vom Leben auf einer Farm, vom Zweiten Weltkrieg oder ihren sonstigen Erlebnissen berichten. Die Kinder sind davon fasziniert und beginnen, auch außerhalb dieser Erzählstunden die Gesellschaft älterer Menschen zu suchen.

Mein Lieblingsprojekt für die Zusammenführung der Generationen findet in Ohio statt; es heißt »Environmental Mentor Program« und ist ein Führungsprogramm durch die Umgebung. Dabei führen ältere Menschen die jüngeren durch die Stadt und erzählen ihnen, wie sie früher aussah, wo die Flußläufe waren, wo Wildnis war, wo Kinder spielten, welche Gebäude noch stehen und genutzt werden und welche abgerissen wurden. So lernen die Kinder Stadtgeschichte, und für die Alten wird deutlicher, wie sehr sich die Welt für die Kinder von heute verändert hat. Beide Generationen werden für die Lebensbedingungen der anderen sensibilisiert.

In einer Kleinstadt im Staat Kansas wird jede Woche ein Bürger, der eine gute Tat vollbracht hat, in der Zeitung genannt. Weil nun jeder einmal an der Reihe sein und seinen Namen in diesem ehrenvollen Zusammenhang gedruckt sehen will, ist es fast nicht mehr möglich, die Einkaufstüten selbst zum Auto zu bringen, denn sofort tauchen eifrige Helfer auf. Ja, man darf ungestraft keinen Wunsch äußern, denn irgend jemand wird sich sofort bemühen, ihn zu erfüllen.

Gute Projekte schießen überall aus dem Boden: Es gibt einen Verein, den »Children's Defense Fund«, eine Stiftung zum Schutze der Kinder, der auf landesweiter Ebene die Bemühungen koordiniert, Kindern zu helfen. In Kalifornien richteten die Einwohner der Stadt Walnut Creek ein Programm ein, bei dem Waffen gegen kostenlose Psychotherapie eingetauscht werden können. In Takoma, Kansas, berichtete mir ein Taxifahrer, daß er sich an einer Sharing-Gemeinschaft beteiligt, zu der sich die Nachbarn zusammengeschlossen haben, um gemeinsam Autos, Gartenbeete und Computer zu benutzen. In Lincoln, meinem Wohnort, stellt die Stadtverwaltung öffentlichen Grund für die asiatischen Familien zur Verfügung, damit sie dort Gemüse anbauen können. Auf ähnliche Weise reservieren viele Gemeinden Grund für gemeinschaftlichen Gartenbau.

Im Juni finden bei uns jeden Dienstag abend Jazzkonzerte im Freien statt, zu denen Hunderte von Menschen mit Gartenstühlen und Kühltaschen kommen. Es macht mir großen Spaß, dort hinzugehen und zuzusehen, wie Babys herumgereicht werden, Kinder tanzen oder mit ihren Eltern auf den Decken Karten spielen. Ich beobachte dann, wie die Alten sich mit Collegestudenten unterhalten oder die Hobbyschlagzeuger mit den Schlagzeugern der Musikgruppen ins Gespräch kommen. Die Bürger unserer Stadt lieben diese offenen Veranstaltungen, die ihnen die Gelegenheit geben, sich zu treffen und Musik zu hören.

Einige Gemeinden im Staat Minnesota fördern fernsehfreie Tage, an denen jeder in seinen Vorgarten oder auf seinen Balkon gehen und sich mit seinen Nachbarn unterhalten soll. Diese Tage vermitteln den Menschen ein Gefühl von Gemeinschaft und Selbstbestimmung, weil sie etwas gegen eine Welt tun, die sie zeitweise überschwemmt.

Ein einzelner Mensch kann durchaus etwas bewirken. Eleanor Roosevelt, die Frau des früheren Präsidenten Roosevelt, hat einmal gesagt: »Die meisten guten Werke werden vollbracht, wenn sich die Menschen gerade einmal nicht so gut fühlen.« Wichtig ist oft nicht das, was wir tun, wenn wir auf der Höhe sind, sondern eher das, was wir tun, wenn es uns miserabel geht – wenn wir die ganze Nacht nicht geschlafen haben, weil das Kind krank ist; oder wenn wir mit einer Migräne zur Arbeit gehen und hören, daß ein Kollege in großen Nöten ist. Um irgend etwas für das Gemeinwohl zu tun, braucht niemand ein Ausbund an exzellenten Geistesgaben oder psychischer Gesundheit zu sein; es braucht auch niemand zu glauben, er müsse die Welt allein ändern. An diesem Ziel arbeiten viele Menschen, und die Tatsache, daß ein einzelner Mensch nicht alles vollbringen kann, heißt noch lange nicht, daß er oder sie gar nichts tun sollte.

Auch kleine Schritte bringen weiter: Abfälle für die Wiederverwertung trennen, Obdachlose speisen, Tiere, Pflanzen und Wasser schützen, freundlicher zu den Mitmenschen sein – all das hilft. Ich kenne einige junge Mädchen, die sich mit dem Vorsatz zusammengetan haben, Mitschülerinnen nicht mehr wegen ihrer Kleidung oder ihres Aussehens aufzuziehen. Sie wollten arme Mädchen nicht auch noch zusätzlich dafür bestrafen, daß sie keine Markenkleidung trugen. Ich kenne eine Frau, die vor jeder Bestellung aus dem Katalog erst einmal einer wohltätigen Organisation einen Scheck schickt. Sie stellt dann immer erst folgende Fragen: »Brauche ich den blauen Pullover so dringend, daß ich Amnesty International keine 40 Dollar schicken kann? Brauche ich die neuen Wanderstiefel so dringend, daß ich nichts für die Suppenküchen beisteuern kann? Was ist mir wichtiger?«

Eine Lehrerin erzählte mir, wie sie dazu kam, an der High-School eine Art Jugendasyl einzurichten. »Vor ein paar Jahren gab es bei uns die ›Eckensteher‹. Das waren Kinder, die weder Sport trieben, noch Musik machten, noch richtig lernten; sie hingen immer nur an der Straßenecke herum und rauchten. Als ich wieder einmal an ihnen vorbeiging, kam mir plötzlich eine Idee. Ohne lange zu überlegen, lud ich sie zu einer Weihnachtsfeier ins Medienzentrum der Schule ein. Ich sagte ihnen, daß die Feier extra für sie wäre. Als sie mich fragten, ob sie ihre eigene Musik mitbringen dürften, habe ich gesagt: ›Aber ja. Ihr dürft auch auf dem Tisch tanzen, wenn ihr wollt.‹« Sie kicherte. »Also, sie sind alle gekommen. Wir haben Punsch und Plätzchen gekauft und ihnen den Raum drei Stunden überlassen. Dort ließen sie ihre Lautsprecher dröhnen und tanzten. Danach haben wir mit ihnen zusammen ein großes Pfefferkuchenhaus mit Zuckerguß überzogen. Es war zum Schießen, mit welchem Eifer diese hartgesottenen Gören sich um das Pfefferkuchenhaus bemühten! Dann aßen sie alle Plätzchen auf und spielten mit den Computern. Einige Zeit später fingen sie an, von allein wiederzukommen, und es kam zu noch einigen Veranstaltungen dieser Art. Bald hingen sie alle bei uns herum.« Dann sagte die Lehrerin voller Stolz: »Übrigens haben sie alle den High-School-Abschluß gemacht.«

Ein anderes Beispiel kommt aus dem Staat Montana. Dort hatte ein Mann namens Chuck auf einer Reise ein wunderschönes altes Karussell gesehen, und ihm war bewußt geworden, wieviel inzwischen verlorengegangen ist. Obwohl er keine Ahnung hatte, ob er dafür auch begabt war, beschloß er, Holzschnitzen zu lernen und etwas genauso Schönes für die Kinder seiner Stadt zu bauen. Seine Frau besorgte ihm das nötige Handwerkszeug, und er begann sein erstes Pferd aus Lindenholz zu schnitzen. Bald sprach sich seine Idee herum, und andere boten ihre Hilfe an. Es kamen Briefe und sogar Schecks. Dann fand Chuck irgendwo eine 77 Jahre alte Antriebsmaschine, die die Männer wieder in Gang brachten. Alle schmirgelten mit Sandpapier und malten die Pferde an. Auch die Schulkinder waren nicht tatenlos und sammelten Kleingeld, bis sie die stolze Summe von 10 000 Dollar beisammen hatten.

Jetzt steht im Stadtpark ein gemeinschaftlich erbautes Karussell für alle Kinder. Die Reportage, die ich im Radio darüber hörte, konzentrierte sich ganz auf das wunderschöne Karussell und die staunenden, glücklichen Kinder. Aber ich meine, das Bemerkenswerte daran ist der Entstehungsprozeß dieses

Prunkstücks: daß sich hier eine Gemeinschaft von Menschen für einen gemeinsamen Zweck zusammengetan hatte. Chuck sagte dazu: »Das Wichtigste, das ein Mensch in seinem Leben tun sollte, ist, den Kindern etwas Schönes zu hinterlassen.«

DIE NATUR

Der Schriftsteller Thoreau hat einmal gesagt: »Diese sonderbare Welt, die wir bewohnen, ist eher wunderbar als zweckmäßig und eher schön als nützlich. Wir sollten uns an ihr erfreuen und sie bewundern, anstatt sie zu verbrauchen.«

An einem schönen Sonntag im Dezember lief ich mit meinen Langlaufskiern durch den Park. Der Himmel war blau, die Kiefern grün, und in der Sonne glitzerte der Schnee. Ich fuhr am Schlittenhügel vorbei, der von den bunten Jacken der Eltern und Kinder wie mit Konfetti übersät war. Ganz in meiner Nähe kippte ein Rodelschlitten um, und die Jungen krabbelten mit lautem Lachen aus dem Schnee. Eltern ermahnten ihre Kinder, sich gut festzuhalten, und die Kinder quietschten vor Vergnügen, wenn sie oben angeschoben wurden. Ein kleiner Junge zottelte in seinem dicken roten Schneeanzug mit dem Schlitten zu seinem Papa und rief: »Das macht Spaß!« Ich freute mich an all diesen Menschen, die es verstanden, den Tag draußen zu genießen, so wie es die Menschen vor ihnen schon vor tausend Jahren getan haben.

Traurig hat Mark Sloda einmal festgestellt: »Jeder Ort, an dem ich bisher gelebt habe, ist inzwischen zugepflastert, geteert oder überhaupt verschwunden.« Viele Kinder von heute bleiben lieber zu Hause und sehen fern, weil es bequemer und sicherer ist. Ich fürchte, diese Kinder wissen nicht einmal, was sie verpassen. Draußen in der Natur würden sie Gemeinschaft und Vielfalt finden, würden sie anders gefordert und könnten fröhlich sein. Die meisten von uns spüren tief in ihrem Innern ein Verlangen nach der natürlichen Welt. Überall arbeiten die Menschen gern im Garten, wühlen mit den Händen in der Erde, berühren Pflanzen und lassen wachsen. Gartenarbeit ist heilsam. Sie hat eine lange Tradition, die sich nie auf den praktischen Nutzen der Nahrungsgewinnung beschränkt hat.

Wie aber sollen Kinder lieben, was sie nicht kennen? Was sie niemals erlebt und erfahren haben, können sie auch nicht vermissen.

Inzwischen bieten viele Gemeinden Ferienlager für Familien oder Mutter und Kind beziehungsweise Vater und Kind an, mit Zelten, Wandern, Segeln, Kanufahren und Klettern. Hier lernen Familienangehörige zusammen, die Natur zu lieben. Oft finden auch verhaltensgestörte Kinder in der Wildnis zu sich selbst. Sie erlernen neue Fertigkeiten und sehen einige ihrer Probleme ganz anders. Solch ein Programm ist in der Tat für Jugendliche manchmal geeigneter als der Aufenthalt in einem Krankenhaus.

Der Umweltexperte Wes Jackson vom Land-Institut in Kansas empfiehlt jungen Leuten, wenn sie eine gute Ausbildung erlangt haben, in ihre Heimatstadt zurückzukehren. Die zwei Brüder Bill und Jan Whitney folgten diesem Rat. Nach ihrem Abschluß in Biologie gründeten sie in ihrer Heimatstadt ein Institut zur Erforschung der Prärieressourcen. Sie arbeiten an der Erhaltung und Wiederherstellung der Prärie, geben ein Rundschreiben heraus und führen verschiedene Programme durch. Eines dieser Programme hat zum Ziel, Kinder mit den Flüssen Nebraskas bekannt zu machen.

In Lincoln haben wir mehrere lokale Projekte. Unsere Stadt legt Wege für Radfahrer, Jogger und Spaziergänger aller Altersstufen an. Viele Bürger unserer Stadt nehmen an dem Programm »Mit der Bahn zum Wandern« teil oder helfen, Fahrradwege zu bauen. Viele Familien beteiligen sich auch an einem Programm zur Rettung des Lebens in der Wildnis, indem sie verletzte Vögel, Hasen, Eichhörnchen und Waschbären pflegen. Es gibt auch ein Haus der Natur, das der ganzen Familie offensteht. In der Nacht wird Himmelskunde angeboten; außerdem finden Nachtwanderungen statt, die sich speziell dem Lauschen auf Tiergeräusche widmen. Am Tag kann man Vögel und Blumen bestimmen lernen und die Ökologie von Wiesen und Teichen studieren. Diese Programme bringen den Familien die Natur nahe, und letztlich werden diejenigen, die sie lieben, auch diejenigen sein, die die Natur retten und bewahren.

DIE KULTUR

»Kollektiv handeln heißt nicht, daß wir alle zur gleichen Zeit unsere Glückspille nehmen.« – Dick Simon

Auf meinen Reisen werde ich häufig gefragt: »Was könnte ich denn tun?« Die Menschen wollen etwas bewirken; sie wollen ihre Zeit und ihr Geld einbringen, wenn sie nur wüßten, wo und wie sie ansetzen sollen, damit es wirklich Sinn macht. Es kommt mir vor, als ob wir alle nach Kräften an unserem eigenen kleinen Stofffleckchen für eine Patchwork-Decke arbeiteten. Aber zwischen den einzelnen Flecken herrscht Leere und Verzweiflung. Irgendwie müssen wir unsere Arbeiten zusammenfügen, also unsere Stoffflecken zusammennähen, damit ein engmaschiges Netz von Gemeinschaft und Gesellschaft entsteht und das Land zu einem großen Ganzen wird.

Im Grunde wollen wir alle dasselbe. Unabhängig von ihrer politischen Einstellung meinen die meisten Bürger, daß ihre Kinder gewisse Rechte und Ansprüche haben, zum Beispiel auf körperliche und seelische Unversehrtheit, gute Schulen, eine drogenfreie Umwelt und anständige Erziehung. Die meisten von uns achten die geschichtlichen und kulturellen Traditionen des Westens und wollen in einer freien, toleranten Demokratie leben. Wir wollen eine menschenfreundliche und gerechte Regierung. Gleich, ob wir liberal oder konservativ eingestellt sind, ob wir Christen, Juden oder Atheisten sind – wir haben bestimmte moralische Grundvorstellungen gemeinsam, wie zum Beispiel die Forderung nach Ehrlichkeit, Achtung und Mitgefühl im Umgang mit den anderen. Die meisten von uns wollen, daß Mühe und Belohnung in einem angemessenen Verhältnis stehen. Viele leben nach der Goldenen Regel und wollen, daß auch andere nach diesem kategorischen Imperativ leben. Und die meisten von uns wollen eine Gesellschaft, die den Sinn für Nachbarschaft aus der Zeit meiner Großeltern mit der Toleranz und der Freiheitlichkeit der neunziger Jahre verbindet. Gewiß führte die Betonung der Pflichten in den zwanziger Jahren manches Mal zu Heuchelei und Verstocktheit; sie hielt aber auch die Familien zusammen. Die Betonung der Freiheit in den neunziger Jahren bringt mehr Öffnung und Wahlmöglichkeiten mit sich, aber auch mehr Kriminalität und gesellschaftliches Chaos.

DIE ARBEIT

»Wir Amerikaner sind leicht zufriedenzustellen – mit einem Laib Brot, einem Krug Wein und 50 000 Dollar.« – Greg Brown

»Ein großer Mensch weiß, daß er nicht auf diese Erde gekommen ist, um sich an einer Entwicklung zu beteiligen, an der Kinder Schaden nehmen könnten.« – Murray Kempton

Ein gutes und sinnvolles Leben stützt sich auf drei Säulen: Liebe, Arbeit und Dienst an der Gemeinschaft. Zur Zeit ist es in Amerika sehr schwierig, diesen drei Elementen gleichzeitig gerecht zu werden. Schon allein die Pflichten gegenüber der Arbeit und der Familie können Konflikte mit sich bringen. Um die Familie zu ernähren, arbeiten viele Eltern weit weg von zu Hause, und sind dann abends von den Anforderungen ihrer Arbeit und Familie so erschöpft, daß sie für den Dienst an der Gemeinschaft keine Kraft mehr haben. Die Pflichten als Berufstätige, als Bürger und als Eltern zu erfüllen, ohne daß ein Teil wesentlich darunter leidet, ist kaum möglich. Erschwerend kommt hinzu, daß so viele Menschen durch ihre Arbeitsbedingungen entmutigt sind. Sie sind ausgebrannt und können ihre Arbeit nur noch zynisch betrachten. Oft sind sie auch isoliert, und obwohl sie ihre Arbeit hassen, haben sie Angst, sie zu verlieren. Aber das Prinzip des Eigennutzes um jeden Preis macht sie krank, und sie suchen eine Aufgabe, mit der sie dem Gemeinwohl dienen können. »Ich möchte den Menschen helfen«, sagte mir einmal ein Klient. »Das Verkaufen unnützer Dinge über das Telefon schlägt mir auf den Magen.«

Wir werden darauf programmiert, Arbeit als ein notwendiges Übel zu betrachten und nur in unserer Freizeit einen Wert zu sehen. Oft verhält es sich auch so. Viele Menschen verrichten eine ungeliebte Arbeit in der Angst, ihren Lebensunterhalt sonst nicht bestreiten zu können. Die Freizeit ist die einzige Zeit, die sie sinnvoll verbringen können. Die glücklichsten Menschen sind die, die ihre Arbeit lieben. Wir sind schnell dabei, diese Menschen als »Workaholics«, als Arbeitssüchtige, abzustempeln. Doch Freude am Leben schließt ein, daß man eine Arbeit hat, die befriedigend ist.

Sigmund Freud hat einmal gesagt, daß ein gesunder Mensch lieben und arbeiten sollte. Zu den wichtigsten Zielen junger

Erwachsener zählt, eine Arbeit zu finden, die sie lieben können. In seinem Drama *Ein Volksfeind* definiert Ibsen die Arbeit als die Schöpfung von etwas Gutem auf dieser Erde. Und Barry Lopez sagte: »Wir müssen aufhören, Dinge zu produzieren, die sich verkaufen, und statt dessen nützliche und hilfreiche Dinge herstellen.«

Ich möchte junge Menschen, die von ihrer Schule oder vom College abgehen, um folgendes Gelöbnis bitten: »Ich will keine Arbeit annehmen, die Kinder gefährdet.« Natürlich werden einige dieses Gelöbnis verweigern, und viele andere, die es abgelegt haben, werden es verletzen. Aber es geht ja darum, daß junge Menschen sich darüber klarwerden sollen, daß bei der Berufswahl der moralische Aspekt genauso erwogen werden muß wie Gehalt, Sozialleistungen und Aufstiegschancen.

Václav Havel, Schriftsteller und Präsident des nachkommunistischen Tschechiens, hat einmal geschrieben, daß die moderne Gesellschaft nur durch Furcht zuammengehalten werde. Er spürte, daß viele Menschen nur deshalb auf bestimmte Weise handeln, weil sie andere davon überzeugen wollen, daß sie keine Angst haben. Aus meiner – sicher nicht vorurteilsfreien – Sicht scheint mir die Welt rund um das Geld organisiert zu sein. Das Geld bestimmt, wo die Menschen leben und arbeiten, was sie tun, wie sie ihre Zeit verbringen, ob sie eine Ausbildung erhalten und wie sie im Krankheitsfall versorgt werden. Da frage ich mich: Wie kam es eigentlich dazu, daß sich die Welt so und nicht anders organisiert hat? Wem gefallen denn diese unsinnigen Regeln?

Wenn Habgier regiert, fällt die Gesellschaft auseinander. Darunter leiden die Kinder am meisten, denn sie sind am verletzlichsten; sie müssen hinnehmen, was die Erwachsenen ihnen auftischen. Sie haben weder Geld noch Macht, noch eine Lobby. Sie sind auch noch nicht wie die Erwachsenen auf Habgier programmiert. Als Gesellschaft müssen wir die Eltern in ihren Bemühungen, die Kinder aufzuziehen, unterstützen. Das bedeutet, daß wir als Gesellschaft die Kinder vor jenen Erwachsenen schützen müssen, die ihnen um des Geldes willen Schaden zufügen. Dazu gehören gute Tagesstätten, gute Schulen, gute Nachbarschaft; dazu gehören Kontrolle der Waffen, angemessene Gesundheits- und Sozialfürsorge sowie angemessene

Ausbildung für alle; dazu gehören Erziehungsurlaub bei der Geburt eines Kindes und spätere Wiedereingliederung in den Arbeitsprozeß ohne Nachteile; dazu gehört auch, daß wir mittellose Kinder oder Alleinerziehende unterstützen. Wir brauchen eine bessere Verteilung der Einkommen, so daß kein Kind hungrig zu Bett gehen muß.

Das Drama *Alle meine Söhne* von Arthur Miller handelt von einem Mann, der während des Zweiten Weltkriegs Flugzeugausrüstung herstellt. Im Laufe des Kriegs kommt er mit der Produktion in Rückstand und beginnt dann, weniger sorgfältig zu arbeiten, um die Liefertermine einzuhalten und mehr Profit zu erzielen. Infolge der Fehler der gelieferten Flugzeugteile müssen junge Piloten an die Pazifikfront sterben. Als sein Sohn – selbst Pilot im Pazifik – merkt, was sein Vater anrichtet, bringt er sich durch einen Flugzeugabsturz ums Leben.

In diesem Stück geht nun es nun darum, wie die Familie mit dem Verlust des Sohnes fertigwird. Gegen Ende des Dramas versucht der Vater seine Handlungsweise dem anderen Sohn zu erklären. Er sagt, er habe das ja nur für seine Söhne getan, damit sie einmal ein Haus und finanzielle Sicherheit hätten. »Aber«, so fährt er nach eine Pause fort, »ich hatte nicht begriffen, daß sie alle meine Söhne sind.« Die Kinder der ganzen Welt sind unsere Söhne und Töchter. Wir müssen ihnen eine Kindheit zurückgeben, in der ungefährdeter Lebensraum, Zuwendung, wertvolle Informationen und moralische Verhaltensrichtlinien selbstverständlich sind.

DIE MEDIEN

»Wir sind Wesen, die mit ihrer Umgebung in vielfältiger Wechselwirkung stehen.« – William Stafford

R. W. Emerson sagte: »Das Leben besteht aus dem, was ein Mensch den ganzen Tag über denkt.«

In der öffentlichen Veranstaltung eines Radiowunschkonzerts hörte ich einmal, wie ein kleines Mädchen für seinen Vater das Lied »When You Wish Upon a Star« aussuchte. Ich fand es so niedlich, wie dieses Kind über den Äther kam. Aber nach dem Lied ließ sich das Mädchen noch einmal vernehmen:

»Kinder, morgen ist Freitag, der 13., und es laufen Filme von Freddy Krueger. Ich sehe sie mir bestimmt an. Also, rückt euren Eltern aus und kommt auch.« Im Hintergrund kicherte der Vater verlegen, und mir kam es in den Sinn, um wieviel stärker doch der Einfluß der Medien auf die Familie und um wieviel schwächer der Einfluß der Familie auf die Medien geworden ist. Werden Kinder ohne genügend menschliche Kontakte vor Maschinen groß, werden sie weniger menschlich. Ihre Vorstellungen werden von Konzernen gelenkt, ihre Träume in Kaufwünsche umgemünzt.

Ich will keineswegs die Medien schlechthin verteufeln. Meistens sind die Menschen, die dort arbeiten, anständig, gutherzig und intelligent. Außerdem versammelt sich unter dem Oberbegriff Medien eine Vielzahl höchst unterschiedlicher Zeitungen, Magazine, CDs, Kassetten, Radio-, Fernseh- und Videoprogramme, die fast jährlich durch neue Spielarten erweitert werden. Das Spektrum des Medienangebots reicht von seriöser Information, Bildung und Unterhaltung bis zu Gewaltdarstellungen, Pornos und Kinderschändung. Fast jeder hat ein Medium, das sein Leben bereichert. Meine Lieblingsmedien sind das Radio und das Fernsehen der öffentlich-rechtlichen Anstalten. Viele Erwachsene mögen die Sport- und Nachrichtensendungen sowie geschichtliche und kulturelle Beiträge, und die Kinder lieben ihre Kindersendungen. Aber so wie Lehrkräfte oft besser als das Schulsystem und Ärzte oft besser als das Gesundheitssystem sind, sind meiner Meinung nach die Menschen in den Medien besser als die Botschaften, die sie verbreiten. Unter den Spielregeln, die ihnen vorgegeben werden, geben die meisten ihr Bestes. Zeichnet sich eine Chance ab, zum Wohle der Allgemeinheit zu arbeiten, drängeln sie sich danach. Doch meistens dreht sich die Arbeit in den Medien um das Geld und nicht um die Wahrheit. Deshalb werden Mitarbeiter in ihren Bemühungen, Gutes zu tun, behindert.

Das Fernsehen wird wohl der Babysitter Nummer eins bleiben, und es ist in unserem eigenen Interesse, daß den Kindern wertvolle Sendungen angeboten werden. Wir Erwachsenen können eine Verschärfung des Gesetzes zum Jugendschutz einfordern. Wir müssen aber darüber hinaus jeden unterstützen, der bei der Produktion und Abnahme der Sendungen die Bedürfnisse der Kinder im Auge behält. Da bei Kindern das Urteilsvermögen noch nicht voll entwickelt ist, müssen wir Erwachsenen aufpassen. Zwar können wir keine Zensur ausüben, aber wir können Zensuren erteilen, und wir können Filme boykottieren, die unseren Kindern unrechte Lehren vermitteln. Schließlich bleibt es uns überlassen, ob wir uns im Kino kinderschädliche Filme ansehen oder nicht.

In Europa nimmt man den Schutz des Kindes ernster als bei uns in Amerika. Zum Beispiel haben die Briten gute Nachmittagsprogramme, einschließlich Nachrichtensendungen für Kinder. Und in den meisten europäischen Ländern sind die Sendungen in den Stunden zwischen Schulschluß und dem Nachhausekommen der berufstätigen Eltern von hoher Qualität und frei von Werbung. Insgesamt unterliegt die Werbung einer strengeren Kontrolle, und in den Geschäften werden Kindern weder Tabak noch Alkohol verkauft. Norwegen, Schweden und Dänemark haben die »Power Rangers« aus dem Gesamtprogramm genommen, da ein fünfjähriges Mädchen auf einem Spielplatz erfroren aufgefunden wurde, nachdem sie von mehreren fünfjährigen Jungen nach dem Vorbild der »Power Rangers« zusammengeschlagen worden war.

Die Medien könnten in eine Kraft umgewandelt werden, die die Gemeinschaft fördert, statt sich von Verbrechen und Entfremdung zu nähren. Zumindest die öffentlich-rechtlichen Anstalten sollten die Richtung zu mehr Verbundenheit einschlagen. Wir brauchen Helden, die andere Menschen achten und sich für das Gemeinwohl einsetzen. Wir brauchen auch eine neue Definition von Erfolg, die zum Beispiel die Hilfe für andere einschließt, und eine neue Definition von Wohlstand, der ja auch in einer befriedigenden Arbeit liegen kann.

Wir brauchen ein nationales Projekt, in dem verbindliche und verbindende Werte eingefordert werden. Das Überleben einer Kultur hängt davon ab, wie wirkungsvoll sie in der Erziehung erprobte Wertvorstellungen von Generation zu Generation weitergibt. Was wir aber gerade erleben, ist die Auflösung der Erziehung.

Über die Medien erhalten die Kinder ein Paket von Wertvorstellungen, die sie gegen ihre eigenen Eltern aufhetzen und die ihrem eigenen gesunden Menschenverstand widersprechen.

Diese Werte werden die Demokratie nicht aufrechterhalten. Aber wir haben ja die Möglichkeit, das zu ändern. Der menschliche Geist hat schon schlimmeren Dingen als dem Fernsehen Paroli geboten.

EINIGE GESCHICHTEN

Just an dem Sonntagmorgen, als ich das letzte Kapitel fertigstellte, las ich auf der ersten Seite der Zeitung folgende Geschichte unter der Schlagzeile »Parkaufseher retten Ehepaar aus Lincoln«. Der Artikel begann folgendermaßen: »Unter den Augen ihrer drei Kinder am Ufer wurden zwei Eheleute von der Kante des 220 Meter hohen Wasserfalls des Roaring River im Rocky-Mountain-Nationalpark geborgen. Sie litten an Unterkühlung, da sie bereits 40 Minuten in dem kalten Wasser zugebracht hatten. Jetzt befinden sie sich im Krankenhaus von Denver und sind außer Lebensgefahr.«

Auf einer Wanderung, die die Familie in der Nähe des Wasserfalls unternahm, rutschte die Mutter aus und geriet in den Strom. Bevor sie über die Kante gerissen wurde, gelang es ihr gerade noch, sich zwischen zwei Felsbrocken zu klemmen. Der Vater und andere Spaziergänger versuchten, eine Menschenkette zu bilden, um zu ihr zu gelangen, aber die reißende Strömung machte das unmöglich. Dann versuchten andere, sie mit einem Seil aus Gürteln und Kleidungsstücken zu erreichen, aber das Seil riß. Der Vater seilte sich daraufhin mit einer dünnen Nylonschnur um die Körpermitte ab und ging ins Wasser; aber auch dieses Hilfsmittel zerriß, und das Ehepaar saß nun in der Mitte der Strömung oberhalb des Wasserfalls fest.

Der Reporter schrieb: »Der Mann umfaßte seine Frau mit den Armen und hielt die stärkste Wucht der tosenden Wassermassen ab. Als die beiden an die vierzig Minuten im eiskalten Wasser zugebracht hatten, konnte er sich kaum mehr an den Felsstücken halten, aber seine Frau sprach ruhig auf ihn ein und half ihm, bei Bewußtsein zu bleiben. Schließlich kam ein Aufseher des Nationalparks im Taucheranzug, der mit anderen am Ufer über ein Seil verbunden war, auf das Paar im Strom zu. Ein weiterer Aufseher war unterhalb des Wasserfalls ins Wasser gegangen, um die beiden notfalls aufzufangen, falls sie über die Kante gerissen würden.

Die beiden total erschöpften Menschen klammerten sich an den Aufseher, der sie so lange festhalten konnte, bis die anderen sie alle zusammen ans Ufer gezogen hatten. Als erstes bekamen die beiden wegen ihrer Unterkühlung warme Getränke. Dann flogen Hubschrauber sie nach Denver ins nächste Krankenhaus.

Während der ganzen Zeit hatten die Kinder vom Ufer aus zugesehen. Nachdem ihre Eltern gerettet waren, gingen die Aufseher mit ihnen zum Zelt und packten die Sachen der Familie ein. Den Kindern sagten sie: ›Euer Vater ist ein Held. Er hat eure Mutter gerettet.‹«

Der Ehemann hatte getan, was Familienmitglieder füreinander tun. Nur mit einer dünnen Nylonschnur als Absicherung ist er in die eiskalte Strömung oberhalb eines Wasserfalls gewatet, um seiner Frau das Leben zu retten. Auch die Frau handelte, wie Familienangehörige handeln: Sie redete ihrem Mann gut zu, als alle Hoffnung schwand und er aufgeben wollte. Mutige Handlungen aus Liebe sind für eine Familie das stärkste Band. Ob es vernünftig ist oder nicht, Familienmitglieder versuchen, einander zu helfen.

Diese Geschichte steht sinnbildlich für die Situation, in der die Familien sich gegenwärtig befinden. Oft genug sind sie von kalten, gefährlichen Wassern umgeben. Um zu überleben, müssen die Angehörigen fest zusammenhalten, Risiken auf sich nehmen und füreinander Opfer bringen. Die Partner müssen sich auffangen und gegenseitig vor den modernen Elementen schützen. Aber allein kann sich eine Familie nicht immer retten. Jede Familie gerät einmal an einen Punkt, an dem sie Hilfe von außen braucht. Dem Ehepaar oberhalb des Wasserfalls halfen andere Menschen ans Ufer, in den Hubschrauber und ins Krankenhaus. Zur Rettung dieser Familie trugen drei Faktoren bei: ihre Liebe zueinander, die Freundlichkeit von Fremden und sogar die Regierung.

Menschen sind Lebewesen, die gern Geschichten erzählen. Seit Anbeginn aller Zeiten haben die Erwachsenen den Kindern Geschichten erzählt. Rund um die Feuerstelle, in dunklen Höhlen und in grasbedeckten Savannen haben sich die Großen für die Kleinen Geschichten zur Belehrung und Unterhaltung ausgedacht. Diese Geschichten erzählten aber bestimmte Erwachsene bestimmten Kindern, die sie kannten und liebten. Während der Erzählungen konnten sie die Gesichter der Kinder und deren Reaktionen beobachten. Sie konnten ihre Geschichten dem Alter und den Erfahrungen, den Ängsten und Hoffnungen der Kinder anpassen. Und wenn es nötig war, konnten sie auch ein erschrecktes Kind in die Arme nehmen oder es neben sich auf dem Boden schlafen lassen.

Heute kennen die Erwachsenen die Kinder nicht, die ihre Geschichten hören; sie lieben sie nicht und können sie auch nicht trösten, wenn sie sie mit ihren Geschichten verwirrt oder erschreckt haben. Ein weiteres Problem ist, daß die Geschichten erfunden werden, um dem Profit, und nicht den Kindern, zu dienen. Die meisten Geschichten, die die Kinder heute hören, sind Massenware und sollen sie dazu bringen, sich Güter statt ein gutes Leben zu wünschen.

Weil ich gern über den Schaden spreche, den wir mit unseren Geschichten bei den Kindern anrichten, werde ich oft gefragt, ob ich denn für eine Zensur sei. In gewisser Hinsicht bin ich das. Ich meine, daß wir den Kindern keine Reklame aufdrängen dürfen. Ferner meine ich, daß verrohende Shows oder Filme nicht gesendet werden dürfen und daß wir moralisch einwandfreie Kinderprogramme haben müssen. Aber insgesamt befürworte ich eher mehr Geschichten als weniger. Ich bin immer froh, wenn ich höre, daß eine erweiterte Familie, Nachbarn, alte Menschen, Menschen unterschiedlicher Herkunft und sozialer Stellung, Dichter, Lehrer und Kinder sich gegenseitig Geschichten erzählen. Schließlich hat jeder Geschichten auf Lager, Geschichten, die von Phantasie und Hoffnung getragen werden. Sie wollen, um den Dichter William Stafford zu zitieren, »entdecken, wie die Welt gern sein möchte«.

Meiner Ansicht nach darf die multinationale Unterhaltungsindustrie nicht das Exklusivrecht haben, unseren Kindern Geschichten zu erzählen. Heute werden zu wenige Geschichten von zu wenigen Menschen mit zu eng umgrenzten Motiven erzählt. Ich zöge es vor, daß die Kinder Geschichten von Erwachsenen hören, denen sie nicht gleichgültig sind. Ich möchte, daß mehr Erwachsene, die mit Kindern umgehen, Gelegenheit bekommen, den Kindern ihre Geschichten mit Filmen, Fernsehen und Büchern zu vermitteln. Die Geschichten der Medien sind sich im Prinzip zu ähnlich und machen uns überdies alle krank. Wir brauchen neue Geschichten.

Gute Geschichten könnten uns retten. Die Wirklichkeit steckt voller warnender Geschichten, sie weiß von Helden und schwierigen Umständen, die durch Standhaftigkeit überwunden wurden. Das beste Heilmittel gegen die Dummheit, Sinnlosigkeit und Verzweiflung in dieser Welt ist, einfach die Wahrheit zu sagen – mit all ihrer Vieldeutigkeit und Vielschichtigkeit. Wir könnten alle etwas verändern, wenn wir nur unsere eigenen Geschichten lebendigen Menschen zu realen Zeiten an realen Orten erzählen wollten.

Viele Geschichten sind noch gar nicht geboren. Die besten Geschichten sind die, die uns die Verwicklungen vor Augen führen, in denen sich andere befinden. Wir brauchen Geschichten, die uns miteinander verbinden, Geschichten, die die Polarisierung überwinden, die uns alle bedroht, sowie Geschichten, die die Furchtsamen beruhigen und die Hassenden besänftigen können. Diese Geschichten würden uns die Möglichkeit einer Aussöhnung eröffnen. Wir brauchen Geschichten, die die Kinder Mitempfinden und Verantwortungsgefühl lehren. Kinder hungern nach Geschichten, die ihnen Hoffnung und Kraft geben. Laßt uns alle unsere Geräte ausschalten und selbst solche Geschichten erfinden! Zu einem großen Ganzen zusammengefügt, werden sie uns alle beschützen.

Anhang

Literatur

Alcott, Louisa May: Betty und ihre Schwerstern. München, 1995.
Assfalg, Reinhold: Die heimliche Unterstützung der Sucht. Co-Abhängigkeit. Geesthacht, 1993.
Bachhofer, Joss (Hrsg.): Verrückte Weisheit. Leben und Lehre Milarepas. Aitrang, 1986.
Beil, Brigitte: Gutes Kind, böses Kind. Warum brauchen Kinder Werte? München, 1996.
Brezinka, Wolfgang: Erziehung in einer wertunsicheren Gesellschaft. München, Basel, 1986.
Chamberlaine, Sally; Prince, Jan: Schritt für Schritt in die Unabhängigkeit. Wie Sie Ihre Klienten aus der Co-Abhängigkeit führen können. Paderborn, 1997.
Coupland, Douglas: Shampoo Planet. Berlin, 1994.
Delany, Sarah: Unsere ersten hundert Jahre: die Delany-Schwestern erzählen. München, 1995.
Dolto, Françoise; Tolitch-Dolto, Catherine: Von den Schwierigkeiten, erwachsen zu werden. Stuttgart, 1991.
Eliot, George: Silas Marner. Die Geschichte des Webers von Raveloe. München, Cadolzburg, 1995.
Ellis, Albert: Training der Gefühle. Wie Sie sich hartnäckig weigern, unglücklich zu sein. München, Landsberg, 1989.
Gilman, Charlotte Perkins: Die gelbe Tapete und andere Erzählungen. Frankfurt, 1985.
Ginsburg, Jewgenia: Gratwanderung. München, 1997.
Ginsburg, Jewgenia: Marschroute eines Lebens. München, 1992.
Goldbrenner, Hans: Arbeit mit Problemfamilien. Mainz, 1989.
Gordon, Thomas: Die neue Familienkonferenz. München, 1994.
Grigat, Rolf: Lebendige Partnerschaft. München, 1989.
Guggenbühl, Allan: Die unheimliche Faszination der Gewalt. München, 1997.
Hillman, James; Ventura, Michael: Hundert Jahre Psychotherapie. Und der Welt geht's immer schlechter. Düsseldorf, 1993.
Hughes, Robert: Nachrichten aus dem Jammertal. Wie sich die Amerikaner in political correctness verstrickt haben. München, 1994.
Jänicke, Julika; Ostermeyer, Ulrike (Hrsg.): Familienbande. Ein Lesebuch. München, 1998.
Lerner, Harriet Goldhor: Wohin mit meiner Wut? Neue Beziehungsmuster für Frauen. Zürich, 1987.
Mellody, Pia: Verstrickt in die Probleme anderer. Über Entstehung und Auswirkung von Co-Abhängigkeit. München, 1996.

Mellody, Pia; Miller, Andrea: Wege aus der Co-Abhängigkeit. Ein Selbsthilfebuch. München, 1995.
Meyrowitz, Joshua: Die Fernseh-Gesellschaft: Wirklichkeit und Identität im Medienzeitalter. Weinheim, 1987.
Möhring; Peter; Neraal, Terje (Hrsg.): Psychoanalyseorientierte Familien- und Sozialtherapie. Opladen, 1991.
Nelsen, Jane: Kinder brauchen Ordnung. München, 1992.
Nelsen, Jane; Lott, Lynn, Glenn, H. Stephen: Der große Erziehungsberater. Antworten auf Elternfragen von Aufmerksamkeit bis Zuhören. München, 1995.
Pipher, Mary: Pubertätskrisen junger Mädchen, und wie Eltern helfen können. Frankfurt, 1996.
Postman, Neil: Das Verschwinden der Kindheit. Frankfurt, 1986.
Postman, Neil: Wir amüsieren uns zu Tode. Urteilsbildung im Zeitalter der Unterhaltungsindustrie. Frankfurt, 1997
Rennert, Monika: Co-Abhängigkeit. Was Sucht für die Familie bedeutet. Freiburg, 1990.
Rich, Adrienne: Um die Freiheit schreiben. Beiträge zur Frauenbewegung. Frankfurt, 1989.
Rutschky, Katharina: Deutsche Kinder-Chronik. Wunsch- und Schreckensbilder aus vier Jahrhunderten. Köln, 1983.
Sander, Stefan: Süchtig und Co. Co-Abhängigkeit im Familiensystem. Hoheneck, 1993.
Schaef, Anne Wilson: Co-Abhängigkeit. München, 1992.
Schlippe und Schweitzer: Lehrbuch der systemischen Theorie und Beratung. Göttingen, 1996.
Schlummbohn, Jürgen (Hrsg.): Kinderstuben. Wie Kinder zu Bauern, Bürgern, Aristokraten wurden. München, 1983.
Skynner, Robin; Cleese, John: ... Familie sein dagegen sehr. Eine Lebensform im Dialog. Paderborn, München, 1988.
Stoll, Clifford: Die Wüste im Internet. Geisterfahrten auf der Datenautobahn. Frankfurt, 1996.
Storch, Marja: Das Eltern-Kind-Verhältnis im Jugendalter. Weinheim, München, 1994.
Szasz, Thomas: Der Mythos der Psychotherapie. Wien, München, 1982.
Theunert, Helga: Zwischen Vergnügen und Angst – Fernsehen im Alltag von Kindern. Eine Untersuchung zur Wahrnehmung und Verarbeitung von Fernsehinhalten durch Kinder aus unterschiedlichen soziokulturellen Milieus in Hamburg. Berlin, 1992.
Tuchman, Barbara: Der ferne Spiegel. Das dramatische 14. Jahrhundert. München, 1994.
Willi, Jörg: Was hält Paare zusammen? Reinbek b. Hamburg, 1991.
Winnicott, Donald: Der Anfang ist unsere Heimat. Essays zur gesellschaftlichen Entwicklung des Individuums. Stuttgart, 1990.
Yeats, William B.: Werke 1: Ausgewählte Gedichte. Neuwied, Berlin, 1970.

Liebe – die Anatomie eines Gefühls

376 Seiten. Gebunden
ISBN 3-453-13000-6

Mit einem großen Knall fängt alles an, und man befindet sich im siebten Himmel der Liebe ... Alberoni führt in seinem Buch durch alle Stadien einer erwachsenen Liebesbeziehung. Er beschreibt, wie Liebe entfacht wird, wie sie wächst oder auch zugrunde geht; was ›wahre‹ Liebe von bloßem Schein unterscheidet und wieso Liebe einen anderen Menschen aus uns machen kann.

»Das Buch ist gut geschrieben, geschickt konstruiert und mit einer ganzen Serie von kleinen Liebesgeschichten durchsetzt, die spannend zu lesen sind und auf wahren Begebenheiten beruhen.«
CORRIERE DELLA SERA

HEYNE

Ein Lebensberater für Mütter und Töchter

272 Seiten. Gebunden
ISBN 3-453-13005-7

Torte für den Kindergeburtstag backen?
Die Eheprobleme der Freundin lösen und
eigene erst gar nicht aufkommen lassen?
Mit dem Vermögensberater telefonieren?
Buchstäblich alles, was man als Frau im Leben
wissen muß, steht in diesem wunderbaren
Buch. Zu lesen vor Antrittsbesuchen bei
Schwiegereltern, bei Hauskäufen, Ehekrisen,
Karrieresprüngen, Einschulung der Kinder
und anderen klassischen Tragödien im Leben
jeder Frau.

HEYNE